精品微课制作
实例教程与获奖作品评析

彭海胜 姚淑仪 凌春球 主编

黄桂娇 何国兴 梁嘉添 副主编

陈培英 梁颖怡 参编

清華大学出版社

北 京

内容简介

本书系统介绍了微课的基础知识、制作流程、设计原理、开发技术和制作方法，通过大量的制作案例，讲解了录屏式、拍摄式、动画式、混合式等常见的制作方法，向学习者传授了简单、快捷、易学易用的微课制作技术。所有内容均采用微课教学，充分发挥了微课的教学优势，同时提高了读者的学习效率。

本书内容深入浅出，大部分学习者都能很容易掌握。书中的配套资源包括相关的教学微课、实例作品及制作素材，具有理论联系实际、系统性强、针对性强、实用性强、适用面广、易学易用等优点，非常适合一线教师学习和使用。

本书可作为高等院校或职业技术院校师范类各专业、教育技术学专业、数字媒体技术专业等相关课程的教材及各类微课开发培训教材，也可以作为中小学教师、中职和高职院校教师、普通高校教师及各类培训机构人员的参考用书。

图书在版编目(CIP)数据

精品微课制作实例教程与获奖作品评析/彭海胜，姚淑仪，凌春球主编. —北京：清华大学出版社，2024.6

ISBN 978-7-302-65268-7

Ⅰ. ①精… Ⅱ. ①彭… ②姚… ③凌… Ⅲ. ①多媒体课件－制作 Ⅳ. ①G434

中国国家版本馆 CIP 数据核字(2024)第 034707 号

责任编辑：袁 琦 王 华
封面设计：何凤霞
责任校对：薄军霞
责任印制：沈 露

出版发行：清华大学出版社
网 址：https://www.tup.com.cn，https://www.wqxuetang.com
地 址：北京清华大学学研大厦 A 座 **邮 编**：100084
社 总 机：010-83470000 **邮 购**：010-62786544
投稿与读者服务：010-62776969，c-service@tup.tsinghua.edu.cn
质量反馈：010-62772015，zhiliang@tup.tsinghua.edu.cn
印 装 者：三河市龙大印装有限公司
经 销：全国新华书店
开 本：185mm×260mm **印 张**：24.5 **字 数**：564 千字
版 次：2024 年 6 月第 1 版 **印 次**：2024 年 6 月第1 次印刷
定 价：108.00 元

产品编号：091778-01

序1

微课是运用信息技术按照认知规律，呈现碎片化学习内容、过程及扩展素材的结构化数字资源的课程形式。微课发源于广东佛山，与微信、微博同是“互联网＋”应用。微课在创新教学手段及优化课堂教学结构与提升教学成效中发挥了积极作用，具有碎片化、可视化、结构化与非线性等特征。

微课由于其制作简单便捷而受到广泛欢迎，广大教师在日常教学中普遍使用微课突破教学重点难点、构造情境、布置任务等，取得实效。彭海胜名师工作室编著的《精品微课制作实例教程与获奖作品评析》通过Camtasia、PowerPoint、万彩动画大师、剪映等微课常用软件，介绍录屏式、拍摄式、动画、手绘等微课制作方法，内容丰富、形式新颖。

《精品微课制作实例教程与获奖作品评析》以“实战”为主，理论联系实际，注重技能训练，图文并茂，直观清晰，使读者可以快速了解微课的开发理念与设计思路，具有可读性、实用性与可操作性。同时，为读者提供案例制作素材，并配以相应视频教程。可为广大教师提供理论与技术支持，并供微课爱好者参考与借鉴。

岑健林

博士生导师、教授

广东省佛山市教育信息网络中心主任

2023年11月

Preface

序 2

受邀为彭海胜名师工作室的教材《精品微课制作实例教程与获奖作品评析》作序，我深感荣幸。很早就听说了彭老师的大名，因为他的优秀作品在业界颇有影响力。如今，我能先睹为快，实在是我的荣幸。

在结识彭老师之后，我更加敬佩他的才华。他的动画课件与微课作品不仅获得多个全国一等奖，而且在美工和交互性方面的设计都表现出色。现在，他们工作室团队将自己的教学设计、制作微课的经验和做法集结成这本书，这无疑是对他们多年努力的最好总结。

这本书是彭海胜老师及其工作室团队智慧的结晶。他们根据多年的微课制作和教学实战经验，经过精心打磨、推敲和斟酌，终于完成了这部作品。本书不仅详细阐述了微课的构思设计、制作技术、方法和技巧，还通过丰富的实例，让读者更好地理解和掌握微课的制作要点。

在教学领域，每个人都有自己的专长和研究方向。彭海胜老师及其工作室团队近十年来一直坚守在教学本职，他们在教学之余，坚持科研和创作，这种精神和毅力实在令人敬佩。他们用自己的行动证明了"闻道有先后，术业有专攻"的道理。

这本书凝聚了彭老师及其团队近十年的心血。阅读这本书，我没有感受到高深的理论和令人眼花缭乱的学术概念，而是被简洁朴实的语言所吸引。彭老师用他质朴而真诚的文字，系统地梳理和提炼了微课设计的原理、方法及制作技巧。书中的逻辑清晰，创意思维和创作智慧随处可见，这需要我们用心去品读，像品茶一样，细细品味其中的甘醇。

书中的案例作品注重实用性和实战性，以解决一线教学的重点和难点为目标。这些作品形象生动、通俗易懂，无论是微课的初学者还是有一定经验的创作者，都能从中受益良多。我相信，这本书所阐述的内容和引用的学习案例，对于每一个从事教育工作的人来说，都具有重要的参考价值。

最后，再次祝贺彭海胜老师及其工作室团队取得这一重要成果，并感谢他们为教育事业做出的贡献。我相信，《精品微课制作实例教程与获奖作品评析》这本书将为无数教育工作者带来启示和帮助，为我们的教育事业注入新的活力和动力。

杨明欢

广东省电化教育馆应用推广部中心主任

广东省杨明欢名师工作室主持人

2023 年 11 月

前言

Foreword

随着信息技术的迅猛发展，微信、微博、微电影等产品相继出现，我们的生活已悄然进入“微”时代。在教育领域，随着现代教育技术的进步和教学模式的创新，微课逐渐盛行。微课的问世丰富了教师的教学方式，也给教育行业的发展带来了巨大变革。在微课盛行的热潮下，教师如何才能打造出有用、可用、易用、好用的优质微课呢？本书将带领大家一起走进微课时代，领略微课制作的风采。

全书共分 10 章，以微课的制作过程为主线，注重教学设计与微课制作技术的有机结合，系统讲解了微课制作过程中遇到的各种问题。

本书系统性强、针对性强、实用性强、适用面广、易学易用，具有很强的操作性，学习者可以很容易地将本书传授的技巧运用到自己微课制作中。所有教程均提供了相关的教学微课，供读者参考和学习，用微课教微课，以充分发挥微课的教学优势，大大提高读者的学习效率。

本书采用微课教学，配套资源提供了微课制作方法的教学微课和工具软件使用方法的教学微课，同时还提供了全部制作实例的微课作品和制作素材（扫文末二维码），为读者研究、学习和制作微课提供方便。

本书可作为高等院校或职业技术院校师范类各专业、教育技术学专业、数字媒体技术专业等相关课程的教材，也可作为各级各类微课开发培训的教材，同时还可以作为中小学教师、中职和高职院校教师、普通高校教师、社会培训机构人员等的参考用书。

参加本书编写工作的编委成员的分工为：第 1 章黄桂娇、第 2 章凌春球，第 3 章黄桂娇，第 4 章陈培英、彭海胜，第 5 章姚淑仪，第 6 章何国兴、梁颖怡，第 7 章彭海胜，第 8 章梁嘉添，第 9 章姚淑仪，第 10 章彭海胜、陈培英、姚淑仪、何国兴、黄桂娇。彭海胜负责全书统稿与样章的编写。

0-1　视频与素材

目录

Contents

二维码目录

第1章 微课基础知识

本章概述

本章主要通过介绍微课基础知识，让读者对微课有一个整体、直观的认识，更加明确微课的概念、特征和类型，从而制作出符合时代发展的微课，以便更好地运用于教学中。

学习导图

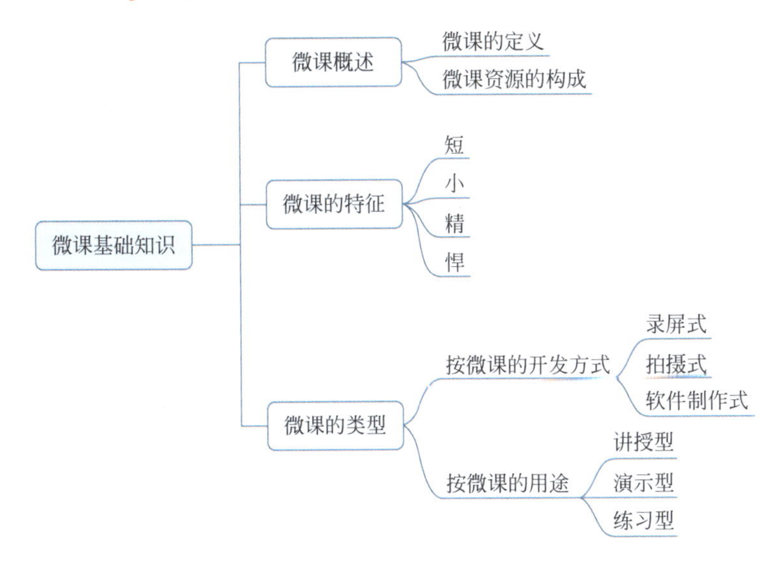

1-1 微课基础知识

1.1 微课概述

"互联网+"时代，信息技术与教育教学深度融合成为必然趋势，微课设计与制作已成为网络时代教育工作者需要掌握的一项新技能。

微课是一种用于课堂教学与学生自主学习的微型的结构化数字资源。微课的设计、开发和应用能有效促进教与学方式的转变和教育的均衡发展。一个好的微课，它具备完整的设计与呈现，能为学习者提供个性化、深度化的学习服务。

1.1.1 微课的定义

自 2013 年以来,随着高效课堂、翻转课堂、可汗学院等的不断发展,越来越多的高校学者、一线教师等对微课进行了研究。微课的定义在不断更新,越来越贴合当前时代的发展。比较有代表性的有以下几种:

(1) 微课是以阐释某一知识点为目标,以短小精悍的在线视频为表现形式,以学习或教学应用为目的的在线教学视频。(焦建利,2013)

(2) 微课是指时间在 10min 以内,有明确的教学目标,内容短小,集中说明一个问题的小课程。(黎加厚,2013)

(3) 微课,是为支持发展学习、混合学习、移动学习、碎片化学习等多种新型学习方式,以短小精悍的微型流媒体教学视频为主要载体,针对某个学科知识点或教学环节而精心设计开发的一种情景化、趣味性、可视化的数字化学习资源包。(郑小军,2013)

(4) 微课,是指运用信息技术,按照认知规律,呈现碎片化学习内容、过程及扩展素材的结构化数字资源。(岑健林,2016)

由此可见,微课是根据教学形势、教学环境等的变化,逐渐发展并走向成熟的,已逐渐符合当代人的个性化学习需求。

1.1.2 微课资源的构成

微课的资源构成以"教学视频"为核心,包含与教学相配套、密切相关的"教案(学案)""课件及素材""练习测试""教学反思"等支持性和扩展性教学资源。如图 1-1-1 所示。

图 1-1-1 微课资源的构成

- 教学视频:是微课最核心的资源。一段精彩的教学视频时间在 5~10min。该视频能够反映教师针对某个知识点、具体问题或教学环节而开展的精彩的教与学的活动过程。

- 教案(学案)：指微课教学活动的设计和说明，有助于教师梳理微课的设计思路，是学生理解教学内容的指引。
- 课件及素材：在微课教学过程中所用到的多媒体教学课件、相关素材(视频、游戏等)，可以配合微课的讲解，更好地协助学习者理解学习内容。
- 练习测试：指根据微课教学内容而设计的练习测试题目。
- 教学反思：指授课者在微课教学活动后的反思与改进措施。

1.2 微课的特征

微课的特征可以用"短、小、精、悍"来概括，如图 1-2-1 所示。

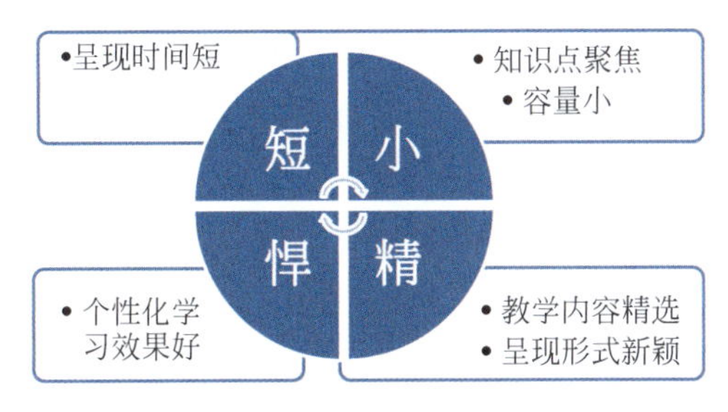

图 1-2-1 微课的特征

(1) 短：指微课的呈现时间短。根据人的注意力的持续时间，微课呈现内容多为一个知识点，微课的时长一般为 5～8min，最长不宜超过 10min。

(2) 小：指教学知识点聚焦小、容量小。相对于 45min 的课堂，微课能够聚焦问题，使主题突出，更适合教学的需要。微课主要是为了突出课堂教学中某个知识点的教学，如课堂中重点、难点、疑点内容的教学，或是反映课堂中某个教学环节、教学主题的教与学活动，相对于传统一节课要完成复杂的教学内容，微课的内容更加精简。微课的容量小，支持在线播放，学习者也可以下载保存到移动终端，实现移动学习，满足学习者个性化的自主学习。

(3) 精：指教学内容精选，呈现形式新颖、富有创意。微课所选取的教学内容一般要求主题突出、指向明确、相对完整，它以教学视频片段为主线，其他相关教学资源(如教案、学案、练习测试、教学反思等)辅助教学，构成了一个主题单元资源包。微课制作精良，它通过精心的教学设计，设计出节奏快(语速、情节)的视频，辅以相关的学习资源帮助学习者更好地理解知识点，从而达到更优的学习效果。

(4) 悍：个性化学习效果好。微课的快节奏和碎片化学习，使学习者可以根据自身需求快速完成学习。微课在教师的精心设计下，配以丰富的教学资源，强调知识呈现更有针对性和聚焦性，以满足学习者移动学习、个性化学习和碎片化学习的需求。

1.3 微课的类型

微课可以按开发方式分类，也可按用途分类，如图 1-3-1 所示。

按微课的开发方式	按微课的用途
• 录屏式 • 拍摄式 • 软件制作式	• 讲授型 • 演示型 • 练习型

图 1-3-1　微课的类型

1.3.1 按微课开发方式分类

微课按开发方式可以分为录屏式、拍摄式、软件制作式等类型。

1. 录屏式微课

录屏式微课是指利用录屏软件对电脑屏幕上的动态过程及授课者的讲解声音进行同步录制所得的微课。录屏式微课制作相对简单，也是微课制作的主要形式。一线教师最常用的教学资源是用 PowerPoint（简称 PPT）制作的授课幻灯片（简称授课 PPT），将授课 PPT 转为微课视频，是最简单也是最常用的一种方法。录屏式微课可分为软件录屏式、可汗学院式、PPT 录屏式。

（1）软件录屏式

软件录屏式微课指利用录屏软件将其他软件的操作过程和教师讲解同步录制成微课。最为常见的形式为“录屏软件＋PPT 课件”。目前比较常用的录屏软件是 Camtasia Studio（简称 CS），它是一款功能强大、操作简单的音视频编辑软件，屏幕录像功能也非常强大。它根据特定学科，录制不同的软件使用过程，如数学老师可以利用几何画板演示和讲解数学问题，并使用录屏软件进行录屏，如计算机老师可以利用 Photoshop 演示和讲解设计步骤，并使用录屏软件进行录屏等。图 1-3-2 所示为 CS 录制 PPT 课件制作微课。

（2）可汗学院式

可汗学院式录屏需要的工具主要有 CS、手写板、话筒、画图工具（如 Windows 自带的画图工具）等。教师通过手写板和画图工具进行讲解演示，并使用录屏软件录制。这种方式比较适合制作数学、物理、化学等理科类课程的公式推导和习题讲解的微课。图 1-3-3 所示为录屏软件＋手写板＋画图工具制作微课。

（3）PPT 录屏式

PPT 一般指 Microsoft Office PowerPoint，该软件自带录制幻灯片的功能，教师可以将授课讲解过程搭配 PPT 动画进行录制，后期转为.mp4 或者.wmv 视频即可。

方法：单击“幻灯片放映”—“录制幻灯片演示”进行录制，录制完成后单击“文件”—“另存为”视频格式即可，如图 1-3-4 所示。

图 1-3-2　CS＋PPT 课件

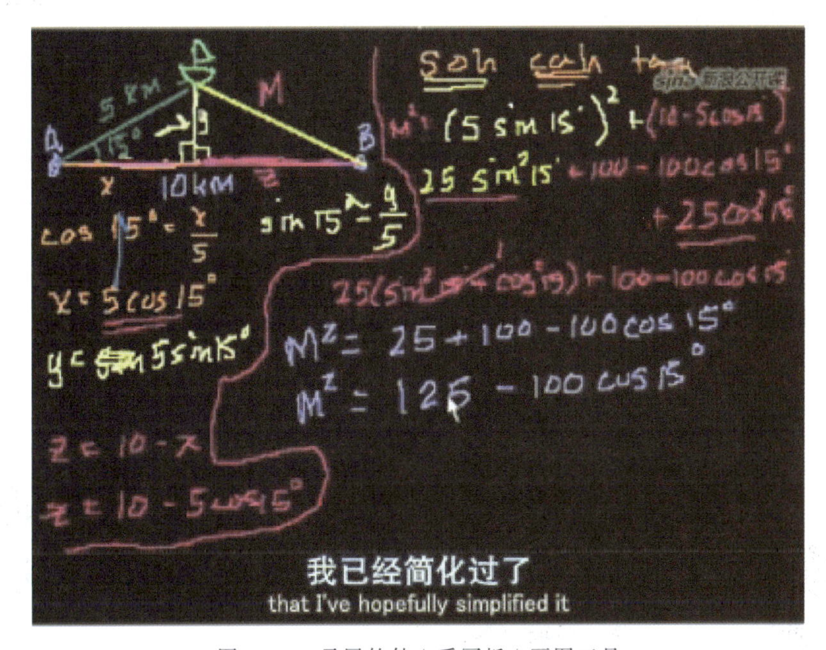

图 1-3-3　录屏软件＋手写板＋画图工具

图 1-3-4　PPT 录屏

2. 拍摄式微课

拍摄式微课是指使用摄像设备摄制成的微视频。拍摄式微课可分为真人出镜、手绘式和卡片式。

(1) 真人出镜

此类微课的制作要采用高清摄像机，教师以讲解某个知识点内容为主，结合屏幕演示、板书、教学用具等活动完成课堂教学，对教学过程中进行拍摄，拍摄后对视频进行后期制作，添加视频特效及字幕，结合与课程相关的背景资料可以进行必要的编辑和美化。它的形式包括真人拍摄(大屏幕电视、黑板等)、人物抠像(虚拟背景)、演播室实景(后期剪辑)、实景拍摄(后期剪辑)等。图 1-3-5 所示为真人拍摄＋智慧黑板，图 1-3-6 所示为抠像型混合式微课。

图 1-3-5 真人拍摄＋智慧黑板

图 1-3-6 抠像型混合式微课

(2) 手绘式(手机＋白纸)

使用手机＋白纸的开发方式便捷、简单易行。将手机用支架固定，拍摄教师用笔在纸上书写、画图标记等的过程并同时录音，如图 1-3-7 所示。

(3) 卡片式(手机＋卡片)

使用手机＋卡片的开发形式让教学内容的呈现更加丰富。教师可事前制作好相关教学内容的卡片，拍摄时根据讲解内容逐步呈现相关的卡片，如图 1-3-8 所示。

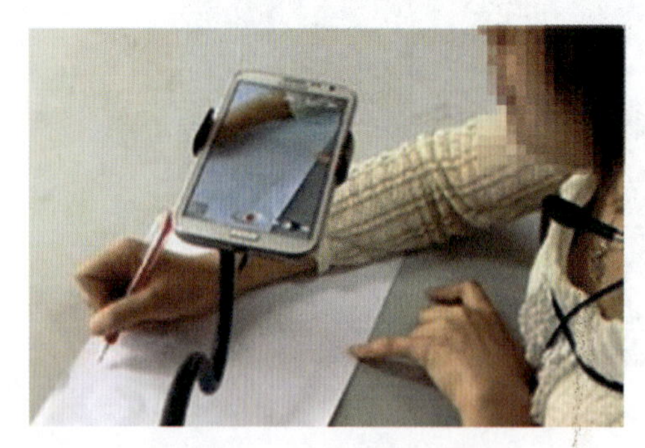

图 1-3-7 手机＋白纸拍摄

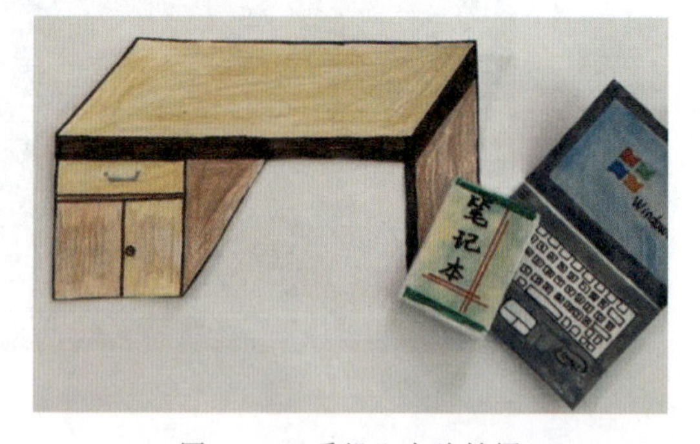

图 1-3-8 手机＋卡片拍摄

3. 软件制作式微课

(1) 用动画或视频制作软件制作

此类微课指运用动画或视频制作软件，如 Flash、Premiere、After Effects 等，通过脚本设计、技术合成后输出的教学视频或动画短片。与录屏式微课相比，软件制作式微课具有较高的技术要求。CS、PPT、万彩动画大师也可以制作效果俱佳的动画式微课。图 1-3-9 为万彩动画大师制作的微课动画。

图 1-3-9　万彩动画大师制作的微课动画

（2）用交互式软件制作

交互式微课强调与学习者进行互动，通过在互动中设计不同的分支与问答，实现教学内容的推进。

交互式微课是视频中使用动画交互的微课，集成在线测试，格式符合 SCORM 1.25 标准，可和学习管理系统（LMS）集成进行数据收集统计。这种微课包含了相应的反馈练习与巩固应用，能更好地体现教师为主导，学生为主体的设计理念。通过微课创设情境的视频讲解，引导学生进行观察反思，并通过交互的任务驱动，即模拟、交互练习、及时反馈等形式达到高效学习的目的。

交互式微课的制作工具有 Adobe Captivate、iSpring、Lectora Inspire、Articulate Storyline 等，这些工具还能将课件输出为不同的版本，可在个人计算机或者移动终端上使用。

1.3.2　按微课的用途分类

教师在具体的课堂教学中采用什么类型的微课，取决于对优化和实现教学目标的理解。根据微课内容的特点，从课堂教学角度划分虽有很多种分类，但最为常见的是讲授型微课、演示型微课、练习型微课 3 种。

1. 讲授型微课

讲授型微课是对学科知识进行讲解的一种微课视频，主要是将相关知识以简洁的语言进行讲授。微课要求语言规范、简洁，思维严谨，不能出现语言上的瑕疵和技术上的不流畅。

如图 1-3-10 所示，在微课《人物运动规律》中，教师除了讲授外，还穿插着讨论和启发等。其实微课制作中常常将多种方法融合在一起共同使用。

2. 演示型微课

演示型微课一般包括实验探究、操作示范等内容，微课视频以录像拍摄为主，展示教师

微课讲授

人物运动规律——走路

手足变化?

身体起伏?

走路时身体有起伏吗?

微课启发

图 1-3-10　讲授型微课《人物运动规律》

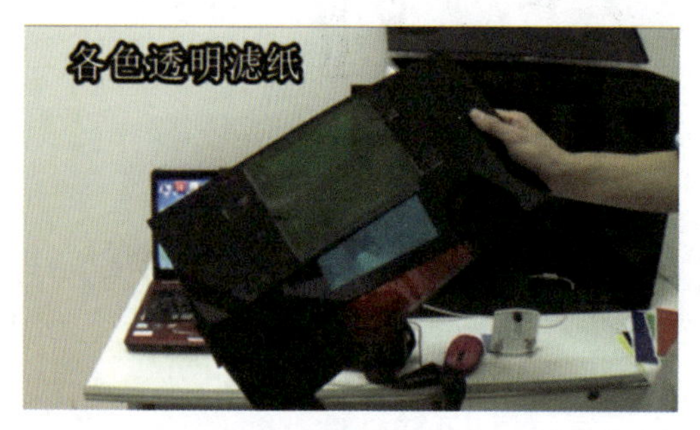

图 1-3-11　演示型微课《物体的颜色》

的操作示范和操作过程。这类微课常用于一些技能型科目，如手工、书法、制作和计算机软件操作等。

如图 1-3-11 所示，在微课《物体的颜色》中，可以将抽象的教学内容用形象具体的形式表现出来，从而帮助学生理解。在制作中将实验过程中的细节，通过慢放、快放等多种技术方式，让学生了解更为细致的变化。

3. 练习型微课

练习型微课是教师将学生在测试或练习中常见的和典型的错误进行收集整理，以视频的形式模拟与学生面对面批改的微课类型。这类微课重在分析问题，帮助学生发现并解决问题。

如图 1-3-12 所示，在微课《卖点图设计》中，通过先出示错误的练习，再给出错误判断，起到强调作用，教师再演示正确的操作步骤，加深学生的印象。

图 1-3-12　练习型微课《卖点图设计》

第2章 微课制作流程

本章概述

本章主要讲解微课制作流程，包括：确定选题，撰写教案，编写脚本，撰写解说词，选择合适的制作方式，文本素材、图像素材、视频素材、音频素材的获取与加工，剪映、Camtasia Studio、Adobe Premiere 视频剪辑等。

学习导图

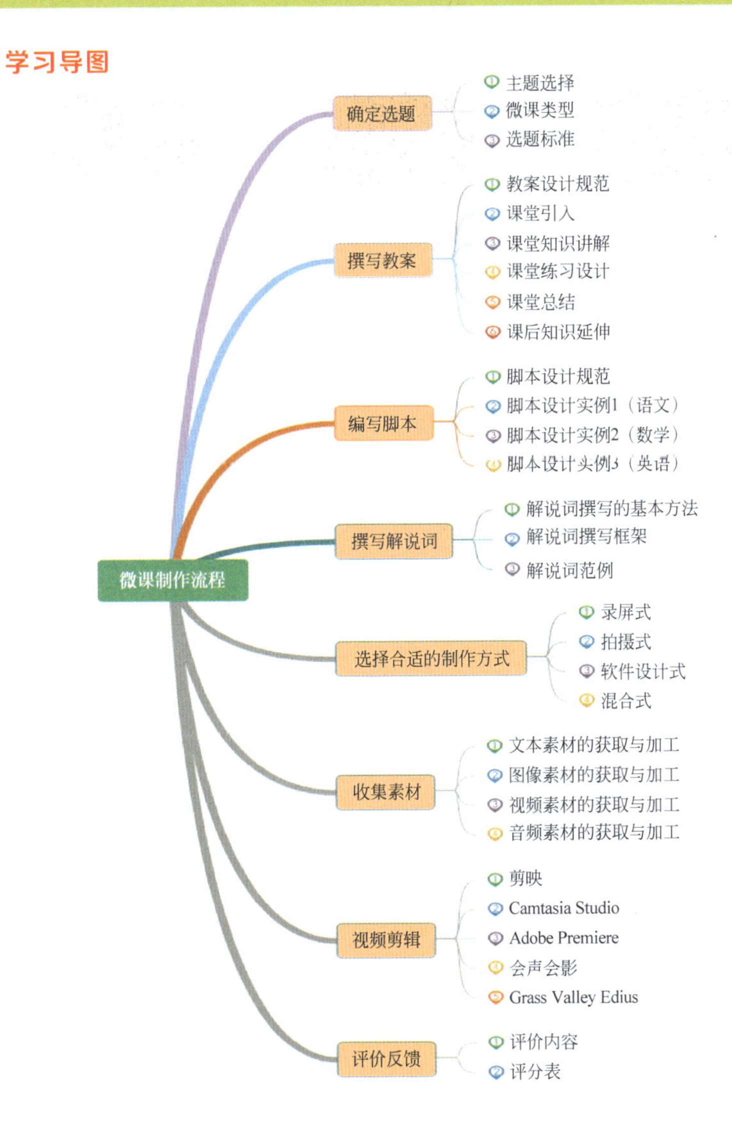

2.1 确定选题

微课制作的首要环节就是选择主题。选择一个合适的主题，在制作微课过程中会起到事半功倍的作用。因此，我们需要静下心来，好好想想自己应该选择怎样一个主题，而不是急于动手，导致中途放弃选题。

2.1.1 主题选择

在确定主题的时候，必须考虑三个要素：一是清晰的对象；二是结合自己熟悉的专业知识，并考虑热点或痛点，"蛇打七寸"；三是要做到"小题大做"，而不是"大题小做"，如图 2-1-1 所示。

图 2-1-1 确定主题的三个要素

1. 清晰的对象

这里的对象，也就是来看你微课的人，这些人是能对你的微课做出判断的人。一个微课并不会适用于所有人，比如有人想学英语，却给他一个语文方面的微课；有人想学医学方面知识，却给他一个天文方面的微课，这样的微课不能起到相应的作用。因此，在选择主题前，我们需要一个清晰的对象。

如果你是一位教师，想用微课向学生传授知识，那首先我们得确定是几年级的学生。每个年级的学生都会有不同的特点，小学一、二年级学生对新鲜事物充满好奇，但注意力难以长时间集中；小学三、四年级学生自我意识快速发展，但是认知水平尚低，易受影响；小学五、六年级学生开始进入少年期，学习兴趣广，求知欲和好奇心增强；初中一年级学生由小学的具体形象思维转变为抽象思维，学习方法有所改变；初二学生进入了青春期，性格比较叛逆。

每个阶段的学生都具有不同的特点，因此，我们的微课也需要相应进行改变，根据对象的特点而设计。比如对象是一、二年级学生的时候，我们的微课需要趣味性较强，避免长时间讲解知识点；如果对象是五、六年级学生，我们的微课可以把知识点拓宽一些，这样会增强学生学习兴趣。

2. 熟悉的专业知识

当你的对象明确后，接下来，便是确定微课内容了。制作微课的目的，是要将自己的专业知识向别人介绍，但需要注意，这并不意味着可以在自己熟悉的专业知识内随意选取主题。

我们需要寻找对象在学习或工作过程中遇到的常见问题或典型问题，也就是我们说的痛点。大家想看到的，并不是已经学会或者熟悉的知识点，而是遇到问题的解决方案。因此，我们要找到学生在学习过程中遇到的难题，站在学生的角度去考虑。

在设计小学语文方面的微课时，我们可以对小学语文课本中的知识点进行梳理，整理出所有的知识点，再从中选择适合于制作微课的内容。比如拼音方面，学生对声母和韵母的学习，可能会存在理解和读音问题，这非常适合微课内容设计；又比如形近字或同音字，学生容易混淆，也适合微课内容设计。

在设计数学方面的微课时，同样道理，我们可以梳理一遍书本知识点，从中找出学生学习的难点，确定微课内容。比如分数和百分数的意义、奇数和偶数、四则运算、平面图形的认识、周长和面积、鸡兔同笼问题等，这些知识点都适合微课内容设计。

在设计英语方面的微课时，也需要找出学生在学习过程中遇到的问题，从他们自身出发，善于发现他们的学习难点，从而制作出对他们有用的微课。比如单词学习、语法学习、口语练习、阅读理解、听力内容等，这些内容都可以作为微课参考内容。

3. 小题大做

微课是相对完整、独立的小型教学资源，时间长度一般不超过10min。作为一个微课体验者来说，超过10min的视频受欢迎程度会直线下降。所以，微课的选题必须要小，内容少且相对独立。选题时，可以选取一个独立的小话题作为切入口，把内容讲通讲透，宁可"小题大做"，不宜"大题小做"。比如："音序查字法""反问句和陈述句的转换""认识东西南北"等选题就属于内容独立、体量适宜的选题。

同时，一个微课的教学目标不宜过多，一般设定一到两个目标即可。目标要尽量具体化、可操作、可量化，不要设计抽象模糊、大而空泛的目标。对于信息含量大的教学主题，则可以采用内容分解的方式，化整为零、逐一制作，最后形成系列微课。

2.1.2 微课类型

微课历经多年的发展，由起初的形式单一，逐渐发展为形式多样化。根据不同的方式可对微课进行多种分类，常见的分类方式有依据课堂教学方式、课堂教学主要环节和微课视频表现形式。其中，依据课堂教学方式是现在比较被大家认可的分类方式，如图2-1-2所示。

2.1.3 选题标准

在开始制作微课之前，选题是微课制作最关键的一环。良好的选题对我们后面的微课制作起到事半功倍的作用，后期讲解、录制、制作微课将得心应手；相反，不好的选题，会让

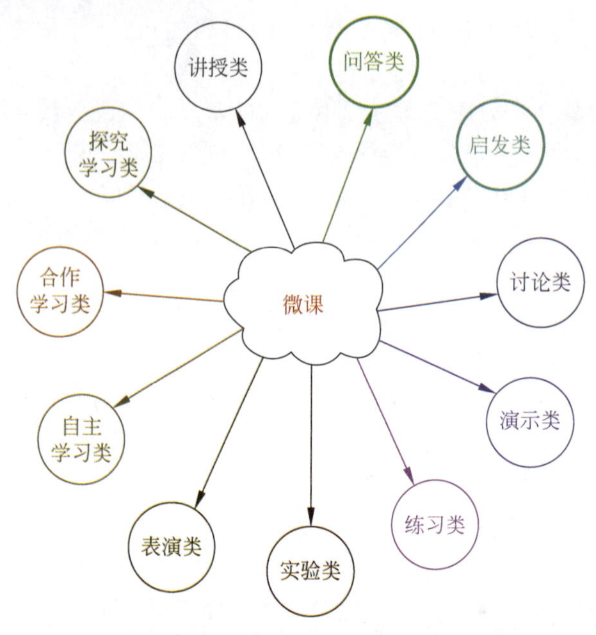

图 2-1-2　依据课堂教学方式的微课类型

我们在制作微课过程中处处受挫，导致微课的内容变得平凡乃至平庸，甚至不得不推翻重来。我们可以从以下两个标准去判断选题，如图 2-1-3 所示。

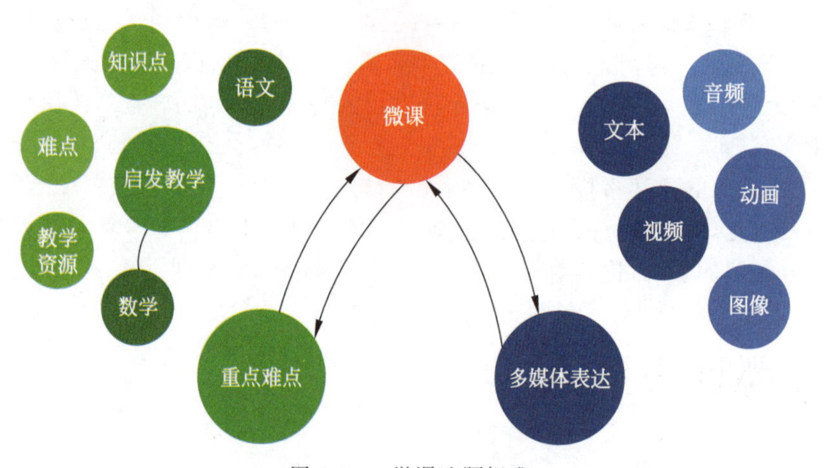

图 2-1-3　微课选题标准

1. 以教学中的重点难点作为选题

一节微课一般讲授一个知识点，对于这个知识点的选择，关乎知识结构的设计，因此寻找教学中的重点难点来制作微课，是一个适合的选择，较为符合微课制作的初衷：教学资源分享、为学生解惑、启发教学。

2. 选题内容要适合用多媒体表达

微课作为一种视频媒体，内容的设计要适合使用多媒体特性，对于不适合使用多媒体表达的内容，制作的结果也许是徒劳的。比如在讲解乘法口诀知识的时候，也许使用黑板教学或进行活动实践的教学效果更佳。如果制作出来的微课，缺少多媒体元素，会使教学过程平庸无奇，令观看者失去学习欲望。因而微课选题要适合使用多媒体表达，适合加入丰富的图形图像、有趣的动画、具备声色的视频。

2.2 撰写教案

根据国家《教育信息化 2.0 行动计划》，微课是其中非常重要的一个载体，它被越来越多的教师所认识和使用，对未来教学模式的转型与发展起到促进作用。为有效发挥微课的特点，教师需要对微课有清晰的认识，找好定位并有针对性地撰写教案，以保障学生的使用效果。

2.2.1 教案设计规范

微课具有碎片化、可视化、结构化与非线性化等特征，能为学生的个性化学习与教师的差异化教学提供支持，它可以呈现碎片化的学习内容、过程及扩展素材的结构化数字资源，由学习视频或交互软件、配套课件、学习基础资料或建议、学案或教案等要素组成。我们在进行教案设计时，需要注意其规范性，可以从以下三个方面去考虑：

1. 完整的结构

一个微课视频只有 3～10min，尽管它的结构与一般的课堂结构不同，其仅仅反映某一节课中的一个知识点，但同样需要有完整的教学结构和知识结构。微课的课堂教学结构应该更紧凑，表现为导入要新颖、迅速，讲授要线索清晰，结尾要快捷、简练。在教学内容上，微课虽然是“碎片化”知识，但仍然有其自身的系统性，需要有完整的知识结构。在微课设计时，要处理好“碎片化”与整体的关系，同时对“碎片化”的知识点也要进行合理分解。

微课只是某节课中的一个点，它作为一个独立的知识点，学生可能会在没有任何知识背景的前提下去了解它，因此设计时要合理选材，不仅要确保知识结构的完整，还要考虑知识点之间的过渡。只有这样，学生才会把已学知识和新知识进行主动建构，以获得完整的知识体系。

2. 有效的交互性

在学习过程中，交互性可以被理解为一种师生双向互动的性质，而微课交互性与传统的课堂交互是不同的。观看微课视频是在虚拟环境下，学生依靠网络平台进行听课、看课，师生之间无法实现现场的互动交流，学生有疑问不能问，教师也没有办法像课堂教学一样从学生那里获得信息的反馈。也就是说，微课教学无论有多精彩，都与现场教学有一定的距离感，它缺少了面对面教学那种知识与情感的交流和师生互动的氛围。

我们在考虑微课教学交互性的时候，首先要考虑的是教师把与教学相关的语言文字等传达给媒体，学生通过媒体接收教学信息，完成学习计划。在教师—媒体—学生的互动中，需要的是人与媒体的同步互动。但是，仅仅做到这一点还不够，因为学生还没有真正参与到学习活动中来，学生没有自主性和选择性。更重要的体现在师生互动，这种互动只能通过教师精心设计来实现。也就是说，教师的教学设计不仅仅是教师的意愿，更要从学生的认知水平、思维特征等方面呈现学习内容。而教学活动中最关键的是思维的互动。如果没有思维的互动，微视频教学也就失去了教学本来的意义。

3. 确保真实性

微课是一种网络虚拟课堂，学生通过网络自主学习，但虚拟并不等于虚无，它只是教学平台的一种迁移。因此，为保证微课能真正起到教学的作用，它应该有逻辑地包含日常课堂教学的诸多元素，使学生在进行微课学习时有一种置身课堂的真实感。这就需要教师在进行微课设计时，一方面要创设真实的教学场景，把学生当作真实的存在；另一方面，还要为学生营造一个真实的“微教学资源环境”，这个“微教学资源环境”是通过教师精心设计“主题资源包”来完成的。

主题资源包以微视频为主线，包括教案、教学课件、教学过程、教学互动、学生学习任务单、课堂练习、课后延伸等，学生在这种真实具体、典型案例化的教学情景中获得新知识，完成知识的重新建构，提高学习水平。

2.2.2 课堂引入

导入对于微课的制作起到非常大的作用，它是微课的先导、序曲或铺垫，是微课的重要组成部分，具有回顾知识、创设情景、激起兴趣、渲染情感、埋下线索、帮助学生在最短的时间内进入最佳学习状态等重要作用。微课导入有许多方法，这里提出微课导入的 9 种基本方法，以便大家根据实际情况灵活选用。

1. 情境导入法

情境导入法的理论依据是建构主义和情境学习理论。微课的情境导入法是指巧妙利用各种现代信息技术手段，创设出符合学生需要的情境，包括问题情境、游戏情境、协作情境、仿真虚拟情境、角色扮演情境等，以引起学生注意，激发浓厚学习兴趣，勾起强烈探究欲望，启发深度思考，引导学习方向，使其进入积极、主动、高效的学习状态。

比如在设计人教版小学数学五年级下册第三单元中《长方体和正方体的体积》一课的时候，使用情境导入法：把一块石头放入有水的玻璃杯中，水面就上升，这是为什么？引起学生的兴趣，使其很快进入学习状态，教师可以顺势指出：物体所占空间的大小叫体积，如图 2-2-1 所示。

图 2-2-1　微课《长方体和正方体的体积》情境导入

2. 回顾导入法

对于回顾型微课或前后知识点联系比较紧密的微课，可采取复习回顾型导入，通过知识点回顾、提问、小结、提炼，配以概念图、思维导图等可视化方法，回顾旧知识、激活经验，建立新旧知识点的联系。

设计这一类的导入，要求制作者认真、细致地梳理清楚新旧课之间知识点的内在联系，精心设计导语使其成为联系新旧知识点的桥梁和纽带，发挥承上启下、温故知新的作用，以达到最佳教学效果。

通过提问复习和新课内容密切相关的已学知识，唤醒先前经验，往往 2～3 个提问就可以引起学生的积极思考，自然而然地过渡到主体部分。

比如在设计北师大版小学数学四年级上册中《角的度量》一课的时候，我们可以使用回顾导入的方法。教师提问："同学们，老师这里有三种滑梯，（动画演示）第一种倾斜度比较小，滑下来很舒服；第二种倾斜度适中，滑下来还不错；第三种倾斜度最大，滑下来最刺激。大家知道这三种滑梯，分别应用了上节课我们学习的哪些知识点吗？"学生回答："第一种滑梯是最小的角，第二种滑梯是较大的角，第三种滑梯是最大的角。"教师转入课题："大家回答得非常正确，对于这三种滑梯的角度，有没有什么工具可以进行测量？"这样便顺利将学生引入量角器的知识点学习，如图 2-2-2 所示。

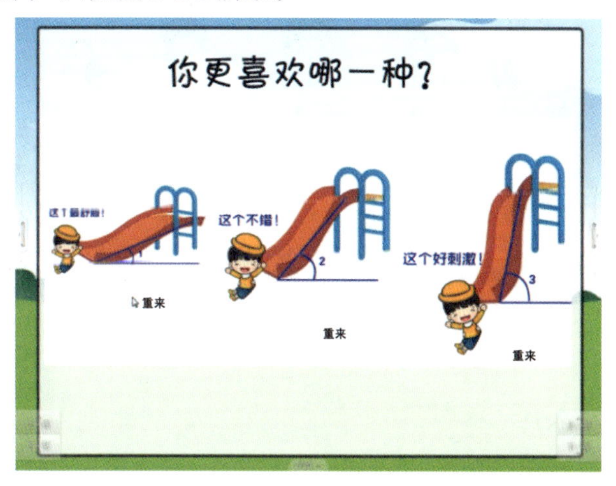

图 2-2-2　微课《角的度量》回顾导入

3. 问题导入法

问题导入法是目前比较常用的导入方法，教师提出悬念性的问题，激起学生的好奇心，使课堂顺势进行。微课中的设问恰似一条无形的牵引线，教师在抛给学生一个有价值的悬念后，慢慢引导学生寻找答案，让学生步步紧跟，保持学生的注意力。

图 2-2-3　微课《认识角》问题导入

比如在设计北师大版小学数学二年级下册第六单元“认识图形”中的《认识角》一课的时候，教师抛出问题：“同学们，兔妈妈新建了一座漂亮的新房子，我们在漂亮的新房子中找一找，有长方形、平行四边形、正方形、三角形、圆，在这些图形中有一个图形和其他四个不一样，它是谁呢?”学生回答：“是圆，因为它没有直直的边、没有角。”于是，很快便把学生引入学习状态，如图 2-2-3 所示。

4. 对比导入法

对于学生感到陌生、抽象、易错、易混淆的知识点，可采用类比、对照的微课导入方法。

比如在设计小学语文四年级上册中《爬天都峰》一课的时候，为了让学生能区分“辫”“辩”“辨”“瓣”四个形近字，我们可以使用对比导入法：“同学们，今天老师为大家介绍四位小伙伴，他们分别是‘辫’‘辩’‘辨’‘瓣’四兄妹。很久很久以前，美丽的皇后生下了四胞胎，他们分别是大姐‘辫’，二哥‘辨’，三弟‘辩’，四妹‘瓣’。他们长得很像很像，老百姓总是认错他们，现在，请同学们跟着老师，来认一认他们吧。”如图 2-2-4 所示。

图 2-2-4　微课《细分“辫”“辩”“辨”“瓣”》对比导入

5. 时事、故事导入法

现在的社会是一个信息时代的社会，报刊、网络、手机、音视频软件无时无刻不在传播着信息，热门新闻总是传递得非常快速。时事具有时效性，它聚焦于公众感兴趣的热点人物、热点事件或奇闻趣事，这对大部分人来说，都是较为感兴趣的。因此，我们设计微课的时候，应善于挖掘时事、故事，寻找与微课学习主题之间看似无关的隐性联系。

比如在设计北师大版小学数学二年级下册中《认识东西南北》一课的时候，以故事形式作为引入，视频主人公小明想去图书馆，可是他不认识路，妈妈告诉他，出门往西直走大约200m就到了。这时候，不懂辨别方向的小明就会提疑问：哪里是西？这样很自然就把学生引入方位的学习中，如图2-2-5所示。

图2-2-5 微课《认识东西南北》故事导入

6. 演示导入法

演示实验属于直观教学，教师通过演示实验过程，展示实验现象，引导学生观察、思考、分析实验现象，得出结论。演示实验具有直观性、趣味性、过程性、变化性和启发性等特点，能为学生提供直观、丰富、系统的感性材料，创设出理想的教学环境，充分发挥教师的引导和示范作用。

作为微课导入的演示实验，因为导入时间宜短不宜长，所以无须完整演示整个实验过程，可以采用倒叙与设置悬念法——先集中展示最精彩、最神奇、最有悬念、最具震撼效果的部分，再设置疑团或悬念，引出演示实验背后的概念、原理等知识点。

7. 倒叙导入法

时事、典故、故事导入法在实际运用时往往与倒叙导入法一并使用，通过倒叙法巧妙设置悬念，时机成熟后再引出学习主题，激发学生浓厚的学习兴趣，产生引人入胜、欲罢不能、类似说书人“欲知后事如何，且听下回分解”的特殊效果。

比如在设计顺德区初中信息技术教材七年级上册中《实现电子表格自动计算》一课的时候，我们可以使用倒叙导入方法：用Excel软件打开前一节课制作的电子表格“‘校园小歌手’初赛初一级评分表”，显示各位选手的评委总分、最高分和最低分，并告诉学生这是使用软件快速算出来的。询问大家，想知道是怎样用软件算出来的吗？于是，便成功把学生带入了课堂，如图2-2-6所示。

第二节　实现电子表格自动计算

“校园小歌手”初赛初一级评分表

编号	姓名	性别	参赛歌曲	评委1	评委2	评委3	评委4	评委5	评委总分	最高分	最低分
01	喻岩红	女	明天你好	71	79	79	74	73			
02	王国林	男	菊花台	78	81	76	80	81			
03	王丽	女	幼稚园	89	84	85	78	86			
04	李林	男	花田错	72	73	79	80	75			
05	彭旭	男	海阔天空	73	75	72	74	71			
06	葛川	男	逍遥叹	80	75	76	78	80			
07	潘红	女	放生	90	89	85	89	82			
08	彭理凯	男	后来	75	80	85	76	78			
09	张学红	女	他不爱我	90	92	86	83	90			
10	吴桃雪	女	落花	78	80	81	79	80			
11	范玲平	女	下个路口见	85	82	83	84	80			
12	赵明奇	男	快乐你懂得	78	76	79	72	70			
13	李雪	女	亲爱的，同学	83	85	82	80	76			
14	章梁怡	女	最好的我们	85	79	82	81	82			
15	谢道泉	男	愿得一人心	78	76	71	79	76			

任务：分别算出各位选手的评委总分、最高分和最低分。

图 2-2-6　微课《实现电子表格自动计算》倒叙导入

8. 媒体导入法

传统的课堂导入，不太重视多媒体导入，多采用单一媒体进行导入，效率不高、效果不理想。微课导入可以综合运用文本、图形、图像、图表、音频、动画、视频、概念图、思维导图等媒体，充分发挥多媒体的互补优势，使得导入时间更短、更动态、更可视化、更富内涵。数字故事是融教育性、哲理性、趣味性、艺术性于一体的多媒体，是微课高效、常用的多媒体导入方式。

图 2-2-7　微课《学写留言条》媒体导入

比如在设计人教版小学语文二年级上册中《学写留言条》一课的时候，我们可以这样设计：通过图片和文本，描述喜羊羊和小灰灰对话画面，喜羊羊想邀请小灰灰到青青草原玩耍，但小灰灰妈妈不在家，怕妈妈回来看不到自己，会担心。于是，喜羊羊想了一个好方法，引出喜羊羊课堂——学写留言条，如图 2-2-7 所示。

9. 案例导入法

案例导入法是目前被广泛采用的教学方法之一。微课导入以典型案例引出学习主题，具有真实可信、鲜活生动、启迪智慧、训练能力、举一反三、触类旁通等优势。具体运用时，一是案例选择要精当，二是要有必要的知识储备，三要注意引导案例分析、小组讨论的方向。

2.2.3 课堂知识讲解

微课内容必须体现课程要求，与现行使用的教材配套，并适应学生个性化学习与教师差异化教学的需求。然而，当下有许多教师把重心放在微课制作技术上，如注重课堂教学活动的视频拍摄、视频的软件制作效果，一味强调视频声音和画面的精美，在编辑时间上投入过多；而对微课的教学内容设计、教学策略、教学活动的实施等核心环节重视不足，导致微课的教学效果不佳。在内容的设计上，我们可以从以下三方面去处理。

1. 知识点的微型化处理

在选定教学内容的基础上，要对其进行微处理。根据微课时长短、知识粒度小的特点，在内容分割上，把课程分割为不同的教学过程。我们可以把步骤总结为：一、揭题设问，激趣导入；二、切入主题，逐步推进，引发思考。

2. 合理运用现代多媒体技术

媒体设计决定微课最终的表现形式，其优劣性直接决定了微课的质量。目前微课视频的媒体呈现形式多样，有拍摄型微课、录制型微课、软件合成型微课、混合型微课等。如果对多媒体软件不熟悉，可以选择拍摄型制作方式。我们需要准备好拍摄需要的材料，如文字、图片、视频、音频、工具、材料等。布置好拍摄场景，要有合适的背景和适当的灯光，再架设好摄像机，便可以拍摄出微课视频。

在微课制作方式选择上，如果微课内容更倾向于常规讲解，应择优选用 PPT 录制方式。用 PPT 软件进行微课制作，可以完整地录制 PPT 课件的内容，包括教师的同步讲解、图片展示、视频演示、动画演示、操作过程、背景音乐等。在准备好精心设计的 PPT 课件，设置好音频和摄像头、屏幕像素、灯光、环境，熟悉讲稿、理清思路，完成这些准备工作后，教师只需要在 PPT 中设置好录制模式，就可以完成微课视频的录制。

在微课制作方式选择上，如果微课内容更倾向于趣味演示，择优选用动画制作方式。可以制作动画式微课的软件有很多，如万彩动画大师、Camtasia、剪映或者来画软件，建议大家选择自己熟悉的软件。在微课视频制作上，需要设计多个动画，有动漫人物角色、动画场景、故事情节等，用于增强学生的认知，以达到相应的教学效果。

3. 加强艺术表现力和情境感染力

可用性设计源于设计学领域的研究成果，本指企业为客户提供 Web 产品情绪情感体验设计的流程和方法。在国内,顾小清等也提出了微型移动学习的可用性设计研究,他们认为,“对于微型移动学习的设计,除考虑内容、媒体的设计之外,还需要从用户的角度,对其可用性进行设计”。

微课一般用于网络教学视频,也需要满足在线学生为达到学习目标、完成学习任务的积极情感体验。尤其是现今信息时代,数字化教育资源已颇为丰富,要提高微课的应用程度,必然要从学生的角度出发,提高重视可用性设计的意识。我们可以从以下三方面考虑:

一是巧妙设计情景性的教学活动,为学生创设良好的学习情境。如在微课知识讲述开始前,精心选用几幅电影动画片《大鱼海棠》里的经典彩色插图,加上一段轻松的背景音乐,构建一个给学生视听觉带来唯美效果的童话情境,引人入胜,并为下文提问与讲解作铺垫。

二是注重课件的排版,提高微课的视觉效果。如注重动静结合、图文并茂、字体和字号搭配、颜色搭配以及字行、段距错落有致等课件制作的原则与要求。值得说明的是,图片的排版率在50%~90%,不宜过于花哨;充分利用软件的动作效果,对所添加的图片设置不同的动作,增强动态感;在字幕的文字方面,主要采用微软雅黑和宋体的字体搭配,颜色要协调。

三是注重教师讲解的专业性和艺术性,结合教学需要,选择适当的讲解节奏,语速流利,尽量避免口头禅的出现等。

2.2.4 课堂练习设计

微课不是一个单纯的视频,而是包括视频在内的微课件、微学案、微练习、思考题等。一个没有设计练习、提出问题的微课,其学习效果只能是满足学生的视觉感官的愉悦,而没有深度、互动、思考的学习,因此练习要适当设计,最好分层次,进阶练习,问题也需要设计并在恰当的时机提出,如口头提问、板书字幕提问等。好的微课学习,不能仅限于微课视频的时长,如8min,而是在视频中或视频外还有问题、练习的设计,使学生在微课视频学习之前、之中、之后能够形成完整的、深度的、连续的学习链条。

2.2.5 课堂总结

这一环节是微课设计中不可缺少的一个部分,虽然这个部分看起来作用不是很大,但如果设计得好,可以起到点睛的作用。在微课结束的时候,进行简短的回顾,对前面教学知识点进行总结,时间不要太长,最好不超过1min。以下是两种总结的方式,仅供大家参考使用。

1. 知识归纳式小结

所有的课堂小结都包含知识点归纳,这种方式是最基本并且应用最广泛的课堂小结方式。它主要通过师生共同回顾本堂课所学的主要内容,把新学内容梳理一遍,使学生通过小结,对本课内容有一个整体、系统的认识,力求达到更深层次的理解。

2. 前后呼应式小结

在课程引入时，有时候以一个思考型问题引发学生的反思、质疑，顺理成章地进入新知识的探究与学习；或者在引入时，师生共同提出一个观点、猜想，通过一堂课的活动，来验证这些观点与猜想等。在课程结束前，应该再回到引入，对问题做出正确而完整的解答，对观点、猜想做出合理而肯定的解释。如果对引入所提出的问题、观点不了了之，会使之出现相反效果，有时甚至使学生产生错误认识，做出错误判断，影响以后的学习。

2.2.6 课后知识延伸

课后知识延伸正是课堂教学的继续和发展，是培养学生将微课知识应用于解决问题，提高学生创新思维和实践能力的重要途径。

1. 根据不同课题，设置生动有趣的课外生活实践作业

传统的家庭作业，主要局限于强化巩固性练习，仅仅是布置几道教学习题，让学生课后完成而已。很多学生感到作业单调、枯燥、索然无味，往往随便应付了事。根据不同的学习内容，巧妙地设计课后作业，会提高学生的学习积极性，并能有效培养学生的实践能力。

2. 注重发挥学生潜能，发布网上学习资源

学生是学习的主体，我们要充分发挥他们的学习主动性，挖掘他们的学习潜能。在微课视频中，我们可以通过网址或二维码的方式，向学生提供与本课学习相关的拓展资源，以供他们课后学习使用。

2.3 编写脚本

脚本，通常指表演戏剧、拍摄影视等所依据的底本或文稿的设计。同样道理，微课作为一种视频呈现形式，也需要一个文稿。微课相比较于影视，它需要观看者从中学习到相应技能，因而微课的脚本设计要求会更高。和常规教学设计相类似，我们在决定制作微课后的第一件事，不是去想画面如何呈现，而应该对所讲授内容进行脚本设计，以帮助我们理清内容的逻辑关系，把问题讲得清楚且生动有趣。

2.3.1 脚本设计规范

微课脚本设计应该记录什么呢？从其设计规范来看，可以总结为两点：第一点，是记录

教师个体对教学内容的理解；第二点，是记录教师帮助学生认知的教育策略、教学方法和其与学生的情感活动。

从脚本内容上来看，应该包括课题名称、知识点来源、基础知识、教学类型、设计思路、教学过程这些环节。这里提供一个基础模板，供大家参考，如表 2-3-1 所示。

表 2-3-1　微课脚本设计模板

<table>
<tr><td>微课名称</td><td colspan="3">***</td></tr>
<tr><td>知识点来源</td><td colspan="3">学科：语文/数学/英语/ ** 年级：* 年级 教材：*** 版 ** 年级 ** 册</td></tr>
<tr><td>基础知识</td><td colspan="3">1. 学生已掌握知识……；2. 学生已准备好本节课 *** 知识预习</td></tr>
<tr><td>教学类型</td><td colspan="3">□讲授型 □演示型 □实验型 □表演型 □问答型 □启发型 □讨论型 □练习型 □探究学习型 □自主学习型 □合作学习型</td></tr>
<tr><td>设计思路</td><td colspan="3">整节微课的设计线索，教师设计了课程的 *** 内容，从而使学习者达到学习目的</td></tr>
<tr><td colspan="4">教学过程</td></tr>
<tr><td></td><td>内　容</td><td>画　面</td><td>时　间</td></tr>
<tr><td>一、课堂引入
(** s)</td><td>课堂引入(可以参考 2.2.2 课堂引入章节)</td><td>图片、视频、动画等</td><td>** s 左右</td></tr>
<tr><td rowspan="4">二、课堂讲授
(** min ** s)</td><td>1. 课程内容环节 1</td><td>文本、音频、图片、视频、动画等</td><td>** s 左右</td></tr>
<tr><td>2. 课程内容环节 2</td><td>文本、音频、图片、视频、动画等</td><td>** s 左右</td></tr>
<tr><td>3. 课程内容环节 3</td><td>文本、音频、图片、视频、动画等</td><td>** s 左右</td></tr>
<tr><td>4. 根据需要增加环节</td><td>文本、音频、图片、视频、动画等</td><td>** s 左右</td></tr>
<tr><td>三、课堂小结：
思维导图(** s)</td><td>教师引导学生进行小结</td><td>文本、动画等</td><td>** s 左右</td></tr>
<tr><td>四、教学反思
(自我评价)</td><td colspan="3">本节课教师带领学生进行了 *** 学习，微课视频采用了 *** 设计方式，学生在学习的过程中接受的情况 ***，***(未)达到教学目标，课程设计的优点在于 ***，存在 *** 方面的不足，需要 *** 改进</td></tr>
</table>

2.3.2　脚本设计实例 1(语文)

微课在语文学科应用较为广泛，通过微课制作，可以将一些难以理解的知识转化为生动有趣的视频内容，便于学生接受。《部首查字法》是二年级上册语文园地二的学习内容，下面我们来看看它的一个设计实例，如表 2-3-2 所示。

表 2-3-2 《部首查字法》脚本设计实例

录制时间：2021 年 5 月 12 日　　　　微课时长：6min50s

<table>
<tr><td>微课名称</td><td colspan="3">我学会部首查字法</td></tr>
<tr><td>知识点来源</td><td colspan="3">学科：语文 年级：二年级 教材：人教版二年级上册语文园地二</td></tr>
<tr><td>基础知识</td><td colspan="3">1. 学生已有用音序查字法查字的经验；2. 学生已经预习了本节课内容</td></tr>
<tr><td>教学类型</td><td colspan="3">√讲授型 □演示型 □实验型 □表演型 □问答型 □启发型 □讨论型 □练习型
□探究学习型 □自主学习型 □合作学习型</td></tr>
<tr><td>设计思路</td><td colspan="3">本节课用学生喜爱的钓鱼游戏作为引入，把“部首查字法”与“钓鱼”巧妙地结合在一起，并告诉孩子：要想把鱼钓起来就需要精心准备好鱼饵，而鱼饵就是我们要查的生字的部首。通过例子引入，结合孩子们的实践操作，一步步地引导孩子们掌握部首查字典的方法。最后，把查字典的方法及注意事项编成一首儿歌，通过朗朗上口的儿歌，孩子们就能轻轻松松地掌握好部首查字法</td></tr>
<tr><td colspan="4">教学过程</td></tr>
<tr><td></td><td>内　容</td><td>画　面</td><td>时　间</td></tr>
<tr><td>一、课堂引入
(40s)</td><td>今天老师给你们请来了一位熟悉的好朋友，我想用一个谜语来介绍它：这位朋友不开口，肚子学问样样有。谁要有事请教它，还得自己去动手。对了，它就是我们的好朋友《新华字典》</td><td>文本、图片</td><td>40s 左右</td></tr>
<tr><td rowspan="5">二、课堂讲授
(5min20s 左右)</td><td>介绍查字典的方法。查字典有三种方法：
第一种，音序查字法；
第二种，部首查字法；
第三种，笔画查字法</td><td>音频、图片</td><td>100s 左右</td></tr>
<tr><td>练习“音序查字法”，学习“部首查字法”的方法：
1. 什么叫“部首查字法”呢？
2. 创设情境。
3. 查字典步骤</td><td>文本、音频、图片、视频、动画等</td><td>70s 左右</td></tr>
<tr><td>归纳学法：我们归纳“部首查字”三部曲：1. 找部首；2. 数笔画(除部首外)；3. 找汉字。同学们，你学会了吗</td><td>文本、音频</td><td>50s 左右</td></tr>
<tr><td>归纳规律：1. 独体字；2. 左右均是部首；3. 上下均是部首</td><td>文本、视频</td><td>60s 左右</td></tr>
<tr><td>练习：相信你们都把老师教的方法记下来了，赶紧拿起字典查查下面的字吧！
<table><tr><td>查的字</td><td>部首</td><td>数笔画</td><td>页码</td></tr><tr><td>笔</td><td></td><td></td><td></td></tr><tr><td>科</td><td></td><td></td><td></td></tr><tr><td>月</td><td></td><td></td><td></td></tr></table></td><td>文本</td><td>40s 左右</td></tr>
<tr><td>三、课堂小结：
(50s)</td><td>瞧，今天我们帮小明钓了好几条大鱼呢！他多开心呀！看，部首查字法的用处可真大，只要我们善于思考，勤于动手，我们就能学更多的知识啦！</td><td>文本、动画等</td><td>50s 左右</td></tr>
<tr><td>四、教学反思
(自我评价)</td><td colspan="3">孩子们平时遇到不认识的字，经常请家长、小伙伴、老师帮忙，甚至有的索性跳过，很少有学生愿意通过查阅字典认识更多的汉字和词语，因为他们觉得动手查麻烦又浪费时间。所以，我抓住这次教授“部首查字法”查字典的机会，给学生创设一种轻松参与、合作学习的气氛，让学生通过实践学习并能熟练使用部首查字法查找生字，从而爱上字典这个学习的好帮手</td></tr>
</table>

2.3.3 脚本设计实例2(数学)

数学世界存在着各种各样有趣的知识,有计算、几何图形、方程等,许多学生在学习数学知识的时候,会遇到各种各样的问题,而微课的出现,正好为他们学习数学找到了突破口。现在许多数学教师都喜欢把一些常见的数学难题制作成微课,以供学生自主学习。下面以一节数学课作为设计范例,供大家参考,如表 2-3-3 所示。

表 2-3-3 《长方体和正方体的体积》脚本设计实例

录制时间:2021 年 5 月 10 日　　　　微课时长:7min49s

微课名称	长方体和正方体的体积		
知识点来源	学科:数学 年级:五年级 教材:人教版《数学》 章节:第三单元		
基础知识	学生已经认识长方体和正方体,知道它们的特点		
教学类型	□讲授型 □演示型 □实验型 □表演型 □问答型 √启发型 □讨论型 □练习型 □探究学习型 □自主学习型 □合作学习型		
设计思路	本微课通过形象的画面和具体的题目来讲解如何求长方体和正方体的体积,学生能掌握并理解求长方体和正方体的体积公式,并在教师所呈现的场景问题中进行仔细观察,发现规律,总结体积公式,并及时进行知识运用加以巩固,以达到举一反三的效果		
教学过程			
	内　容	画　面	时　间
一、情景创设 (30s 以内)	内容:把一块石头放入有水的玻璃杯中,水面就上升,这是为什么?	PPT、动画	30s 以内
二、新知学习 (6min30s 左右)	1. 想一想:怎样比较物体的体积	PPT、动画	30s 以内
	2. 本节内容提示	动画	20s 以内
	3. 探究长方体的体积公式	PPT、动画	2min 左右
	4. 长方体体积公式的运用	PPT	1min42s 以内
	5. 探究正方体的体积公式	PPT、动画	1min 左右
	6. 正方体体积公式的运用	PPT	1min
三、结尾 (40s 以内)	总结本课内容,下节展望	PPT	40s 以内
四、教学反思 (自我评价)	通过这节课的学习,同学们知道了长方体体积与它的长、宽、高有关,正方体的体积与它的棱长有关,掌握了长方体和正方体体积的计算方法,并能正确进行计算和解决相关的实际问题,而且在学习的过程中充分让学生观察,自己去猜测、发现、验证、总结规律和算法,学生学习的过程是轻松的,知识掌握是牢固的。不足的是:在我们推测长方体的体积公式时,没有正确的方法作支撑,因此在以后的教学过程中我会刻意地引导或教给学生方法,注意教学中的每一个细节,充分发挥学生间的互帮互助作用,使我的课堂教学效率得到更大的提高。此外,本节课学生的练习虽然有层次,但量不够,难度不够		

2.3.4 脚本设计实例3（英语）

英语学科具备了微课制作的大部分条件，它具有情景多、素材丰富、制作方便等特点，因此，许多英语教师喜欢将一些英语知识点制作成微课，提供给学生自主学习。下面展示一个英语微课脚本设计范例，仅供大家参考，如表2-3-4所示。

表2-3-4 《一般将来时》脚本设计实例

录制时间：2021年5月5日　　　　微课时长：8min6s

微课名称	一般将来时
知识点来源	学科：英语 年级：六年级 教材：人教版《英语》 章节：第三单元
基础知识	学生已经提前预习本课学习内容
教学类型	□讲授型 □演示型 □实验型 □表演型 □问答型 □启发型 □讨论型 □练习型 □探究学习型 □自主学习型 √合作学习型
设计思路	本微课通过姚明这一主人公引入主题，然后创设姚明夏季篮球训练营这一情景主线与活动任务，感知一般将来时肯定句的基本结构，并能运用一般将来时的句型结构表达自己的理想职业

教学过程

	内容	画面	时间
一、情景创设 （40s以内）	1. “猜一猜”引入姚明这一主人公，通过视频引入一般将来时 be going to＋动词原形。 2. 通过不断提问的方式启发学生初步感知一般将来时肯定句的基本结构	图片、视频	40s以内
二、新知学习 （6min36s左右）	1. 对一般将来时进行解释；强调一般将来时需要注意的两点：①be动词三种形式；②谓语动词用原形	动画、音频、图片	50s以内
	2. 通过创设情景，激发学生兴趣，为下一步的巩固复习做准备	动画	40s以内
	3. 任务一：通过练习巩固一般将来时的结构：be going to＋动词原形	音频、动画	2min10s左右
	4. 任务二：小调查，通过小组合作学习，进行对一般将来时结构的不断操练	图片	1min50s以内
	5. 任务三：对本节课知识的输出，新旧知识结合，提高学生的综合语言运用能力	图片、动画	1min6s左右
三、结尾 （50s以内）	一般将来时：be going to＋动词原形。①时间状语：next系列、tomorrow系列、in系列；②be动词三种形式；③谓语动词用原形	文本	50s以内
四、教学反思 （自我评价）	这节课通过主人公姚明引入主题，并让同学们初步感知一般将来时肯定句结构。然后创设“姚明夏季篮球训练营”的情境，结合任务型教学模式，层层递进，方法新鲜有趣，学生兴趣浓厚，乐于接受。同时，学生在完成任务过程中，将枯燥的语法知识变成了活泼的任务活动，课堂气氛浓厚		

2.4 撰写解说词

解说词在微课的设计中有着非常重要的作用，也是微课画面可视化的蓝本，编写好的解说词，是制作一个好微课的开始。带解说的微课更加贴近真实的课堂教学情境，容易被学生接受。需要注意的是，微课中的解说词是对画面信息的必要解释、说明、提示、补充，不是对画面文字的简单重复。在本节，我们一起去学习如何撰写解说词。

2.4.1 解说词撰写的基本方法

解说词在微课中是配合画面进行解释性解说的文体，它是一个有机的整体，和画面有着关联但又有相对的独立性，在微课录音的时候需要尽可能一次快速讲解通过。因此，建议刚开始微课制作的制作者们通过书写解说词的方式来细化自己讲解的语言，这样才能在录音的时候准确、精练地表达。在这里，提供三个撰写解说词的基本方法，供大家参考，如图 2-4-1 所示。

图 2-4-1 解说词撰写的基本方法

1. 解说词的结构化

结构化是将解说词按照一定的组织顺序拼接为多个互相关联的组成部分，各组成部分间有明确的层次结构，通常我们会采用序列的要点进行解说词编写，这样也方便我们的语言组织，结构化也能让学习者更容易理解内容。

2. 解说词的通俗化

微课是声画结合的艺术，画面在前，声音在后，因此解说词就应该口语化，使用通俗易懂的讲解才能在短时间内让学习者接收你讲解的信息，如果解说词幽默就会更吸引学习者。记住，人们喜欢听自然通俗的讲解，而不是机器翻译出的句子。

3. 解说词的情感化

微课能有生命力，就是因为微课简洁化和多样化，微课的讲解应该更多地融入教师的情感元素和隐形知识。因此，带有情感的解说也是微课脚本编写时需要着重考虑的。在解说词的录制中，我们还需要注意自己的语音、语速、语调、节奏、情感等因素。很多教师在话筒前面，说话往往感觉不自然，录制的语音给人以生硬、呆板、有形无神的感觉。因此，教师在录音前需要调整好自己的感觉、心理状态，才能录制出效果理想的解说词。

2.4.2 解说词撰写框架

解说词需要参照画面内容单独撰写，既要有针对性地补充画面信息，又要能够起承转作用，连接贯通整个微课。下面提供一个解说词设计模板，供大家参考，如表 2-4-1 所示。

表 2-4-1 解说词设计模板

微课类型		制作方式		撰写人	
微课题目		撰写日期		审核日期	
脚本说明	此处说明本课程的呈现形式、总时长、PPT 数量以及录制注意事项等内容				
课程介绍	用于介绍课程的文字，应能既精准描述课程内容，又能吸引学习者观看。不超过 200 字				
编号	画面内容	解说词		时长	效果说明
此处以 PPT 页码为例进行编号	PPT 标题文字及主要内容	此处应写出解说词的全文，可包含“对话”内容，语气标注等； 每门课程录制完成后的时长应为 3～7min，按照正常语速，每分钟可以讲 200 字； 解说词应避免使用长句、复合句及生涩词汇（如有，必须予以解释）、生僻字（请标注汉语拼音）； 解说词应尽量简洁、口语化，需要时，可对语气进行标注		以秒为单位	对 PPT 的呈现形式、动画效果等进行说明
视频拍摄内容（此处为镜头编号）	描述场景及人物活动	主要描述对话、旁白等内容		以秒为单位	对视频拍摄内容及镜头运用等进行说明

2.4.3 解说词范例

微课解说词通常通过语音或同期声字幕在视频中呈现，要在短短几分钟内讲解清楚你的教学内容，解说词就应该尽可能简练和清晰。下面是一个范例，供大家参考，如表 2-4-2 所示。

表 2-4-2 《我学会部首查字法》解说词设计范例

微课类型	讲授型	制作方式	PPT 录屏方式	撰写人	凌春球
微课题目	我学会部首查字法	撰写日期	2021.5.1	审核日期	2021.5.2
脚本说明	总时长：约 7min30s，PPT 幻灯片页数：12 页； 呈现形式：PPT 录制，麦克风解说，PPT 中有图片、视频、音频、动画等，多种形式表现				

续表

课程介绍	在本节课，本人用孩子喜爱的钓鱼游戏作为引入，把“部首查字法”与“钓鱼”巧妙地结合在一起，并告诉孩子：要想把鱼钓起来就需要精心准备好鱼饵，而鱼饵就是我们要查的生字的部首。通过例子引入，结合孩子们的实践操作，一步步地引导孩子们掌握部首查字典的方法。最后，本人把查字典的方法及注意事项编成一首儿歌，通过朗朗上口的儿歌，孩子们就能轻轻松松地掌握好部首查字法啦！			
编号	画面内容	解说词	时长/s	效果说明
1	猜谜语导入	今天老师给你们请来了一位熟悉的好朋友，我想用一个谜语来介绍它：这位朋友不开口，肚子学问样样有。谁要有事请教它，还得自己去动手。对了，它就是我们的好朋友《新华字典》。我们呀，在一年级的时候就跟它认识了。这位好朋友可真厉害，一旦我们碰到学习上的困难，就可以找它帮忙啦！	40	图片展示、声音描述
2	介绍查字典的方法，查字典有三种方法	我们来看看查字典的方法，查字典有三种方法：第一种，音序查字法；第二种，部首查字法；第三种，笔画查字法	30	动画播放
3	什么叫“部首查字法”呢？	1. 什么叫“部首查字法”？ “部首查字法”就是利用汉字的部首来查字。如果不知道这个字的读音，而我们知道它的部首是什么，这时候我们就可以用部首查字法啦。其实呀，用部首查字法就像我们钓鱼一样，我们要查的字就是我们要钓到的大鱼，而部首就是鱼饵，只要我们找对了鱼饵，鱼就会上钩了！	50	图片演示
4	创设情境	一天，小明和小红去郊外钓鱼，小明突然看到清澈的湖水里游着一条大鱼，他很想钓到这条大鱼把它送给妈妈，可是怎样才能钓到呢？我们拿出《新华字典》帮帮他吧！	20	视频演示
5	查字典步骤	用部首查字法查字的步骤和音序查字法有些相似，音序查字法首先要确定这个字的音序是什么，而部首查字法则是要找出这个字的偏旁部首，并数清笔画，例如大鱼身上的“明”字，它的部首是“日”，共4笔，然后在“部首检字表”的“部首目录”中找到这个部首，看清部首旁边的页码，并按这个页码在“检字表”中找到部首相应的位置，接下来你要做的是数一数“明”字除部首外还剩多少笔，如明字除部首外还剩4笔，那你就要在相应的笔画数范围中找这个字啦！你看，“明”字就在这里啦！	70	文本描述、图片展示
6	归纳学法	我们归纳“部首查字”三部曲： 1. 找部首；2. 数笔画(除部首外)；3. 找汉字。 同学们，你学会了吗？	40	文本归纳

续表

编号	画面内容	解说词	时长/s	效果说明
7	归纳规律	归纳规律：1. 独体字；2. 左右均是部首；3. 上下均是部首。 可是呀，钓鱼并不是一件简单的事情，要想鱼儿上钩，你还要多花费心思准备好鱼饵呢！这天小明钓鱼的时候就遇到好几条特别大的鱼，他很想把它们都钓上来，你能帮帮他吗？	20	图片展示
8	总结规律	第一条大鱼是独体字，你应该怎样帮他准备好鱼饵呢？没错，独体字只需要查起笔，例如“日”字，你只需要查竖，然后再数剩下的笔画就可以啦！老师把它归纳成一句口诀：独体字，怎么办，查起笔，能找见	20	图片展示、声音描述
9	总结规律	第二条大鱼比较特别，这个字的两边在平时都可以做部首，例如“页码”的“码”，这时候应该怎么做呢？不用怕，老师教你一个小妙招：字两边，有部首，取左边，弃右边。这时候肯定会有善于思考的同学问：“老师，你说的是左右结构，那上下结构呢？怎么办呀？”不用急，老师还有一句口诀：字头上，有两部，取上头，舍下边。我们平时用来写字的“笔”，这个“笔”字就是一个很好的例子啦！不信？赶紧动手查一查吧！	70	文本描述
10	口诀归纳	我们一起把刚刚的口诀归纳起来吧： 遇生字，不会念，找部首，是关键。 寻部首，并不难，记规律，极方便。 独体字，怎么办，查起笔，能找见。 字两边，有部首，取左边，弃右边。 字头上，有两部，取上头，舍下边。 摸规律，抓要点，生难字，能找见	30	音频归纳
11	课堂练习	相信你们都把老师教的方法记下来了，赶紧拿起字典查查下面的字吧！	30	文本练习
12	课堂小结	瞧，今天我们帮小明钓了好几条大鱼呢！他多开心呀！看，部首查字法的用处可真大，只要我们善于思考，勤于动手，我们就能学更多的知识啦！	30	文本总结

2.5 选择合适的制作方式

随着现代教育技术的不断发展，微课制作的方式越来越多，制作出来的视频也越来越多样化。在众多的制作方式中，我们需要选择一种自己喜欢的制作方式，才能将自己的设计付诸实施。接下来，给大家介绍一些制作方式，供大家参考选择。

2.5.1 录屏式

录屏式制作是比较常见的一种制作微课的方式，它制作起来难度不大，只需要一个麦克风，再配合课件，便可完成。这种制作方式，对课件的要求较高，录制者需要全程对着课件进行模拟上课，课件质量的高低会直接影响微课的教学效果。

1. 录屏软件

目前录屏软件非常多，可以满足多种录屏需求，比如：EV 录屏、Faststone Capture、ScreenToGif、Camtasia、嗨格式录屏大师等。在这里，我们给大家推荐 EV 录屏软件。下面，来看看它的使用方法吧。

EV 录屏软件由一唯科技公司设计，供大家免费使用，它是一个集视频录制与直播功能于一身的桌面录屏软件，支持 Windows 系统、Mac 系统、安卓系统，且录制的视频无水印。

EV 录屏软件可以进行录制区域设置、录制音频设置、添加文字或图片水印、嵌入摄像头、定时录制、设置麦克风和系统声音大小等，其界面如图 2-5-1 所示。

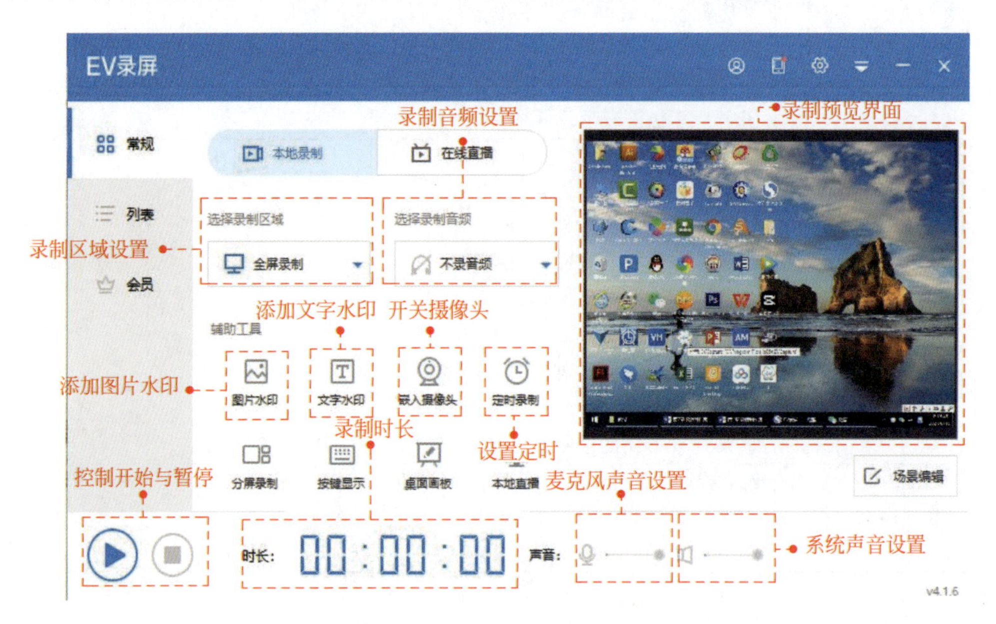

图 2-5-1 EV 录屏软件界面

在 EV 录屏软件的右上方，有设置按钮，可以进行录屏设置，有视频帧率、画质级别、音频码率、音频采集样、编码级别、保存文件格式、保存目录等功能，如图 2-5-2 所示。

在设置界面，可以对光标效果进行设置，有设置光标阴影功能，如图 2-5-3 所示。

在设置界面，还可以设置快捷键，如图 2-5-4 所示。

下面来看看录制方法，按下开始录屏按钮或者快捷键(可查看图 2-5-4)后，倒计时提示开始录制，如图 2-5-5 和图 2-5-6 所示。

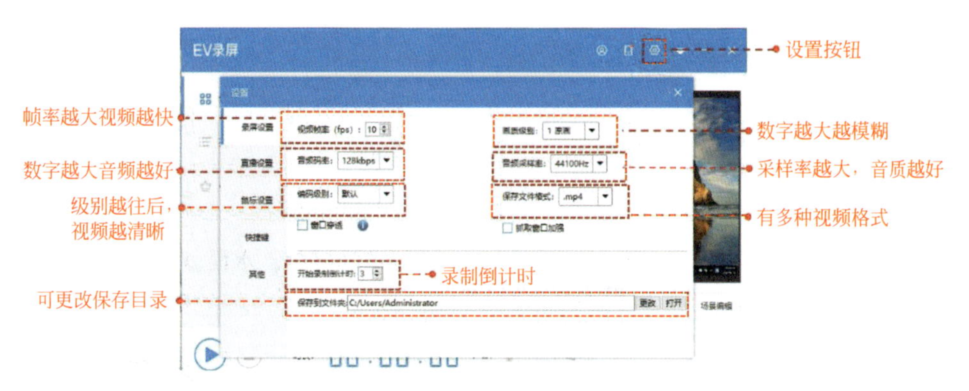

图 2-5-2　录屏设置

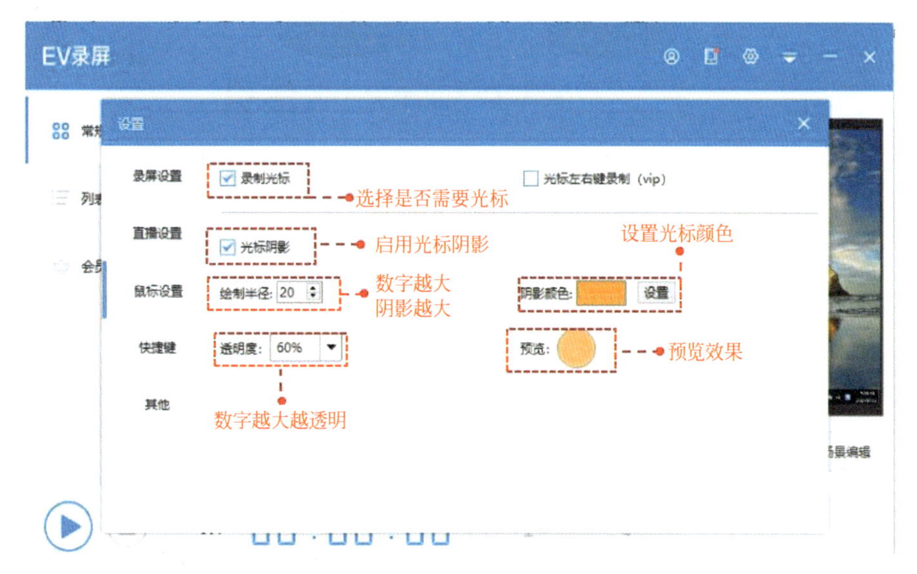

图 2-5-3　光标效果设置

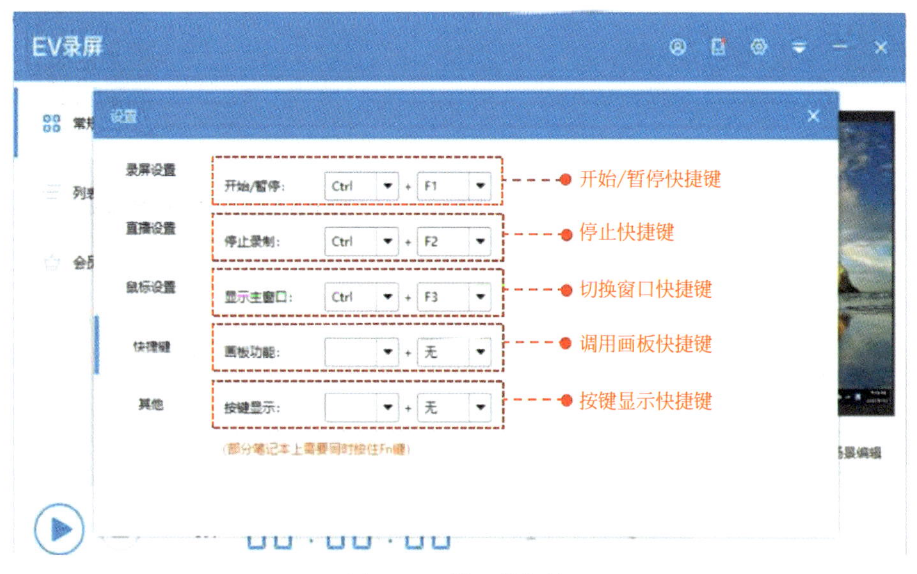

图 2-5-4　设置快捷键

图 2-5-5　开始录屏

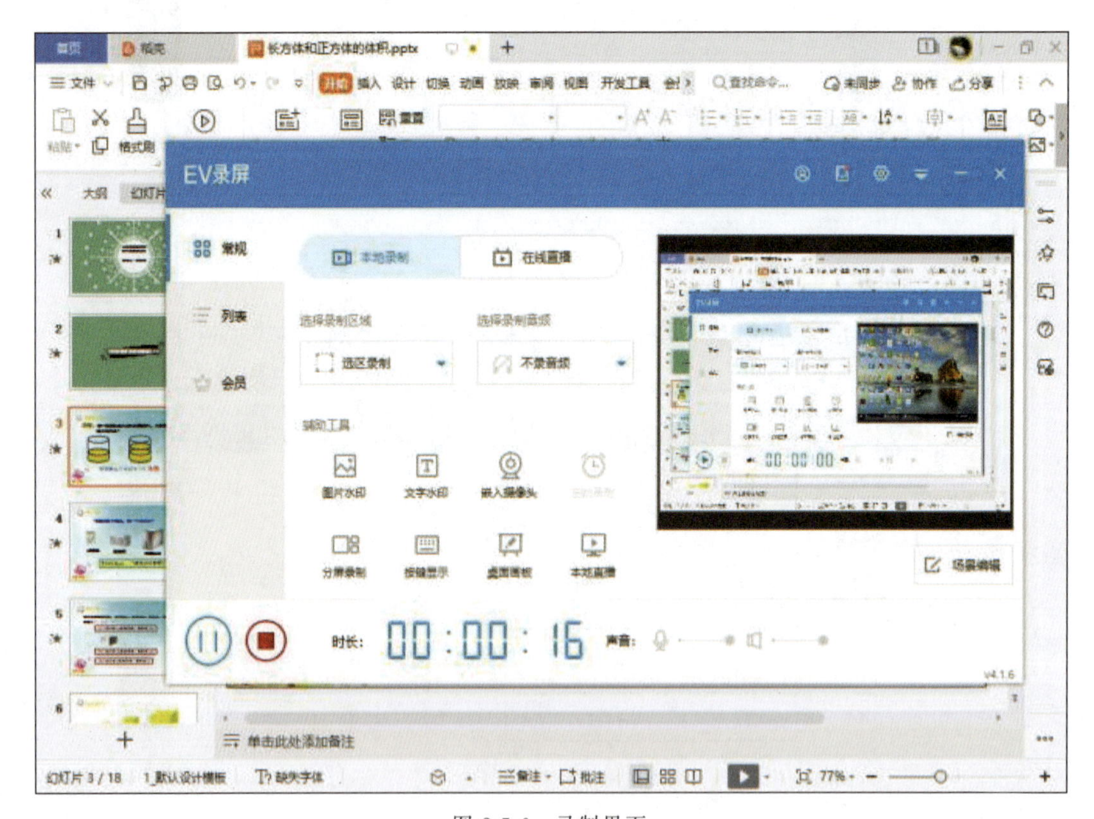

图 2-5-6　录制界面

当录制完毕后，按下停止录屏按钮或者快捷键（可查看图 2-5-4），软件自动进入视频列表界面，可重命名视频，如图 2-5-7 所示。

图 2-5-7　视频列表界面

在更多下拉菜单，可进行播放、重命名、打开视频位置等操作，如图 2-5-8 所示。

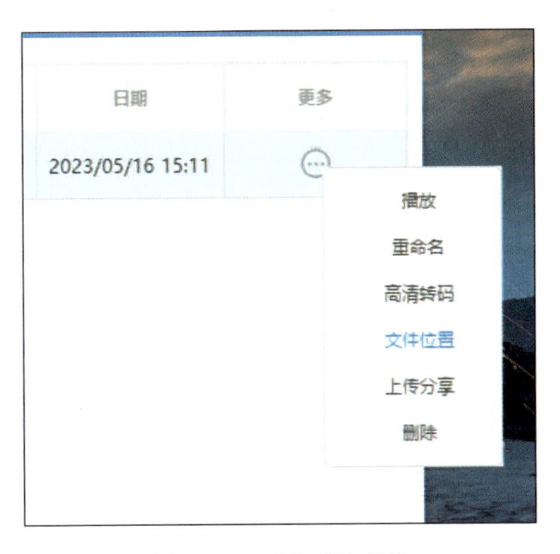

图 2-5-8　更多下拉菜单

单击“文件位置”选项，可找到录制视频的存储位置，从而进行播放、复制、剪切、删除等操作，如图 2-5-9 所示。

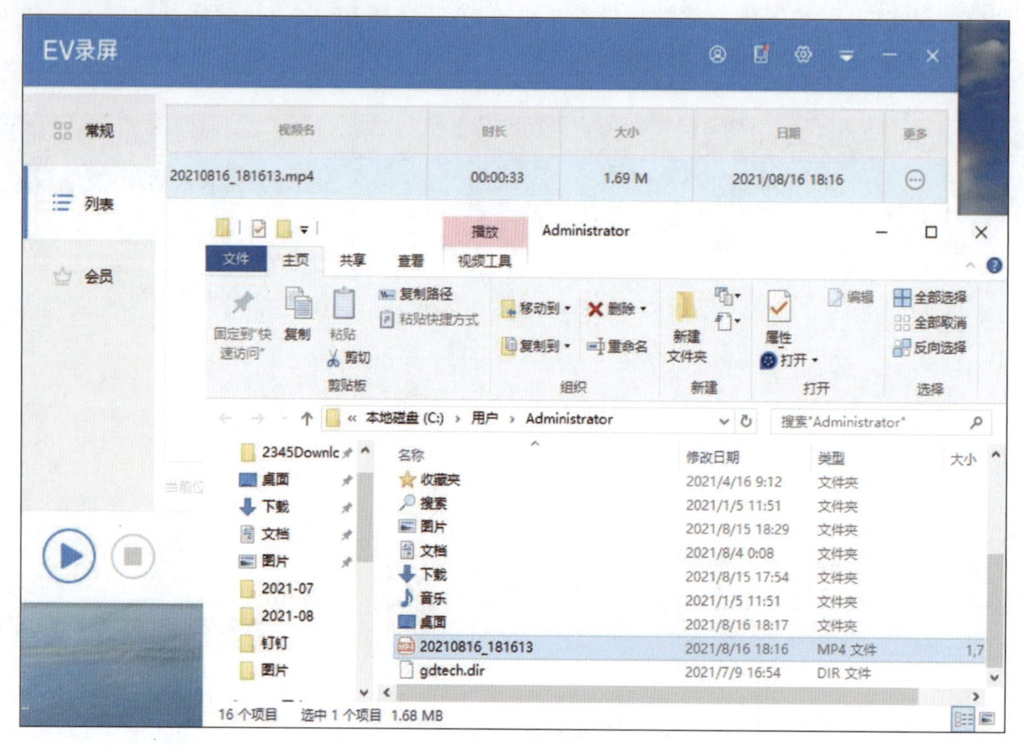

图 2-5-9 文件位置

2-1 EV 录屏

2. PPT 录屏

除了录屏软件，还有些软件同时具有录屏和课件制作功能，比如 PowerPoint 软件。PowerPoint 软件从 2013 版本开始，就自带录屏功能。下面，以 PowerPoint 2013 版本为例，讲述 PPT 录屏方法。

录制环境：电脑操作系统首选 Windows10，Windows7 及以上版本都可以，安装有 Office 2013 版本即可。建议选择一个环境安静的录制室，以免出现杂音干扰。

录制设备：电脑一套，建议配置中上，避免录制过程中出现卡顿现象；麦克风一个；可选装摄像头一个。所有工作准备完毕后，便可以进行录屏了。

使用 PowerPoint 软件打开我们制作好的 PPT 课件，接着在菜单栏找到文件菜单，如图 2-5-10 所示。

单击文件菜单进入相应界面，然后再单击导出菜单，在出现的界面单击创建视频，进行相关录制参数设置，如图 2-5-11 所示。

单击创建视频后，弹出视频存放目录设置，选择合适的位置，如图 2-5-12 所示。

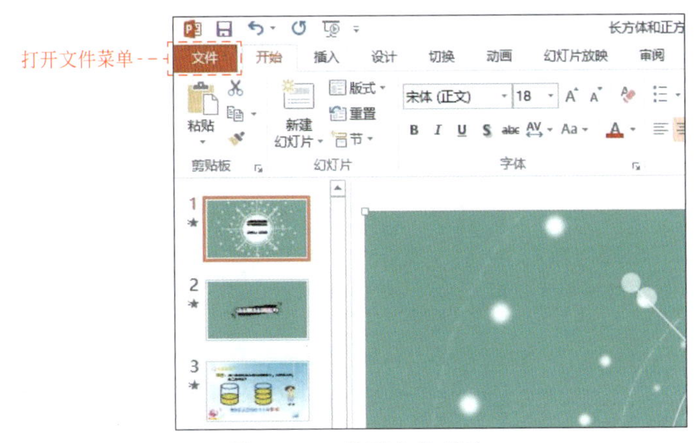

图 2-5-10　找到文件菜单

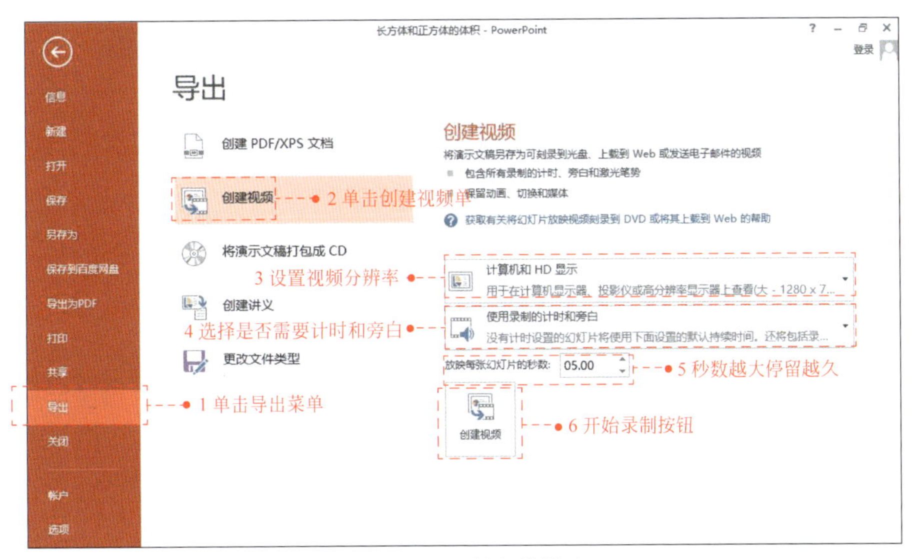

图 2-5-11　录制参数设置

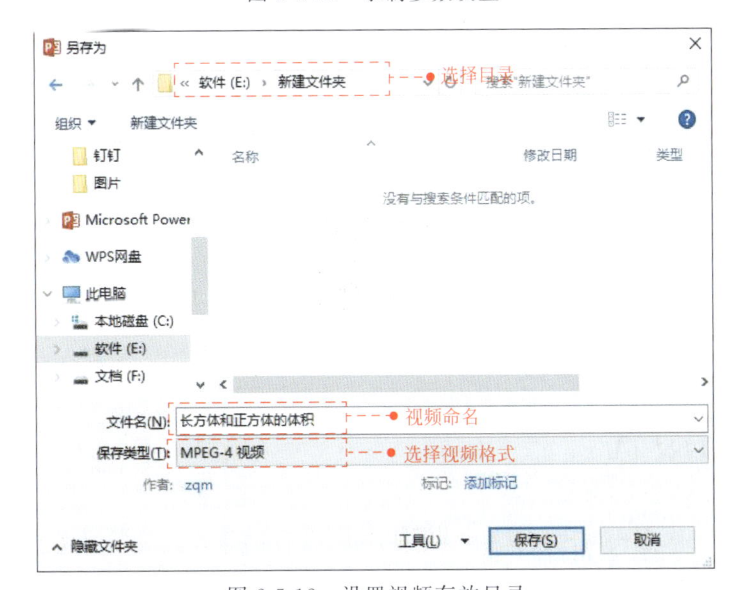

图 2-5-12　设置视频存放目录

单击确定后，便正式开始录制微课。这时候，便可以顺着课件展开微课教学，录制过程中，可以留意录制的进度，当进度到达 100%的时候便结束录屏，如图 2-5-13 所示。

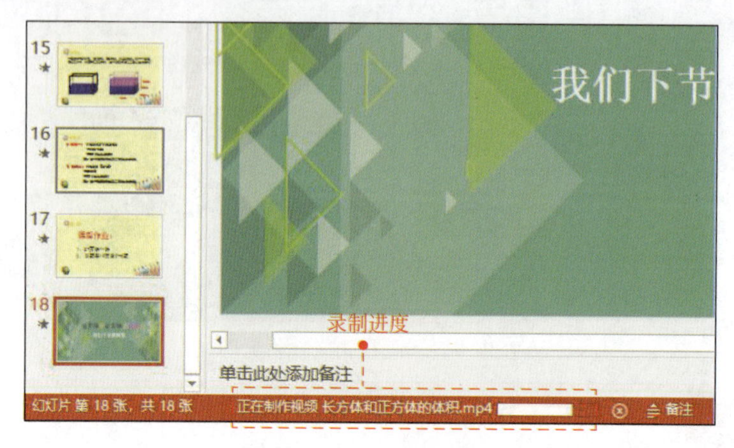

图 2-5-13　录制进度

录屏结束后，找到设置好的目录(可查看图 2-5-12 目录设置)，便能找到微课视频了，如图 2-5-14 所示。

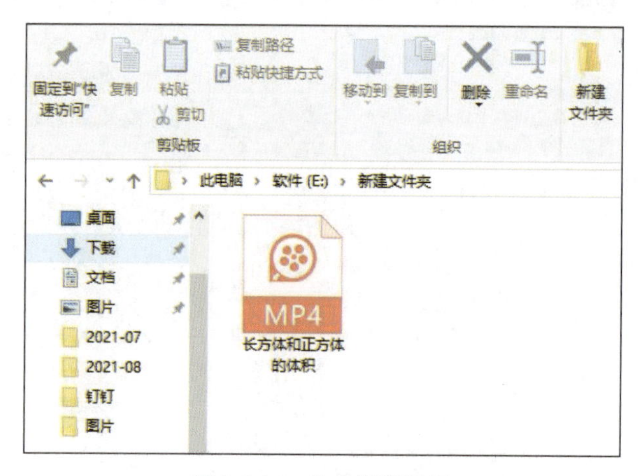

图 2-5-14　生成微课视频

2-2　PPT 录制

2.5.2　拍摄式

拍摄式微课制作方式是比较常用的一种方式，这种制作方式跟录屏式不一样，它对拍摄环境、人物表现、课堂呈现的要求非常高。下面，我们来了解一下拍摄式的微课制作过程。

1. 录像机拍摄

录像机的拍摄方式需要的设备不多，只需要一台录像机、一个三脚架，便可架设好拍摄设备，如图 2-5-15 所示。

然而，更重要的是与录像机相配合的环境，它可以是教室黑板、电子白板、一体机、实验室、功能室，甚至可以是一块纯色背景布，如图 2-5-16 和图 2-5-17 所示。

这里还有一个需要注意的问题，使用录像机进行拍摄的时候，通常会出现声音太小、不清晰、有杂音等问题，我们可以用微型无线设备来解决这个问题，如小蜜蜂、博雅、麦拉达等品牌设备，如图 2-5-18 所示。只需要把无线录音设备的音频线接入录像机，再把领夹式微型麦克风夹在衣服上，便可实现录音，如图 2-5-19 所示。

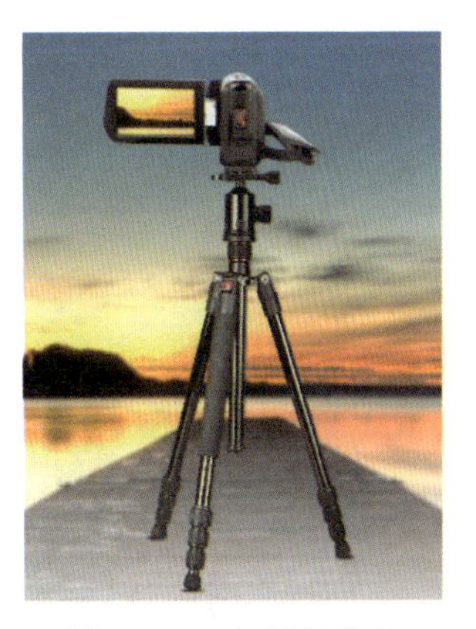

图 2-5-15 架设摄像机

图 2-5-16 电子白板背景

图 2-5-17 绿色画布背景

图 2-5-18 微型录音设备

图 2-5-19 拍摄录音实景

所有设备和录制环境准备好后，便可以开始拍摄微课课堂，当录制完毕后，我们还需要对视频进行剪辑处理，处理方法请参考 2.7 节。

2. 手机拍摄

如果你缺少录像机，没关系，手机拍摄也是视频拍摄方式之一。只要你有一台手机，再配上一个手机支架，便可轻松完成拍摄，如图 2-5-20 所示。

手机录制对环境要求较高，需要一个相对安静的环境，最好是夜间，因为晚上噪声比较小。在课程设计方面，我们要提前设计好课程，规划好要讲的内容，并列出课程提纲。在录制过程中，必须要保证拍摄环境的亮度，如果是晚上，可用两盏台灯，一左一右打灯，光线均匀，或者购买一个有照明功能的支架，如图 2-5-21 所示。

图 2-5-20　手机拍摄

图 2-5-21　具有照明功能的支架

跟录像机拍摄一样，手机不能手持，需要手机支架。固定好支架，将手机安放在支架上，调整好位置，使手机镜头对准桌面。为了避免在录制过程中出现离开录制范围的问题，可以根据手机录制的范围，在桌面上划出定位框。当以上内容准备就绪，便可以开始录制。

视频录制好后，可以在手机中导出视频，再通过编辑软件处理视频，处理方法请参考 2.7 节，完成微课视频制作。

2.5.3　软件设计式

微课的制作方式种类较多，而随着微课的流行和技术的进步，软件制作已经逐渐成为主流的微课制作方式。可以进行微课设计的软件比较多，如万彩动画大师、来画动画、Camtasia Studio、VideoScribe 等。

2.5.4　混合式

微课的制作除上述的方式外，还有一种难度较大的方式，那便是混合式制作。虽然其制作有点难度，但制作出来的微课效果较好。下面，我们来简要认识一下混合式微课制作方法。

现在有三个素材，分别是背景图片 1 张、动画视频 1 个、人物视频 1 个。其中图片素材是一张背景图片，动画视频是使用万彩动画大师制作完成的，人物视频是使用摄像机进行拍摄完成的，效果分别如图 2-5-22～图 2-5-24 所示。

图 2-5-22　背景图片

图 2-5-23　动画视频

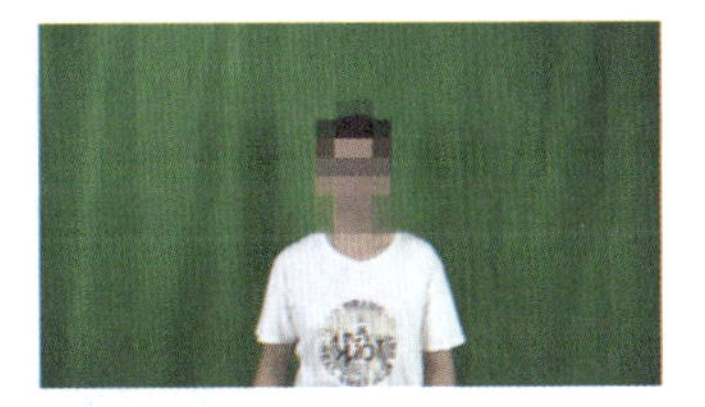

图 2-5-24　人物视频

下面，我们将使用剪影软件，对上面三个素材进行编辑，完成一个混合式微课片段，效果如图 2-5-25 所示。

图 2-5-25　完成效果

打开剪映软件，进入准备界面，如图 2-5-26 所示。

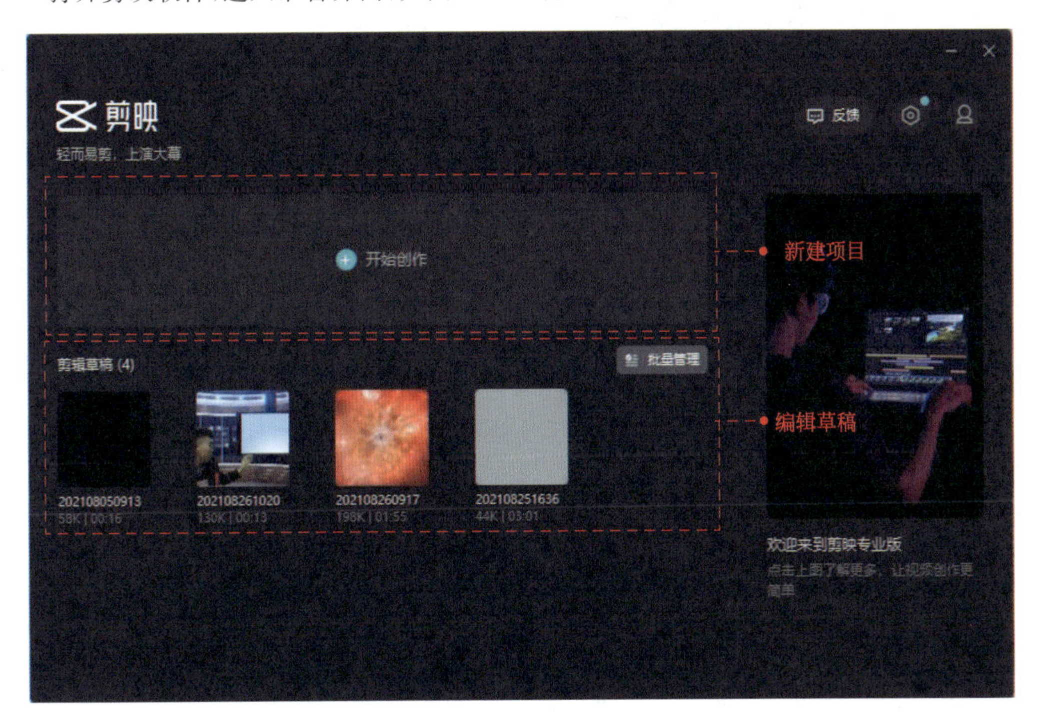

图 2-5-26　剪映准备界面

单击开始创作，新建一个项目，接着进入软件主界面，如图 2-5-27 所示。

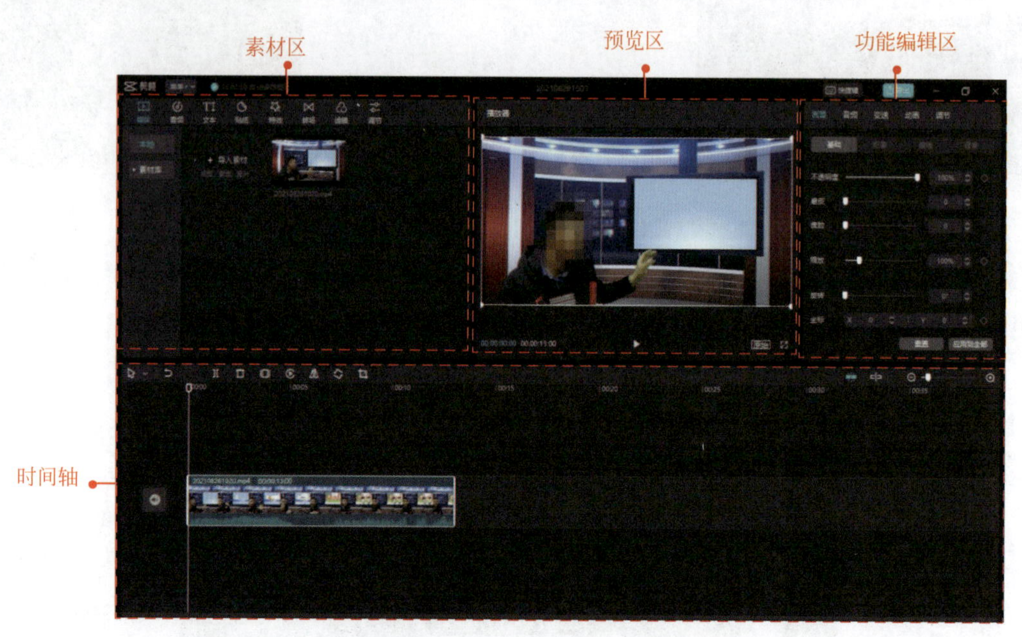

图 2-5-27　剪映主界面

在素材区，单击导入素材，把三个素材导入软件中，如图 2-5-28 所示。

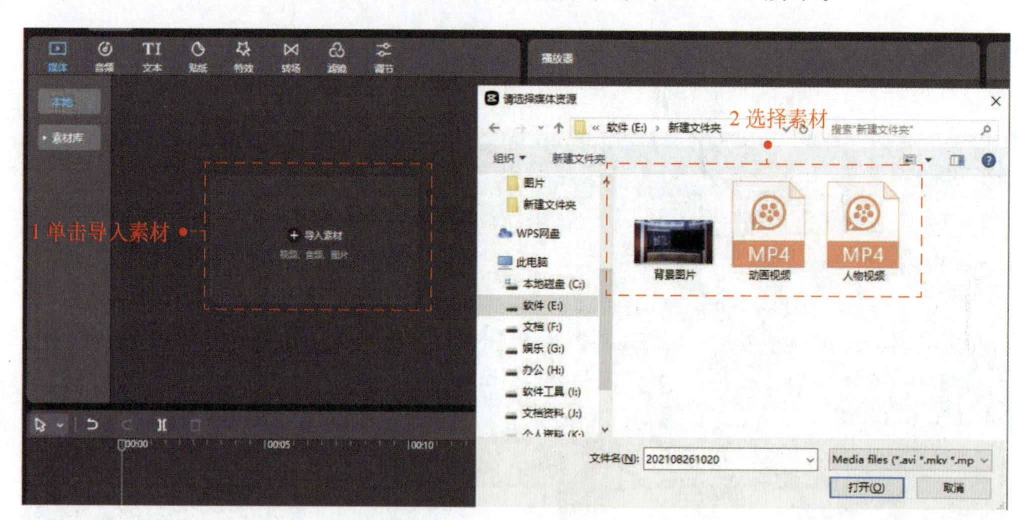

图 2-5-28　导入素材

分别把图片和两个视频拖到时间轴上，注意其叠放次序，图片在最底部，两个视频在图片上层，如图 2-5-29 所示。

接着，在预览区把三个素材进行大小缩放、位置调整，效果如图 2-5-30 所示。

现在，图片素材和动画视频素材已经调整完毕，剩下人物视频的处理。人物视频有绿色背景，我们需要对其进行抠像处理。以鼠标左键点中人物视频，在功能编辑区中会出现编辑功能按钮，画面中找到抠像按钮，单击进入其界面，勾选“色度抠图”，单击取色器，在人物视频中单击绿色背景，如图 2-5-31 所示。

图 2-5-29　叠放次序

图 2-5-30　调整效果

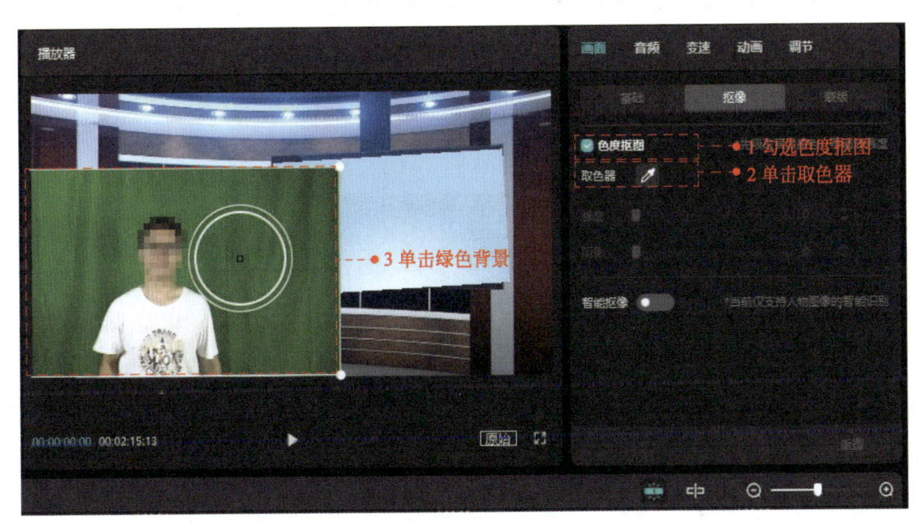

图 2-5-31　取色器

通过调节强度和阴影，让视频以最好的效果呈现，如图 2-5-32 所示。

在时间轴上，我们还需要将三个素材的时间处理一致。首先，把时间线拉至人物视频最末端，然后在背景图片轴尾端，按住鼠标左键，拖动鼠标，把背景图片的时间拉至人物视频最

图 2-5-32　调节强度和阴影

末端，如图 2-5-33 所示。

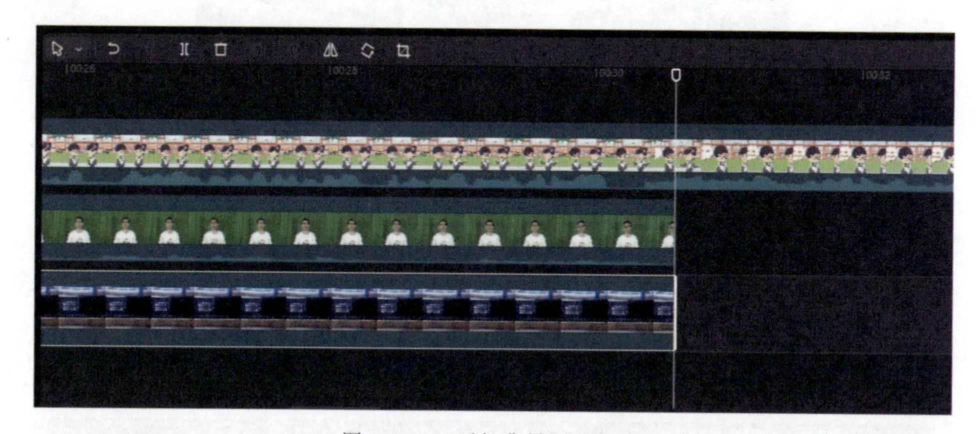

图 2-5-33　延长背景图片时长

由于动画视频太长，在这里，我们只截取其中一小部分。选择时间轴，然后找到分割按钮，单击分割，如图 2-5-34 所示。

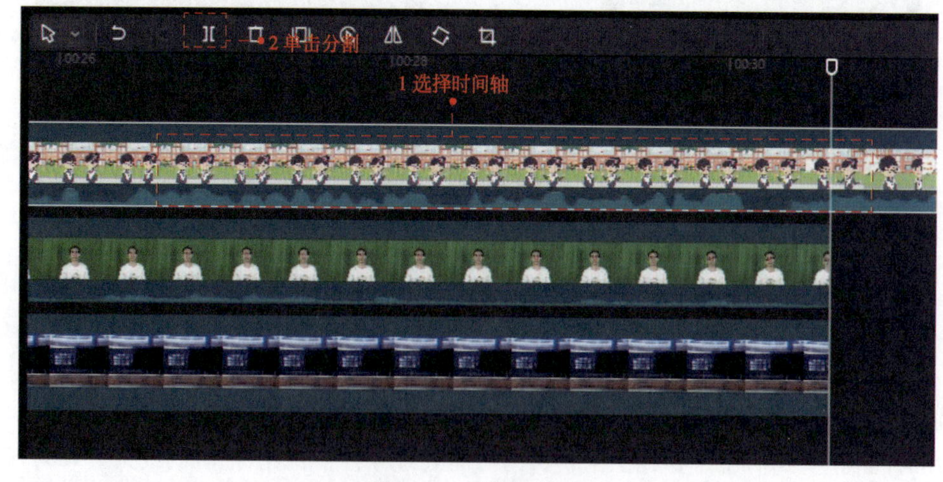

图 2-5-34　视频分割

动画视频已经被分割为两段，我们选择后一段视频，然后右击，在弹出菜单中，选择“删除”，便可完成本视频的处理，如图 2-5-35 和图 2-5-36 所示。

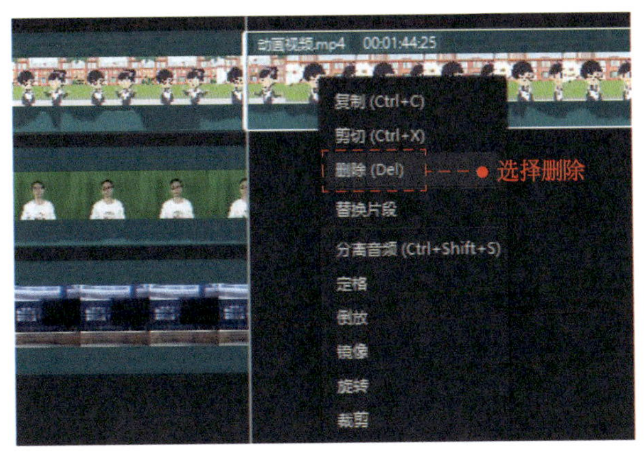

图 2-5-35　删除视频

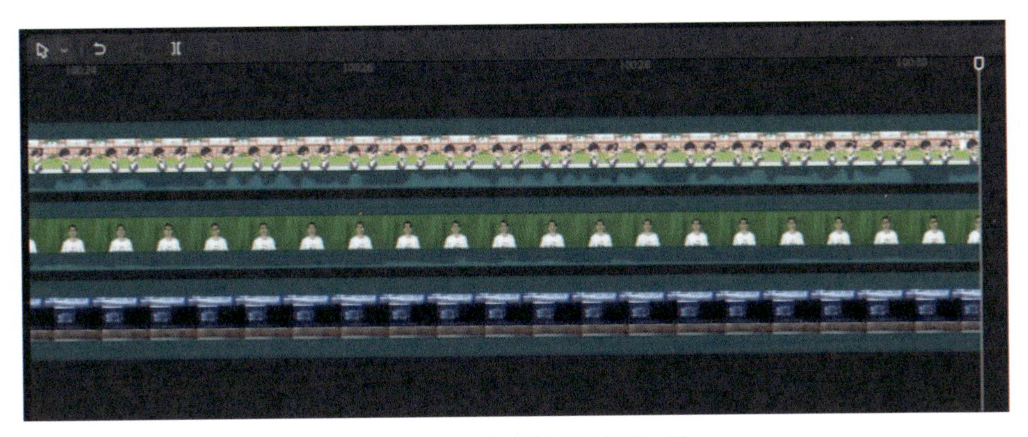

图 2-5-36　三个素材时间长度一致

最后，将视频导出，如图 2-5-37 所示，这样便完成了我们想要的视频效果。

图 2-5-37　导出视频

2-3　混合式微课

2.6 收集素材

微课制作过程中，需要各种各样的素材，比如文本、图像、音频、视频、动画等，在本节，我们将介绍素材的获取与加工的方法。

2.6.1 文本素材的获取与加工

文本在微课制作中起到非常重要的作用，我们介绍写作需要文字，我们介绍数学公式需要文字，我们讲述英语也需要文字，那么怎样可以有效获取文字呢？又怎样对文本进行加工处理，让文本适当为我们所用？本节，我们来学习文本素材的获取与加工。

1. 文本素材的获取

在日常，我们要想把自己的想法转换为文字，输入电脑中，只需要一台电脑，接上键盘，安装好输入软件，打开文档，便可进行输入。当然，我们也可通过手写笔或手写板、麦克风、拍照、扫描识别文字进行输入。

更多的时候，我们需要在网上搜索资料，通过复制文本的方式获取。比如，我们通过百度搜索关键字“中秋节”，可以得到许多结果，我们打开其中一条结果，通过复制的方式，便可以把文本内容获取下来，如图 2-6-1 所示。

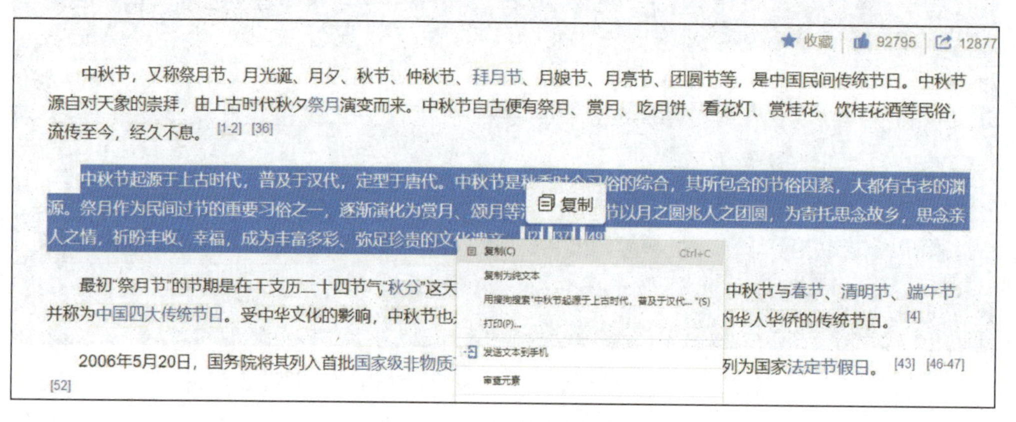

图 2-6-1 复制网页文本

2. 文本素材的加工

在制作微课过程中，通常需要加入一些特殊的文本效果，这样会让我们的微课更加有特色。接下来，我们来学习文本素材的加工方法。

文本的加工少不了字体，许多字体具备艺术字效果，我们只需要输入文字，再切换字体，便可轻松设计出漂亮的字体。下面，介绍三个免费字体网站大家可下载字体。

站长素材网站有中文、英文、艺术字体，可免费下载，如图 2-6-2 所示。

优品 PPT 网站有各式各样中文、英文字体，可以免费下载，如图 2-6-3 所示。

自由字体网站有各种艺术字体，可以免费下载，如图 2-6-4 所示。

下载好字体后，注意字体格式为 ttf，还需要将其安装在电脑系统中，如图 2-6-5 所示。

将字体复制，然后在“我的电脑”中打开字体安装目录：C:\Windows\Fonts，如图 2-6-6 所示。

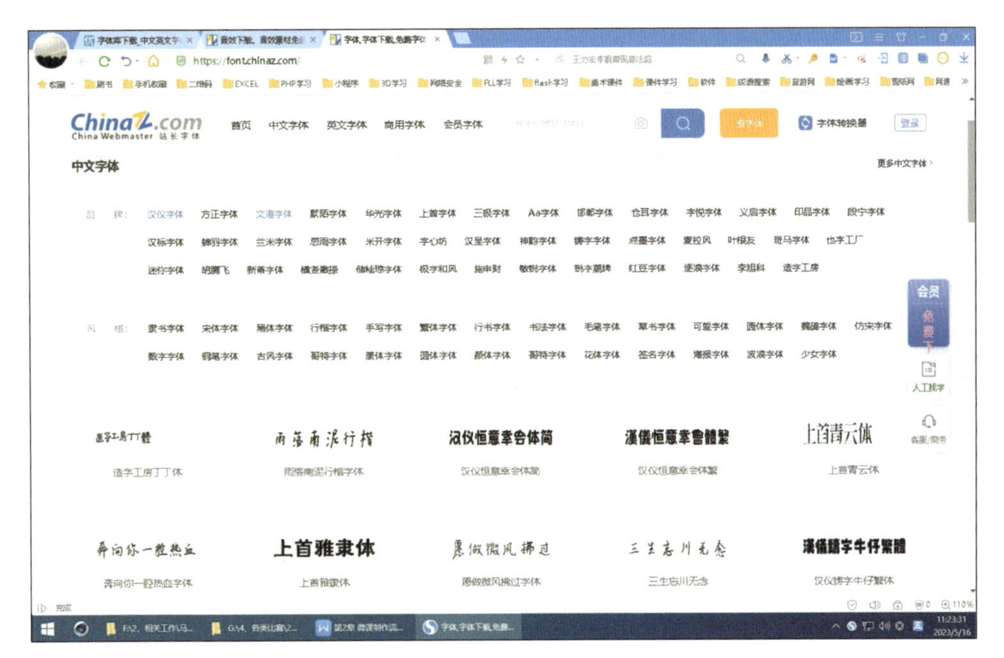

图 2-6-2 站长素材

图 2-6-3 优品 PPT

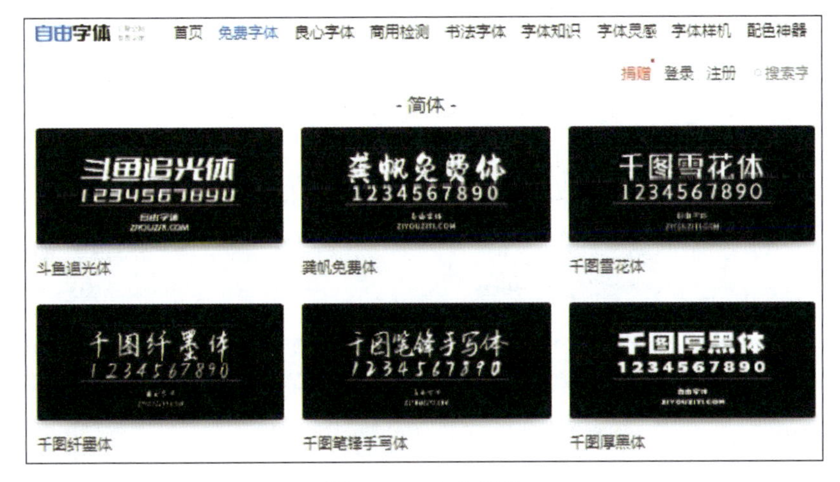

图 2-6-4 自由字体

图 2-6-5　下载好的字体

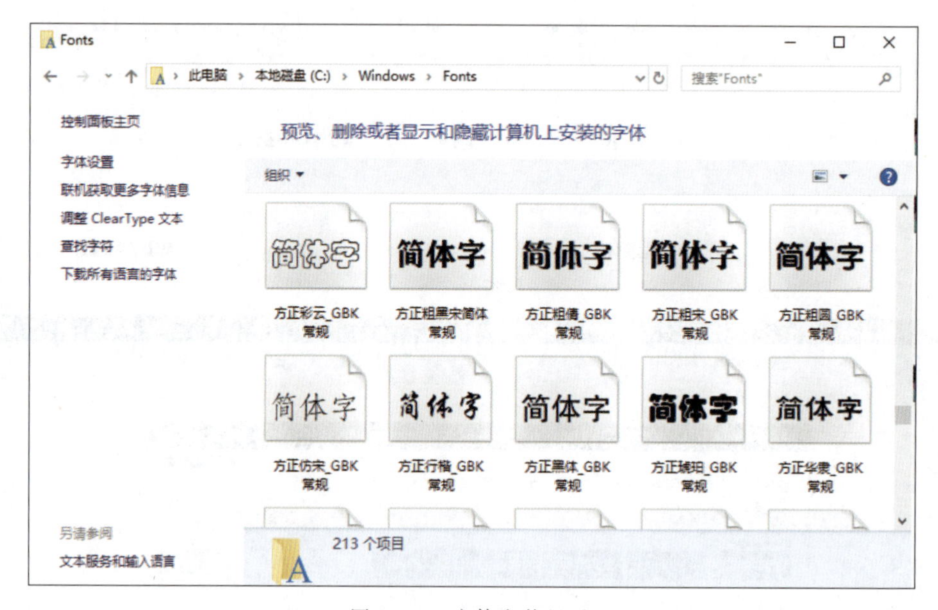

图 2-6-6　字体安装目录

在字体库中任意空白位置右击，选择粘贴，进行字体安装，如图 2-6-7 所示。安装过程会有进度提示，如果进度为 100%，表示字体安装完毕，如图 2-6-8 所示。

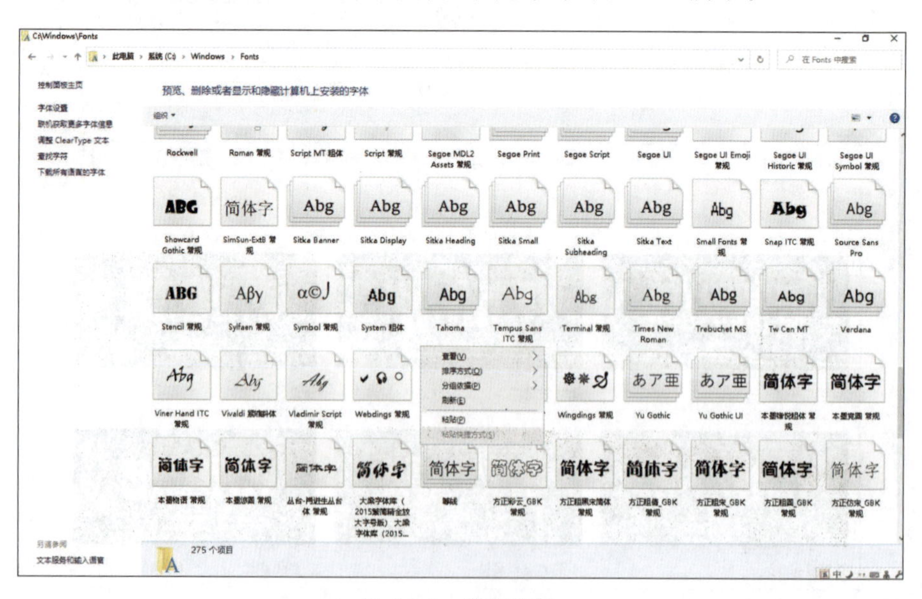

图 2-6-7　安装字体

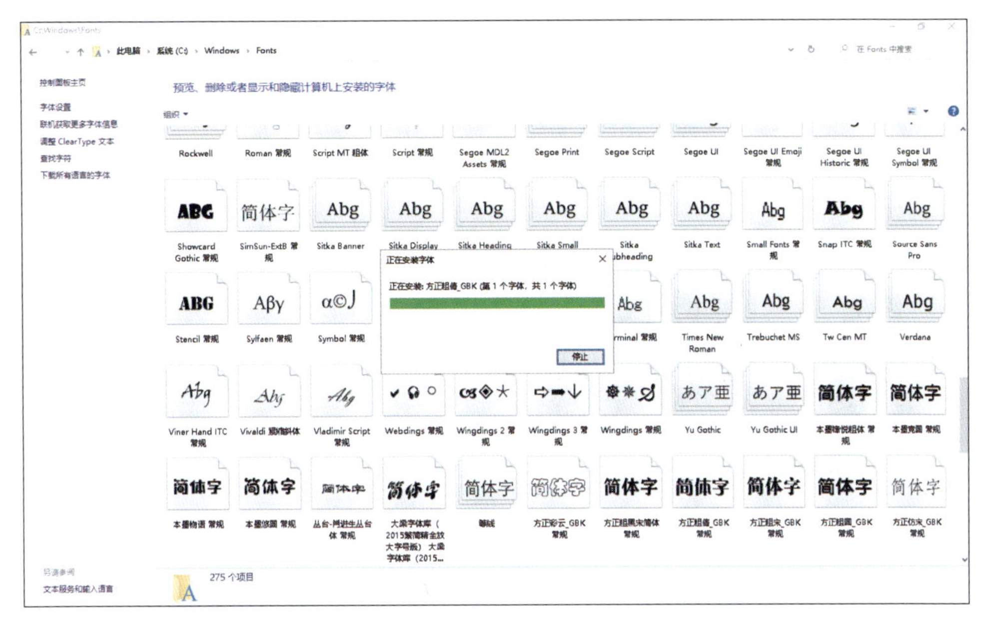

图 2-6-8　安装进度

这时候，便可在文档中选择安装的字体，如图 2-6-9 所示。

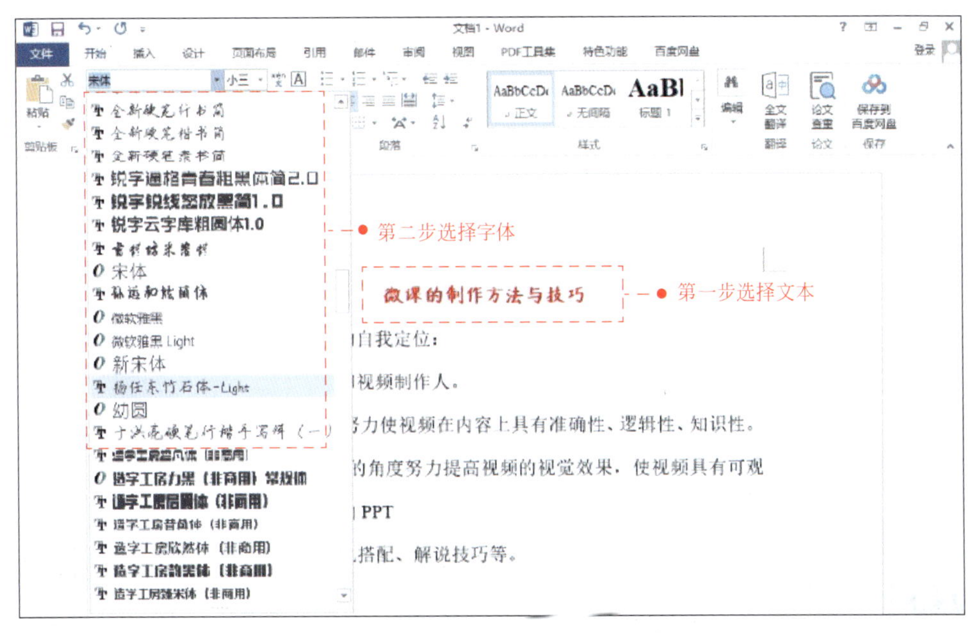

图 2-6-9　字体使用

2.6.2　图像素材的获取与加工

图像具有色彩多、内容丰富、情景展示等诸多特点，它对课堂内容展示起到关键作用，是微课中不可缺少的一部分。下面，学习图像素材的获取与加工。

1. 图像的获取

图像的获取可以分为三种方式：拍照获取、网上下载、截图获取。

第一种方式：拍照获取。这种方式比较简单，可以使用手机、相机、摄像头、平板电脑等设备，拍下需要的图像，如图 2-6-10 所示，然后把图像传输到电脑中进行使用。

图 2-6-10 拍照方式

第二种方式：网上下载。这种方式比较常用，可以通过浏览器进行下载。在浏览器中，打开百度搜索，切换到图片类型，如图 2-6-11 所示。然后在输入框输入搜索内容“中秋节”，单击“百度一下”，便可出现搜索图片结果，如图 2-6-12 所示。

图 2-6-11 切换图片类型

图 2-6-12 搜索结果

在搜索结果页面，单击需要的图片，打开单独的图片页面。在图片上方右击，在弹出的菜单中选择“图片另存为”，如图 2-6-13 所示。

图 2-6-13　保存图片

接着出现图片保存目录选择页面，选择位置后，按“保存”按钮，如图 2-6-14 所示，图片便下载下来了。

图 2-6-14　保存目录

第三种方式：截图获取。要实现截图，有非常多方式，可以使用系统自带的截图功能，也可以使用微信、QQ、钉钉、各类影音软件、各种具备截图功能的浏览器等。下面介绍系统截图和微信截图这两种比较常用的截图方法。

在 Windows 系统中，自带截图功能，它需要键盘配合使用。只要在键盘上按下 Prt Scn 键，如图 2-6-15 所示，就会截取当前屏幕并储存在剪切板中，进入文档编辑器、图片处理工具或者微课、QQ 等聊天窗口进行粘贴(Ctrl+V)操作，就可以获取截屏内容，如图 2-6-16 所示。

图 2-6-15　截图键

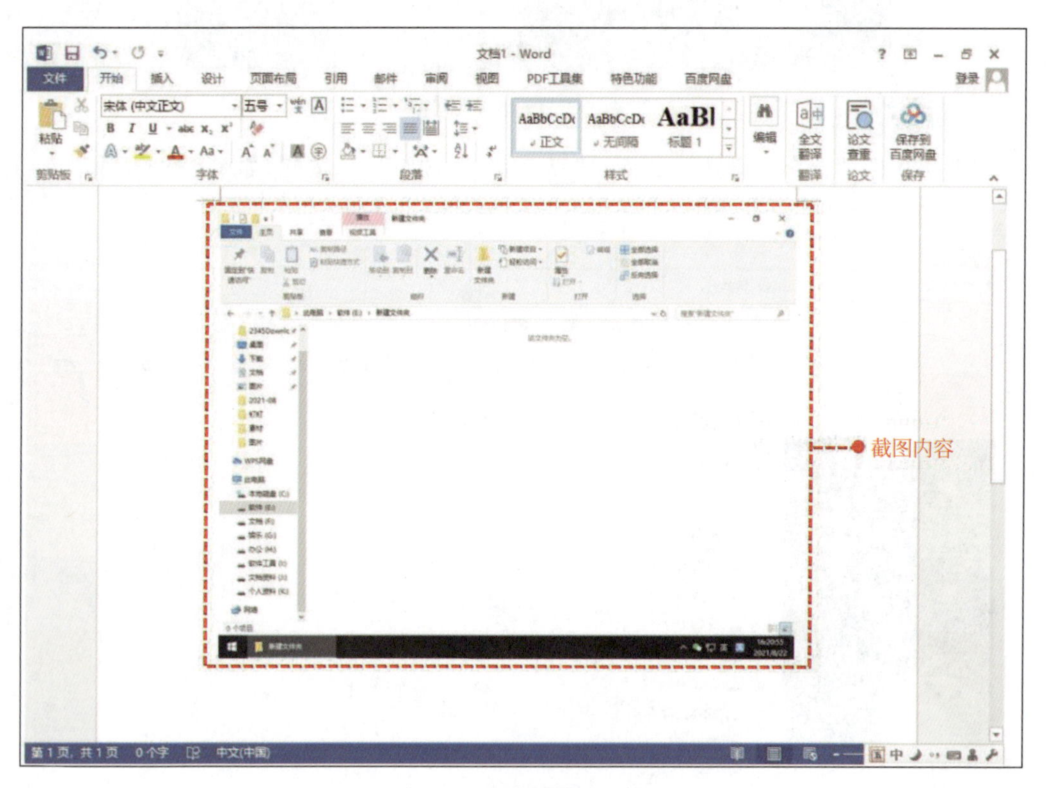

图 2-6-16　截图粘贴文档

同样，使用微信软件也可以实现截图功能。登录微信后，打开一个对话窗口，在输入框上方，可以找到截图按钮，如图 2-6-17 所示。

单击截图按钮，便会出现截图选取线框，按下鼠标左键，拖动选取范围，单击下载按钮，如图 2-6-18 所示。再选择保存目录，即可完成截图。

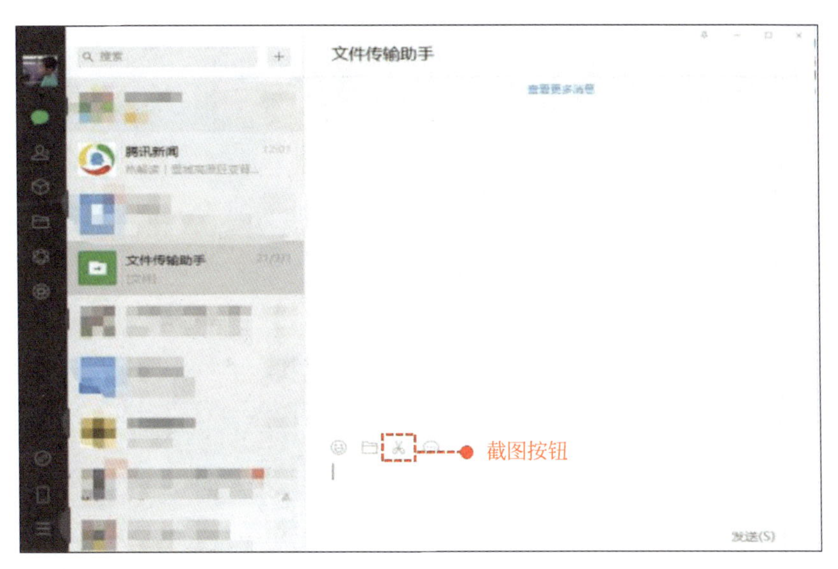

图 2-6-17　微信截图按钮

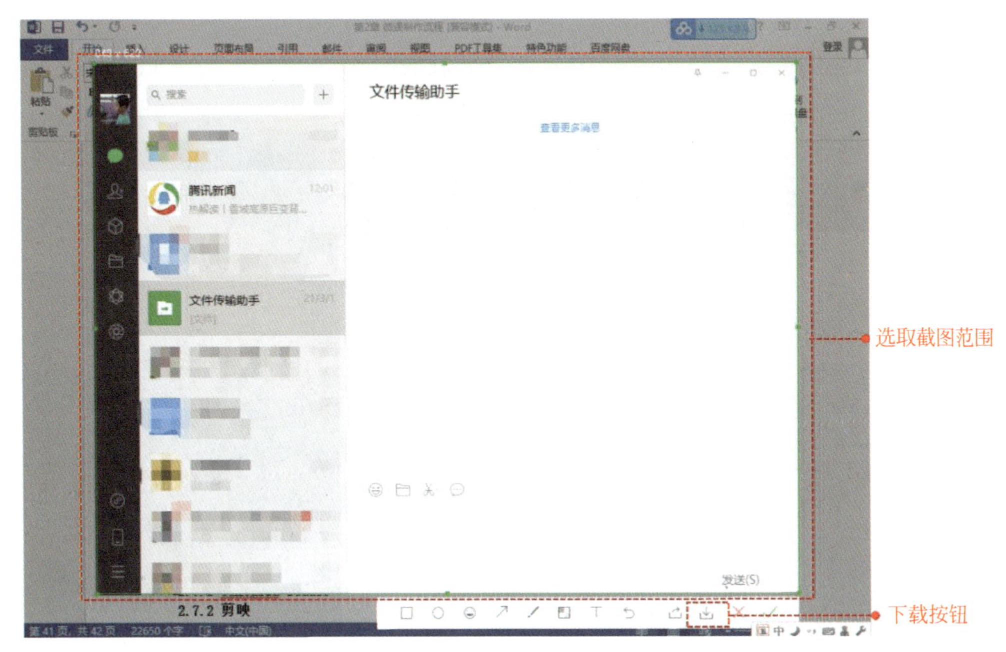

图 2-6-18　微信截图

2. 图像的加工

图像素材收集好后，通常会发现图像并不能直接使用，下载或拍摄的图像有时候会存在亮度不足、有多余内容、色度不够等问题，需要对图像进一步编辑。接下来，学习光影魔术手的图像加工方法。

下载光影魔术手直接运行安装，安装完成后，运行软件，其界面有编辑菜单、功能编辑等内容，如图 2-6-19 所示。

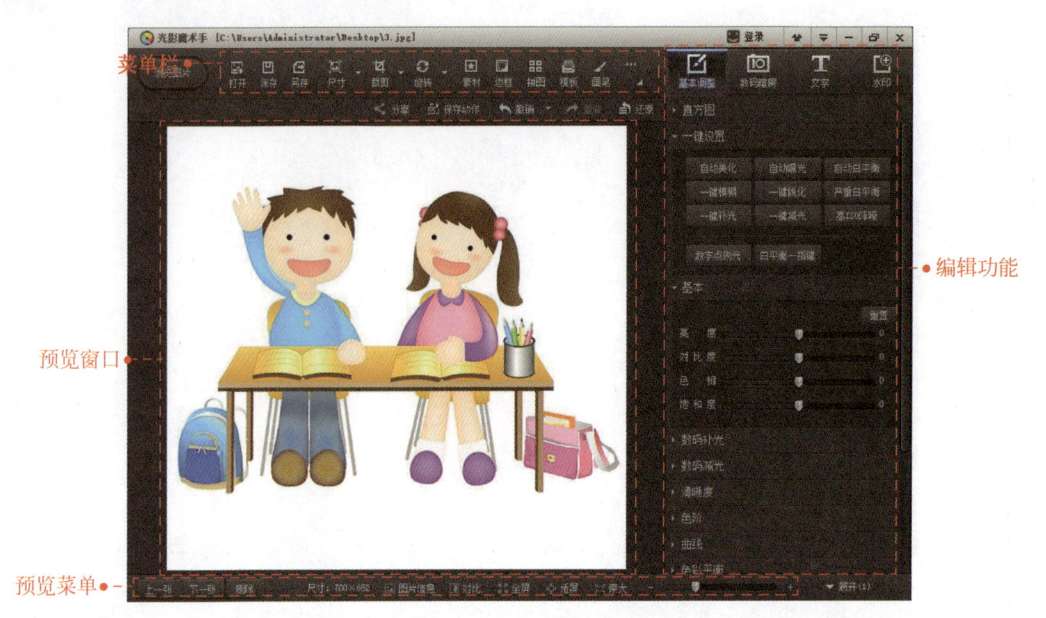

图 2-6-19　光影魔术手界面

在菜单栏中找到“打开”按钮，单击选择需要处理的图片，如图 2-6-20 所示。

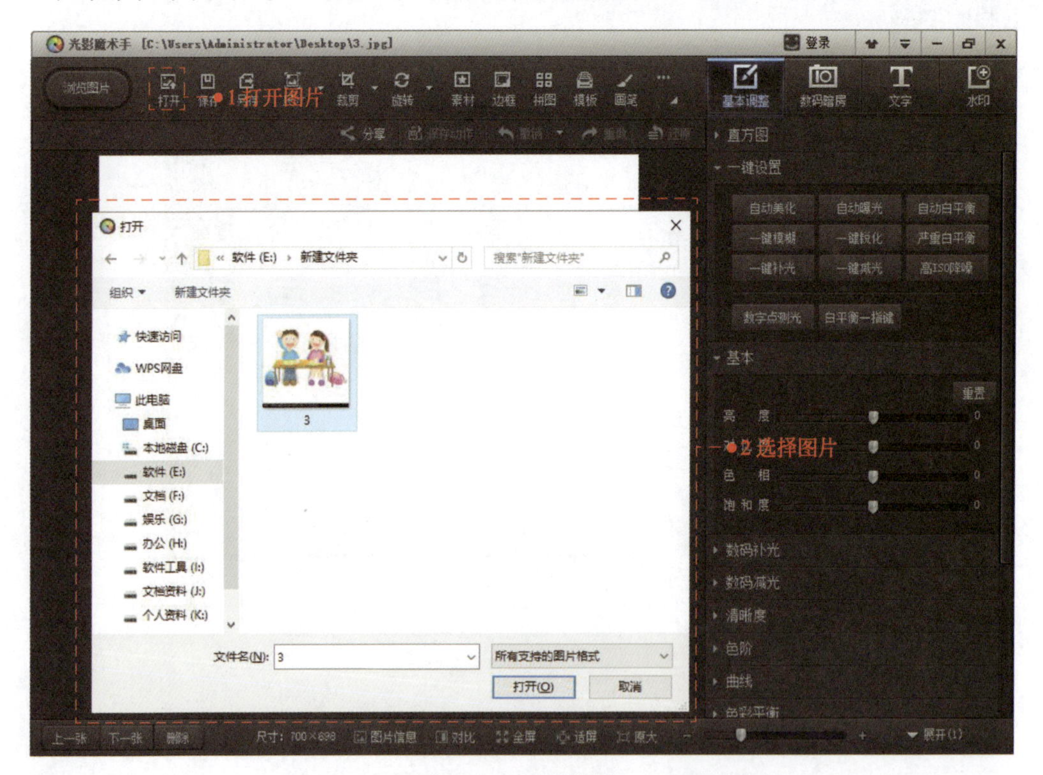

图 2-6-20　打开图片

这张图片下方有水印，我们需要对图像进行裁剪。在菜单栏中单击“裁剪”按钮，然后拖动选择裁剪区域，完成后，单击“确定”按钮，便可完成处理，如图 2-6-21 和图 2-6-22 所示。

图 2-6-21 裁剪图片

图 2-6-22 裁剪效果

接下来，将要对这张图像进行亮度、对比度、色相、饱和度的调整，如图 2-6-23 所示。

对图片处理完毕后，在菜单栏按下“保存”按钮，便可完成。在光影魔术手软件中，还有非常多的功能，如数码补减光、清晰度调整、色阶调整、数码暗房、添加文字、添加水印等功能，如图 2-6-24 所示，这里不一一展开讲述。

图 2-6-23　图片调整

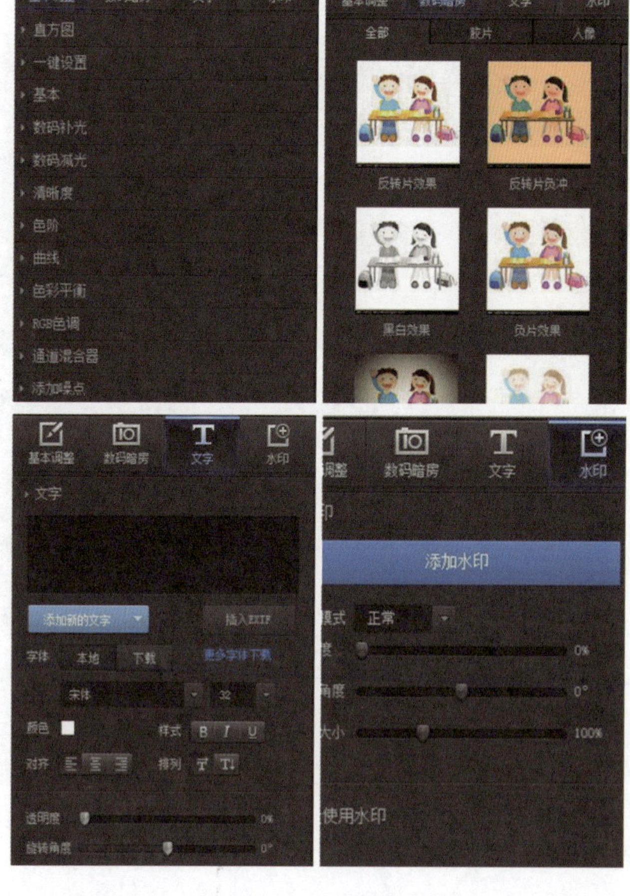

图 2-6-24　各编辑功能

2.6.3 视频素材的获取与加工

1. 视频的获取

视频是制作微课过程中常用的素材，通常视频来源有三种，分别是自己拍摄、网上下载和录制视频。接下来，我们来看看如何获取视频。

第一种方法：自己拍摄。具体的拍摄方法请参考 2.4.2 节，这里不再展示讲述。拍摄完毕后，从设备中导出视频，便完成视频素材的获取。

第二种方法：网上下载。网络是一个庞大的系统，我们可以从网上搜索视频素材，再进行下载使用，但大部分网站都会对视频下载有限制，可以使用视频软件进行下载，如腾讯视频、爱奇艺平台等。

第三种方式：录制视频。当我们通过网络搜索到合适的视频时，而受限于平台，不能下载。这时候我们可以通过录屏软件，把视频录制下来。具体的操作方法请参照 2.5.1 节录屏式。

2. 视频的加工

视频下载好后，如果视频格式不合适，我们可以使用格式工厂进行格式转换；如果视频太大，也可以使用格式工厂进行分辨率大小调整。下面，我们来看看使用软件“格式工厂”进行视频加工的方法。

运行主程序 FormatFactoryPortable，进入格式工厂主界面，软件默认为英文版，需要将语言设置为中文版。在菜单栏单击 Language，在弹出的下拉菜单中，选择 Select more languages，进入语言选择页面，选择 Chinese-Simplifled，最后单击 OK 按钮，便成功切换语言，如图 2-6-25 所示。

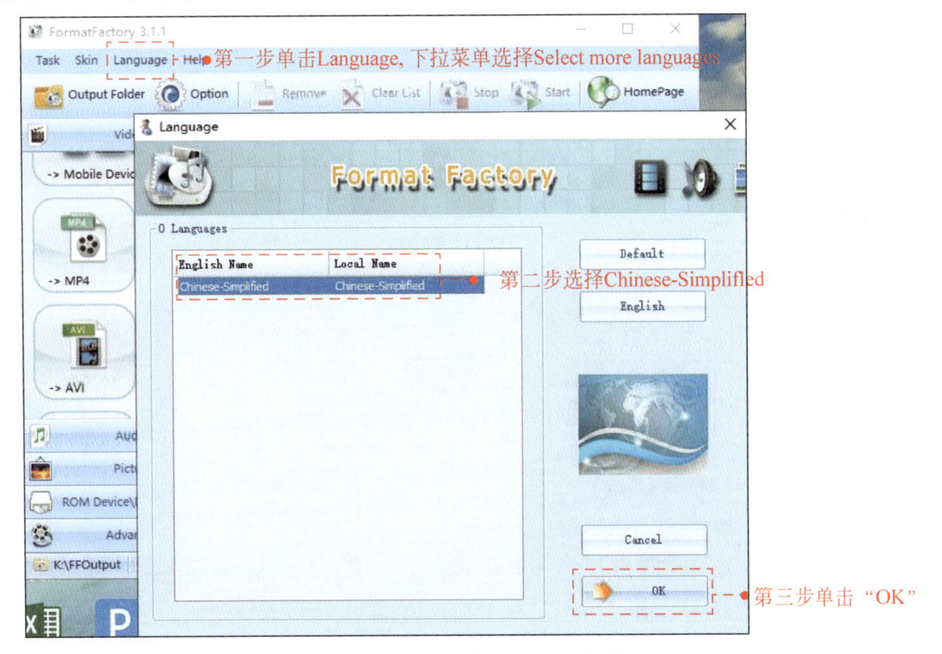

图 2-6-25 格式工厂语言切换

格式工厂软件的界面较为简单，可以分为菜单栏、功能区、列表区三个部分，如图 2-6-26 所示。

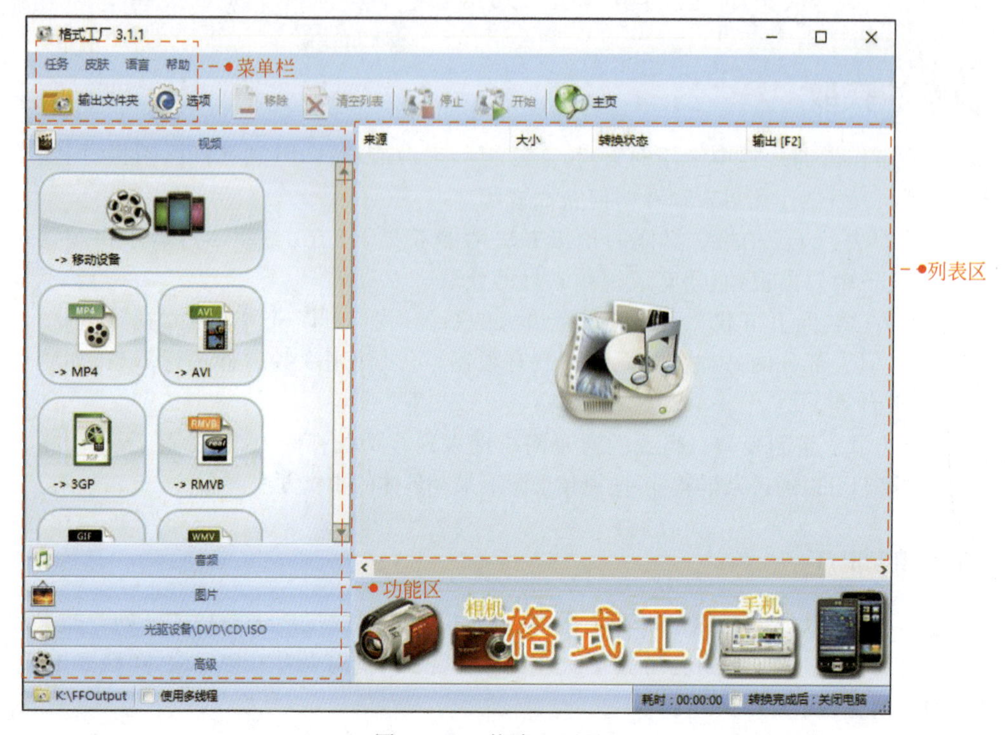

图 2-6-26 格式工厂界面

格式转换：在功能区中找到视频，单击视频，会出现内容选项，有 MP4、AVI、WMV 等格式，可以根据自己的需要进行选择。这里我们单击 AVI，将视频转换为 AVI 格式，弹出文件选择界面，如图 2-6-27 所示。

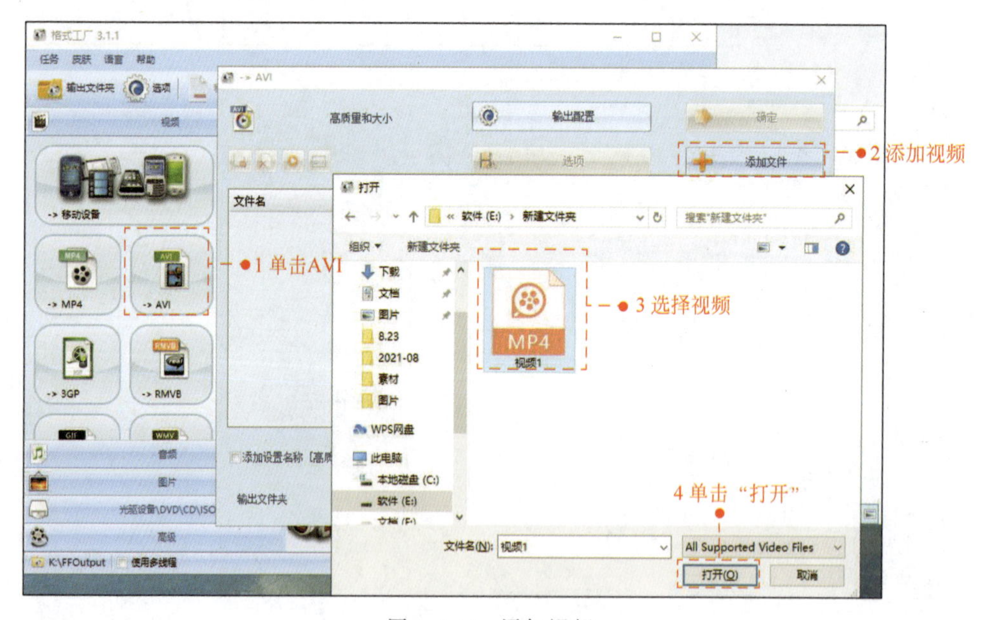

图 2-6-27 添加视频

输出配置：在添加视频页面可对视频输出配置进行修改，单击“输出配置”，进入设置页面，有预设配置，可进行选择，如图 2-6-28 所示。

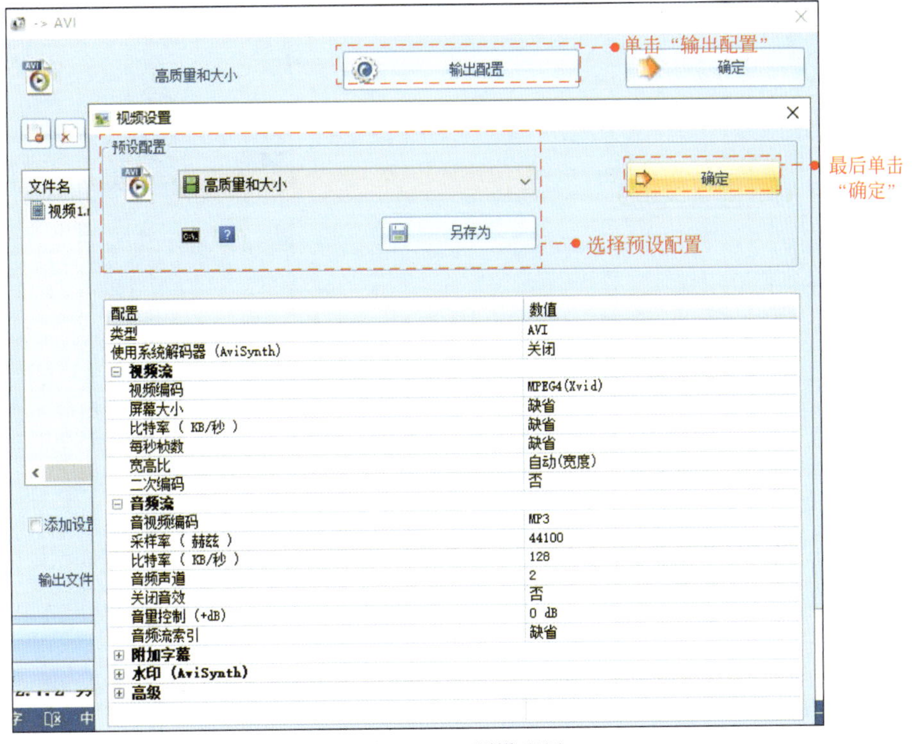

图 2-6-28　预设配置

视频裁剪：同样在视频添加页面，可进行视频裁剪。单击“选项”，在弹出的页面进行视频裁剪，如图 2-6-29 所示。

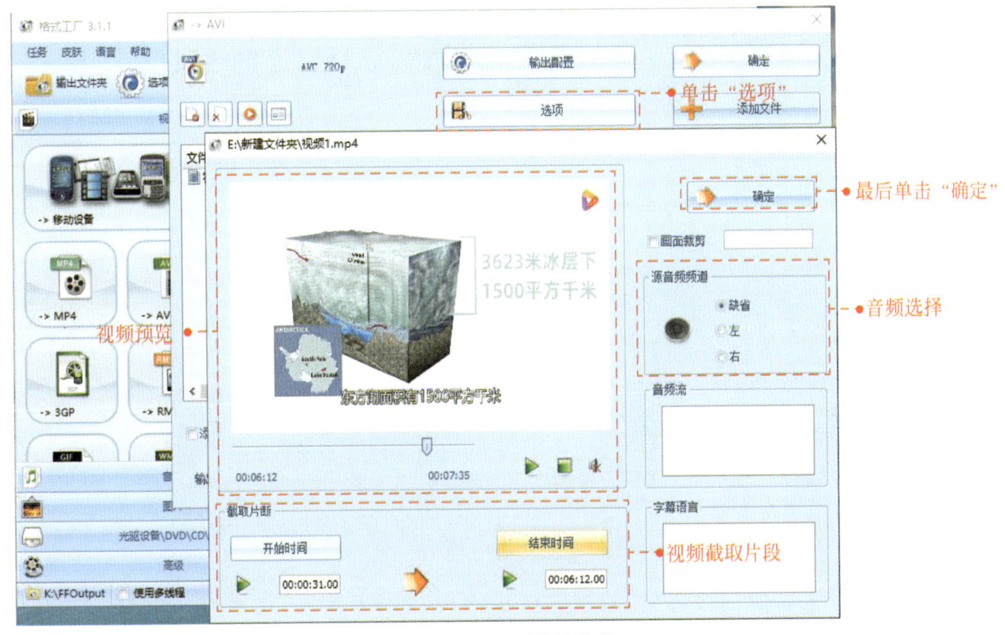

图 2-6-29　视频裁剪

最后回到视频添加页面，在此页面，更改视频输出目录，如图 2-6-30 所示。

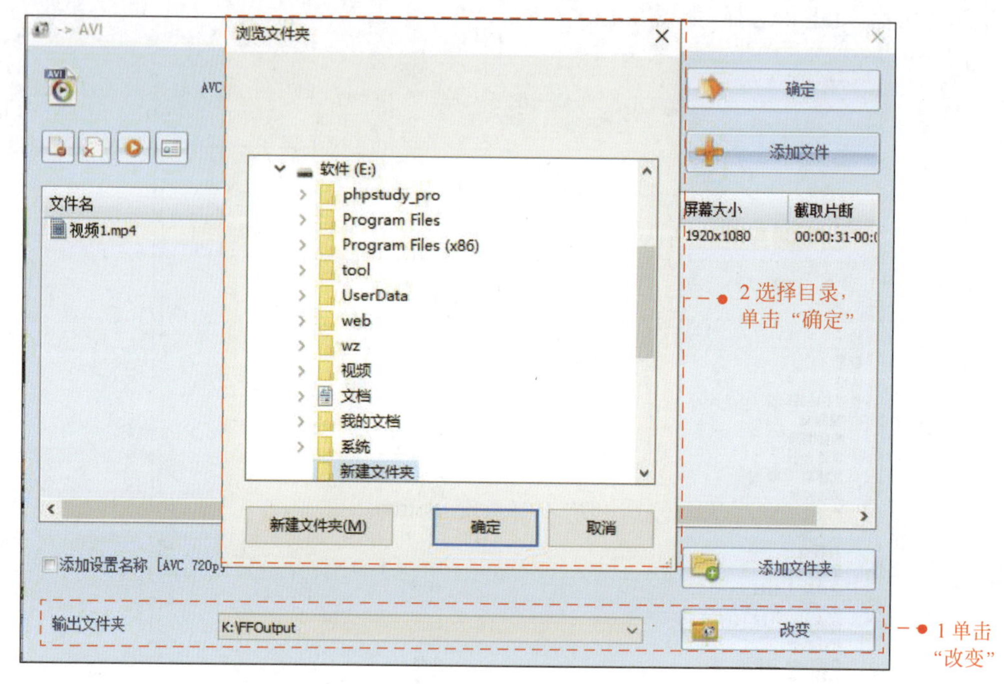

图 2-6-30　更改输出目录

所有内容设置好后，单击“确定”按钮，如图 2-6-31 所示。

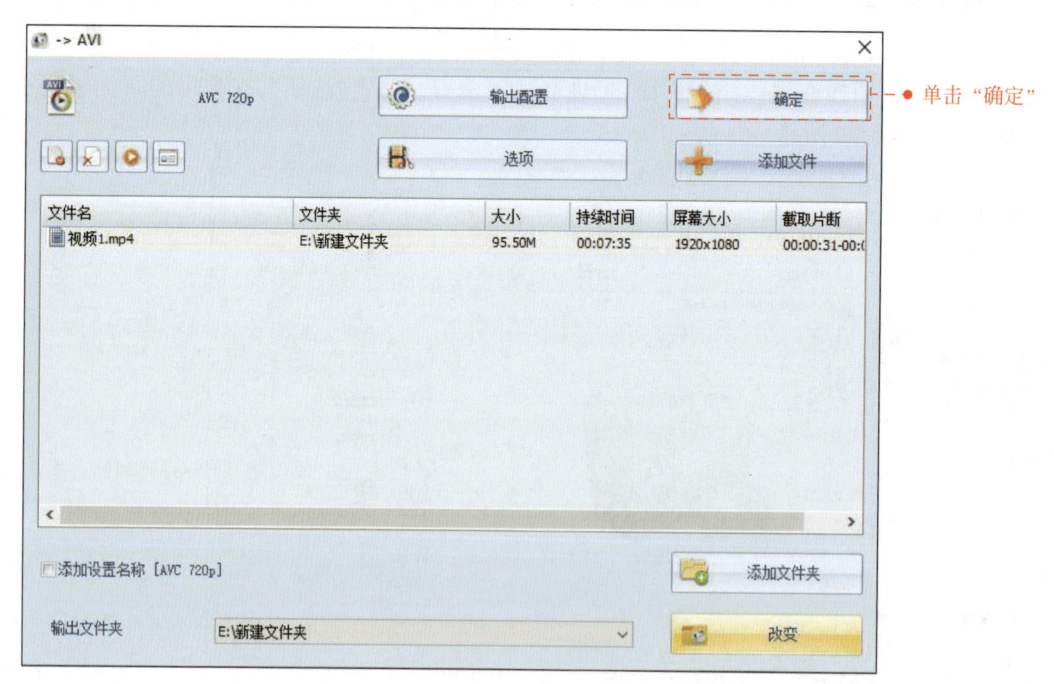

图 2-6-31　单击“确定”

回到格式工厂主界面，我们添加的视频已经出现在列表区里，这时候，我们单击“开始”

按钮，等待视频 100%完成转换，如图 2-6-32 所示，便完成了视频的处理。

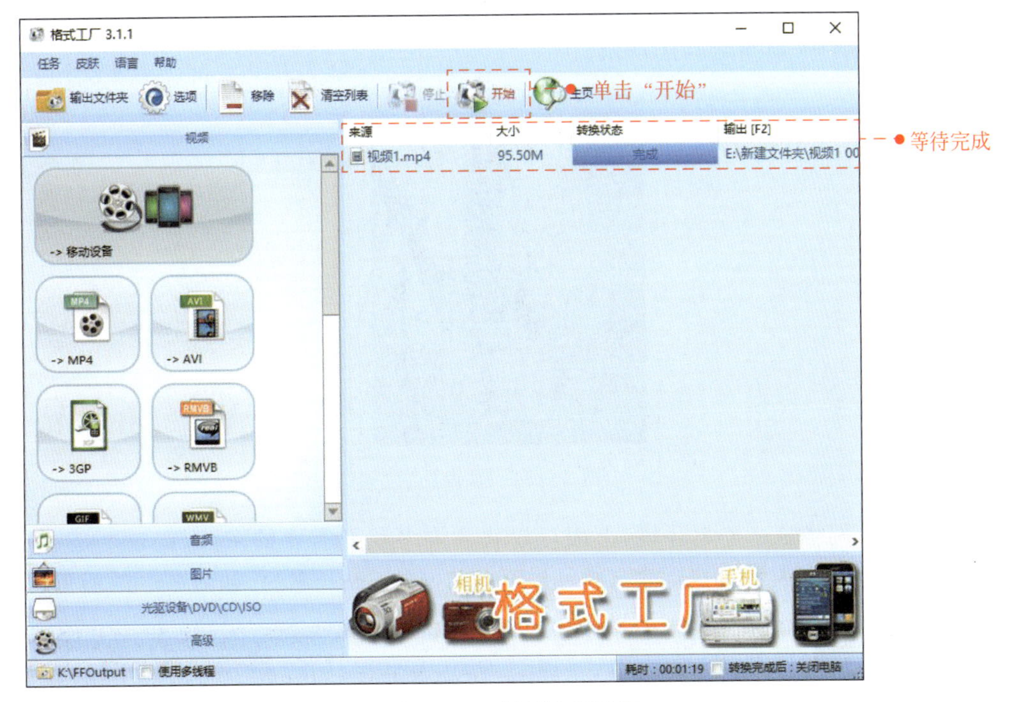

图 2-6-32 视频处理进度

最后，打开视频保存目录，可以找到处理好的视频，如图 2-6-33 所示。

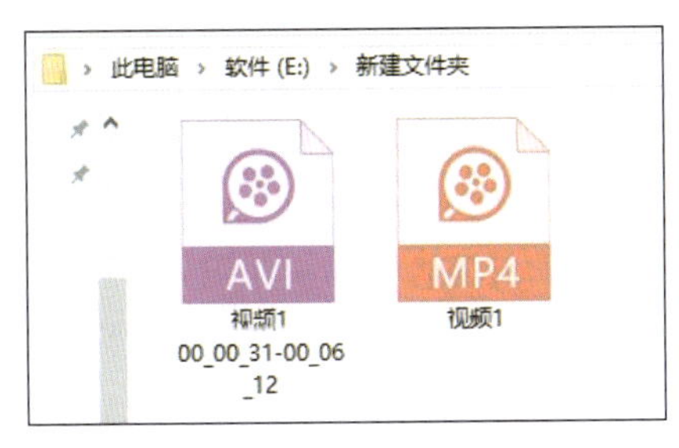

图 2-6-33 处理好的视频

2.6.4 音频素材的获取与加工

一个优秀的微课离不开音频的配合，背景音乐、音效、配音解说能起到重要作用，音频有助于提高观看者的学习兴趣，利于知识的接受。

1. 音频的获取

音频的获取方法很多，我们可以使用设备录音，网上下载，从 CD、VCD 里复制，还可以从现有的录音带中获取。这里，我们主要讲述使用设备录音和网上下载两种方式。

设备录音：现在具备录音功能的设备非常多，有麦克风、手机、录音笔、摄像机等。如果要给微课录解说词，建议选择一个安静的环境，使用一套具有降噪功能的录音设备，并把设备固定好，避免手持，如图 2-6-34 所示。

图 2-6-34　录音麦

网上下载：网络是一个大环境，上面可以找到许多我们需要的东西，音频更是数不胜数。这里推荐一个有大量免费音效素材可供下载的网站：站长素材，如图 2-6-35 所示。

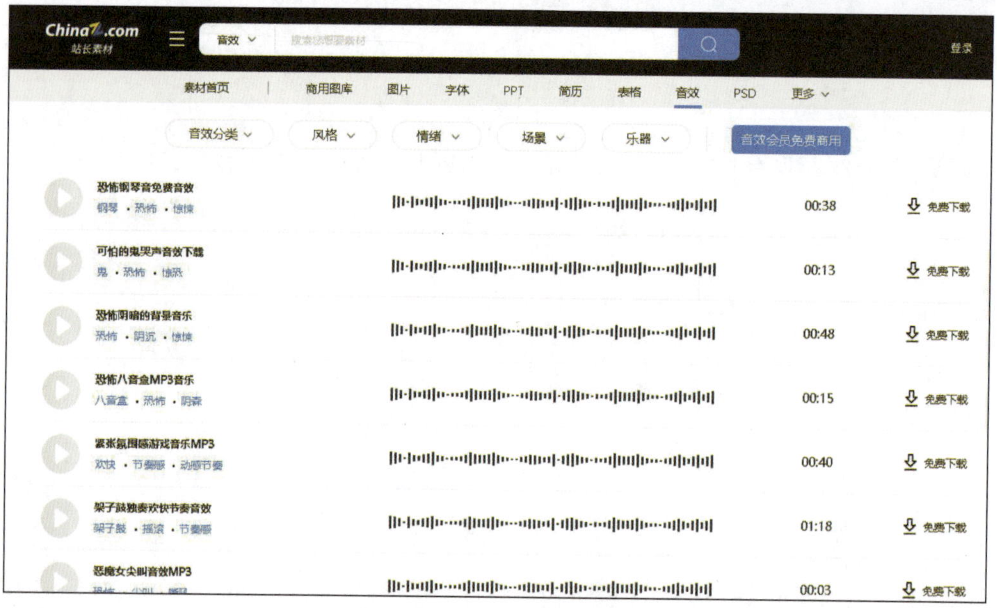

图 2-6-35　音频素材下载

2. 音频的加工

我们录制的音频或网上下载的音频，很多时候不能直接使用，比如格式不对、噪声太多、声音太大或太小等，这时候，我们可以使用软件对音频进行加工处理。这里我们介绍一下音频处理软件 GoldWave。

转换格式：在编辑功能区中单击“打开”按钮，找到 WAV 格式音乐，如图 2-6-36 所示，我们准备将它转换为 MP3 格式。

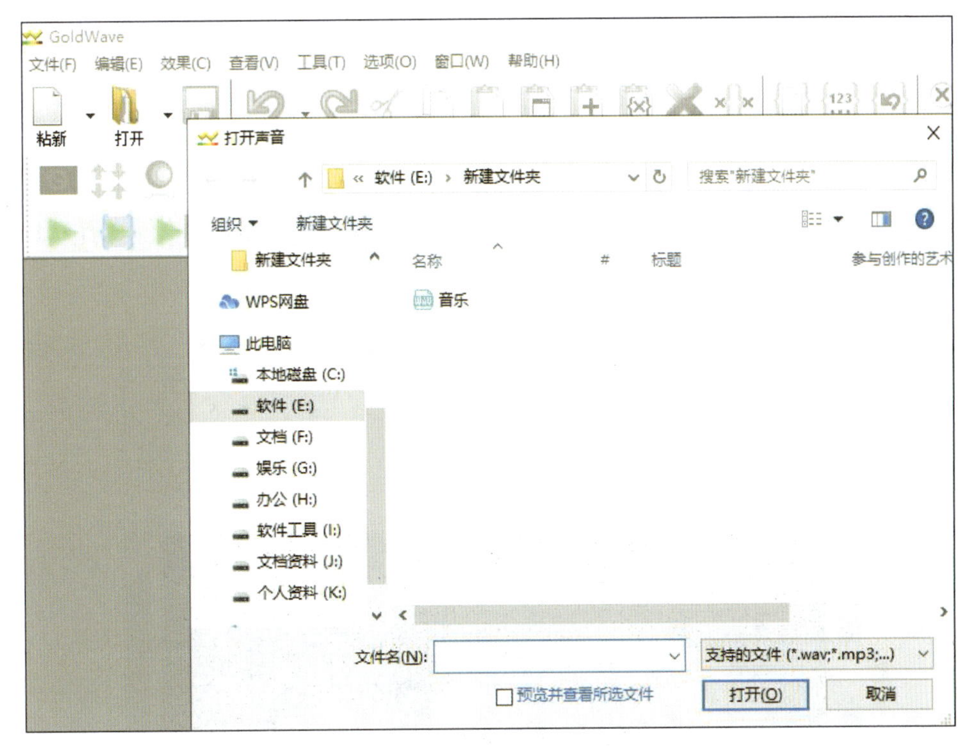

图 2-6-36　打开 WAV 音乐

转换格式只需要将音频另存为其他格式文件即可，单击菜单栏中的"文件"，在弹出的下拉菜单中选择"另存为"，接着在出现的页面中选择音频格式为 MP3，单击"保存"按钮，便完成格式转换，如图 2-6-37 和图 2-6-38 所示。

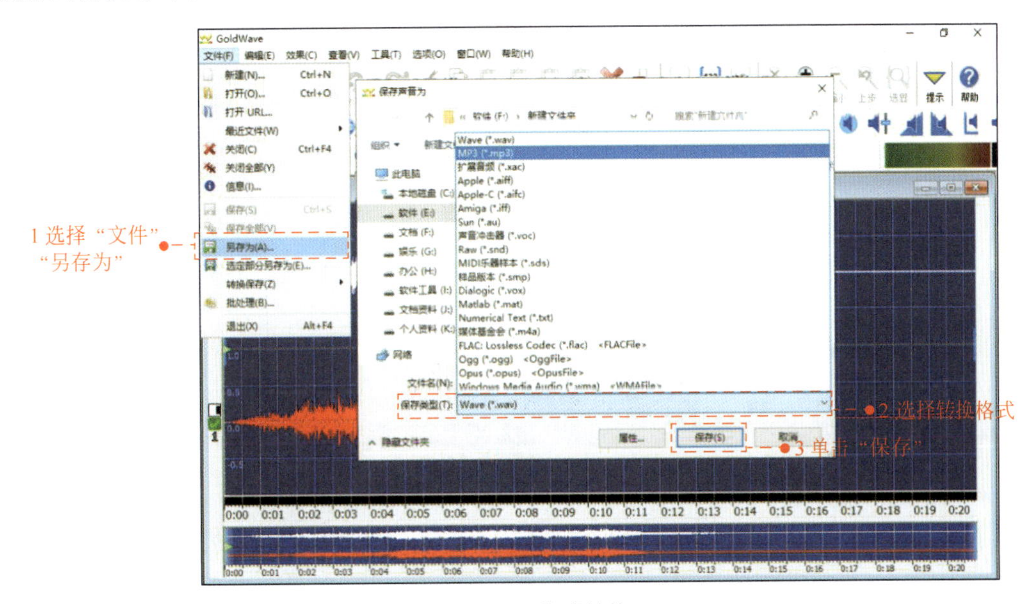

图 2-6-37　格式转换

降噪：在声音录制过程中，有可能由于设备或环境原因，音频出现了噪声，这时候，可以

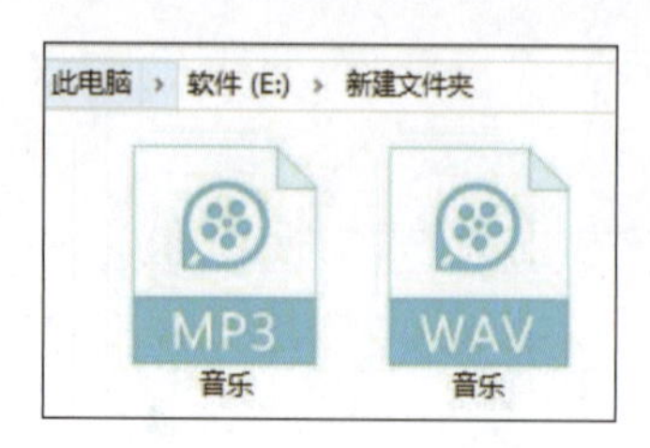

图 2-6-38　完成转换

通过软件来处理掉噪声。在“编辑”功能区中单击“打开”按钮，把有噪声音频打开，然后在编辑功能区中找到降噪按钮，进行噪声去除设置，完成后，单击“确定”按钮，如图 2-6-39 所示。

调整声音大小：音频来源方式多样化，不同声音大小不一，为了能确保声音大小的统一性，我们可以通过软件调整声音的大小。在“编辑”功能区中找到更改音量按钮，单击进入设置界面，改变预置方案，预览设置方案，最终确定声音的大小，如图 2-6-40 所示。

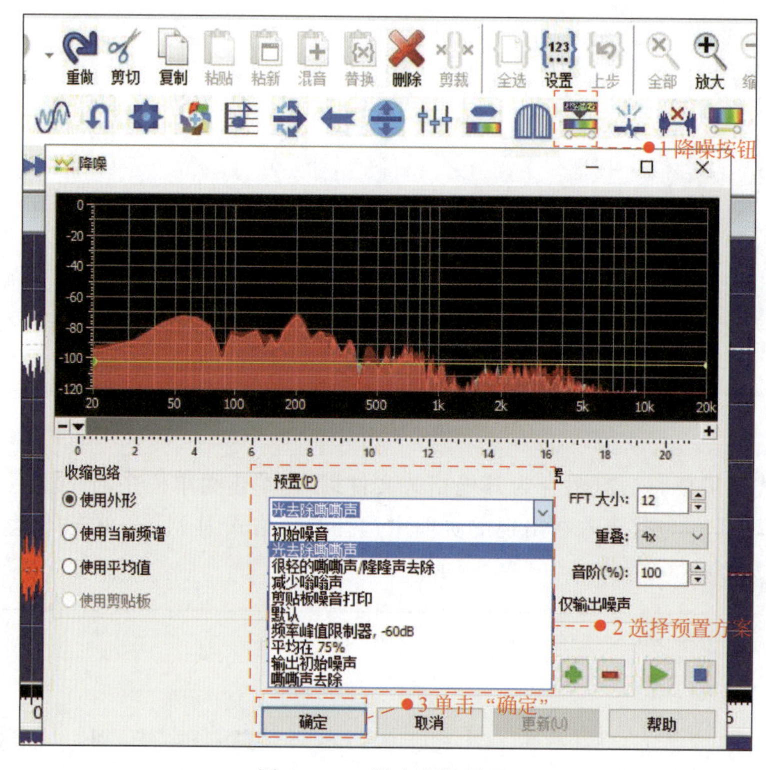

图 2-6-39　噪声去除设置

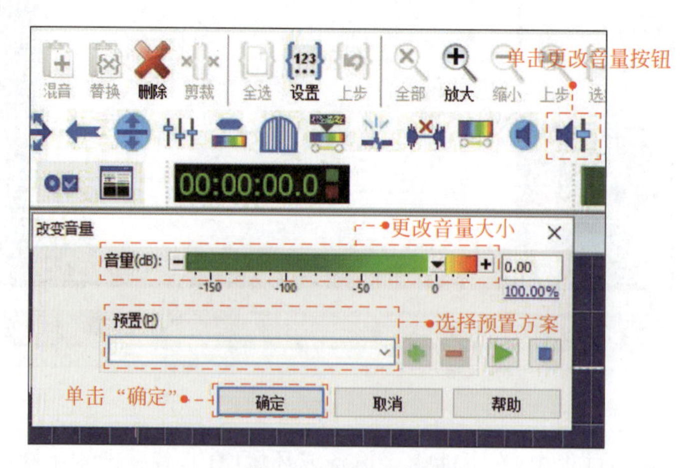

图 2-6-40　音量设置

2.7 视频剪辑

视频剪辑软件通过对加入的图片、背景音乐、配音、特效、场景等素材与视频进行重混合，对视频源进行切割、合并，通过二次编码，生成具有不同表现力的新视频。在这里，给大家介绍一些比较实用的视频剪辑软件，供大家参考。

2.7.1 剪映

剪映是抖音官方推出的一款视频剪辑软件，其界面简洁、清晰，带有全面的剪辑功能，支持变速、多样滤镜效果、抠像等功能，如图 2-7-1 所示。软件发布的系统平台有 Windows 版、IOS 版和 Android 版，是目前较受欢迎的一款软件。

推荐指数：★★★★★

优点：免费使用、体积小、功能齐全、支持手机端。

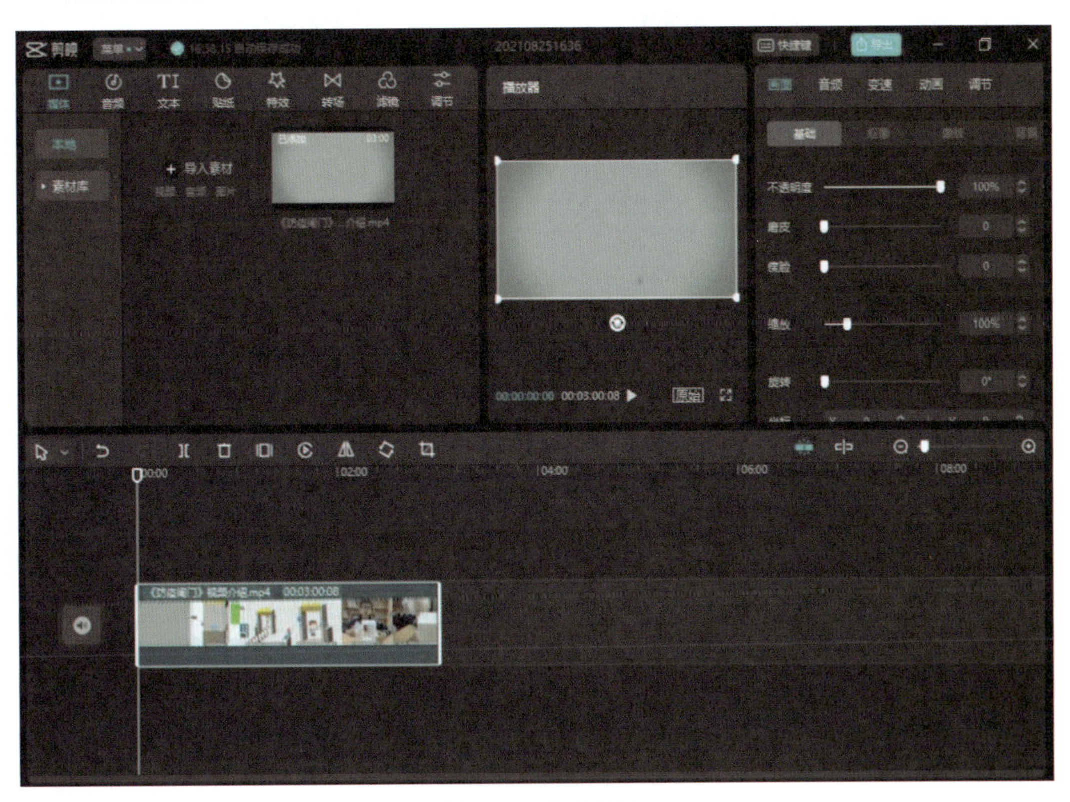

图 2-7-1 剪映界面

2.7.2 Camtasia Studio

Camtasia Studio 是专业的屏幕录像和视频编辑的软件套装。软件提供了强大的屏幕录像(Camtasia Recorder)、视频的剪辑和编辑(Camtasia Studio)、视频菜单制作(Camtasia MenuMaker)、视频剧场(Camtasia Theater)和视频播放功能(Camtasia Player)等。使用该软件,我们可以方便地进行屏幕操作的录制和配音、视频的剪辑和过场动画、添加说明字幕和水印、制作视频封面和菜单、视频压缩和播放等操作,如图 2-7-2 所示。

推荐指数:★★★★

优点:功能齐全、编辑简便。

图 2-7-2 Camtasia Studio 界面

2.7.3 Adobe Premiere

Adobe Premiere 是一款编辑画面质量比较好的软件,有较好的兼容性,且可以与 Adobe 公司推出的其他软件相互协作。它的特点是入门快、功能强大、编辑画面质量比较好,如图 2-7-3 所示,无论是对于新手还是专业人士,Premiere 都是必不可少的视频编辑工具。

推荐指数:★★★

优点:兼容性好、功能强。

图 2-7-3 Adobe Premiere 界面

2.7.4 会声会影

会声会影是加拿大 Corel 公司制作的一款功能强大的视频编辑软件，具有视频抓取和编辑功能，可以抓取或转换 MV、DV、V8、TV 文件，并提供超过 100 多种的编辑功能与效果，可导出多种常见的视频格式。软件支持屏幕捕获、本地视频读取、视频剪辑、视频合成、视频转场、视频特效、视频字幕、视频配音、视频录音等功能，操作简单易懂，界面简洁明快，尤其适合普通大众使用，如图 2-7-4 所示。

图 2-7-4 会声会影界面

推荐指数：★★★

优点：功能强大、界面简洁。

2.7.5 Grass Valley Edius

Grass Valley Edius 是一款非常全面的专业级非线性视频编辑软件，专为视频后期制作环境而设计，其拥有完善的基于文件的无缝工作流程，提供实时、多轨道、多格式混编、合成、色键、字幕和时间线输出功能，支持几乎所有类型的视频格式，被称为最快的实时专业编辑工具，是视频作品制作不可或缺的软件。它最大的特点是，可以支持多机位同时编辑，视频编辑非常方便，如图 2-7-5 所示。

推荐指数：★★★

优点：专业编辑软件、支持多机位同时编辑。

图 2-7-5　Grass Valley Edius 界面

2.8 评价反馈

在微课所有内容制作完毕后，并不意味着结束，最后一步，我们可以对微课作品进行综合评价，以便作出反馈，进一步提升自己的微课体验效果。

2.8.1 评价内容

微课是一个复杂的作品，为了更准确评价其设计是否合理，我们可以从教学设计、教学行为、教学效果、技术运用、创新与实用五个方面去进行评价。

微课的教学设计评价包括教学目标、教学内容、教学结构、科学性等，可以从教师的教学组织、课程内容设计、学科特点、教学方法等方面去考虑。微课的教学行为可分为可控性、体验性、个性化，要根据微课的学科特点，综合考虑学生的学习需要，提升课堂体验效果。可以从学习效果、学习效率和学习成本去评价教学效果，教师是否解决了重点、难点，学生是否有效接收知识，微课是否起到重要作用。技术运用主要体现在碎片化、结构化、可视化、规范性，支持个性化学习与差异化教学的实施，资源齐全，技术生动形象等。而创新与实用主要是在创新性、实用性两个方面有所体现，微课表现形式新颖、富有趣味性，可拓展性较强等。

2.8.2 评分表

对微课的内容评价，我们设计了评分表，如表 2-8-1 所示。

表 2-8-1 微课评分表

一级指标	二级指标	指标描述
教学设计（25 分）	教学目标（5 分）	教学的组织与编排符合认知规律，过程有序、主线清晰、重点突出、逻辑性强
	教学内容（10 分）	选取学习重（难）点（或技能点）为主要教学内容，并符合当前教材版本，满足学生无处不在的个性化学习与教师差异化教学要求
	教学结构（5 分）	按照认知规律，以“学生为主体、以学习为主线、教师为主导”，重难点突破科学合理，策略方法得当
	科学性（5 分）	符合学科特点与学习需求，学科原理正确
教学行为（15 分）	可控性（5 分）	学与教过程的可控制、可设置，反应及时准确，操作有反馈、可撤销
	体验性（5 分）	应用直观，易于理解，体验性好的知识与技能建构过程，还原科学原理，体验性好
	个性化（5 分）	满足学生“主动”获取知识、技能或信息服务的需求
教学效果（20 分）	学习效果（10 分）	具有较强的针对性，能够有效解决学与教中的重点、难点、疑点等问题，或者传递正确的信息
	学习效率（5 分）	有效提升学习或信息获取的效益与效率，促进学习能力的提高与改善
	学习成本（5 分）	以学习者为中心，实现学习或者信息获取低成本、轻负担
技术运用（30 分）	碎片化（15 分）	教学内容根据课程大纲和教材版本，按照学科特点，精准标注学习节点，支持个性化学习与差异化教学的实施
	结构化（5 分）	按照微课结构的内在联系合理封装，微课的主体（视频或软件）、学习基础资源、学习延伸资源、可视化学习路径、配套课件等完整齐全
	可视化（5 分）	利用技术生动形象地展示学习内容或信息，通过还原、模拟现实等方式，实现对事物客观内在属性的深刻认识
	规范性（5 分）	格式通用，画质清晰、图像稳定、界面美观；声音清楚，声音与画面同步；字幕准确与声音内容同步；语言有节奏感，富有感染力
创新与实用（10 分）	创新性（5 分）	形式新颖，趣味性和启发性强。知识与技能建构可视化，抽象原理具体化，过程呈现形象化
	实用性（5 分）	可方便应用于教师的教学和学生的自主学习，实际教学应用效果明显，有推广价值

第3章

录屏式微课的制作

本章概述

本章主要介绍软件录屏式、可汗学院式微课制作，即使用 Camtasia Studio 录屏软件录制 PPT 的操作以及可汗学院型(录屏软件+ 数位板)微课的制作。 Camtasia Studio 主要包含两大功能： 屏幕录制和后期编辑。 利用该软件可以轻松进行屏幕录制和后期编辑。

学习导图

- 录屏式微课的制作
  - 使用Camtasia Studio软件录制PPT操作
    - 根据选题内容做PPT课件
    - 打开Camtasia Studio软件录制PPT课件内容
    - 使用Camtasia Studio软件剪辑音视频
    - 输出视频
    - 案例介绍《智钻展位图设计-如何突出产品卖点》（先音后画五步录制法）
  - 可汗学院型（录屏软件+数位板）微课制作
    - 连接并调试好设备
    - 把绘图软件和数位板的教学演示过程进行录屏

3-1　录屏式微课的制作

3.1 使用 Camtasia Studio 软件录制 PPT 操作

Camtasia Studio 是一款专业屏幕录像和编辑的软件。Camtasia Studio 主要包含两大功能：屏幕录制和后期编辑。利用该软件可以轻松进行屏幕捕捉、声音录制和后期编辑等。它界面简洁明晰、操作方便快捷。以下过程以 PowerPoint 2016 软件制作课件、Camtasia 2019 软件录制来进行操作。

3.1.1 根据选题内容做 PPT 课件

1. 规划课件内容

制作微课课件复杂而细致，一个好的微课课件不仅要外观漂亮，还要主题明确、条理清晰。一般情况下，制作课件要先确定主题与结构，然后规划页面，再用 PowerPoint 软件制作课件内容。制作过程如图 3-1-1 所示。

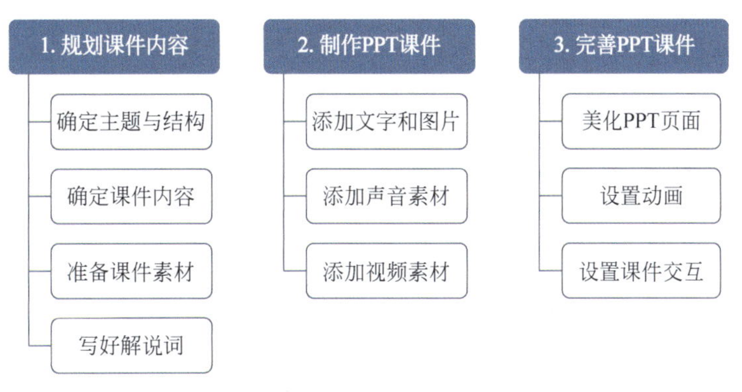

图 3-1-1　根据选题内容做 PPT 课件的过程

(1) 确定主题与结构

微课课件应该以微课教学内容为主题，围绕教学目标、教学对象设定课件的内容，要注意突出核心内容、详略得当，篇幅不能太长，要有利于教师将教学问题说透、说充分。确定好主题之后，还要考虑采用什么结构才能使形式和内容完美结合。重点是要抓住教学中的关键因素，如此才能把握住整个课件的基本结构和框架。

在教学中，比较常见的微课课件结构是“总—分—总”三段式结构。

总：即导入，提出教学问题，明确教学内容，包括微课的封面、导入、目录、目标页等。

分：即内容讲授，分析问题，采用教学手段解决问题。

总：即结论，总结归纳问题，包括小结、结束页等。

(2) 确定课件内容

微课课件的主题、结构确定后，就可以搜集素材，为课件添加内容了。一个完整的课件，包括以下几方面的内容：封面页、目录页、转场页、内容页、总结页、结束页。

(3) 准备课件素材

微课内容确定以后，就可以围绕内容搜集、准备素材。课件的素材有文字、图像、声音、视频、动画等。对于素材的搜集，常用的方法有网上搜索、下载；使用录音、录像设备拍摄、录制；借助软件在现有素材中截取；使用特殊软件进行设计、制作等方式。对于搜集来的素材，往往不能直接使用，还需要对素材进行二次加工和处理。

(4) 写好解说词

解说词的作用是便于准确、理性地分析教学内容，解说词以文本的形式呈现方便反复修改，而且解说词在反复研读过程中可以发现问题。同时，解说词是控制整个微课时间长度最好的计算方式。

2. 制作 PPT 课件

(1) 添加文字和图片

在制作课件时,最常用的操作就是输入文字和插入图片。根据前面规划的课件内容进行添加。

(2) 添加声音素材

制作课件时,除使用静态文字、艺术字、图形和图像等对象外,还可以添加声音,让课件有声有色,给学生带来听觉享受,进一步提升课件的表现力。

(3) 添加视频素材

在课件中添加各种多媒体素材,可以使幻灯片变得更加生动有趣,尤其是添加视频后,课件会增色很多,其观赏性也会大大提高。

3. 完善 PPT 课件

(1) 美化 PPT 页面

制作幻灯片不难,但要让幻灯片变得精美,对初学者来说,需要一个循序渐进、长期积累的过程。在平时的工作学习过程中,要善于整理和搜集素材,多浏览一些精美的课件案例,学习页面设计与布局的知识,也可以利用一些美化插件来进行美化。

(2) 设置动画

动画是课件中经常使用的技术之一,利用动画技术可以吸引学生的注意力,突出教学内容中的重点和难点,极大地调动学生的学习兴趣,改善教学效果。

(3) 设置课件交互

在微课课件中添加多种对象,并进行编辑和美化,再为幻灯片添加精彩的片内和片间动画效果,就可以放映观看了,但是只能从头到尾按顺序播放。有时可以通过设置“超链接”或“动作”,按照课件内在逻辑来演示课件,从而达到更理想的教学效果。另外,自定义动画触发器的功能还可以制作多种交互式效果,如放大图片、制作选择题等,实现教学上的互动。

3.1.2 打开 Camtasia Studio 软件录制 PPT 课件内容

首先安装好 Camtasia 2019 软件,按照编写好的微课脚本,根据选题内容做 PPT 课件。接下来使用 Camtasia Studio 软件录制 PPT 课件内容。

1. 打开录制界面

启动 Camtasia 2019,进入程序主界面,单击左上角“录制”按钮,如图 3-1-2 所示。打开录制界面,如图 3-1-3 所示。

2. 设置录制区域

“选择区域”可以设置录制区域,单击“全屏”和“自定义”设定区域后,屏幕上就会出现 8 个控制点和边界线,如图 3-1-4 所示。

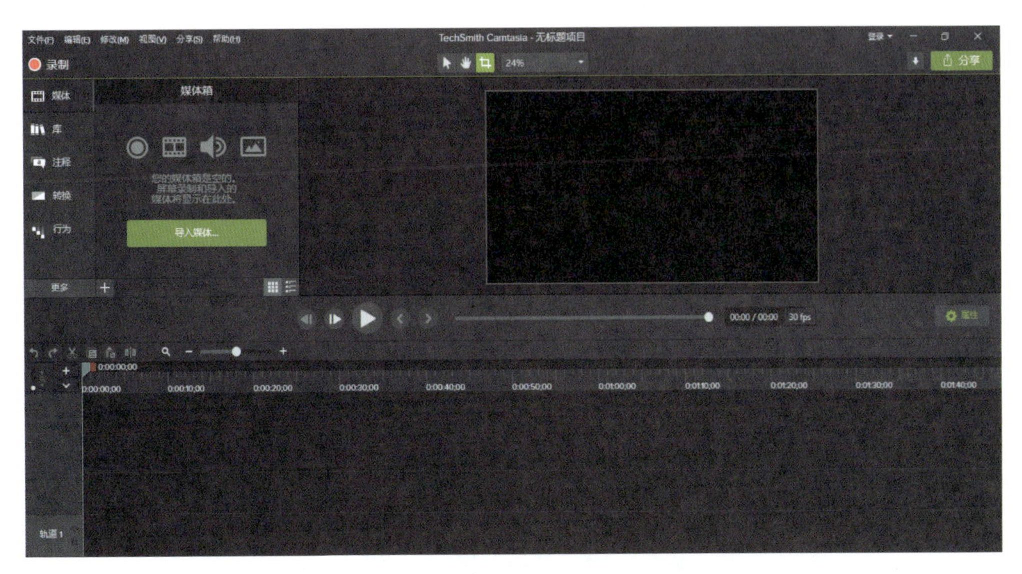

图 3-1-2 打开 Camtasia 2019

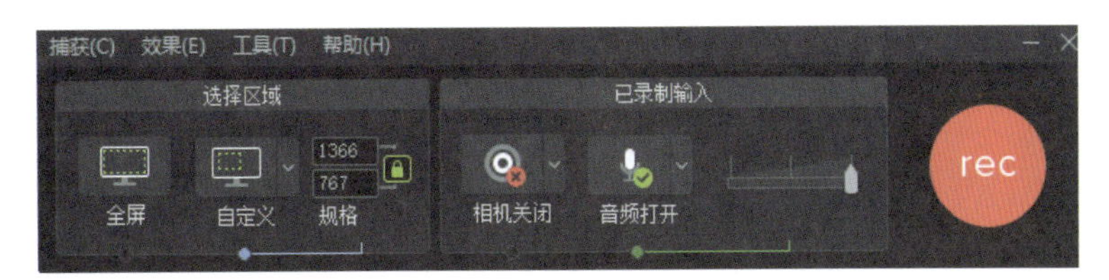

图 3-1-3 打开录制界面

图 3-1-4 设置录制区域

3. 设置摄像头和话筒

在“已录制输入”中可以设置摄像头和话筒。如果不需要录制话筒的声音，可以选择“不录制麦克风”选项。“录制系统音频”选项默认选中，它的作用是录制系统自带的声音或者课件中的音频，录制完毕后会在时间轴上占用一条轨道。如果课件中没有声音，可以取消选中“录制系统音频”选项。对于讲解或背景音乐等声音文件建议在后期剪辑中再按需求进行添加，如图 3-1-5 所示。

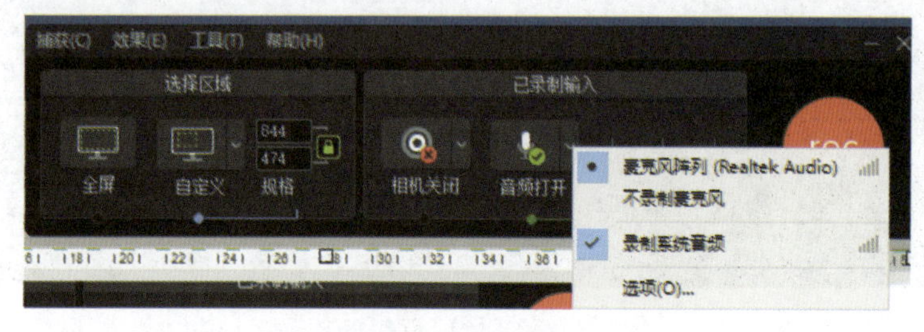

图 3-1-5　设置录制的菜单命令

4. 录制

单击“rec”按钮开始录制，如图 3-1-6 所示。此时会出现“按 F10 停止录制”界面，如图 3-1-7 所示。

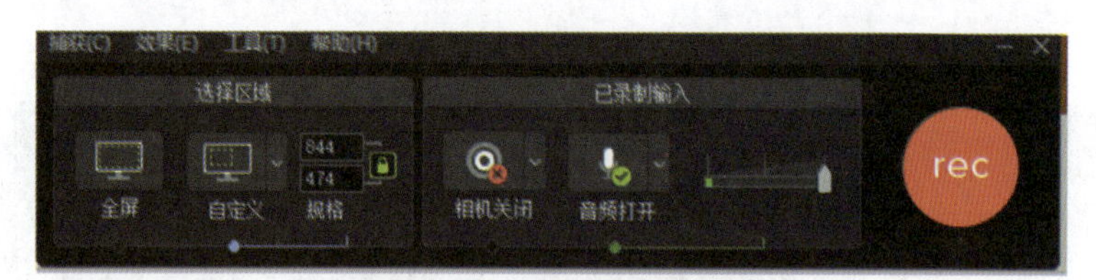

图 3-1-6　单击“rec”录制按钮

图 3-1-7　录制提示

如果在录制过程中需要暂停，则按 F9 键暂停，如图 3-1-8 所示，再按 F9 键可以继续录制。

图 3-1-8　按下 F9 键暂停/继续录制

录制结束后按 F10 键，视频会出现在“媒体箱”中，如图 3-1-9 所示。双击缩略图视频，可以进行预览，如图 3-1-10 所示。如果需要编辑，则把录制的视频拖放到轨道中，对视频进行后期编辑。双击视频可以进行预览，如果预览后效果不理想，则可以选中该视频，右击，在出现的菜单中选择“删除”，如图 3-1-11 所示。

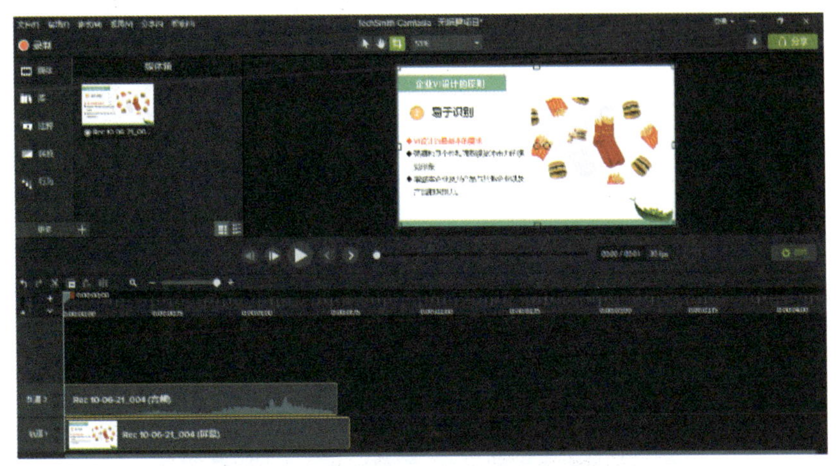

图 3-1-9　录制结束的界面

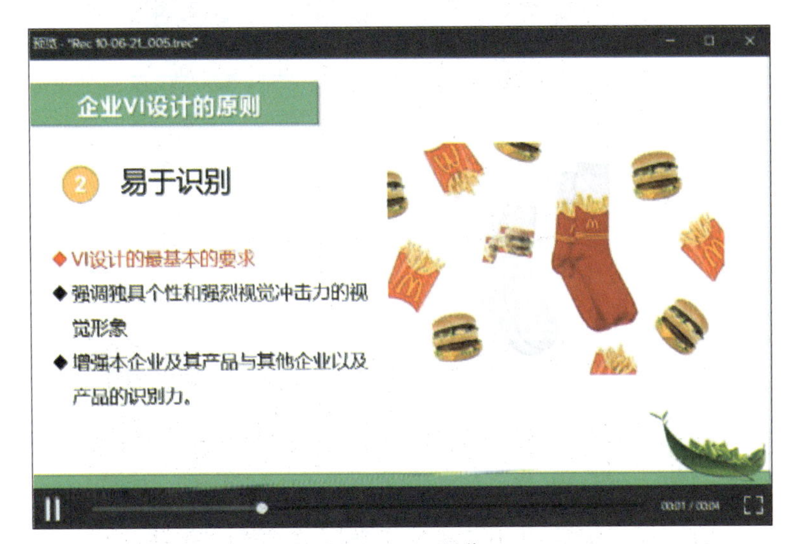

图 3-1-10　预览

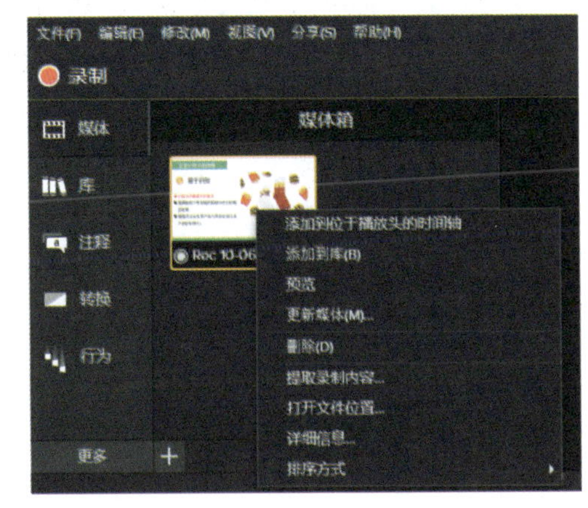

图 3-1-11　删除“媒体箱”视频

3.1.3 使用 Camtasia Studio 软件剪辑音视频

当视频录制完毕后，可以将素材拖放到相应的轨道进行编辑。

1. 分割音/视频

方式一：单击轨道上需要分割的音/视频，将移动杆移动至音/视频分割点，右击移动杆，右击选择“拆分选定项”，可完成视频分割，如图 3-1-12 所示。或者单击“拆分”按钮，则可以进行分割，如图 3-1-13 所示。

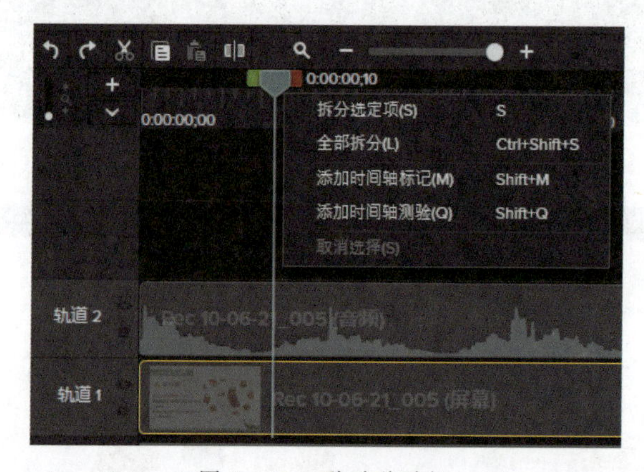

图 3-1-12 移动移动杆

图 3-1-13 分割视频

方式二：分割视频中间片段。有时候需要将视频的中间部分分割出来，这时可以移动杆上的绿、红标选择需要分割的起点和结束点，单击选中部分，右击，在弹出菜单中选择“将时间轴选择添加到库”，将选中的视频存入库后可进行另外的操作。如图 3-1-14 所示。

方式三：假设要分割得比较精准，则需要准确选择时间。拖动进度条显示大概要进行分割的界面，或者直接播放视频中要分割的界面；然后向右拖动轨道横向缩放，或单击“+”将时间轴显示比例放大；最后拖动轨道中的分割按钮选择分割的时间，如图 3-1-15 所示。

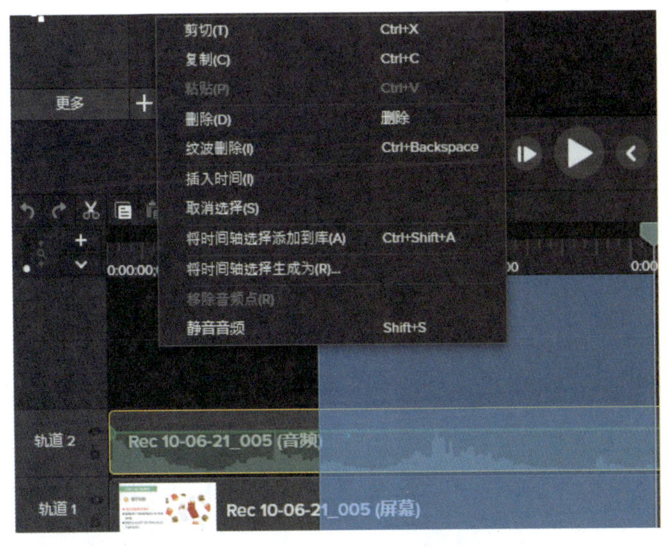

图 3-1-14　将时间轴选择添加到库

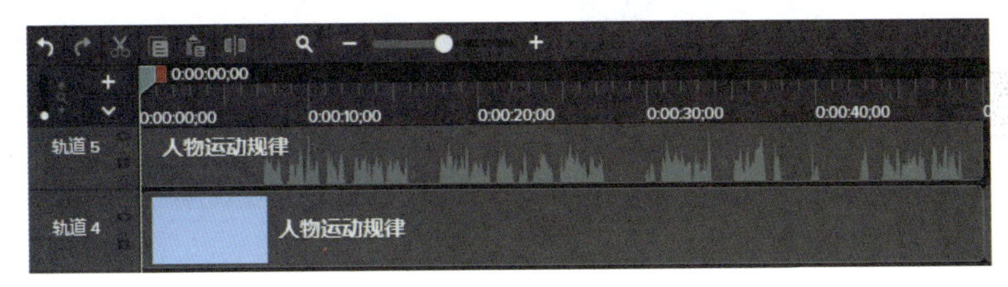

图 3-1-15　放大、缩小编辑对象

2. 删减音/视频

当我们需要将视频中不需要的部分删除掉时，则进行删减视频的操作。将视频分割后，单击选中不需要的部分，按 delete 键即可；或选中不需要的部分，右击选中“删除”也可以操作，如图 3-1-16 所示。

3. 合并音/视频

当我们需要将各个分散在时间轴的视频、音频或图片等组合在一起时，则进行合并操作。按住 Ctrl 键，鼠标左键多选需要合并的部分，然后右击“组”进行合并。如果时间轴上的所有视频、音频或图片都需要合并，可以按住 Ctrl+A 键全选，右击“组”进行合并。

4. 音频处理

音频处理，包括去噪、音频压缩、淡入、淡出、剪辑速度。单击“音效”按钮，如图 3-1-17 所示。

(1) 去噪

选中轨道上的音/视频，单击“音效”—“去噪”，并把“去噪”效果拖放到音/视频，如图 3-1-18 所示，进行参数的设置，如图 3-1-19 所示。

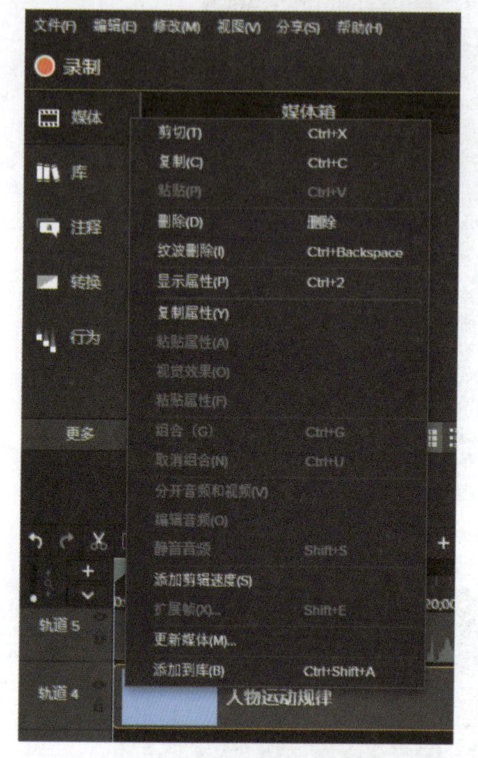

图 3-1-16　删减视频

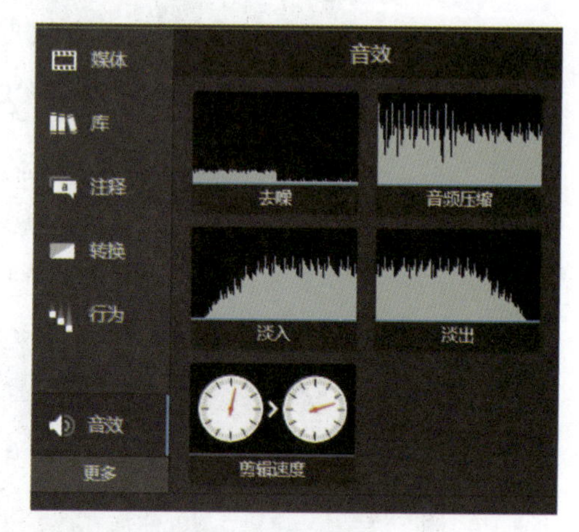

图 3-1-17　音效处理

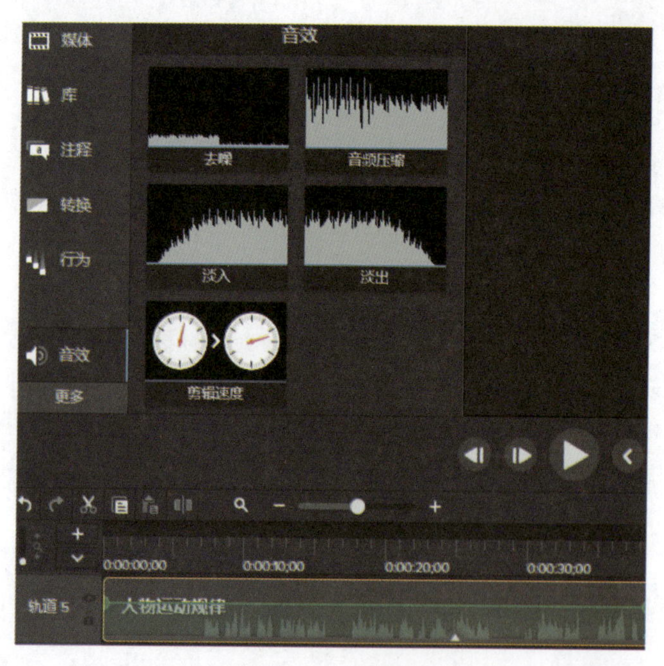

图 3-1-18　去噪处理

（2）音频压缩

选中轨道上的音/视频，单击“音效”—“音频压缩”，并把“音频压缩”效果拖放到音/视频，进行参数的设置，如图 3-1-20 所示。

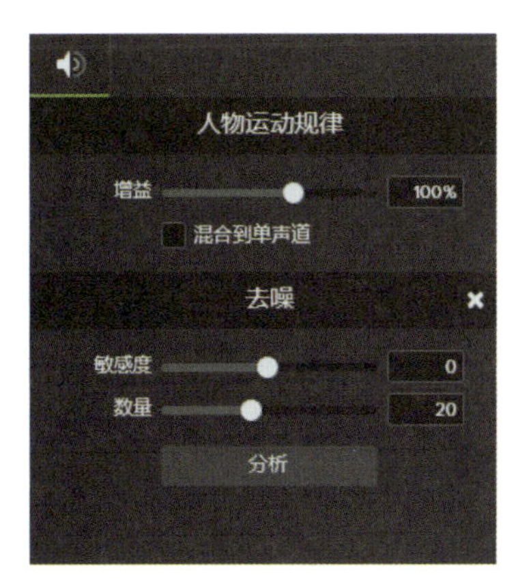

图 3-1-19　设置降噪的参数

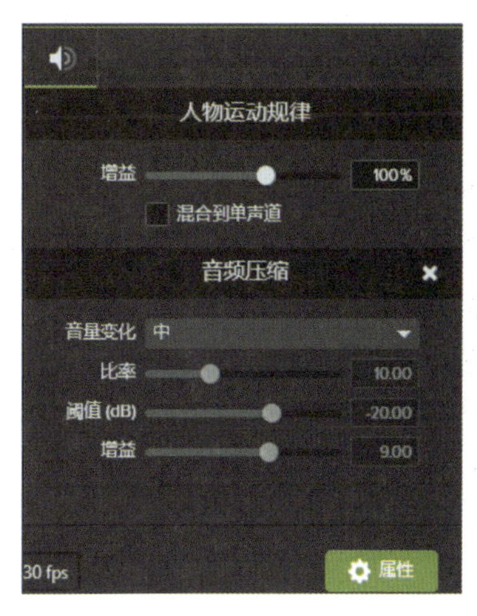

图 3-1-20　设置音频压缩的参数

（3）淡入/淡出

选中轨道上的音/视频，单击“音效”—“ 淡入/淡出”，并把“淡入/淡出”效果拖放到音/视频，进行参数的设置，如图 3-1-21 所示。

（4）剪辑速度

选中轨道上的音/视频，单击“音效”—“ 剪辑速度”，并把“剪辑速度”效果拖放到音/视频，进行参数的设置，如图 3-1-22 所示。

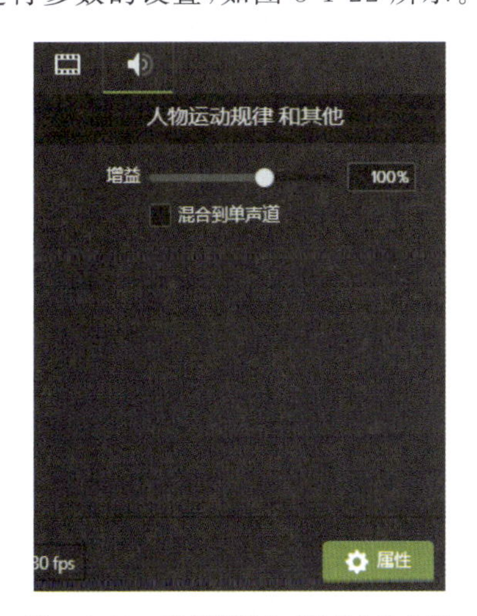

图 3-1-21　设置“淡入/淡出”的参数

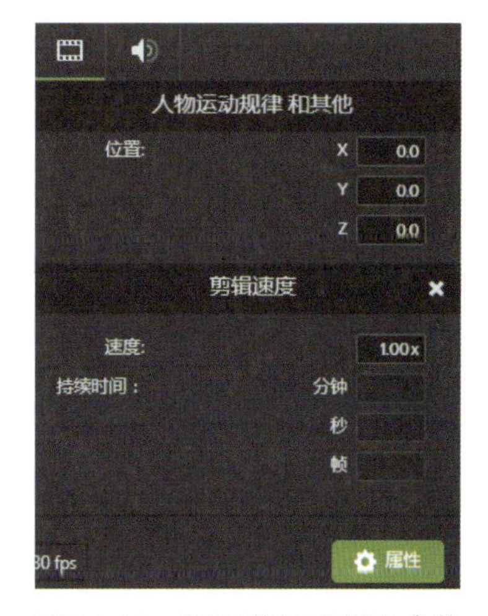

图 3-1-22　设置“剪辑速度”的参数

3.1.4　输出视频

当预览视频没有问题后，可以导出微课视频。在页面的右上方，单击“分享”按钮，选择“本地文件”，在弹出的对话框选择“自定义生成设置”，生成 MP4 格式的视频，如图 3-1-23 所示。

设置完成后开始渲染，如图 3-1-24 所示，渲染完成后即可完成制作。

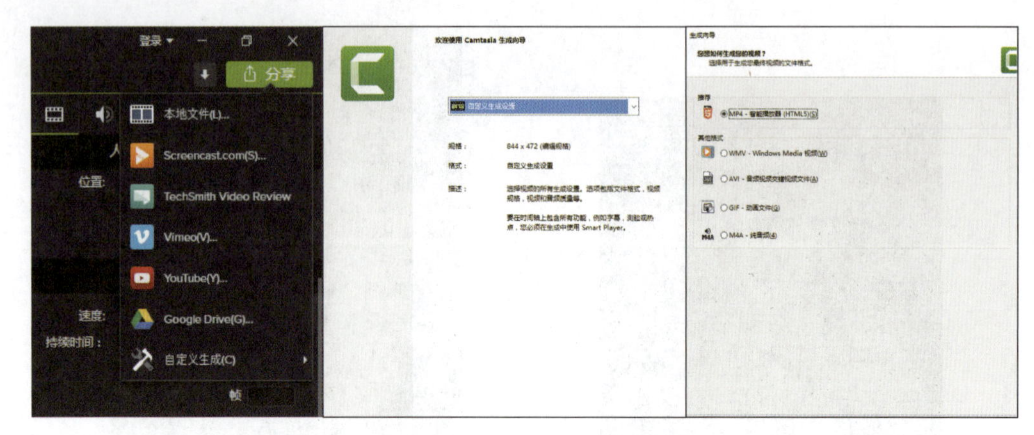

图 3-1-23　设置文件导出参数

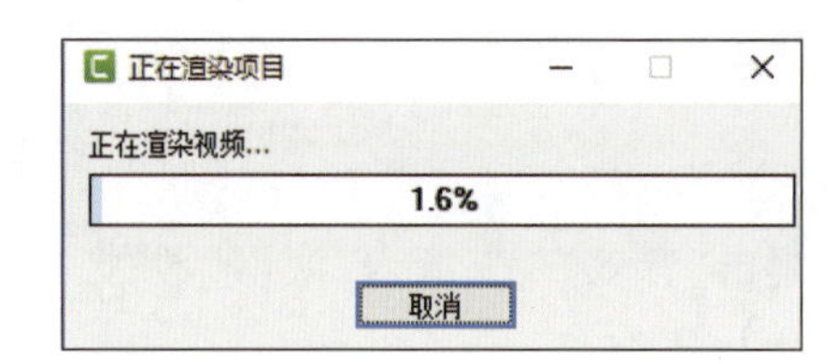

图 3-1-24　开始渲染

3.1.5　案例：《智钻展位图设计——如何突出产品卖点》(先音后画五步录制法)

本案例使用 Camstasia 2019 软件来录制 PPT 课件，采用先音后画五步法录制微课，步骤见图 3-1-25。

图 3-1-25　先音后画五步录制法操作过程

1. 根据教学内容写好解说词

根据教学目标的要求设计框架，根据教学内容编写故事脚本，转化为解说词，并反复修改精练，同时根据解说词的字数即可计算微课的时长，这样就能做到心中有数。图 3-1-26 是《智钻展位图设计——如何突出产品卖点》微课解说词。

2. 根据解说词制作 PPT

将写好的解说词制作成课件，提取关键词，将其图形转换，用 PPT 中 smartart 将内容

《智钻展位图设计——如何突出产品卖点》微课解说词

一、课堂导入：

角色一：小美，你在干什么啊?

角色二：我在上网买裤子，但不知道选哪个好?

角色一：我们来看看首页的智钻展位的推荐。

同学们，在电商平台中，点击量和成交量有着密切的联系。在设计时，首页的智钻展位图哪些地方会吸引顾客点击？只有点击量越高，才会增加成交量。我们再看看这两张裤子的卖点图，你觉得哪个做得更好？让我们带着问题一起学习如何设计产品的卖点图吧！

二、新课讲授：

当我们在线上购物时，我们首先会被图的文字吸引，"爆款低价，买1送1"，原来是汽车配件搞优惠。可以发现，通过文字和图片的设计能够突出产品的卖点。

2.1 字体设计

接下来，我们先从字体设计方面讲解如何突出产品的卖点。我们来看一下这张海报。这是一款男士洗面奶的卖点图，它的卖点是"强制控油 润出型男"。我们留意一下文字，是不是觉得字体不够粗、重点不够突出。如果换成这种字体呢?看起来是不是重点突出，一下子就吸引了消费者的目光呢。因此，卖点图应选择粗、大、显眼的字体。这样给人一目了然、点明主题的效果。

再来看这"6.18"年中大促的海报，里面的卖点文字不够大，不能一下子吸引顾客的注意，我们可以把卖点图的文字放大，更加凸显产品的卖点，让人一目了然。

再来看一下这款睫毛膏的卖点图，这幅图也用到粗大的字体，文字也放大了，但是卖点的效果并不太突出，那我们可以给卖点文字加底色。

请大家看看这张海报。字体设计中应用了哪些形式来突出产品卖点。我们一起来看看。这个海报选择了"粗、大"的字体。文字也放大了。通过颜色对比更加突出产品的优惠信息。这个卖点图应用了字体设计的知识来凸显卖点。

2.2 图片设计

接下来，我们从图片设计方面讲解如何突出产品的卖点。我们来看一下这款空气净化器的海报。底图虽然使用了绿色，与环保相呼应，但比较单调。假如把背景换成，蓝天白云、青草、竹叶、绿色的地球，将环保理念应用到海报设计中，传递自然绿色的理念，与产品的卖点"清肺杀菌 空气卫士"相呼应。

再来看看这款海报有什么问题。是不是觉得图片很模糊？做卖点图的图片必须是高质量、清晰度要高，才能够更加凸显卖点。

再来看看这款空调的卖点图。我们可以发现左侧的空调太小了。设计卖点图时，图片要大，突出产品卖点，让人看到效果。我们再看这款男士裤子海报。图片裤子太小了，优惠信息不突出。

我们再看课前的男士裤子海报。经过文字和图片的修改后，产品的卖点更加突出了。这个裤子的核心卖点是"优惠，包邮"的信息。但是这个海报一看，重点字眼是"绽放盛夏时光"。根本没有办法让消费者立刻注意到优惠信息。经过文字和图片的修改后，产品的卖点更加突出了，吸引消费者的目光。

三、案例展示：

接下来我们来玩一个图文编排的游戏。这是坚果产品的卖点图，可以拖动和缩放图中的文字和图像，进行排版。也可以对图像和文字进行缩放。卖点图的元素包括文字信息，如产品和广告语、优惠信息、促销时间；图片元素包括产品图片、助农信息、拖放到合适的位置并适当地调整大小和尺寸、这款产品的核心卖点是优惠信息、可以加一些底色和边框，让重点信息更加突出、适当地调整文字大小。

四、课堂总结：

突出产品的卖点有哪些方式。

第一：选择大、粗的字体；放大卖点的文字、文字的色彩要突出；

第二：选择有针对"卖点"的图片，图片的清晰度要高、要足够大。

本节课的内容就上到这里，谢谢大家。

文档结尾

图 3-1-26 《智钻展位图设计——如何突出产品卖点》微课解说词

可视化，最后使用动画动态逻辑呈现教学内容。这里需要动画时长与解说词时长相同，反复排练课件，并同步讲解，根据具体情况可以进一步优化。如图 3-1-27 所示。

图 3-1-27 《智钻展位图设计——如何突出产品卖点》PPT

3. 录制解说词

使用录音设备和软件 Audition 录制解说词。建议录制时以段为基本单位，便于后期剪辑。录制完毕后，进行简单的修剪、降噪、优化后，输出 WAV 音频文件。

4. 听音同步录画面

上一步得到的音频，可以使用手机、电脑播放，同时使用录屏软件录制播放的课件或同时演示的过程。音频播放完毕，画面演示也刚好播放完毕，得到和音频时长同步的画面文件。

该微课进行录屏时，可以采用将微课录音保存在手机里，用手机播放录音进行听音录画面的方式来录屏，也可以直接在计算机里用播放器播放音频，通过手动切换画面，用计算机同步录制屏幕的方式进行。这里采用计算机播放录音，计算机同步录屏的方式来制作。

单击 Camtasia Studio 软件中的“录制”按钮，启动录屏程序，弹出视频录制窗口，窗口中设置录制范围默认为全屏录制，单击“录制”按钮进行 PPT 屏幕录制，也可以使用快捷键 F9 开始录制。根据录音，手动切换 PPT，如图 3-1-28 所示。

图 3-1-28 《智钻展位图设计——如何突出产品卖点》PPT 屏幕录制

5. 音画合成与后期

将得到的声音和视频文件导入编辑软件 Camtasia 2019，添加到不同的轨道，简单修剪，做同步合成。完成音画同步后，可以根据要求制作特效，与背景音乐的添加。预览无误后，即可输出 MP4 格式的视频文件。

通过这五步就能制作出流畅且讲解同步的微课。

3.2 可汗学院型（录屏软件＋数位板）微课制作

可汗学院型微课制作，使用录屏软件对数位板上书写的内容及讲解声音进行同步录制。录屏软件，如 Camtasia Studio；数位板、麦克风、绘图软件（如 SmoothDraw 软件、Painter 等）。通过数位板和画图工具进行讲解演示，并使用录屏软件录制。

可汗学院型微课与前面提到的使用 Camtasia Studio 录屏软件 PPT 操作基本相似，不同的是增加了数位板、麦克风、画图工具等配合教学的设备。在微课录制前，根据微课内容进行微课教学设计。接下来进行设备调试和屏幕录制。

3.2.1 连接并调试好设备

1. 连接数位板，并在画图软件中进行调试

将数位板通过 USB 接口连接计算机，安装驱动程序，并进行工作区域、笔触等方面设置。如图 3-2-1 和图 3-2-2。

图 3-2-1 将数位板连接计算机

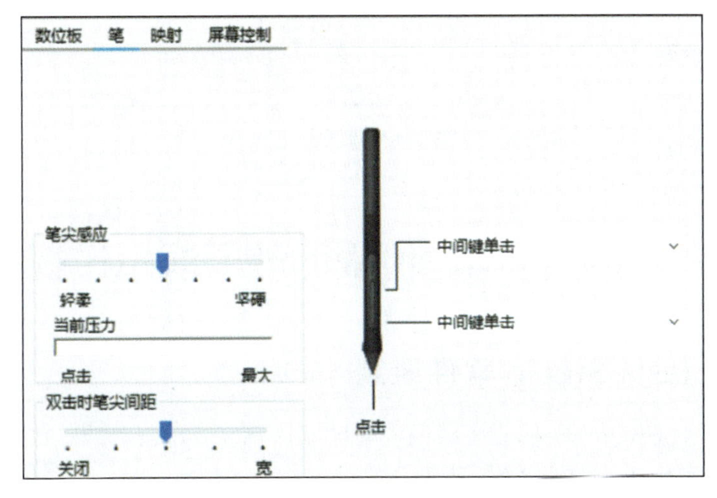

图 3-2-2 数位板参数设置

2. 连接并调试好麦克风

麦克风通过 USB 接口连接计算机，并在计算机上进行调试，对麦克风的音量等进行设置。如图 3-2-3 和图 3-2-4 所示。

图 3-2-3 将麦克风连接到计算机

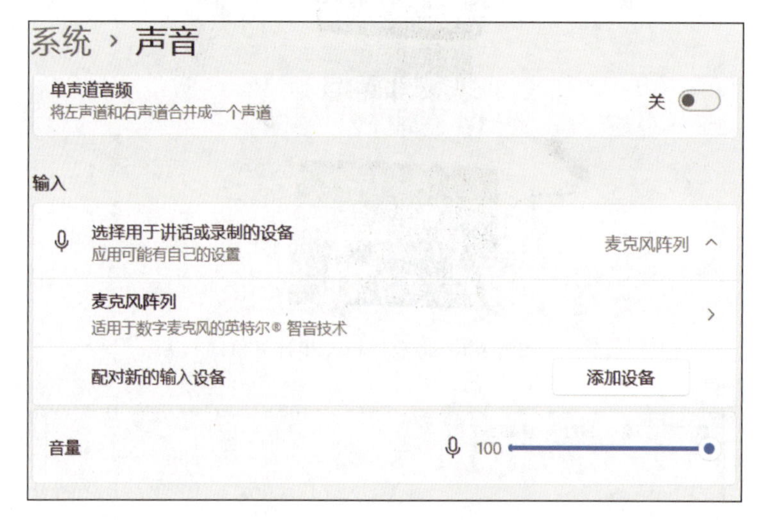

图 3-2-4 调试麦克风

3.2.2 把绘图软件和数位板的教学演示过程进行录屏

1. 打开 Camtasia Studio 软件录制

打开 Camtasia Studio 软件，设置录制屏幕区域以及声音录制参数。单击“REC”录制按钮开始录制屏幕和声音。如图 3-2-5 所示。

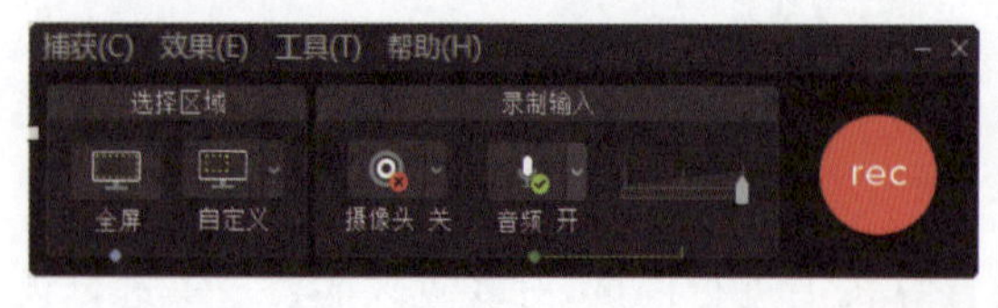

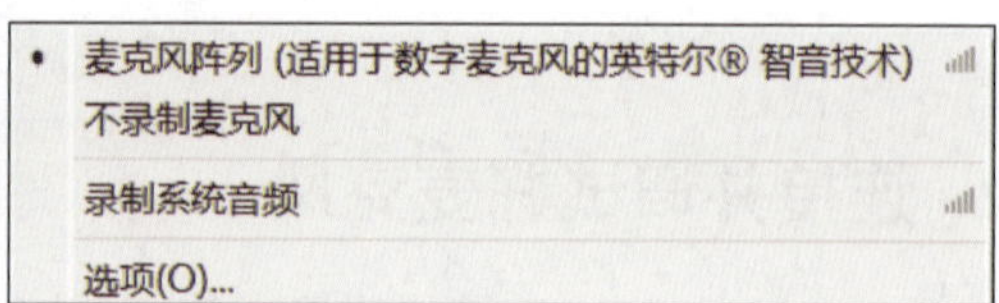

图 3-2-5 设置录制屏幕区域以及声音

2. 打开绘图软件并使用数位板输入内容

可汗学院使用绘图软件 SmoothDraw 进行绘制。SmoothDraw 具有和 Painter 类似绘画质量的自然绘画软件，具备众多可调画笔，纸张材质模拟，多重线条平滑反走样，透明处理及多图层能力，支持压感绘图笔，自由旋转画板，简单易用，即刻上手。如图 3-2-6 所示。

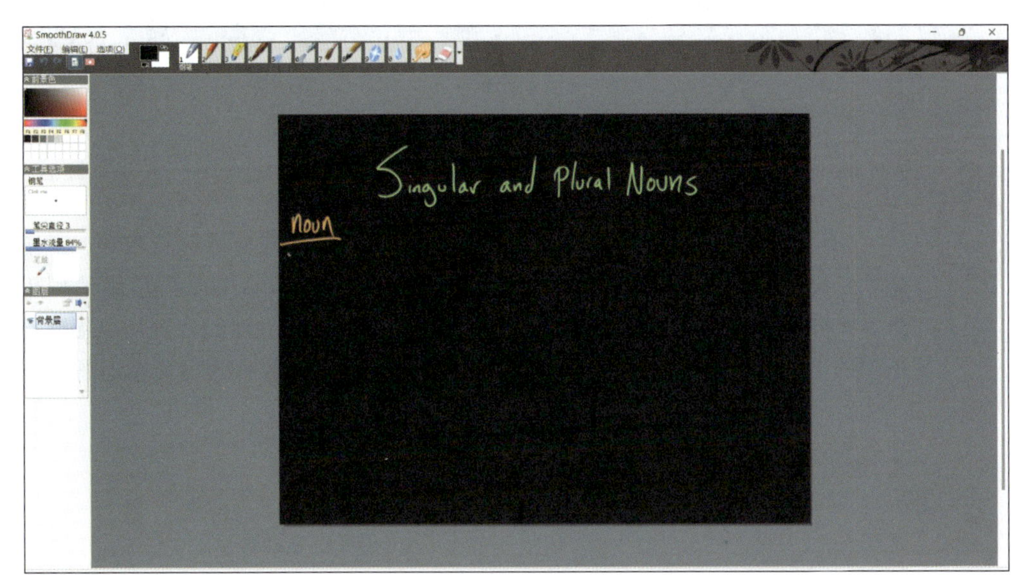

图 3-2-6 使用 SmoothDraw 绘图软件进行书写——英语微课《名词的含义》

绘图时也可以选择使用其他绘图软件（如 Painter、Photoshop 等）进行绘制。

在讲解微课内容时，如果使用了 PowerPoint 软件来授课，也可以边讲解边做批注（图 3-2-7）。在PowerPoint 软件播放状态下调出手写笔，可以在 PowerPoint 播放页面中写字。这种方法可以很好地把 PPT 页面的内容和手写批注结合起来。

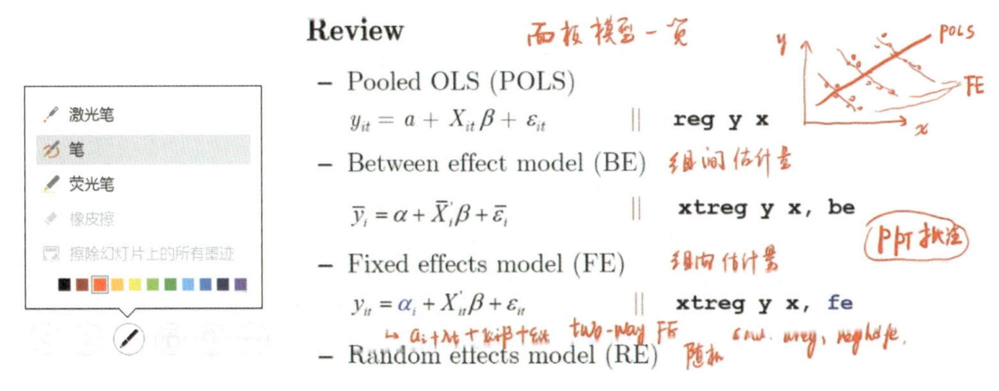

图 3-2-7 在 PowerPoint 软件中使用数位板进行标注

当视频录制完毕后，可以在 Camtasia Studio 进行音视频编辑和输出视频，具体的操作方法见前一节使用 Camtasia Studio 软件剪辑音视频和输出视频的操作。

第4章 拍摄式微课的制作

本章概述

拍摄式微课是一种常见且重要的微课类型。拍摄式微课深受教师、学生喜欢，也是近年来微课大赛获奖作品的常见类型。本章讲解教师用单反相机、手机等摄录工具制作出镜授课的方法，讲解拍摄式微课的几种常见形式，拍摄的准备工作，还将介绍摄影的部分技巧，最后通过案例进行详细的解析。

学习导图

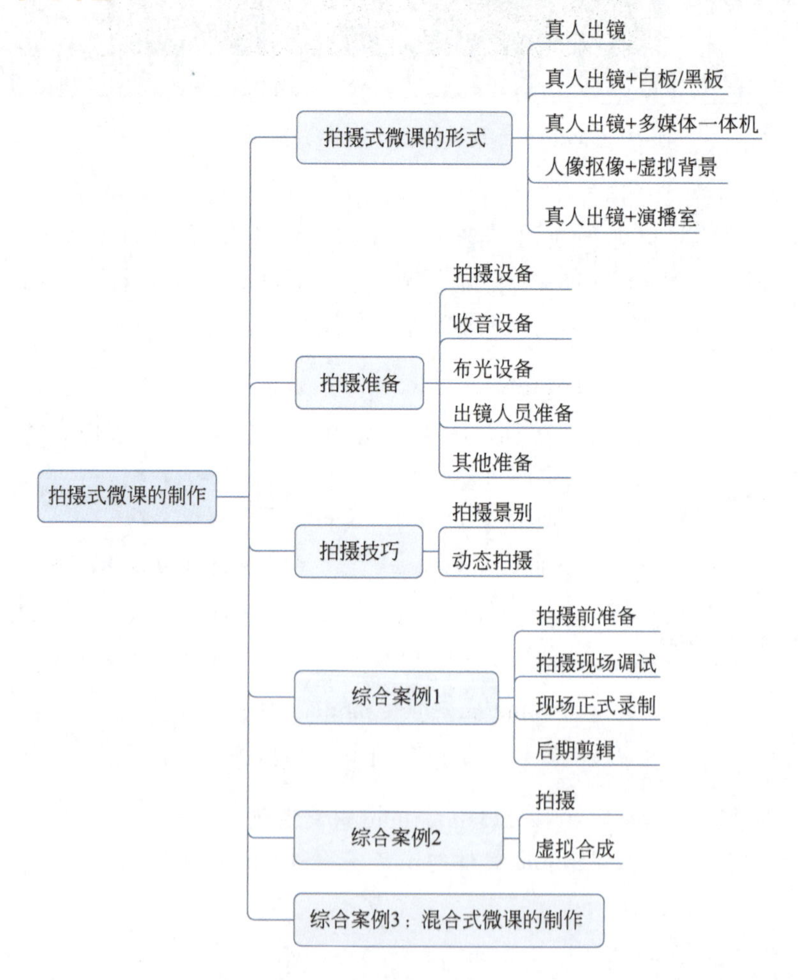

4.1 拍摄式微课的形式

4.1.1 真人出镜

真人出镜，泛指微课视频中真实人物出镜的画面，通常是教师出镜、学生出镜、师生共同出镜等。常见的拍摄环境有教室、图书馆、实训室（场）、室外运动场等，还有室内录播室、演播室等专业拍摄场地。真人出镜能展示师生风采，迅速拉近与观众距离，使微课内容有说服力，如图 4-1-1 所示。

图 4-1-1　真人出镜

4.1.2 真人出镜＋白板/黑板

在教室里，教师可以灵活运用白板或者黑板讲解知识点，配合丰富精美的板书设计，充分展现教师教育教学的基本功，如图 4-1-2 所示。

图 4-1-2　真人出镜＋白板/黑板

4.1.3 真人出镜+多媒体一体机

随着教育信息化的发展,越来越多的学校配备多媒体教学一体机。教师可以在多媒体一体机上展现更加丰富的知识点,更有利于信息化教学。摄影师在拍摄一体机时,需要注意调节曝光度,保证整体画面与一体机屏幕的内容同步清晰,如图 4-1-3 所示。

图 4-1-3 真人出镜+多媒体一体机

4.1.4 人像抠像+虚拟背景

教师提前拍摄讲授画面,后期编辑将教师抠像合成到虚拟场景中去,最终实现完美的合成画面。这种拍摄式微课画面专业而且大气,视觉冲击力强,能瞬间吸引观众的目光。同时,这种微课画面对制作团队技术要求较高,如图 4-1-4 所示。

图 4-1-4 人像抠像+虚拟背景

4.1.5 真人出镜+演播室

教师在室内演播室里面进行实景拍摄，多机位切换，后期剪辑包装完成。这种拍摄形式与人像抠像+虚拟背景的拍摄方式相同，对制作团队的技术要求高，需要有场地、设备、灯光、团队技术等多方支持，如图 4-1-5 所示。

图 4-1-5 真人出镜+演播室

4.2 拍摄准备

4.2.1 拍摄设备

(1) 摄像机：摄像机是视频拍摄的专业设备，有专业级别和业余级别的。工作原理是把光学图像信号转变为电信号，以便于存储或者传输。摄像机作为专业设备，可拍摄时间长，画质清晰，收音清晰。专业级别摄像机较为昂贵，如图 4-2-1 所示。

(2) 单反相机：单反相机、微单等是专业摄影的设备，但一般也具备视频拍摄功能。对比摄像机，单反相机可拍摄时间较短，不建议长时间拍摄。单反相机在生活中更常见，能调节光圈拍摄背景虚化的视频，能满足微课拍摄的需求，如图 4-2-2 所示。

(3) 手机：近年来，智能手机的开发厂商越发注重视频拍摄功能。目前，一台智能手机已经能够满足微课拍摄的基本需求，尽管拍摄的画质不及单反相机、摄像机，但轻巧方便、容易操作，适合微课新手老师练习制作，如图 4-2-3 所示。

(4) 三脚架：三脚架是用来稳定照相机的一种支撑架。在日常拍摄中，三脚架虽然不起眼，但起着稳定画面的重要作用。在微课拍摄过程中，如果徒手拿着相机，画面容易产生抖动。在后期剪辑制作中，这些抖动难以修复，严重干扰视听感受。所以，三脚架是微课拍摄过程中必备的设备之一。

图 4-2-1　摄像机

图 4-2-2　单反相机

图 4-2-3　手机

4.2.2　收音设备

（1）拍摄设备自带的收音功能：常见的摄像机、单反相机、手机等拍摄设备一般都自带收音孔，可以不借助任何外接设备自动收音。但这种方式收到的声音较为杂乱，不仅有教师讲课的声音，还有环境中的杂音噪声。一般不建议用设备自带的收音孔收音。

（2）耳机：耳机常在手机录像时候使用。搭配手机原厂的耳机，能清晰记录教师说话的声音。但耳机线在画面中较为突出，一般与微课授课内容无关，影响观众的观看体验。一般也不建议在拍摄式微课中出镜使用耳机收音。

（3）指向性麦克风：指向性麦克风专业且录音效果好，具有很强的指向性，其他指向的声音会减弱。有很好的屏蔽性能，使用时不受周围环境干扰。一般内置采用专业级抗噪咪头，强力降噪，音质更清晰，如图 4-2-4 所示。

(4) 小蜜蜂无线麦克风：小蜜蜂无线麦克风常用于微电影、电影拍摄，是便携且专业的收音工具。容易隐藏，无线传输声音，信噪比效果较好，如图 4-2-5 所示。

图 4-2-4 指向性麦克风

图 4-2-5 小蜜蜂无线麦克风

4.2.3 布光设备

(1) 自然光：运用自然光是一种常见的布光方式，能呈现自然的授课状态，减少制作成本。通常上午 8 点到 11 点，下午 2 点到 5 点，照明强度比较稳定均衡，能较好地展现教师风采。

(2) 补光灯：补光灯又叫摄影灯，其主要作用是在缺乏光线条件情况下拍摄时提供辅助光线，以得到合理的画面素材。常见的微课拍摄有单灯布光、双灯布光、三灯布光等形式。一个补光灯做主光，其他可做辅助光、轮廓光、背景光等。布光布得好，可使得画面具备立体感、电影感，视觉效果极佳。

4.2.4 出镜人员准备

(1) 仪容仪表：微课服务于教学，出镜师生的服装须干净、整洁、符合师生身份。教师穿着正装，学生穿着校服。多人出镜时，需要考虑是否统一服装。另外，在职业环境下拍摄实操性微课，如专业的实训室（场），应该穿着工作服，头戴安全帽，严格遵守职业规范要求。

(2) 姿势动作：教师授课时，应该运用文明有礼的身体语言，维护教师的职业形象。切忌使用侮辱轻蔑的姿势，减少随意的动作。另外，尤其注意在实操示范过程中，动作要清晰规范，速度适合学情，不要过快或者过慢，影响教学效果。学生出镜时，应保持良好的上课状态，切忌趴台睡觉、驼背、不认真听讲。

(3) 语言表情：教师授课语言表情需要得体大方，符合学情，要考虑学生年龄、教学内容、教学环境，激发学生求知欲。声音的大小要适当，要时时从听者的角度着想。讲课要有节奏感，语音要清楚流畅，语调要抑扬顿挫，语速要快慢适度。

4.2.5 其他准备

(1) 环境：提前整理拍摄环境，防止不必要的东西出现在画面中。另外，选择安静的录制环境，如眼保健操、广播体操等时间段，背景音乐会干扰录制。

(2) 团队：工作人员提前研读脚本，做到台前幕后的全体人员了解岗位要求、拍摄要求等，避免出现纰漏。出镜师生提前背稿，自行练习，尽可能减少重复工作。教具提前准备好，提前调试好。工作人员熟悉设备，了解工作进度，减少失误。

(3) 设备：工作人员需要提前检查设备是否出现损坏，出现损坏及时更换或维修。要准备充足的储存卡、电池等。

4.3 拍摄技巧

4.3.1 拍摄景别

(1) 全景：人的头顶以上和脚底以下留出了充分的空间，可以展现人物全貌，描绘现场环境。出镜师生可以展现较大的动作幅度，也可以多个师生共同出镜，如图 4-3-1 所示。

图 4-3-1　全景

(2) 中景：中景镜头表现人物膝盖以上的部分，展现人物的神情、上半身动作，以及人物之间的交流，是最常使用的景别之一。需要注意，中景中主体头部依然留有空间，如图 4-3-2 所示。

(3) 近景：近景镜头表现人物胸部以上部分，对比中景，人物的面部进一步放大，人物与观众之间的距离进一步拉近，使观众产生面对面交流的感觉，更加强调主观情感，如图 4-3-3 所示。

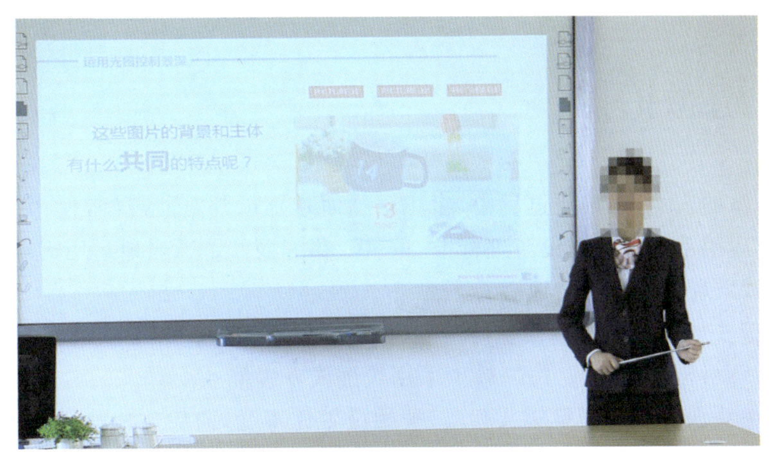

图 4-3-2　中景

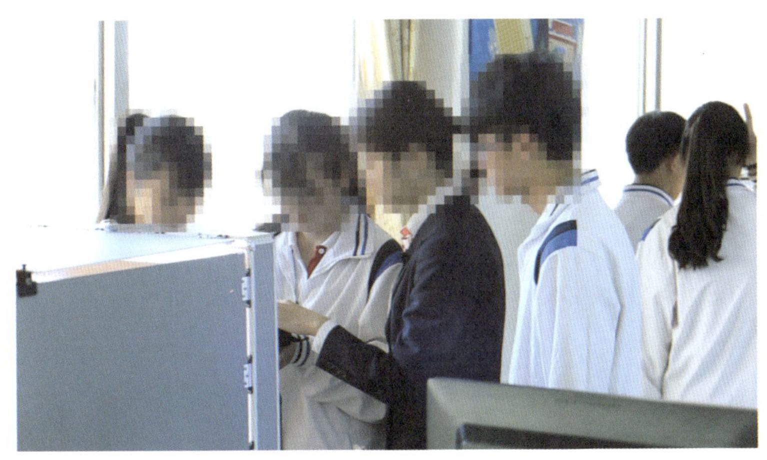

图 4-3-3　近景

（4）特写：特写镜头表现人物肩部以上部分，此外还有对某一部分的特写镜头。特写镜头更为细腻地刻画被摄对象，起到突出强调的作用。常见于实操示范的环节中，突出强调步骤动作，如图 4-3-4 所示。

图 4-3-4　特写

4.3.2 动态拍摄

视频是动态的艺术，在拍摄过程中，除注意画面景别以外，还应经常使用运动镜头。摄影师需要灵活运用手中的拍摄设备进行推、拉、摇、移等操作。适当地运用运动镜头，可以使视频更有动感，令观众可以持续地观看下去。

（1）推：镜头向前推。被拍摄主体不变，向前匀速推镜头。画面从远到近，从大到小变化。一般微课采用匀速推进的方式，较少采用快推或者慢推。

（2）拉：镜头向后退。和推镜头相反，被拍摄主体不变，向后匀速拉镜头。画面从近到远，从小到大变化。一般微课采用匀速拉的方式，较少采用快拉或者慢拉。

（3）摇：镜头摇动。以摄像机为中心固定点，匀速摇动镜头，可以展现环境的整体或者人物的全貌。

（4）移：镜头沿着水平方向拍摄。可以将摄像机放置在滑轨上进行拍摄。

4.4 综合案例1：《定格高速运动瞬间——摄影中快门的运用》的制作

1. 案例描述

本微课是基础摄影的系列微课之一。摄影的魅力之一，就是用静态图片表达动态场景。一张专业水准的照片，甚至可以比视频更好地重现运动现场的气氛。要想捕捉到运动中精彩的时刻，关键是灵活控制快门，学会调节高速快门。本案例是展示微课中教师出镜前的准备以及拍摄的过程。图4-4-1为本案例的片头。

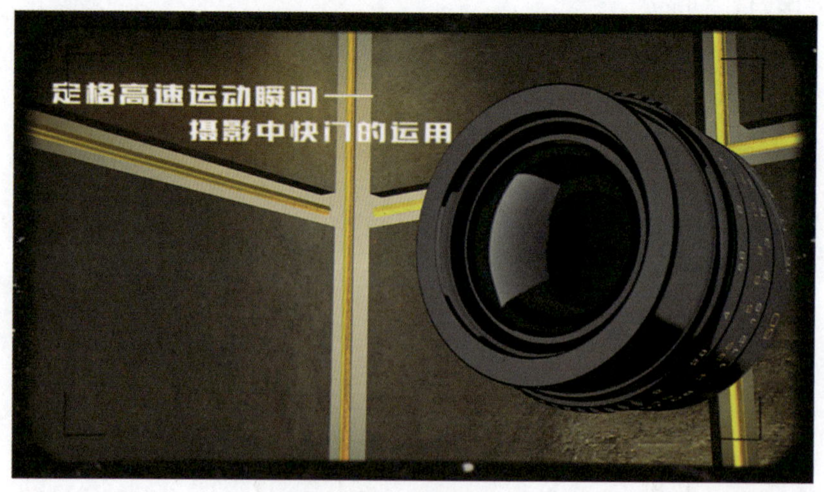

图4-4-1 案例片头

2. 操作步骤

1）拍摄前准备

（1）拍摄形式：真人出镜，后期特效添加字幕。拍摄地点选择在图书馆，增加画面的文艺清新氛围。

（2）拍摄准备：单反相机、三脚架，提前调试设备，保证拍摄收音正常进行。

（3）布光准备：预算有限，采用自然光。

（4）出镜人员准备：教师撰写脚本文稿，提前背熟旁白。服装上，选择淡蓝色连衣裙，符合出镜教师气质。

（5）其他准备：提前取得图书馆的同意，在读者较少的时间段进行拍摄。准备单反相机作为教具衬托，图 4-4-2 为拍摄时的场景。

图 4-4-2　拍摄场景

2）拍摄现场调试

（1）光线调试：安装好三脚架和单反相机，在不同的区域，调试顺光、逆光、侧光等不同光位，观察出镜教师人脸的光线效果。最终选择显得人脸柔和的顺光光位进行拍摄。

（2）收音调试：带上小蜜蜂无线麦克风，试录一段视频，回放听一下声音，确保收音正常。

（3）构图调试：提前构思视频后期剪辑的工作，是否需要增加特效字幕。如果有需要的话，提前在画面上留出空白位置。注意对焦，采用小光圈，对焦在人脸上。

（4）出镜调试：教师提前试录，调试说话音量、语速，调节表情动作幅度。

3）现场正式录制

以上准备、调试工作完成之后，开始正式录制。录制过程中，注意保持画面构图一致，画质清楚、声音清晰。

4）后期剪辑

顺利录制后，用剪辑软件剪去不需要的部分，留下最好的片段。用特效软件增加特效字幕、音乐、转场等，最终合成导出。如图 4-4-3 所示。

图 4-4-3　片尾总结

4.5 综合案例 2：无绿幕实现人像抠像和虚拟演播厅

1. 案例描述

过去要实现人像抠像+虚拟背景的微课效果，制作过程非常复杂。先要在蓝绿幕布下拍摄视频，然后导入软件抠像，最后在特效软件上添加虚拟背景。但大部分学校并没有相应的设备来满足微课制作的需求，而且软件抠像困难。近年来，响应用户的呼声，剪映软件推出了智能抠像的功能，不需要在蓝绿幕布下拍摄，就可以实现一键抠像。本案例展示剪映智能抠像的功能。图 4-5-1 为本案例的片头。

图 4-5-1　案例片头

2. 操作步骤

(1) 拍摄：手机采用1080p分辨率超高清的横屏录制，放置好三脚架。地点选择干净整齐的背景。

注意一：不建议用大白墙/完全纯色的背景，容易抠不干净，抠像留下带颜色的边缘。

注意二：动作手势不宜过多。

注意三：拍摄时候适当留白，预留手势位置。

注意四：灯光要亮，最重要的是灯光打亮人出镜的部分。

注意五：提前备好稿子，或者使用手机提词器。

(2) 虚拟合成：打开电脑版的剪映软件(版本2.5.1)。

第一步：先导入虚拟演播厅的素材，直接单击下面的添加，如图4-5-2所示。

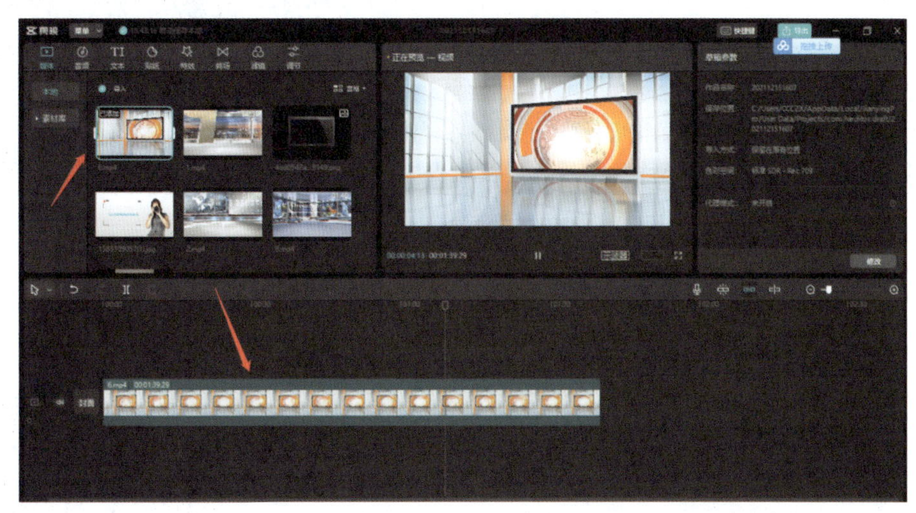

图4-5-2 虚拟合成

第二步：提前把PPT导出视频格式，然后在剪映导入讲解的PPT视频，调整PPT画面人小，把它放在虚拟演播厅上面，如图4-5-3所示。

图4-5-3 导入PPT

第三步：导入视频边框，调整边框大小，以适应 PPT 视频大小，如图 4-5-4 所示。

图 4-5-4　调整边框

第四步：导入真人视频，如图 4-5-5 所示。选择画面→抠像→智能抠像，一键把背景抠掉；如图 4-5-6 所示。然后再调整位置大小，实现画面平衡。

图 4-5-5　导入视频

第五步：直接单击导出，完成微课，如图 4-5-7 所示。

图 4-5-6　智能抠像

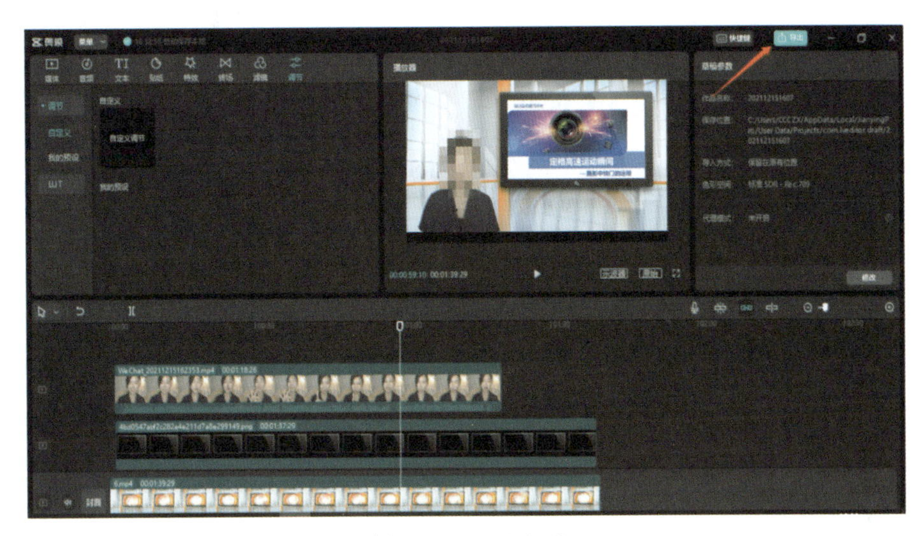

图 4-5-7　导出微课

4-1　拍摄式微课

4.6 综合案例 3：混合式微课的制作

1. 案例描述

本案例主要是学会如何使用 Camtasia 2019 软件将录制好的人物抠取出来，结合其他录制好的PPT视频，以及其他图片与视频素材，合成一个混合式的真人出镜类微课。为了方便学习与理解，撰写了一个简单的分镜表，在分镜表里看到，本微课案例分为9个镜头，分镜表里非常清晰地写明了每个镜头的形式，如表4-6-1所示。

表4-6-1 《PS人像换脸技术》简单分镜表

镜头	讲 解 稿	形 式
镜头1	Photoshop是一款图像处理软件，深受广大平面设计人员和电脑美术爱好者的喜爱。它主要用于平面设计、修复照片、广告摄影、影像创意、艺术文字、网页制作、婚纱照片设计、视觉创意、图标制作、界面设计等。今天我们就来学习如何用Photoshop软件对人像进行换脸	真人出镜，在后面添加一个画中画视频
镜头2	在生活中，你是否会遇到这样的问题：用相机拍出来的模特效果总是不能如愿。 模特的造型很好，但是表情不好，有些表情拍好了，但造型并不是我想要的，如果把脸换过来了，这就完美了。 或者有时候想恶搞一下身边的朋友，为生活增添一点笑料，这就有了PS换脸，那PS换脸技术的原理是怎样的呢？今天就跟着我一起来学一学吧！ 我们先来看下面这张图片，你能猜得到是哪两位的图片被P在一起了吗？有没有觉得这个人有一种成熟、稳重、沧桑、淡定的感觉？下面我们来欣赏两个电影片段	PPT1 录制PPT课件里面的内容，形成视频
镜头3	插入“美国队长片段”与“尼古拉斯赵四剪辑”两段视频	插入视频
镜头4	从影片可以看出，一个是年轻、英俊的美国队长，一个是带有一点搞笑的正在给老公鸡上政治课的主角赵四，我们从影片中各截取一张图片，在Photoshop软件里进行具体的操作。 在Photoshop软件中，换脸的技术有很多种，下面我来介绍一种常用的“图层蒙版”方法	PPT2 录制PPT课件里面的内容，形成视频
镜头5	第一步，导入我们的素材，图片素材是美国队长和尼古拉斯赵四； 第二步，先对赵四这张图片，用套索工具将人物的五官部分选择出来，然后移动到美国队长图片上； 第三步，通过自由变换工具调整图片的位置和大小； 第四步，为图片添加图层蒙版； 第五步，使用画笔工具，将前景色设置为黑色，调整画笔的大小、硬度、不透明度、流量等属性，在拖进来的图片上进行涂抹，使两张图片进行较好的融合。 第六步，调整图片的色彩	录制Photoshop软件的操作，形成视频
镜头6	这样一结合，我们就做成了尼古拉斯版的美国队长，是不是很神奇呢？	PPT3 录制PPT课件里面的内容，形成视频
镜头7	我们现在来总结一下图层蒙版换脸技术所要用到的知识点。 1. 套索选择工具，将所需要的部分选择出来； 2. 自由变换工具，随意调整图片的大小； 3. 图层蒙版工具，在蒙版图层上面用黑色画笔清除该图层不需要的部分； 4. 画笔工具，认识画笔的大小、硬度、不透明度、流量等属性； 5. 色彩调整工具，调整图片的色彩以适合原图	真人出镜，在后面添加5个画中画视频

续表

镜头	讲 解 稿	形 式
镜头 8	使用这种方法,我们不但可以换脸,还可以更换其他东西。例如左边这张图片,他的眼睛是闭上的,我们可以把一双睁开的眼睛移到这里,使用我们所学的图层蒙版技术,就可以把图片进行很好的合成了	录制 Photoshop 软件的操作,形成视频
镜头 9	同学们,我们这节课就学习到这里,下一节课我们再学习 Photoshop 的其他技术,再见	真人出镜

2. 制作步骤

(1) 打开 Camtasia 2019 软件,单击"新建空白项目",新建一个项目文件。保存文件,命名为"PS 人像换脸技术"。

(2) 制作"镜头 1",单击菜单栏"文件"→"导入"→"媒体",将"全身 1""画中画视频""演播厅 1"3 个素材导入软件媒体库里,并把"全身 1"拖到下面轨道 2 上,这样视频的大小就会默认是第一个拖到时间轴上的素材"全身 1"大小,就是 1920×1080,最终发布的文件大小也是 1920×1080(注:如果第 1 个拖到时间轴素材的大小是 1280×720,那么最终发布的文件大小也是 1280×720)。画面效果如图 4-6-1 所示。

图 4-6-1 将人物素材导入时间轴上

(3) 单击编辑区域上方的"裁剪"按钮,拖动控制点,将素材裁剪到合适的范围,如图 4-6-2 所示。

(4) 单击左边工具栏上"视觉效果"按钮,鼠标左键按住不动,把"移除颜色"效果拖到时间轴上或演示区域上,松开鼠标,这样就会在右边出现"移除颜色"的属性,如图 4-6-3 所示。

(5) 单击右边"移除颜色"属性的绿色图标,出现"滴管"图标(从图像中选择颜色),然后

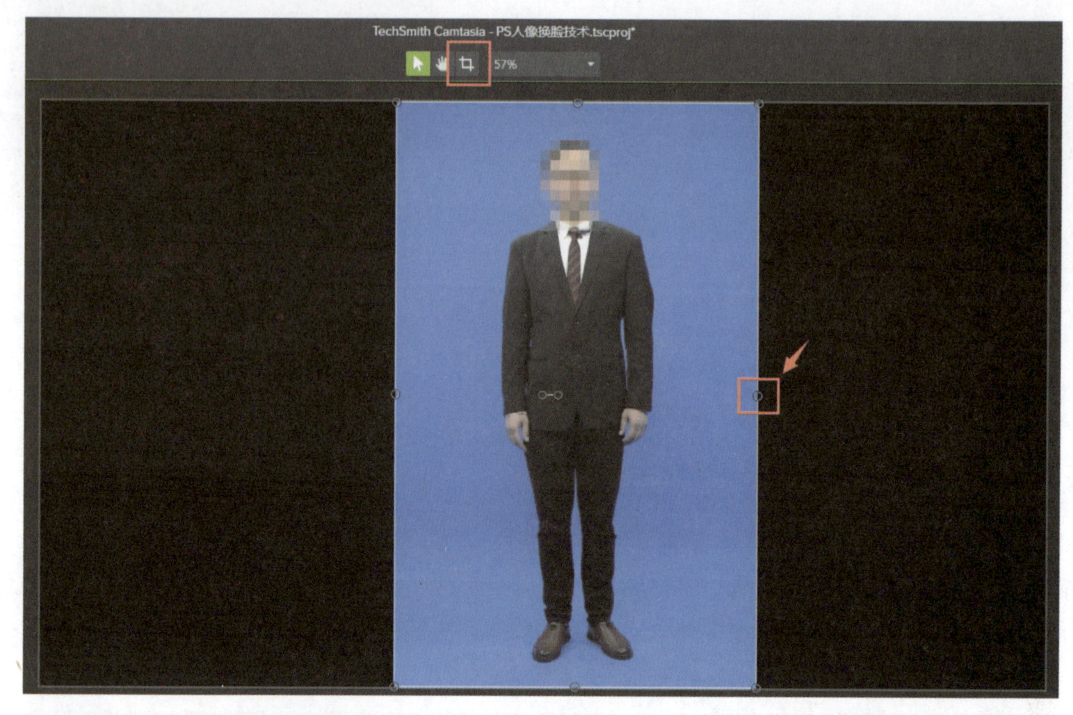

图 4-6-2　裁剪素材

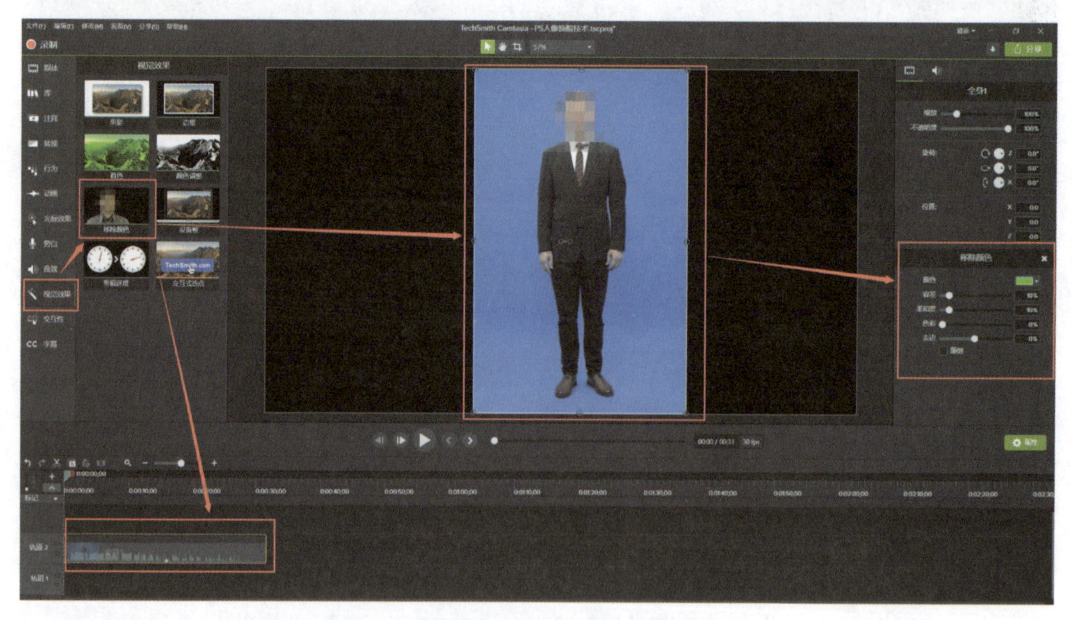

图 4-6-3　把“移除颜色”效果拖到素材上

单击“滴管”图标，最后单击图像的蓝色部分，如图 4-6-4 所示。这样就会把蓝色的部分去掉，画面效果如图 4-6-5 所示。现在的画面还留下一些蓝色的痕迹，默认的容差是 10%，把容差改成 40%（视具体拍摄环境进行调整，容差太大会把人物形象抠掉），最终的画面效果如图 4-6-6 所示。

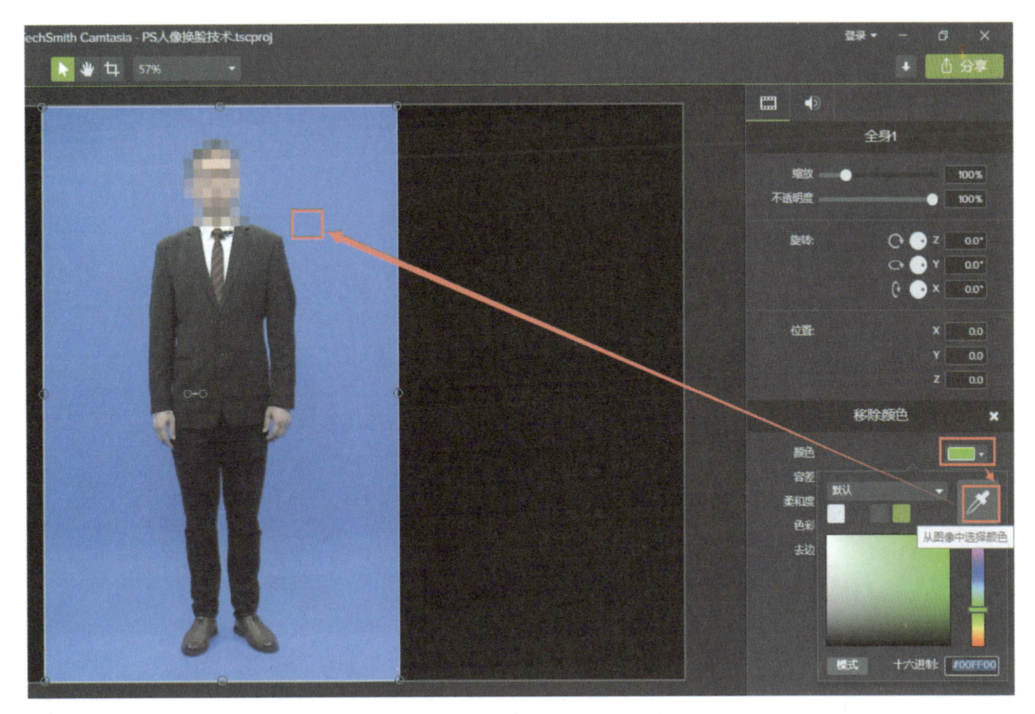

图 4-6-4 使用滴管工具单击图像的蓝色部分

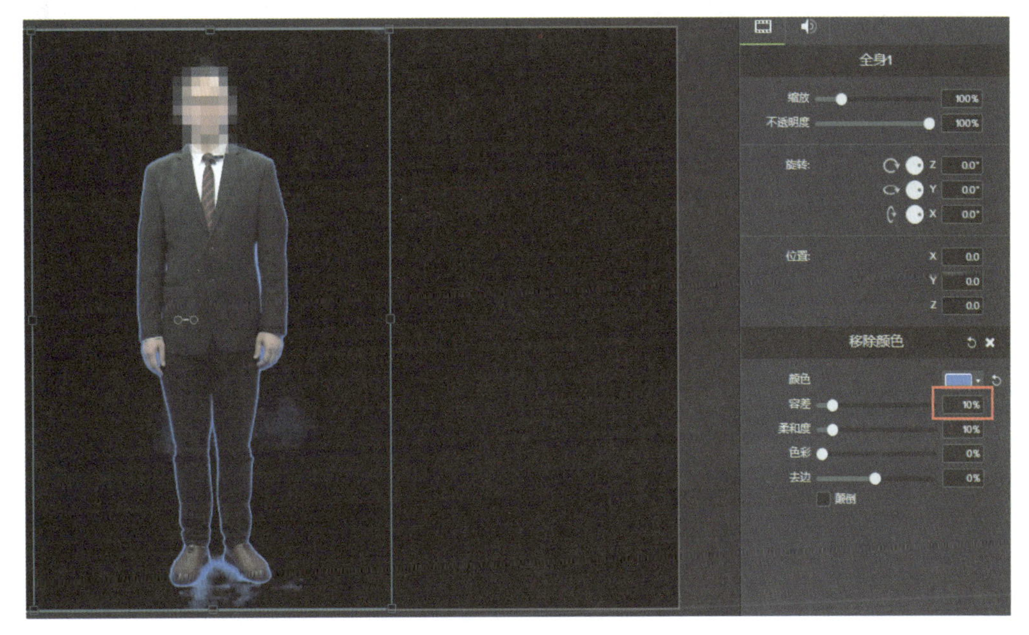

图 4-6-5 删掉背景后的画面效果

(6) 把“演播厅 1” png 图片素材拖到下面轨道 1 上，并将图片拉大放置到合适的位置，将人物拖到左边合适位置，把“画中画” 视频素材拖到时间轴轨道 3 上，并缩小至合适的位置。画面效果如图 4-6-7 所示。

(7) 将人物后面不需要的部分在时间轴上删除，把图片素材在时间轴上延长至跟人物

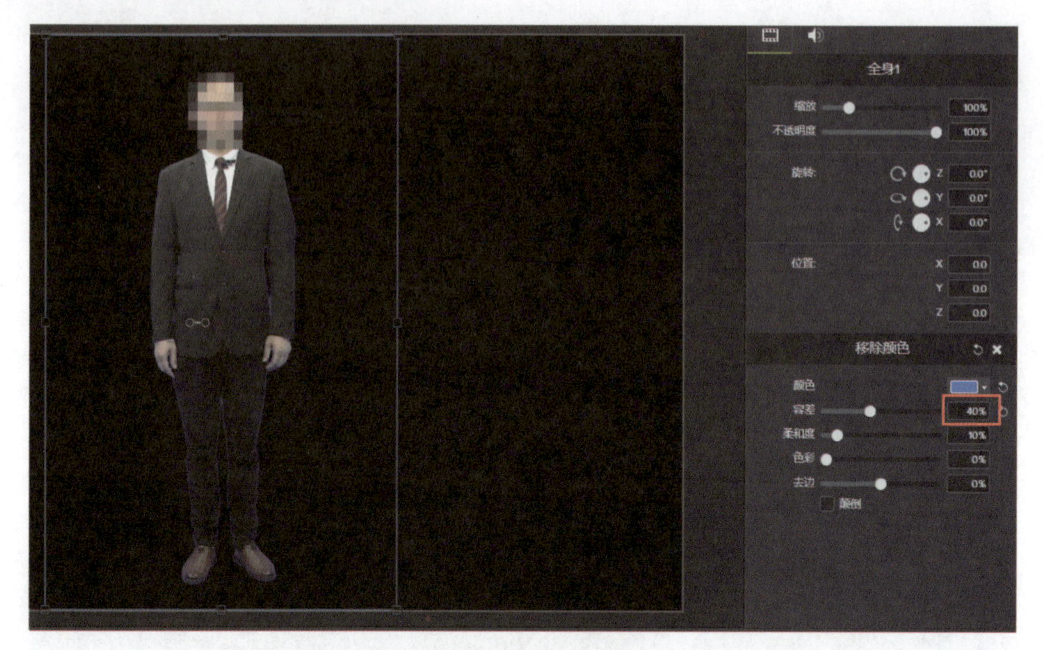

图 4-6-6　调整容差数值，使抠像效果更好

图 4-6-7　把素材导入画面中，并调整其大小与位置

平齐的长度。把“画中画”视频素材进行剪辑，删除不需要部分，使用长度与人物素材平齐。选中“画中画”视频素材，右击，在弹出的选项中单击“分开音频和视频”，如图 4-6-8 所示。按删除键删除分离出来的音频，如图 4-6-9 所示，这样“画中画”视频素材的声音就不会影响到人物说话的声音。至此，完成“镜头 1”的制作。

（8）制作“镜头 2”。将“PPT 录制 1”视频素材导入文档中，并将其拖到时间轴“轨道 1”上（这里要注意的是，在平常的制作中，要自己制作 PPT 课件，并把 PPT 课件录制下来，因

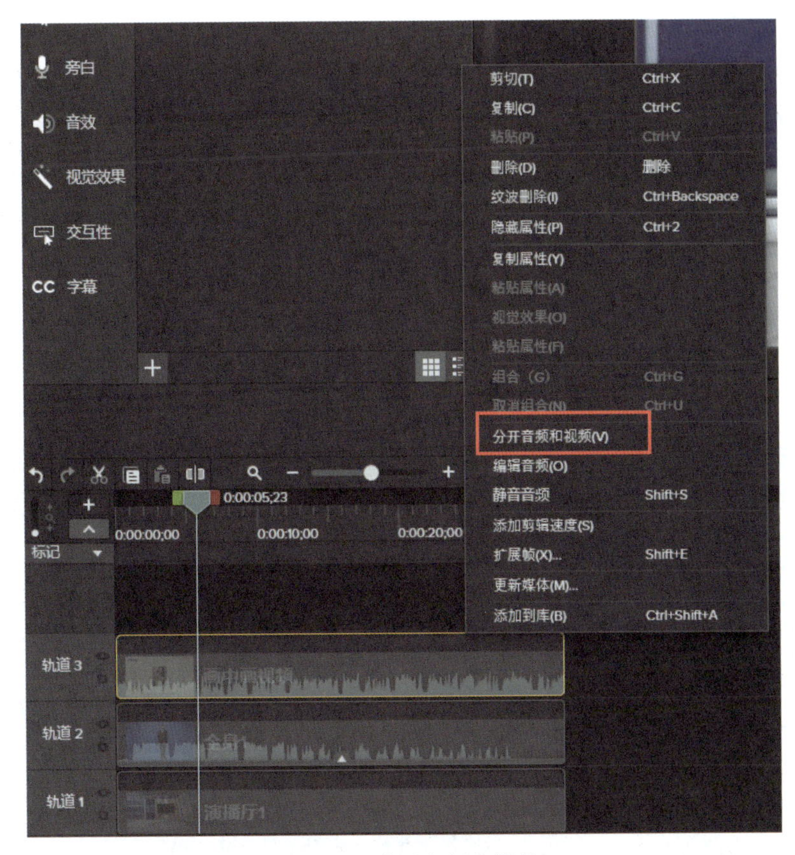

图 4-6-8 分开音频和视频

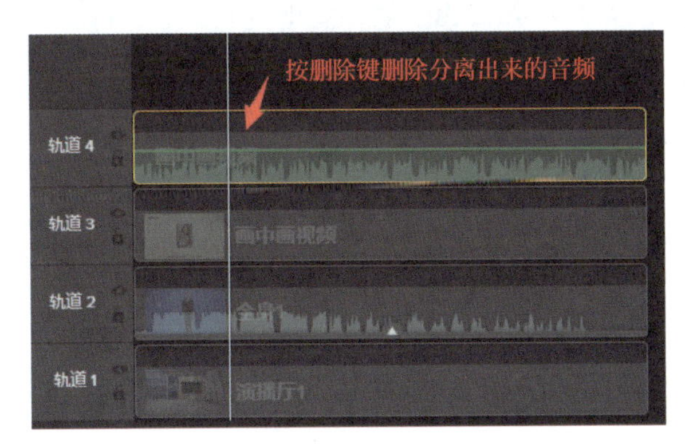

图 4-6-9 删除分离出来的音频

为篇幅原因，本案例教程把所有的 PPT 课件内容已录成 3 个视频素材）。

制作“镜头 3”，将“美国队长片段”“尼古拉斯赵四剪辑”两段视频素材导入文档中，并将其拖到时间轴“轨道 1”上。

制作“镜头 4”，将“PPT 录制 2”视频素材导入文档中，并将其拖到时间轴“轨道 1”上。

制作“镜头 5”，将“换脸（男生）”视频素材导入文档中，并将其拖到时间轴“轨道 1”上，这里要注意的是“换脸（男生）”视频是需要录制 Photoshop 软件的操作，形成视频。

制作“镜头 6”，将“PPT 录制 3”视频素材导入文档中，并将其拖到时间轴“轨道 1”上。

时间轴上最终效果如图 4-6-10 所示。

图 4-6-10 各素材在时间轴上的效果

(9) 将镜头 3 的两段视频的大小调整为满屏，单击左边工具栏上“转换”按钮，按住鼠标左键，把“淡入淡出”效果拖到每段视频的接合处，松开鼠标，这样在每段视频的接合处就会有“淡入淡出”的转换效果，如图 4-6-11 所示。

图 4-6-11 在每段视频的接合处添加转换效果

(10) 添加一个由远景到近景的推拉镜头效果。选中“PPT 录制 2”视频素材，把指针停在“蒙版”两字的位置，单击工具栏“动画”→“缩放与平移”，然后在合适位置调整和改变画面的大小，在工具栏属性面板上拖动控制点来进行调整，这样在时间轴上就会自动出现一个动画的箭头形状，箭头的红色终点部分就是画面的最终效果，如图 4-6-12 所示。

(11) 制作“镜头 7”。“镜头 7”是真人出镜，并在后面添加 5 个画中画视频。把“演播厅 2” png 图片素材导入文档中，然后拖到下面轨道 1 上，并将图片拉大放置到合适的位置，把“半身 2”视频素材导入文档中，并拖到下面轨道 3 上，调整视频长度，删除不需要的部分，在时间轴上将“演播厅 2”的长度调整为与人物形象的长度一致。裁剪人物形象的大小，移除人物形象的底色，并将人物形象放置到画面右边合适的位置，如图 4-6-13 所示。

(12) 复制轨道 1 的“PPT 录制 3”视频素材，并粘贴到轨道 2 上，删除前面部分，保留后面一小段。现在要进行的操作是扩展帧，有两种方法，第一种比较方便，把光标放在视频后面，按住 Alt 键，就会出现一个向后拖动的图标，如图 4-6-14 所示，这样向后拖动到合适的位置松开鼠标即可完成。

图 4-6-12　添加一个由远景到近景的推拉镜头效果

图 4-6-13　导入底图与人物素材进行抠像处理

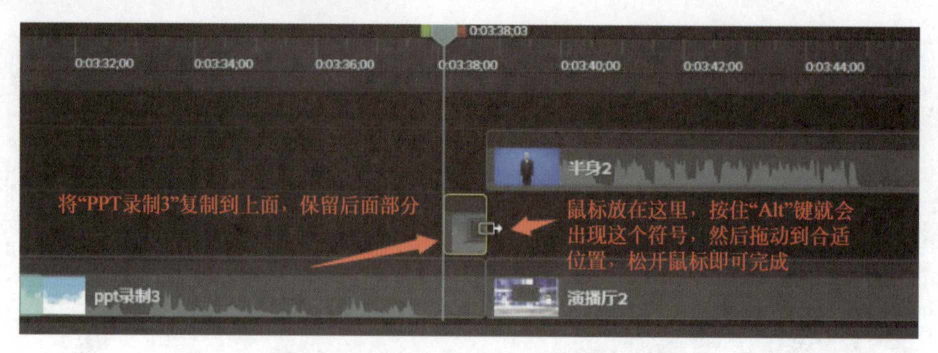

图 4-6-14　使用鼠标制作定格动画效果

第二种方法是选中复制的视频，右击，在弹出的选项中单击"扩展帧"，如图 4-6-15 所示。然后输入需要的秒数即可完成(可输入长一点的秒数，然后将长的部分进行裁剪)。

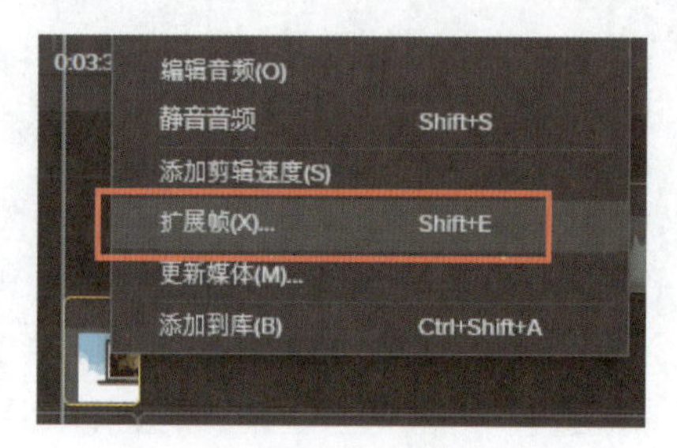

图 4-6-15　使用菜单制作扩展帧效果

(13) 单击左边工具栏上的"动画"按钮，按住鼠标左键，把"自定义"效果拖到已进行扩展帧的视频处。这样视频在时间轴上就会出现一个动画效果，在时间轴上把光标放在动画标注的红点位置，将视频进行缩小，这样就会产生一个由大到小的动画效果，如图 4-6-16 所示。

图 4-6-16　制作由大到小的动画效果

(14) 将录制好的 5 段短视频加入文档中,并放置在轨道 2 上,调整视频的大小,并根据人物的配音调整视频的长度,不够长的视频要使用上面讲述的扩展帧方法来进行。时间轴效果如图 4-6-17 所示。

图 4-6-17　时间轴效果

(15) 为每段短视频添加注释。单击左边工具栏上的“注释”按钮,按住鼠标左键,把其中红色效果拖到轨道 4 上,并拖动转换点改变红色注释的大小与方向,并输入“1. 套索选择工具”文字,如图 4-6-18 所示。

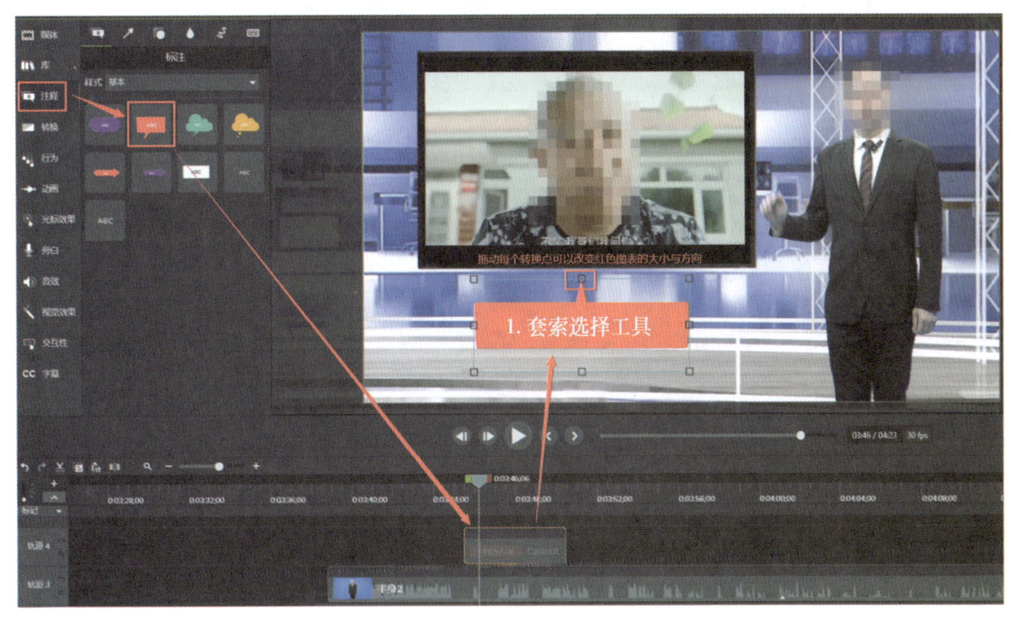

图 4-6-18　为每段短视频添加注释

(16) 为红色标注添加行为动画。选中红色注释图层,在右边的“行为”属性栏中选中“期间”→“无”,如图 4-6-19 所示,这样红色标注只在进入与退出时有动画效果,不会在展示过程中有其他动画。

(17) 在时间轴上将红色标注的长度延长到视频的长度。选中红色标注图层,复制 4 个,并依次输入“2. 自由变换工具”,“3. 图层蒙版工具”,“4. 画笔工具”,“5. 色彩调整工具”文字,根据视频长度改变红色标注的长度。时间轴效果如图 4-6-20 所示。

(18) 制作“镜头 8”。将“换脸 2(男生)”视频素材导入文档中,并将其拖到时间轴“轨道 1”上,这里要注意的是跟“镜头 5”一样,“换脸 2(男生)”视频也是需要录制 Photoshop 软件的操作,形成视频。在两段视频之间添加“淡入淡出”转换效果。

(19) 制作“镜头 9”。将“全身 3”“演播厅 3”两个素材导入软件媒体库里,并把“演播厅 3”拖到下面轨道 1 上,把“全身 3”拖到下面轨道 3 上,并调整两段素材的长度,使用步骤 4

图 4-6-19　调整行为动画参数

图 4-6-20　时间轴效果

与步骤 5 的方法，为人物进行抠像，移除人物的蓝色底色，把“演播厅 3”图片素材拉大，放置在画面合适位置。画面效果如图 4-6-21 所示。

图 4-6-21　导入底图与人物素材进行抠像处理

(20) 单击左边工具栏“库”→“运动背景”,选中其中一个素材,如图 4-6-22 所示。将运动背景素材拖动到轨道 2 上,并调整其大小与长度。按住 shift 键拖动素材的右边调整点,将素材的宽度拉大,调整至合适位置。画面效果如图 4-6-23 所示。

图 4-6-22 添加背景素材

图 4-6-23 调整素材大小

(21) 制作完 9 个镜头之后,为作品添加字幕,单击左边工具栏“CC 字幕”→“添加字幕”按钮,在黑框内输入文字,如图 4-6-24 所示。

(22) 选中文字,单击“a”图标,在下面的属性面板上可调整字体的样式、字体颜色、尺寸大小、底色的填充与不透明度,如图 4-6-25 所示。画面效果如图 4-6-26 所示。

图 4-6-24　添加字幕

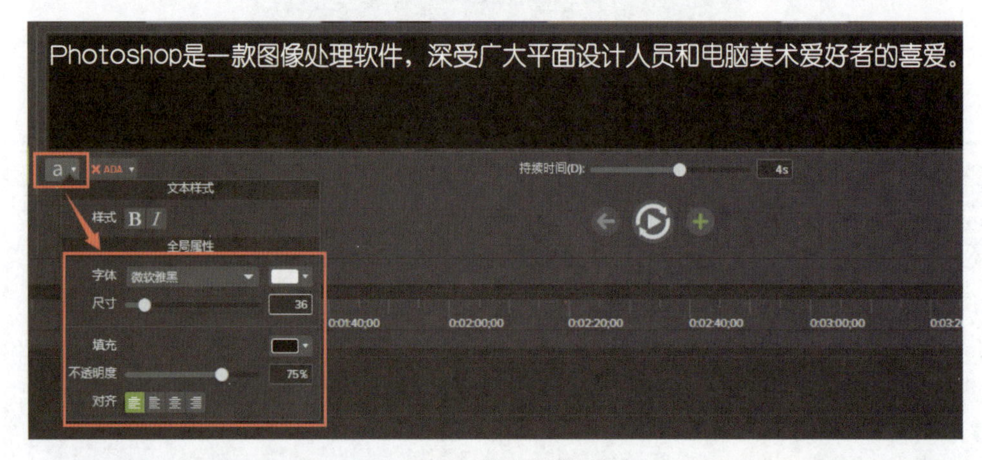

图 4-6-25　修改字幕属性

图 4-6-26　字幕画面效果

（23）单击“添加字幕”按钮，输入相应的文字，继续为影片添加字幕，并根据音频调整字幕的长度，如图4-6-27所示。

图4-6-27 根据音频调整字幕的长度

（24）添加完字幕后，为影片添加片头。单击左边工具栏“库”→“前奏”，选中其中一个素材，如图4-6-28所示。将素材拖动到轨道6上，在时间轴上框选除片头素材外的其他素材，将它们向后移动，可以把片头素材移到轨道1上，然后继续框选后面的素材，把它们接上片头素材，并添加转换效果，如图4-6-29所示。

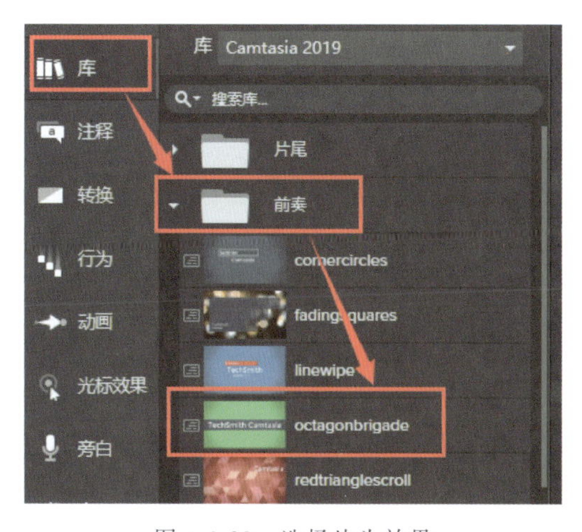

图4-6-28 选择片头效果

图 4-6-29　为影片添加片头

(25) 为影片添加背景音乐。单击左边工具栏“库”→“音乐曲目”,选中其中第一个音频素材,如图 4-6-30 所示。

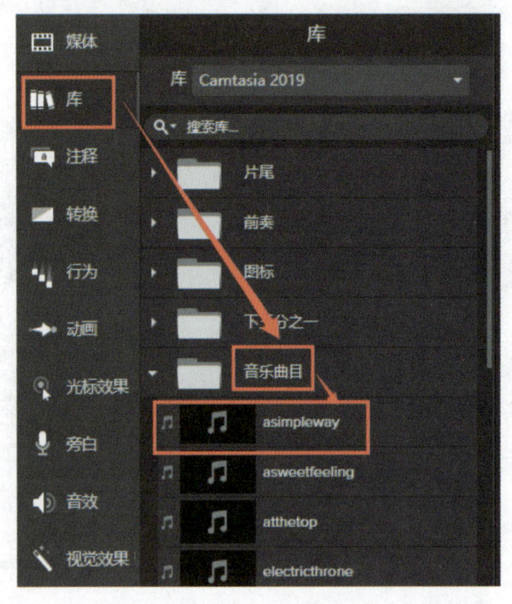

图 4-6-30　为影片添加背景音乐

(26) 为把素材拖到时间轴轨道 6 上,选中音频素材,把音量降低,如图 4-6-31 所示。因为音频长度不够,复制多一份音频放在第一段音频后面,再删掉长的部分。

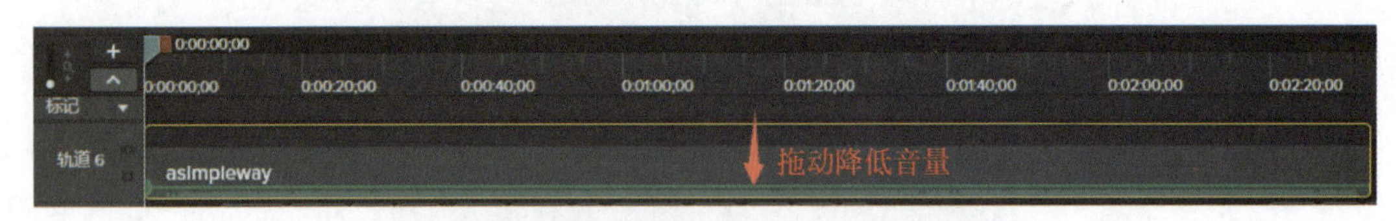

图 4-6-31　降低音量

(27) 导出影片,把影片导出视频。单击上方标题栏“分享”→“本地文件”,打开“生成向导”属性栏,选中“自定义生成设置”,单击“下一页”,如图 4-6-32 所示。在下一页选中 MP4 格式,如图 4-6-33 所示。

(28) 在“Smart Player”页面中,有控制器、尺寸、视频设置、音频设置、选项等 5 个选项可以调整,单击“选项”按钮,选中“刻录式字幕”,然后单击“下一页”,如图 4-6-34 所示。在“视频选项”页面中继续单击“下一页”,如图 4-6-35 所示。

图 4-6-32　自定义生成设置

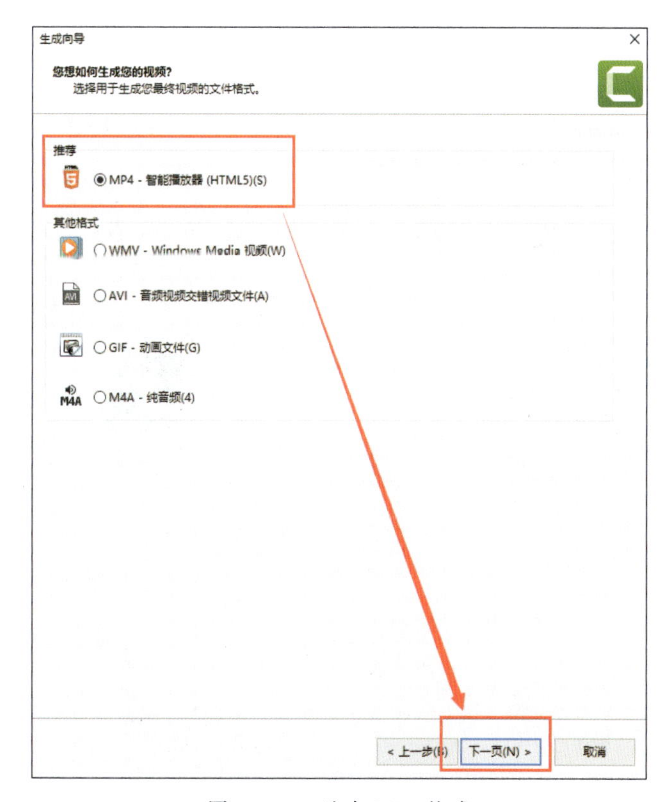

图 4-6-33　选中 MP4 格式

图 4-6-34　可以调整的选项

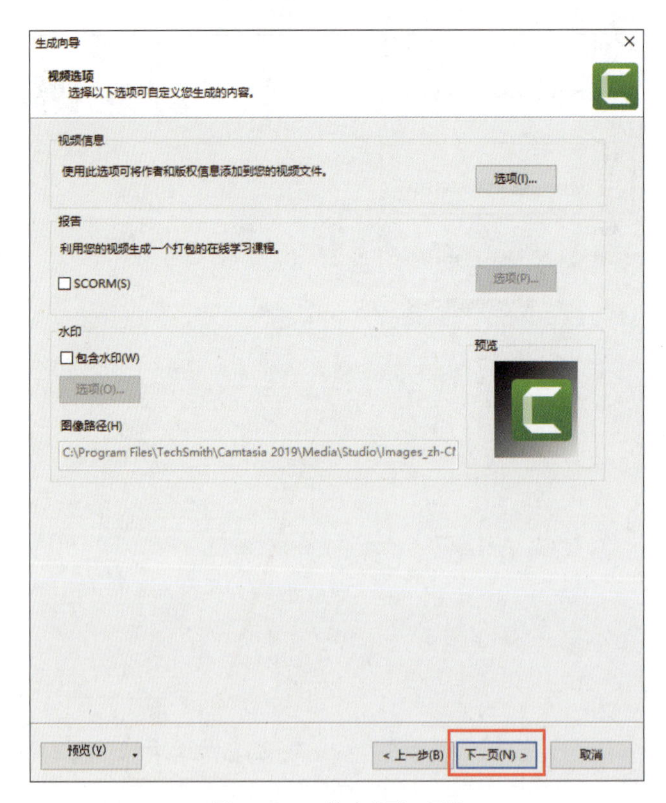

图 4-6-35　单击“下一页”

(29) 在“生成视频”页面中,单击“完成”,如图4-6-36所示。发布视频,如图4-6-37所示。至此,本案例完成最终的制作。

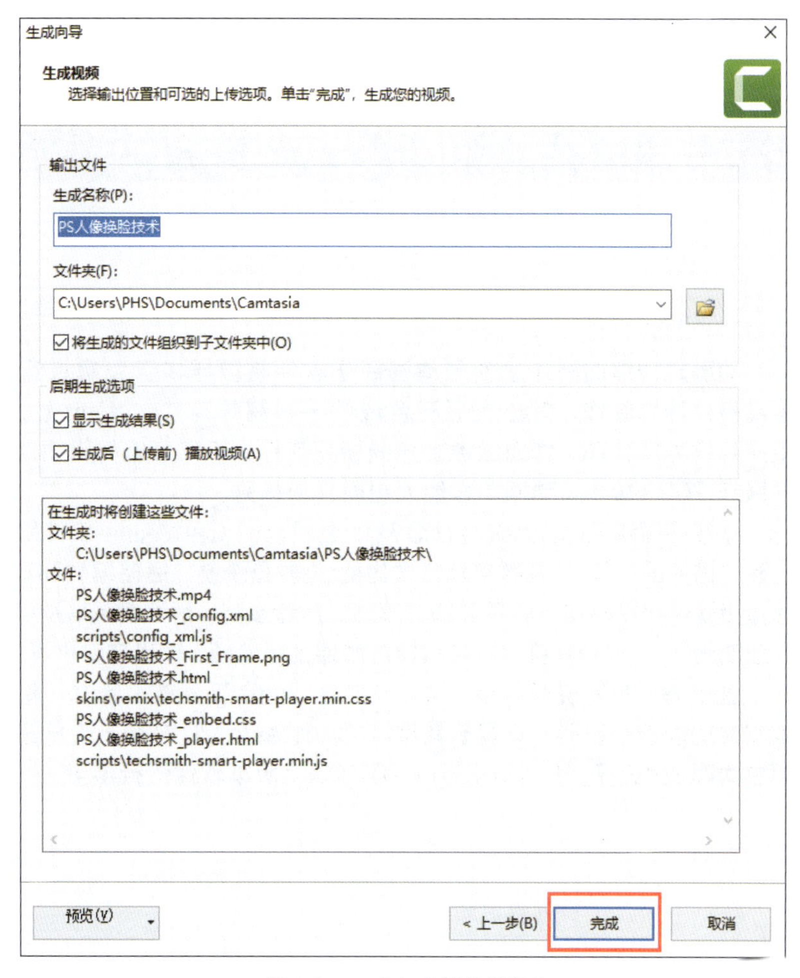

图4-6-36 “生成视频”页面

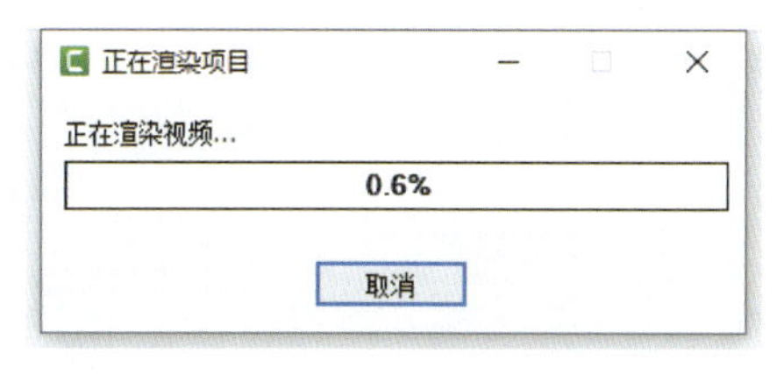

图4-6-37 发布进度

4-2 PS人像换脸技术

第5章

使用Camtasia 2019制作动画式微课

本章概述

动画式微课的制作是使用动画制作软件将教学内容和解说音频采用同步动画设计与制作，并进行后期合成的一种制作方式。Camtasia（有些用户称它为喀秋莎）作为微课制作的爆款软件，不仅录屏剪辑功能强大，它发展到2023版本，动画制作能力也同样的优秀。

本章将围绕Camtasia 2019及以上版本的Camtasia软件来重点讲解动画式微课的制作。主要包括三大功能：屏幕录制、后期编辑和动画制作。利用该软件可以轻松进行屏幕捕抓素材、声音录制、后期编辑以及零基础制作专业动画等。其功能强大，具有输出微课视频清晰、输出文件小等优点。

这里需要特别说明的是，Camtasia 2019及其以上版本，软件界面及其软件功能近乎相同，本章节教程以Camtasia 2019版本为例进行讲解，但也同样适用于使用Camtasia 2019以上版本软件进行学习。

学习导图

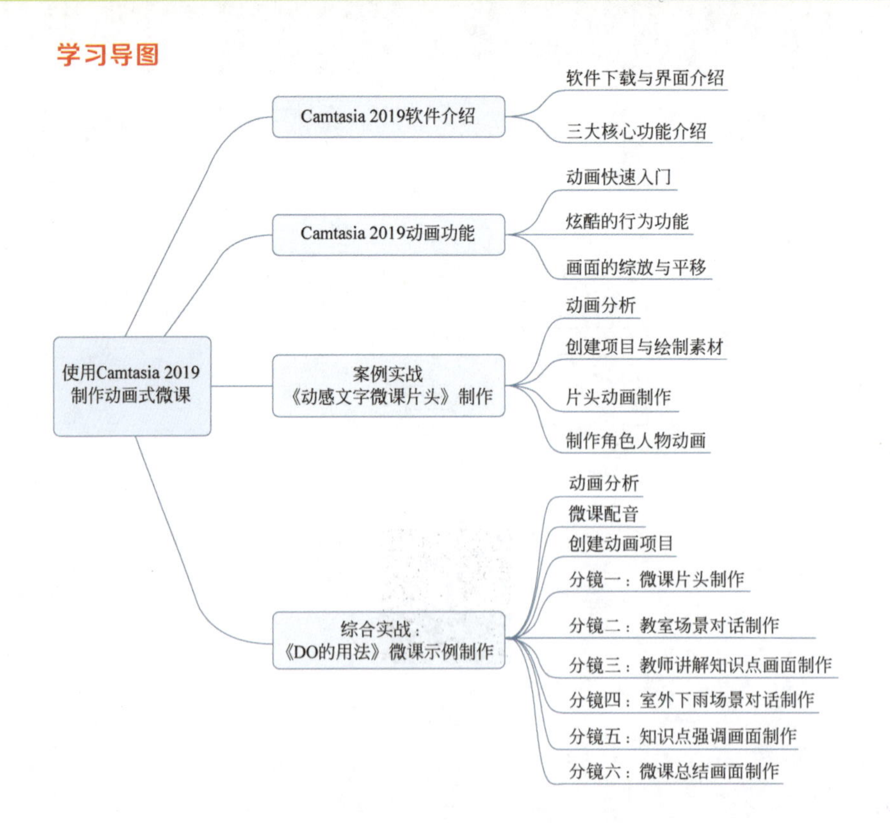

5.1 Camtasia 2019 软件介绍

Camtasia 2019 是美国 TechSmith 公司出品的屏幕录像和视频编辑的软件。它凭着简单方便的操作、丰富的效果和强大的功能,成为教师制作微课的爆款软件。随着 Camtasia 不同版本的迭代更新,其动画制作功能越来越强大,使得教师制作动画微课门槛越来越低,动画入门新手在短时间内通过拖拽就可以完成动画式微课的创作,让微课制作更快、更有效率。在开始使用软件之前,首先了解 Camtasia 2019 的工作界面、基本功能等内容。

5.1.1 软件下载与界面介绍

登录 TechSmith 官方网站下载 Camtasia 2019 最新版本。该软件的安装操作简单,根据提示,一步一步进行即可完成安装操作。需要注意的是,安装环境要求是 Windows 64 位以上的电脑系统。该软件的试用期为 30 天,试用版和正式版的功能没有差别。试用结束后,可根据需要购买正式版。完成软件安装后,运行软件。打开如图 5-1-1 所示初始界面。

图 5-1-1　Camtasia 2019 初始界面

Camtasia 2019 的界面非常简洁,主要分为四大区域。

1. 功能区

功能区是制作微课的工具箱,有工具面板,包含编辑微课视频所需要的各类剪辑工具,如添加素材到库、添加注释、转场效果、动画、行为、光标效果、录制旁白、音频编辑和添加字幕等功能。

2. 预览区

构建视频项目时，预览区是预览视频的地方。当播放头沿时间线移动时，该点的所有内容都会显示在画布上。它也是一个工作区域，可以在其中定位、调整大小和旋转内容。值得注意的是，画布上显示的所有内容都在最终视频中生成。

3. 属性区

属性区有属性面板，属性面板可以进行精确调整，例如大小、形状、颜色、透明度、动画效果等。此面板显示的是所选媒体的属性，并将它们组织到选项卡中。

4. 时间轴

时间轴是微课制作中一个高频使用的地方。在 Camtasia 中，视频是在时间轴上创建的，从左到右依次移动。可以在此处安排和编辑屏幕录制、音频剪辑、标题等。

时间线被组织成层，我们称之为轨道，其中顶层的媒体覆盖下面层的内容。

5.1.2 三大核心功能介绍

Camtasia 2019 的核心功能主要包括三大模块，屏幕录像、视频编辑器和动画行为，分别完成屏幕录像、视频的后期编辑合成和动画设计与制作。

1. 录像器

Camtasia Recorder(屏幕录像器)可以实现全屏或部分屏幕的录制，也可以同步录制声音，只要打开 Camtasia Recorder，单击录制按钮就能在任何颜色模式下轻松录制屏幕动作，这个操作流程十分简单。前面的章节有详细介绍 Camtasia 录制屏幕和录制 PPT 的操作，本章不再重复。本章介绍使用 Camtasia 2019 制作动画式微课，主要是通过屏幕录制功能捕捉动画素材，通常与“移除颜色”效果配合使用。如图 5-1-2 所示。

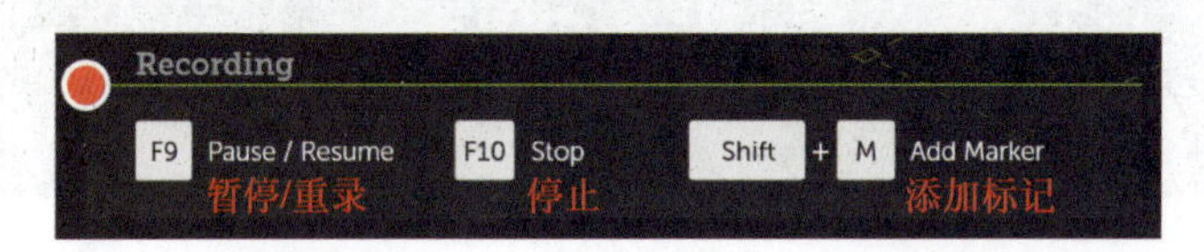

图 5-1-2 Camtasia Recorder 录屏快捷键

2. 编辑功能

Camtasia(编辑器)主要实现录屏文件的剪辑与动画特效处理。通常使用 Camtasia 制作微课会使用如图 5-1-3 所示的 8 种功能，在前面的章节，对 Camtasia 的编辑功能有过详细的讲解，本章不再重复介绍。

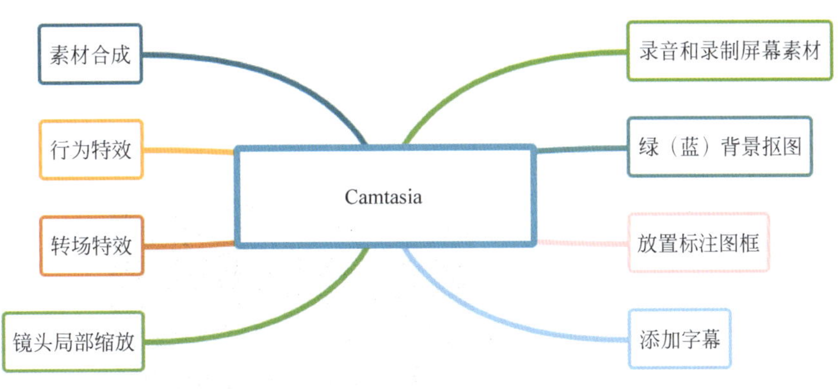

图 5-1-3　Camtasia 8 种常用功能

3. 动画功能

Camtasia Behaviors(行为动画)主要实现动画效果，这是 Camtasia 发展到 2018 版本的特色功能，到 2019 版本继续增加动画模块的功能。其中包含很多预制的动画效果，通过简单的拖放功能就可以为视频增添专业性和润色效果。通常使用 Camtasia 制作微课会使用如图 5-1-4 所示的 4 种动画功能。

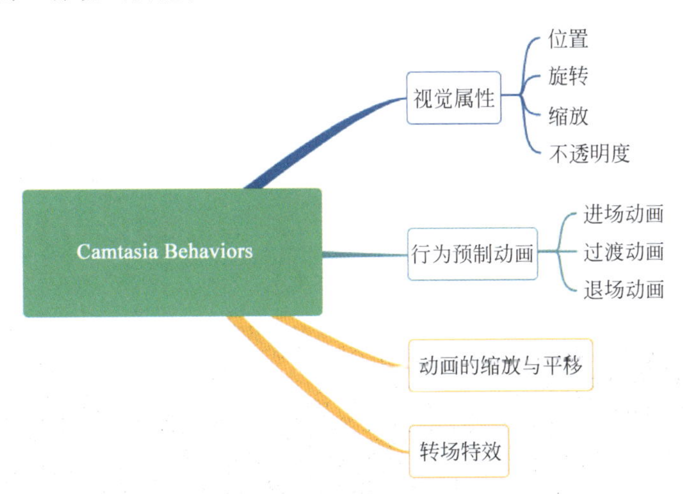

图 5-1-4　Camtasia Behaviors 4 种常用动画功能

5.2 Camtasia 2019 动画功能基本操作

5.2.1　动画快速入门

要想用 Camtasia 2019 制作动画式的微课，就必须掌握基本的动画原理。本节将探讨在 Camtasia 2019 软件中，如何使用视觉属性、创建动画和缓动效果等。

1. 视觉属性

要了解动画的工作原理，我们必须从了解视觉属性开始。对象的视觉属性由位置、旋转、缩放和不透明度组成，如图 5-2-1 所示。

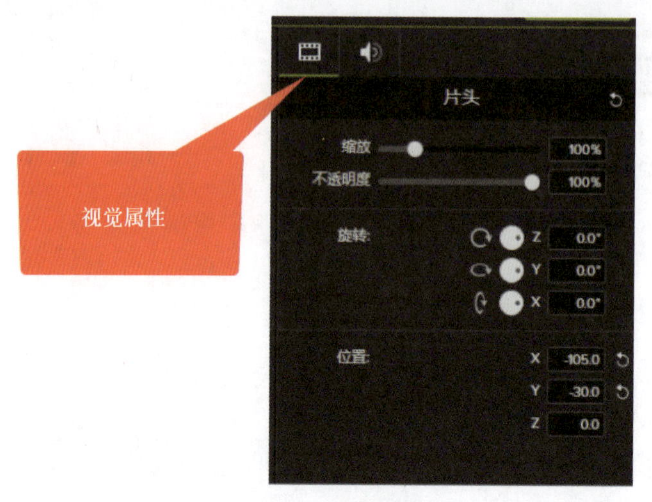

图 5-2-1　视觉属性

在 Camtasia 2019 中，所有这些都在属性面板中的视觉属性选项卡下，软件以像素的精度为单位方便调整。

2. 创建动画

动画是从一组视觉属性到另一组视觉属性的变化——从开始到结束的桥梁。在 Camtasia 2019 中，动画直接在素材内部显示为箭头，我们称之为“动画关键帧”，如图 5-2-2 所示。

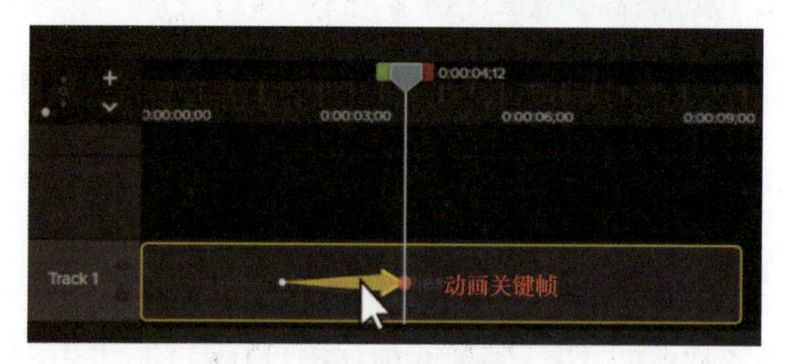

图 5-2-2　素材添加动画效果

在功能区中，单击“动画”功能，在左边的功能预览器中继续选择“动画”选项卡，选择“自定义”效果拖拽到时间轴的素材上，就为素材添加了动画，如图 5-2-3 所示。

当第一次添加动画时，它似乎没有改变任何东西，这是因为它在两组相同的视觉属性之间转换，只有素材的“视觉属性”在“动画关键帧”前后发生改变，才会产生动画效果。

要为对象的视觉属性设置动画，可以选择媒体素材并将播放头放在动画的右侧以更改结束状态的视觉属性。同样，将播放头放在左侧的任何位置以更改动画的开始状态。

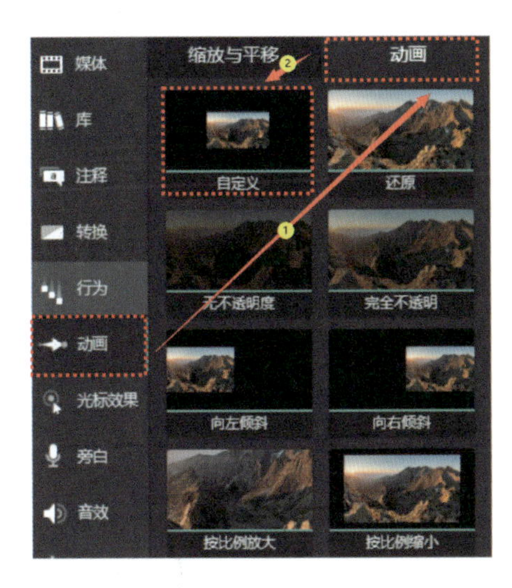

图 5-2-3　素材添加动画效果

动画箭头的长度决定了动画过程需要的时间，或者动画的速度。如图 5-2-4 所示。

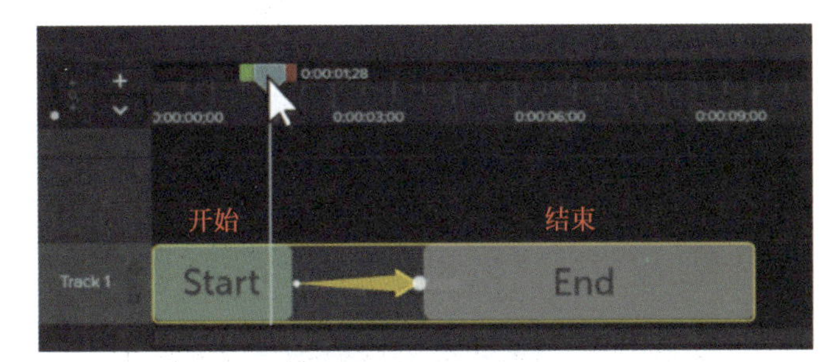

图 5-2-4　修改动画的视觉属性

3. 缓动效果

当对象发生动画时，其动画运动的外观和感觉称为“缓动”。在 Camtasia 中，有五种选择，每一种都适用于不同的事情。默认设置为“自动”，如图 5-2-5 所示。

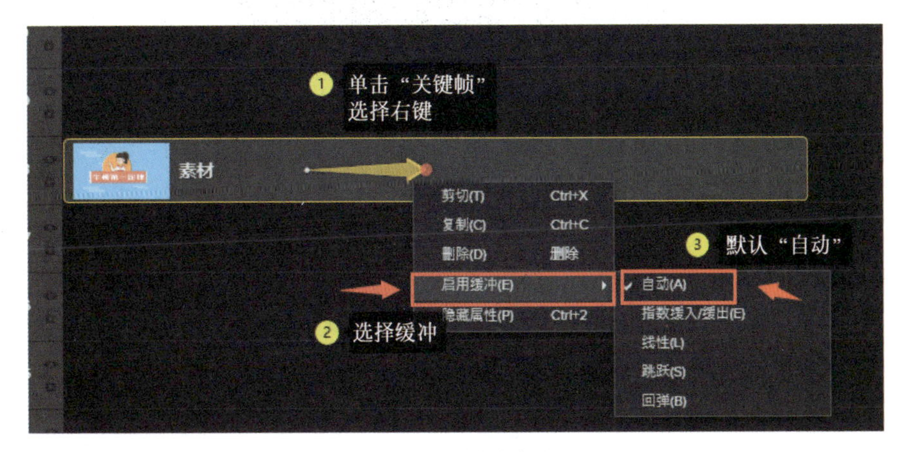

图 5-2-5　缓动效果

(1) 自动：默认为指数缓动；

(2) 指数缓动：运动效果为缓入缓出；

(3) 线性(无缓动)：运动效果为匀速运动；

(4) 跳跃：开始速度缓慢，中间速度极速提升，结束时回弹；

(5) 回弹：开始速度极快，结束时回弹，回弹幅度比"跳跃"效果的回弹幅度大。

5-1　动画的快速入门

5.2.2　炫酷的行为功能

Camtasia 行为功能模块(Behaviors)是软件预设的动画效果，共有 11 种，如图 5-2-6 所示。它们通过简单拖放功能就可以为微课视频增添专业性和润色效果。

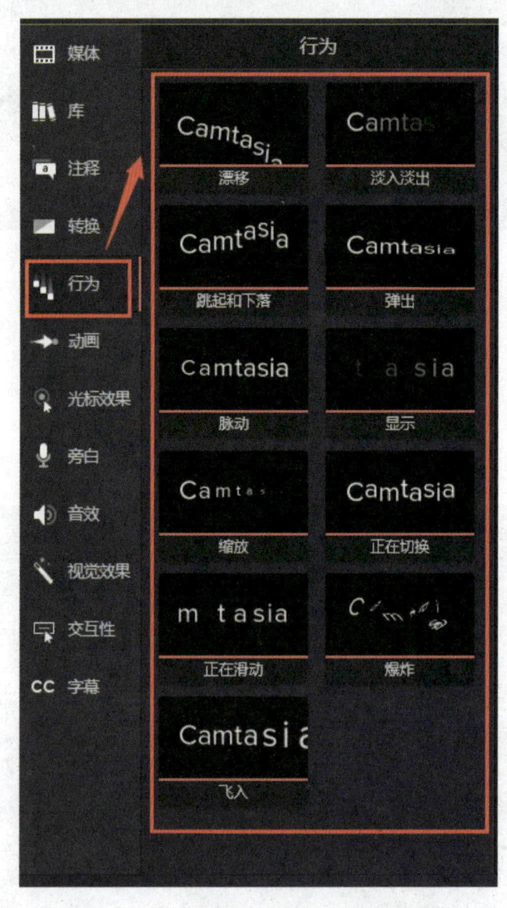

图 5-2-6　行为面板预设的动画效果

1. 添加行为

在功能区面板中打开“行为”选项卡，然后单击“行为”，选择其中一个行为动画效果并将其拖动到时间轴或画布中的素材上，如图 5-2-7 所示。

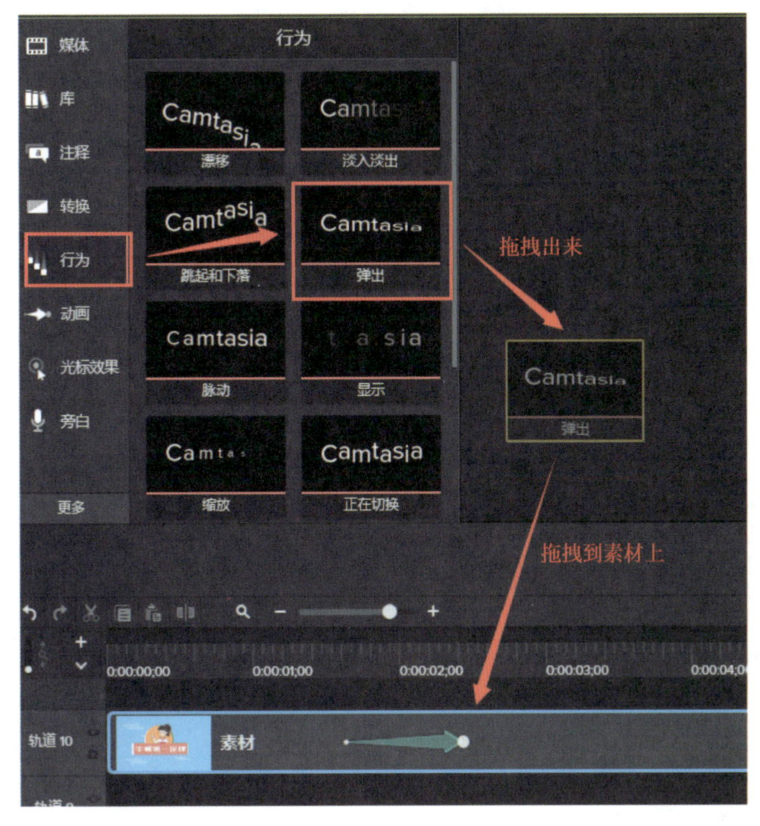

图 5-2-7　为素材添加预设的“弹出”动画效果

添加行为后，在效果托盘中显示三角形小图标为行为效果，单击图标，即可展开查看所添加的“行为”动画，如图 5-2-8 所示。单击多个行为并将其拖动到素材中就可以创建复合动画效果。

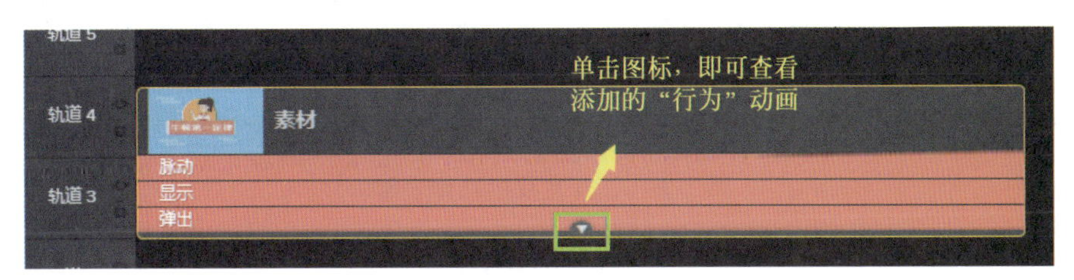

图 5-2-8　素材添加行为动画效果

2. 自定义行为

自定义行为，可以设置素材如何进入屏幕、它在屏幕上做什么以及如何离开，如图 5-2-9

所示。选择应用了行为的素材,然后打开“属性”面板并选择“行为”选项卡,如图 5-2-10 所示。

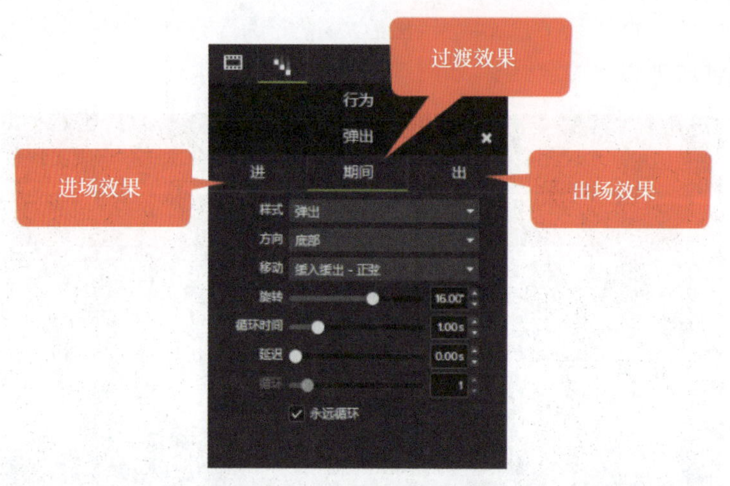

图 5-2-9 自定义行为动画

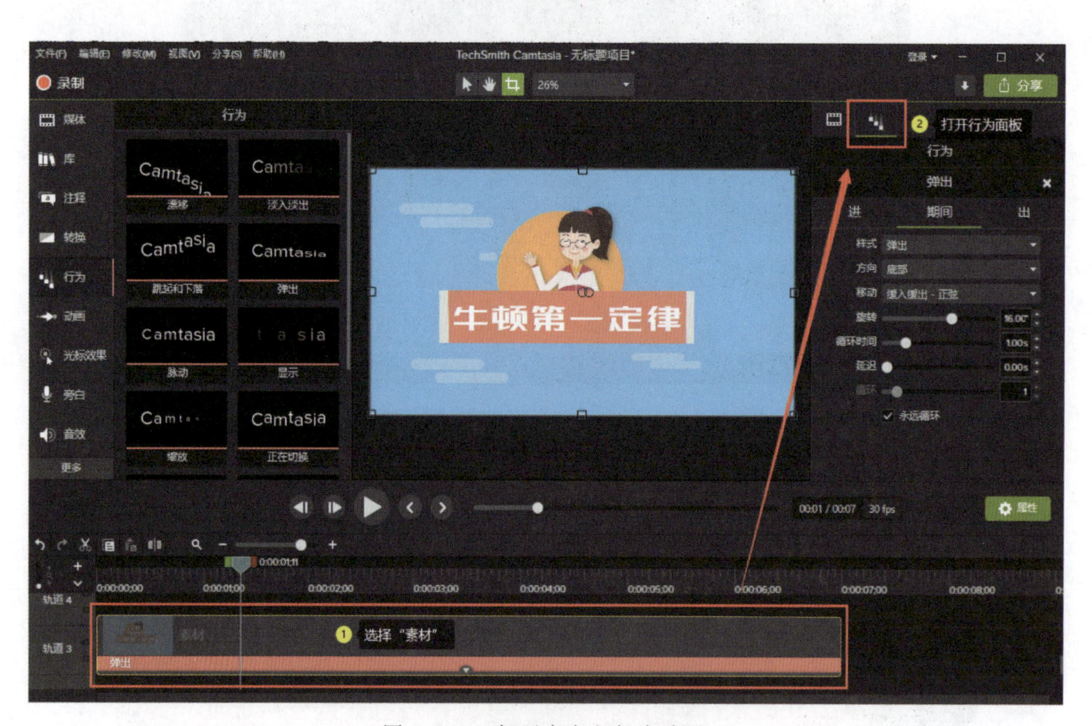

图 5-2-10 打开自定义行为动画

5-2 炫酷的行为功能

5.2.3 画面的缩放与平移

Camtasia 2019 的画面缩放与平移功能，可以很好地引导和吸引观众的注意力。制作动画式的微课，除了对单个素材进行缩放和平移，我们还习惯使用“缩放和平移”功能实现动画微课镜头的转换，对整个动画场景实现“平移、旋转、聚焦、拉远”的镜头效果。

1. 放大微课画面

方法一：“动画预制模板”添加画面放大效果。

首先选中需要添加放大效果的“素材”，在工具面板中选择“动画”并切换到动画选项卡，单击“按比例放大”动画并将其拖动到要放大的剪辑，如图 5-2-11 所示。这会向剪辑添加动画，并已应用默认缩放。要预览动画，请单击并拖动播放头，如图 5-2-12 所示。

图 5-2-11　添加放大效果操作步骤

方法二：“缩放和平移”添加画面放大效果。

在工具面板中选择“动画”并切换到“缩放和平移”，根据需要拖动上方窗口中的 8 个控制点对缩放位置进行更改，或者可以直接按住取景框拖动对整个框选范围进行移动。

也可以通过拖动最下方的缩放“调节条”设置画面的缩放比例，或者直接在后方的缩放百分比中输入数值进行调节。两者配合能设置出精确的缩放效果，如图 5-2-13 所示。

2. 使用平移和旋转

当在项目中使用平移和旋转时，在工具面板中选择动画并切换到动画选项卡。选择“自

图 5-2-12　添加放大效果后的画面

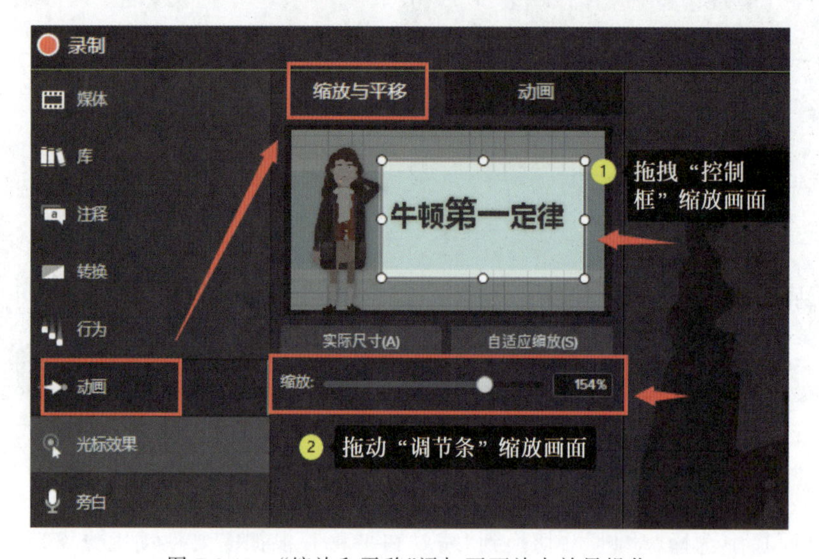

图 5-2-13　“缩放和平移”添加画面放大效果操作

定义”并拖拽到项目组上，如图 5-2-14 所示。

播放头的位置至关重要。播放头先位于动画关键帧箭头之前，确定画面的初始状态；播放头再位于动画关键帧箭头之后，在属性窗口，调整画面的结束状态，调整好即可，如图 5-2-15 所示。

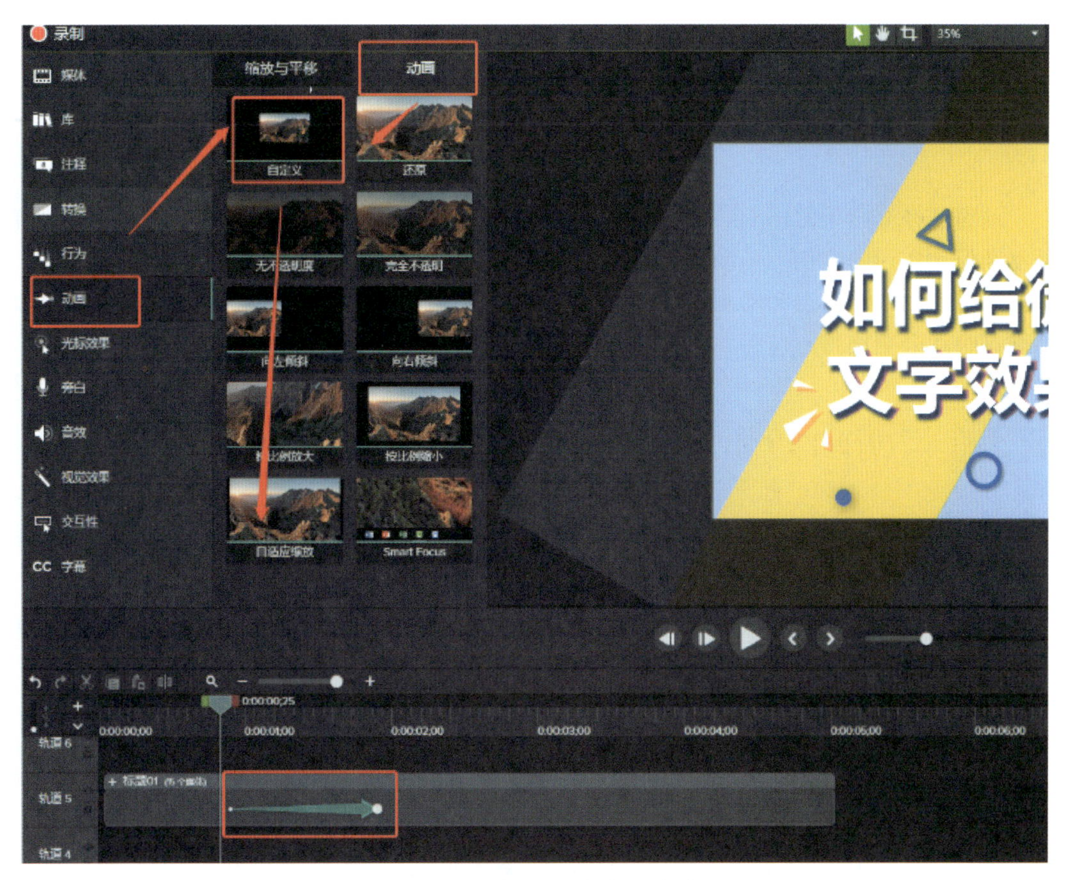

图 5-2-14　添加动画“自定义”操作

图 5-2-15　添加平移和旋转的操作

案例实战：《动感文字微课片头》制作

前面已经介绍了 Camtasia 2019 软件基本动画功能操作。本节将指导大家制作一个稍微复杂但是实用的案例——动感文字微课片头。在详细讲解制作步骤的同时，也会提及一些需要注意的设计要点和动画制作实用技巧，只要灵活掌握这些要点和技巧，以后在制作动画微课时就会更加得心应手。

5.3.1 动画分析

微课的片头动画是微课的一个简短开场，时间长度一般控制在 6～10s，通常用于展示自身 LOGO 和微课名称。画面以鲜明的对比配色为主，结合流畅动画快速的切换。

在这个微课片头中，我们将使用简单的文字标题，结合 Camtasia 软件中的行为模块，可以让动画“小白”快速制作出非常有专业感的动画。

同时，我们将介绍一个引入人物角色动画，这会让你的片头非常具有灵动感和亲切感。接下来，在制作案例的同时，我们会手把手教大家如何获取各种各样具有不同表情神态和动作的动画人物。动画预览图如图 5-3-1 所示。

图 5-3-1　动感文字微课片头预览图

5.3.2 创建项目与绘制素材

1. 创建项目

从零开始制作一个动画，软件操作的第一步便是创建项目，设置画布参数。

(1) 启动 Camtasia 2019 软件，在初始界面单击“新建项目”按钮。也可以按快捷键 Ctrl+N，如图 5-3-2 所示。

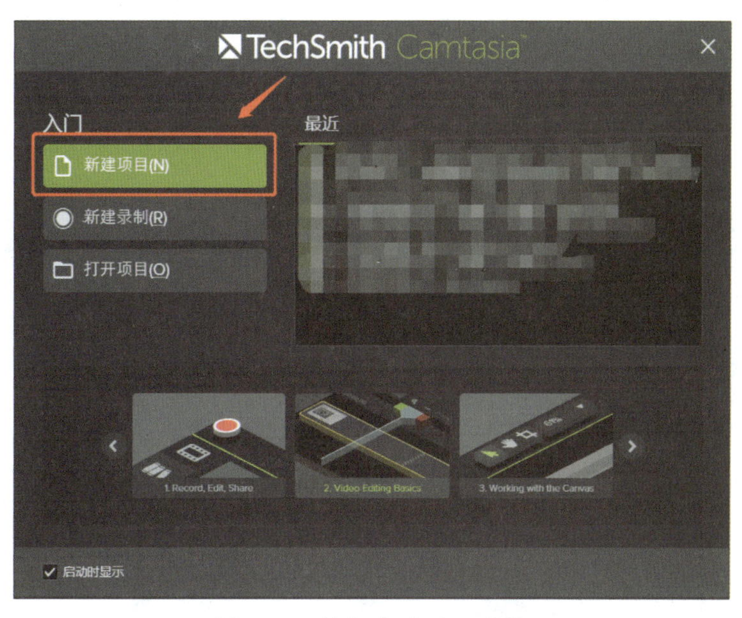

图 5-3-2　单击“新建项目”按钮

（2）设置画布参数。在画布预览区域任意一个位置，右击，在弹出的菜单中，选择“项目设置”，如图 5-3-3 所示。

（3）在弹出的“项目设置”界面中，设置画布规格为“1080p HD(1920×1080)”，画布颜色为白色，帧率为“30fps”，设置好后单击“应用”按钮，如图 5-3-4 所示。

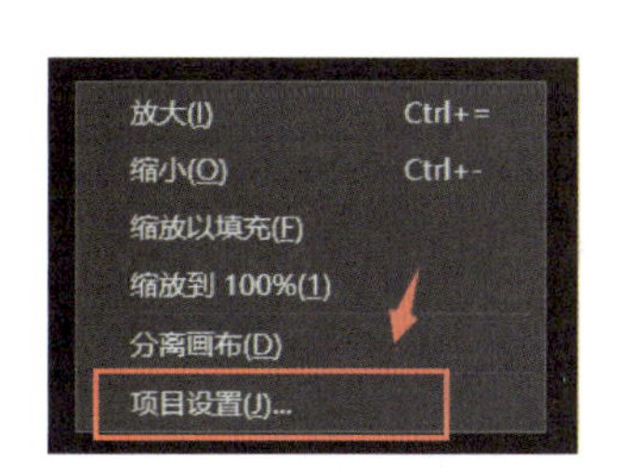

图 5-3-3　选择“项目设置”

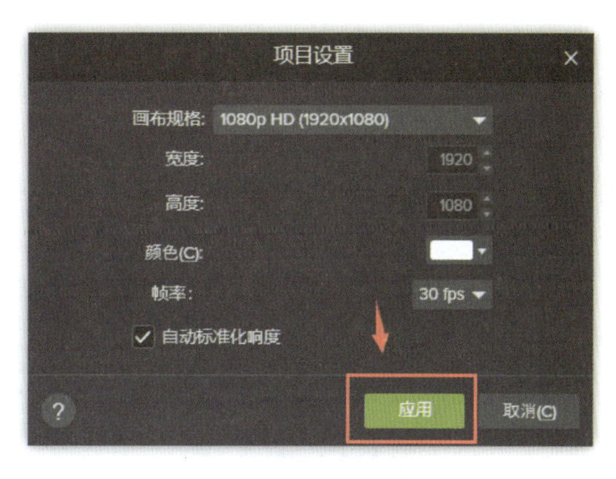

图 5-3-4　设置“项目设置”参数

2. 绘制片头素材

本微课片头动画时长只有 7s，出现的动画元素也比较少，很多部分都可以使用软件自带图形通过排列组合制作完成。下面介绍片头动画的素材绘制。

（1）绘制背景圆。单击软件左侧菜单栏“注释”，在顶部菜单栏切换到“形状”选项卡，样式选择“全部”，往下滚动素材找到圆形，双击圆形图标，即可把圆形添加到画布和时间轴上，如图 5-3-5 所示。

(2) 设置圆形填充颜色。选中"圆形",在软件右侧的属性菜单栏,单击颜色图标 ,弹出"颜色"对话框,本案例中设置圆形填充颜色为浅蓝色,参考数值为"#51C9FD"设置完成后单击软件任意位置即可确认输入,如图 5-3-6 所示。

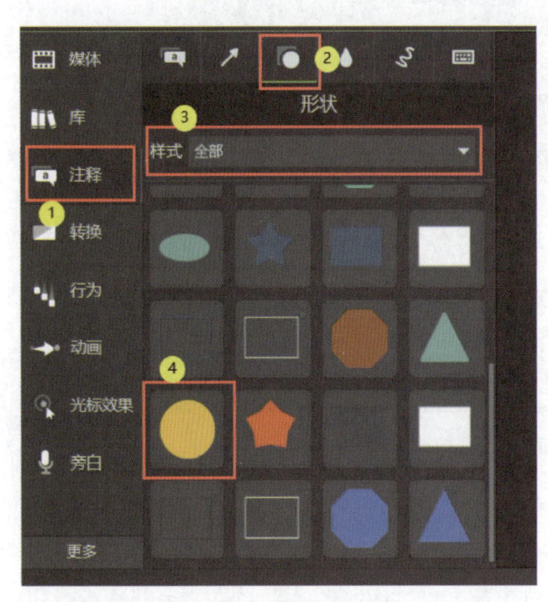

图 5-3-5 添加圆形素材

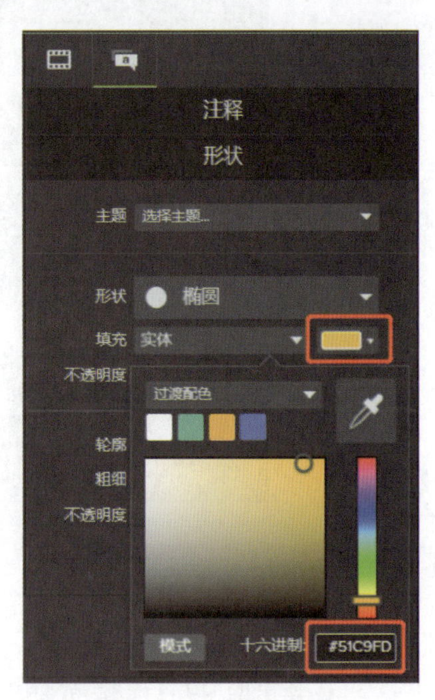

图 5-3-6 设置圆形颜色

(3) 设置圆形大小和位置。圆形是用于出场过渡,添加圆形后,把圆形拖拽于画布中间,当画面出现黄色横竖中心参考线时,表明圆形位于画布正中心位置。按下 Shift 键,同时用鼠标选中圆形,选择圆形的边角位置拖拽,即可放大圆形;或者先选中圆形,接着按住 Ctrl 键,同时滚动鼠标中键,即可对圆形进行放大或缩小。把圆形放大到铺满整个画布,如图 5-3-7 所示。

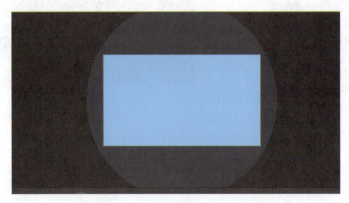

图 5-3-7 调整圆形的位置与大小

(4) 绘制标题背景。在形状面板,双击矩形图形,或者拖拽矩形到画布,即可添加矩形素材,如图 5-3-8 所示。

(5) 设置矩形填充颜色。选中矩形,在软件右侧的属性菜单栏,单击颜色图标,弹出颜色对话框,本案例中设置矩形填充颜色为浅灰色,参考数值为"#E5E5E3",设置完成后单击软件任意位置即可确认输入,如图 5-3-9 所示。

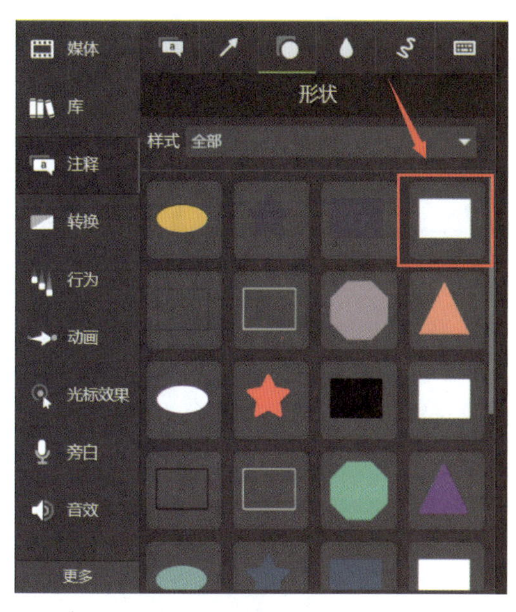

图 5-3-8 添加矩形

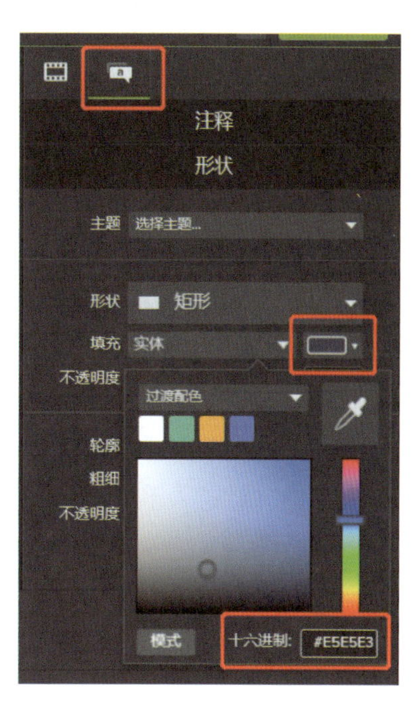

图 5-3-9 设置矩形颜色

(6) 设置矩形的大小和位置。矩形是用来作为标题的背景,突出标题重点的。选中矩形,拖拽矩形的边角即可放大矩形,把矩形调到足够大,并居中摆放。如图 5-3-10 所示。

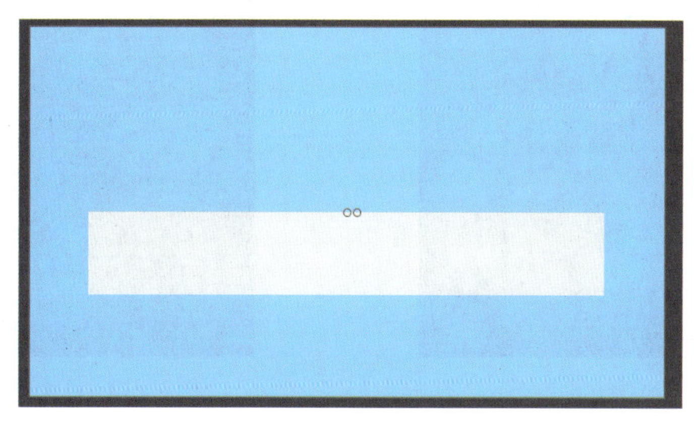

图 5-3-10 设置矩形颜色、大小与位置

(7) 创建标题背景矩形。选中刚刚创建的灰色矩形,按下 Ctrl+C 键复制,再按下 Ctrl+V 键粘贴。同理,参考上面矩形填充颜色操作,把矩形颜色设置为"#EE6F60";同时把矩形的长缩短,并叠放在灰色矩形上。如图 5-3-11 所示。

(8) 创建标题文本。单击软件左侧菜单栏"注释",在顶部菜单栏单击标注图标切换到"标注"选项卡,样式选择"全部",双击文本图标,即可把文本添加到画布和时间轴上,

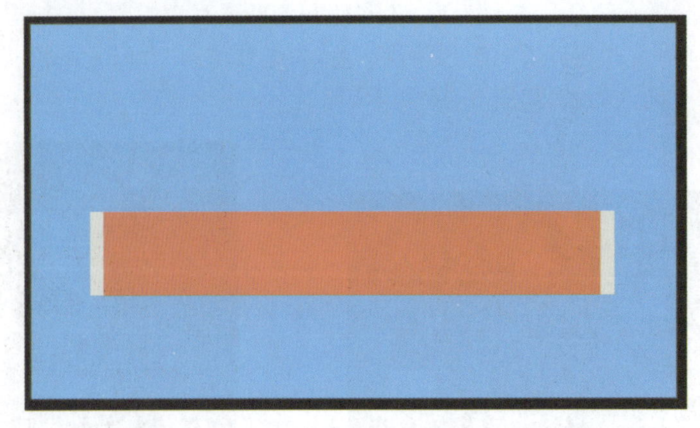

图 5-3-11　设置红色背景矩形颜色、大小与位置

如图 5-3-12 所示。

(9) 设置标题样式。在画布上，双击文本，即可编辑文字，输入文字内容为“牛顿第一定律”，在右侧的“属性”菜单栏，设置字体样式为“微软雅黑”和“加粗”，颜色为白色，调整尺寸为 156，水平间距为 0.26。如图 5-3-13 所示。

图 5-3-12　创建标题文本

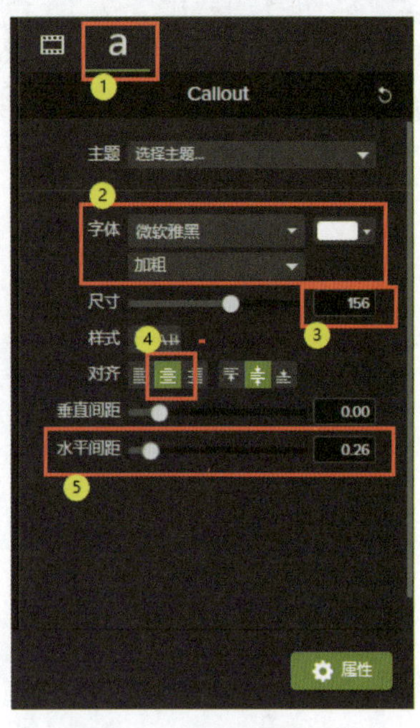

图 5-3-13　设置标题样式

(10) 调整文字位置。在画布上拖拽文本并置于背景矩形上方，如图 5-3-14 所示。

(11) 创建白云背景。单击软件左侧菜单栏“注释”，在顶部菜单栏单击箭头和线图标 ，切换到“箭头和线”选项卡，样式选择“全部”，双击文本图标 ，即可把线条添加到画布和时间轴上，如图 5-3-15 所示。

(12) 设置线条样式。选中线条，在右侧的“属性”菜单栏，设置线条颜色为白色，线型的头尾样式设置为圆形样式，粗细设置为 26，不透明度设为 53%。如图 5-3-16 所示。

图 5-3-14　设置标题文本的位置

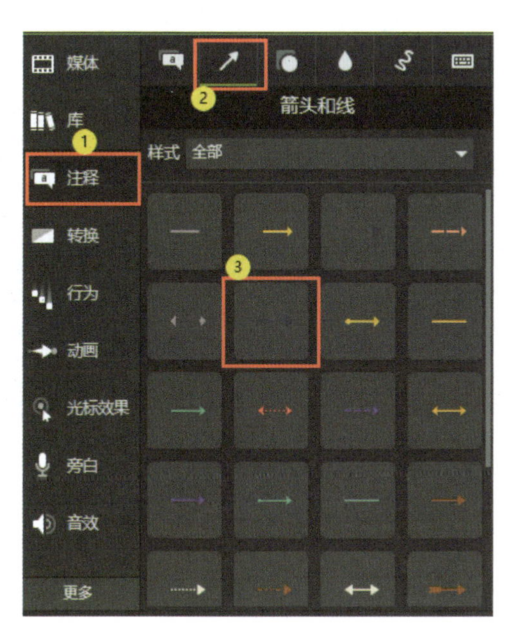

图 5-3-15　添加线条素材

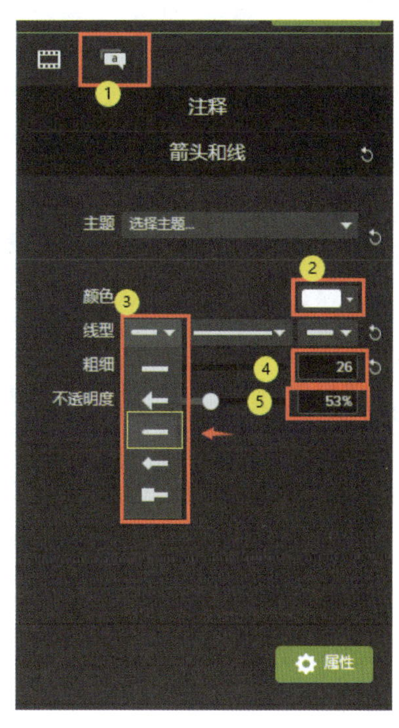

图 5-3-16　设置线条样式

(13) 调整线条位置与数量。选中线条后，按下 Ctrl 键，同时滚动鼠标中轮，即可调整线条大小，把它调整到合适尺寸。调整好后，按下 Ctrl+C 键复制，继续按下 Ctrl+V 键粘贴，得到适合的线条数量并对线条进行位置调整，如图 5-3-17 所示。

(14) 统一调整素材的显示时间。当我们把线条复制到足够数量时，时间轴会随着素材的增加而增加，此时调整一下时间轴上所有素材的显示时间。

先点选时间轴上任一素材，按下 Ctrl+A 键即可选中时间轴的全部素材，让所有素材顶格出现；把光标固定在"素材的末端"，当光标变成箭头状后，往后拖拽，即可延长素材显示时间，本案例调整为 6.30s，如图 5-3-18 所示。

图 5-3-17 调整线条位置与数量

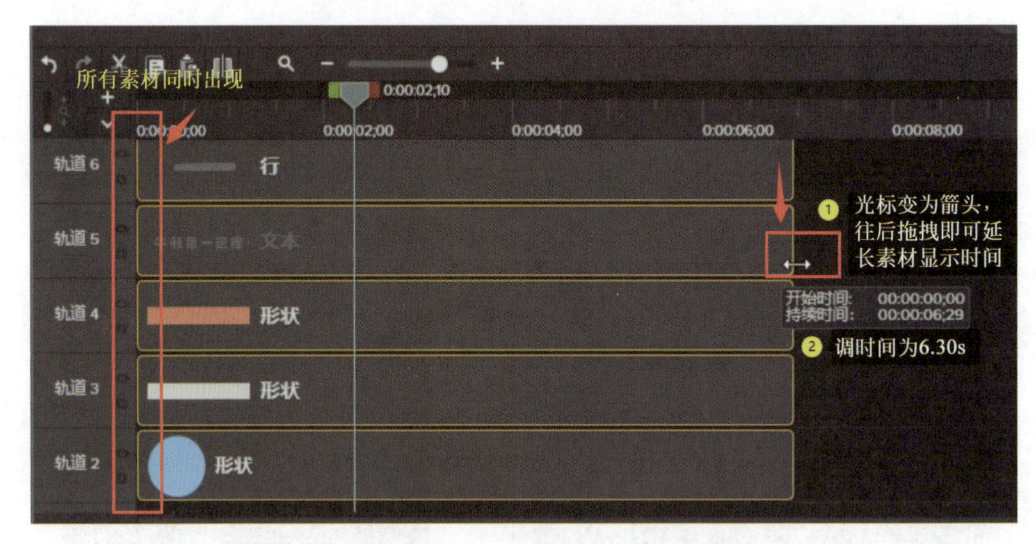

图 5-3-18 统一调整素材在时间轴的显示时间和位置

5.3.3 片头动画制作

本节我们将开始制作微课片头的每个元素的动画，包括每个元素的进场、过渡和退场动画。使用 Camtasia 2019 的行为模块，不需要具备很厉害的动画技能，也能轻松通过简单的动画效果的拖拽，快速制作出活泼动感的动画效果。

（1）设置背景圆形的动画。先选中时间轴最底部的蓝色圆形背景。单击软件左侧菜单栏“行为”，在预制效果区选中“缩放”效果，按住鼠标左键不放，拖拽“缩放”效果到时间轴的圆形背景素材上，即可给圆形背景添加缩放动画，如图 5-3-19 所示。

【提示】 把播放头置于素材开始处，单击画布下方的播放按钮▶，即可预览时间轴上的动画效果。

（2）设置标题栏的动画。先同时选中时间轴上的两个矩形素材，在“行为”的预制效果区继续选中“缩放”效果，按住鼠标左键不放，拖拽“缩放”效果到时间轴的矩形素材上，即可

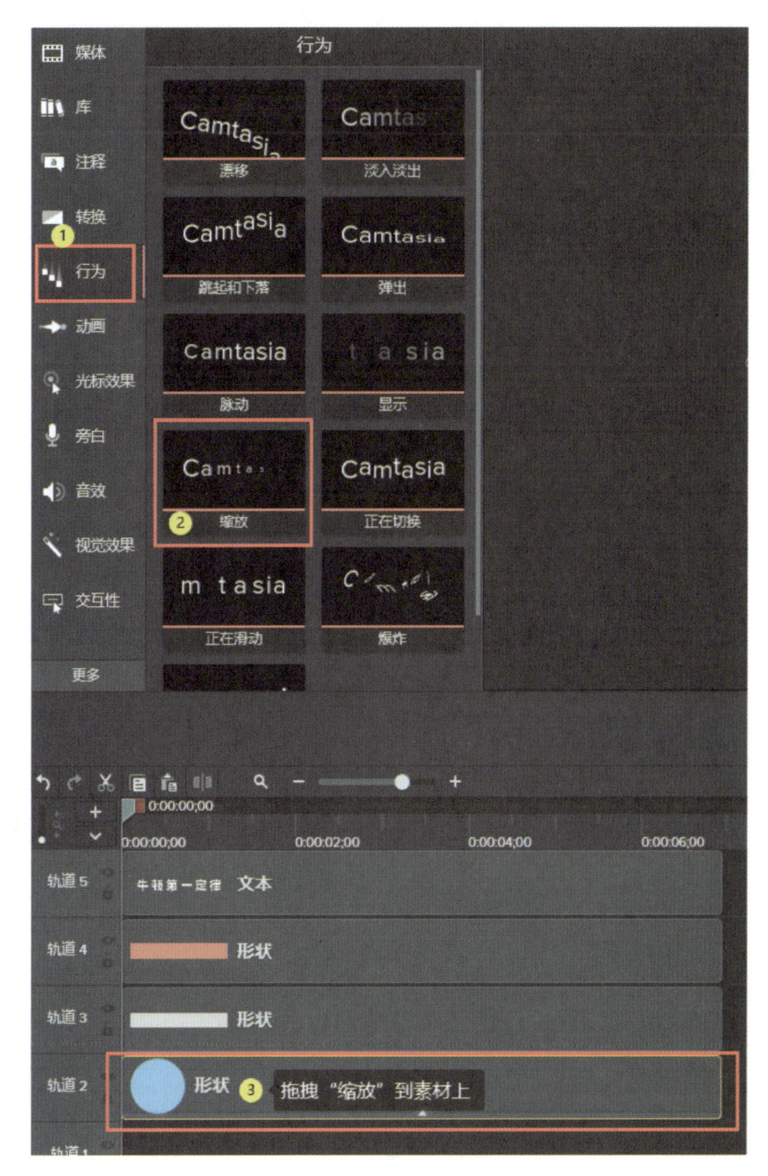

图 5-3-19　设置背景圆形的缩放动画

把标题背景的两个矩形同时添加缩放动画，如图 5-3-20 所示。

(3) 设置标题文字的动画。选中时间轴上的文字素材，在“行为”的预制效果区选中“弹出”效果，按住鼠标左键不放，拖拽“弹出”效果到时间轴的文字素材上，即可添加上“弹出”效果。如图 5-3-21 所示。

接着设置文字的过渡效果。在时间轴上选中文字素材，在右侧的属性面板，顶端菜单栏选择“行为”选项卡，选择“缩放”效果，单击“期间”，样式设置“无”，如图 5-3-22 所示。

(4) 设置线条的动画。本案例将线条设置为白云，悬浮在蓝色的天空。先划动鼠标同时选中时间轴上的所有线条素材，在“行为”的预制效果区继续选中“正在滑动”效果，按住鼠标左键不放，拖拽“正在滑动”效果到时间轴的线条素材上，即可为所有线条同时批量添加“正在滑动”动画，如图 5-3-23 所示。

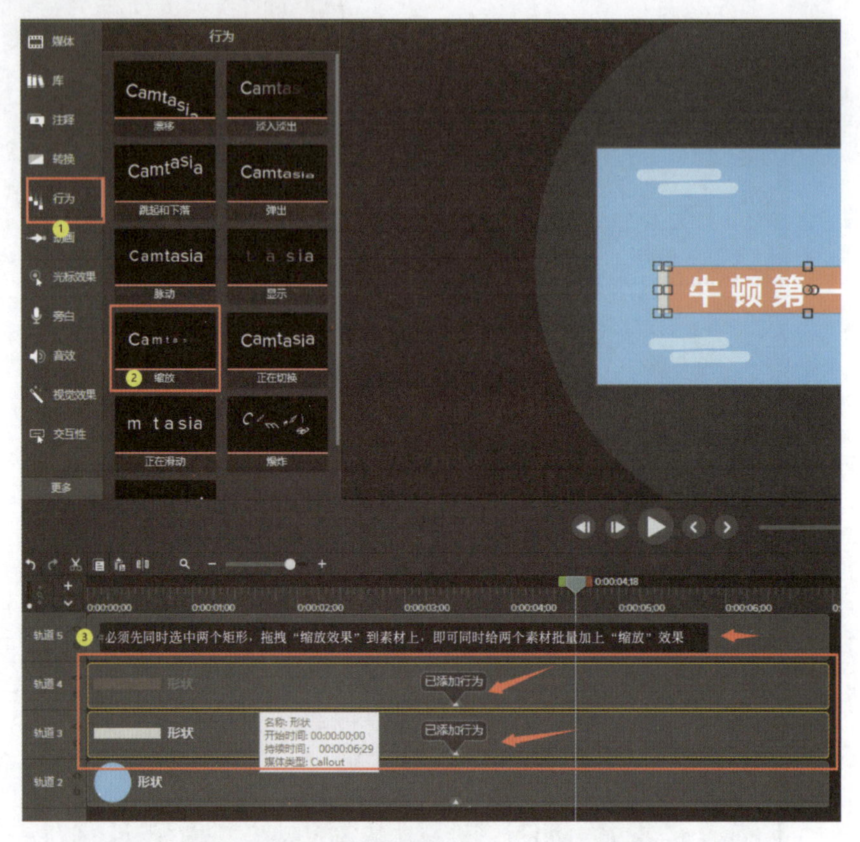

图 5-3-20　设置标题背景矩形的缩放动画

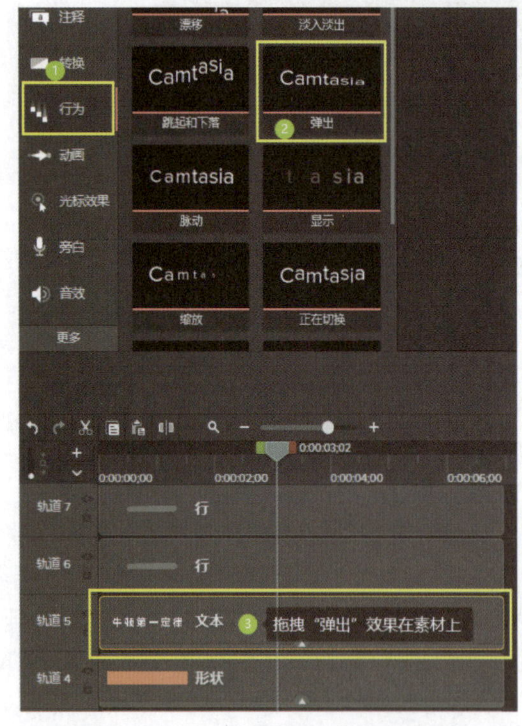

图 5-3-21　标题文字添加"弹出"效果

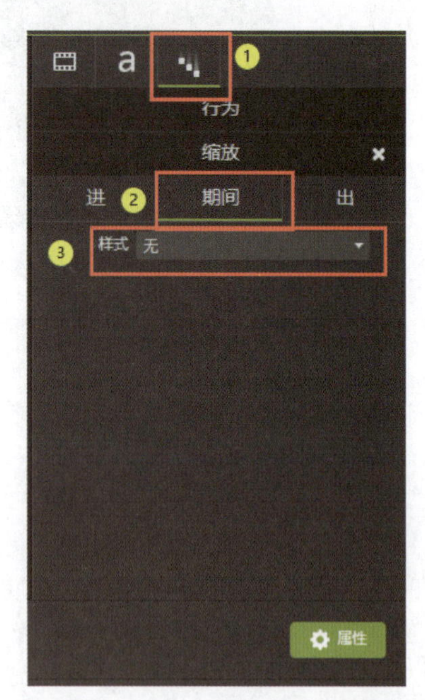

图 5-3-22　设置文字的"弹出"过渡效果

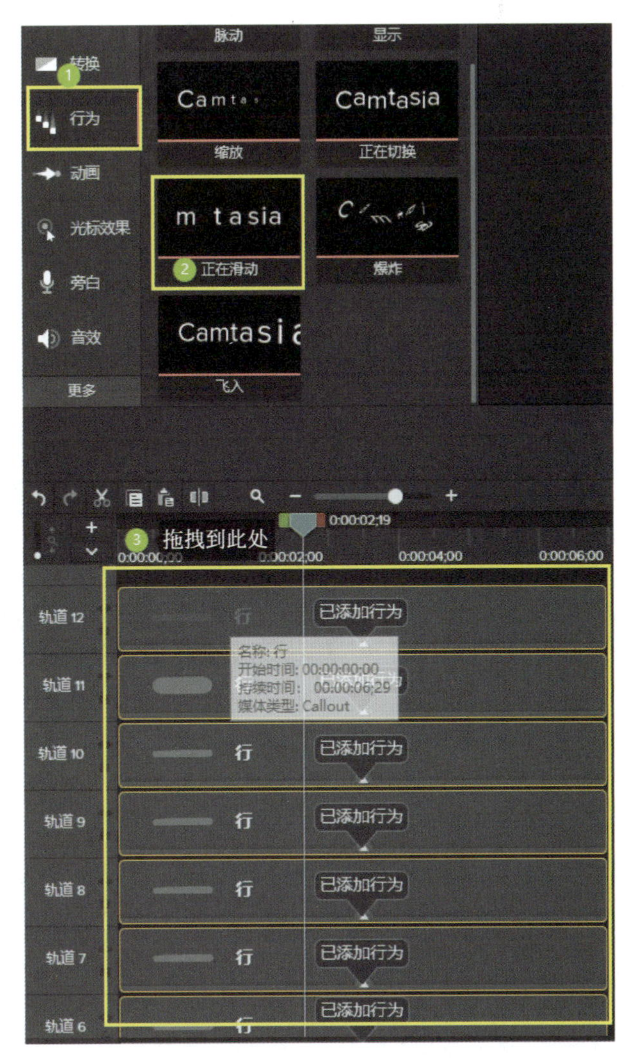

图 5-3-23　为线条批量添加“正在滑动”动画

接着设置线条的过渡效果。在时间轴上同时选中全部线条素材，在右侧的属性面板顶端菜单栏选择“行为”选项卡，选择“正在滑动”效果，单击“期间”，样式设置“无”，如图 5-3-24 所示。

(5) 设置素材的进场时间。如果要让微课片头的动画活泼灵动，很少会让全部的素材同时出现，这里需要对全部素材的进场时间进行设置，让不同素材进场时有一个时间差。

首先，全部素材进场的时间最好在 0.2s 内完成，不然进场时间过长，会显得整个动画非常拖沓，不够灵动。先按住 Ctrl 键不放，然后把鼠标定位到时间轴区域，滚动鼠标中轮，可以对时间轴进行缩放，此处放大时间轴，以便对素材进行出场时间的微调。

① 调整线条进场时间，并进行组合。逐一选中线条，通过拖拽移动进场时间，让所有的线条进场时间有一个时间差。调整后如图 5-3-25 所示。

设置好进场时间后，因为线条太多，占用的时间轴轨道也比较多，因此需要对时间轴的轨道进行管理。选中全部线条，右击，在弹出的菜单中选择“组合”，或者选中全部线条素材

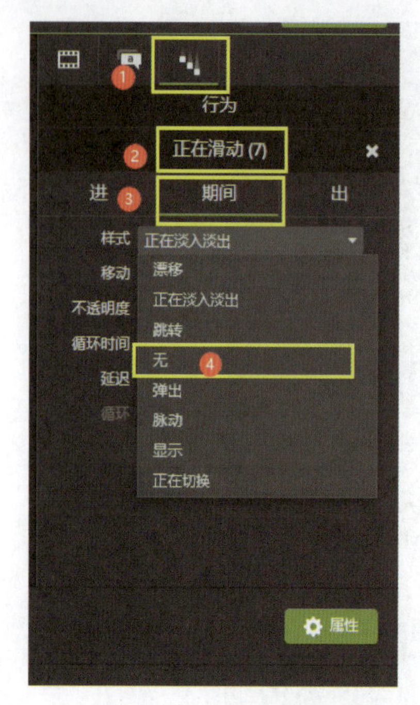

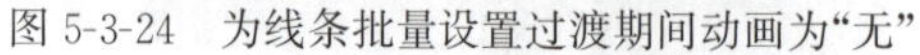

图 5-3-24　为线条批量设置过渡期间动画为“无”

图 5-3-25　设置线条的进场时间差

后，按下组合键 Ctrl+G，即可把全部线条打成一个组，汇总在一个轨道上，如图 5-3-26 和图 5-3-27 所示。

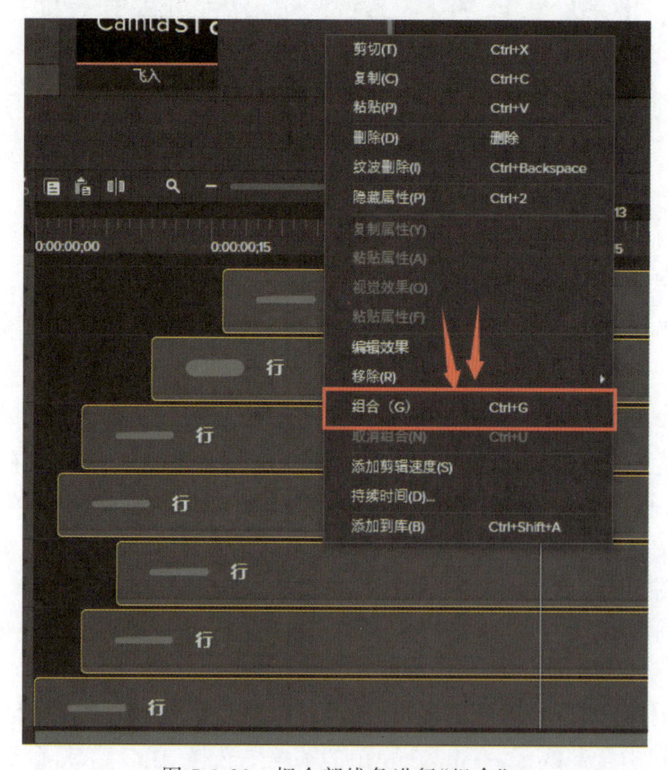

图 5-3-26　把全部线条进行“组合”

② 调整其他素材的进场时间。蓝色背景圆保持在时间轴 0s 处位置，片头一开始就出场，矩形随后出现，文字最后呈现，全部素材的进场时间控制在 0.2s 完成。调整后如图 5-3-28 所示。

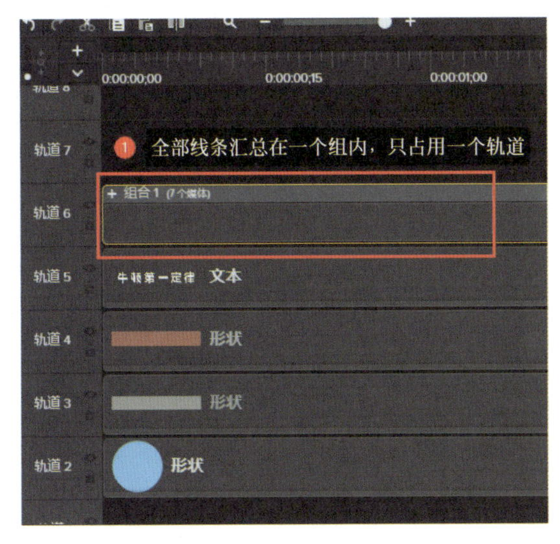

图 5-3-27 线条“组合”后的视图

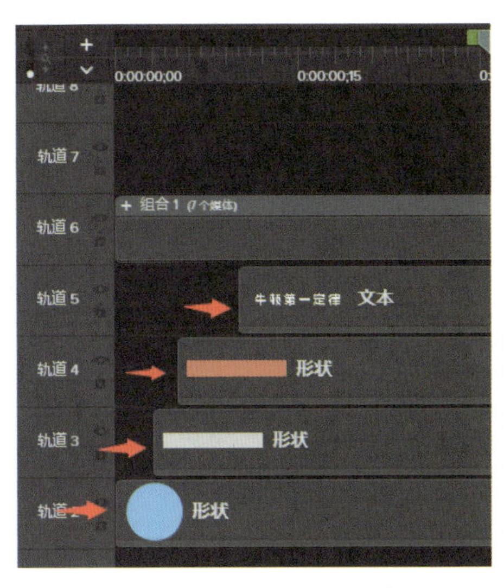

图 5-3-28 调整其他素材的进场时间

（6）预览动画。把时间轴上的播放头拖到 0s 处，单击画布下方的播放按钮▶，即可对整个片头进行动画预览，如图 5-3-29 所示。通过预览，可以发现，在 Camtasia 2019 中给素材添加动画，会默认同时添加进场、过渡和退场动画，可以大大节省制作动画的时间。

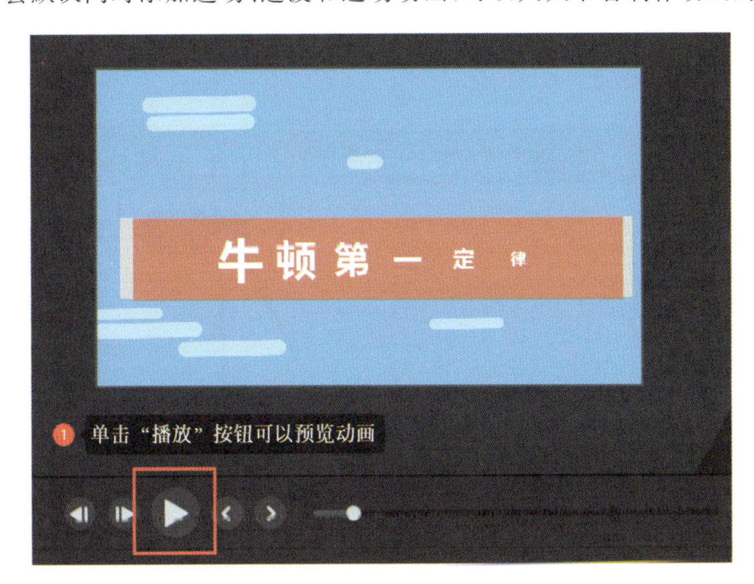

图 5-3-29 预览动画

5.3.4 制作角色人物动画

通过前面的动画制作，微课动画片头已经大部分完成了，距离成品仅剩一步之遥。添加动画角色人物，也是本动画片头的重点学习技巧。

在 Camtasia 2019 中，我们无法直接完成动画角色人物的添加，需要通过一些间接的手段。Camtasia 同时具备录屏、剪辑和抠像三大功能，可以让很多素材为我们所用，在此处就教大家通过使用这三个技巧，巧妙地获取各种各样的角色人物动画。

(1) 打开“来画”网站，并按照网站要求注册账号，登录，如图 5-3-30 所示。

图 5-3-30 “来画”官方网站登录/注册界面

(2) 进入工作台。登录网站后，在网站的右上角，单击“进入工作台”，即可进入工作台编辑区，开始编辑项目，如图 5-3-31 所示。

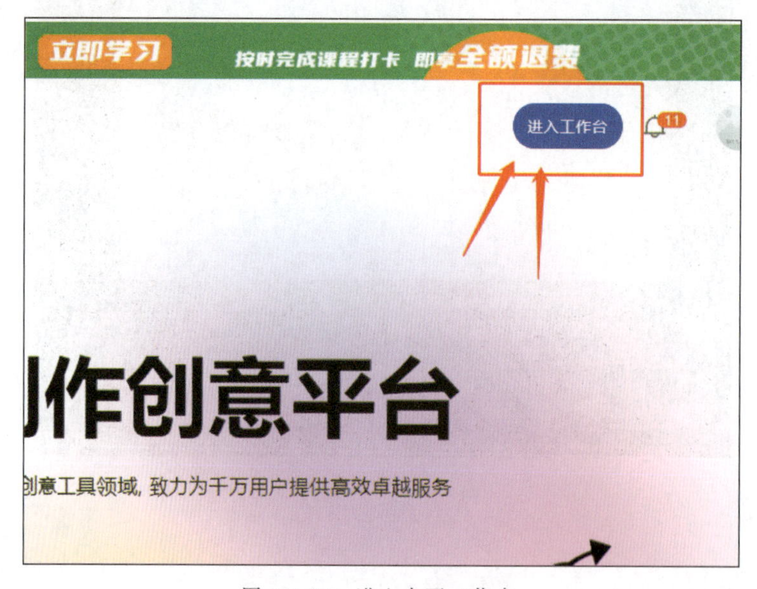

图 5-3-31 进入来画工作台

(3) 新建项目。进入工作台后，单击左上角的“创建项目”，在弹出的窗口，选择横屏的“新建空白”选项，即可成功新建项目，如图 5-3-32 所示。

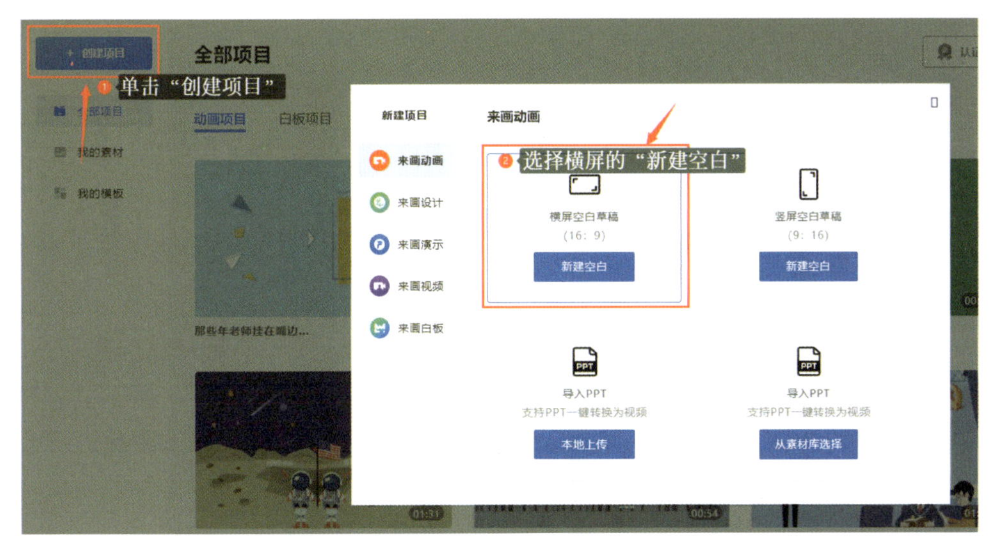

图 5-3-32　新建项目操作

(4) 设置画布的舞台颜色。新建项目后，首先需要设置画布的舞台背景颜色。在右侧页面属性栏目中，找到“纯色”背景设置色块，单击色块。在左侧弹出的颜色菜单，找到“当前颜色”按钮，单击该按钮，弹出“选择颜色”窗口，在下方找到默认的绿色色块，即可设置舞台背景色为绿色，如图 5-3-33 所示。

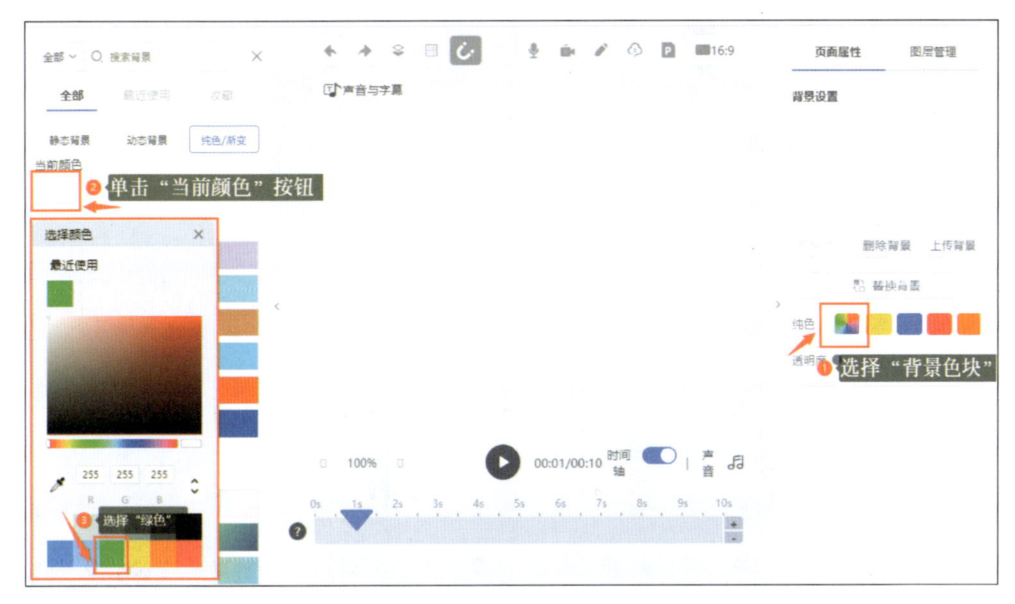

图 5-3-33　设置舞台颜色为绿色

(5) 添加动画角色人物。在左侧的菜单栏，选择“角色”，在弹出的角色菜单中，找到“普通人物”，单击“全部”。在弹出的界面底部，继续单击“更多角色”。

在弹出的界面中左侧单击“角色”，在上方的菜单栏，动作选择“全部”，“分类”选择“普通人物”，如图 5-3-34 所示在右上方的搜索框输入关键字“打招呼”，即可找到“扎马尾的女学生—打招呼”动画角色，双击，即可以添加到画布上。如图 5-3-35 所示。

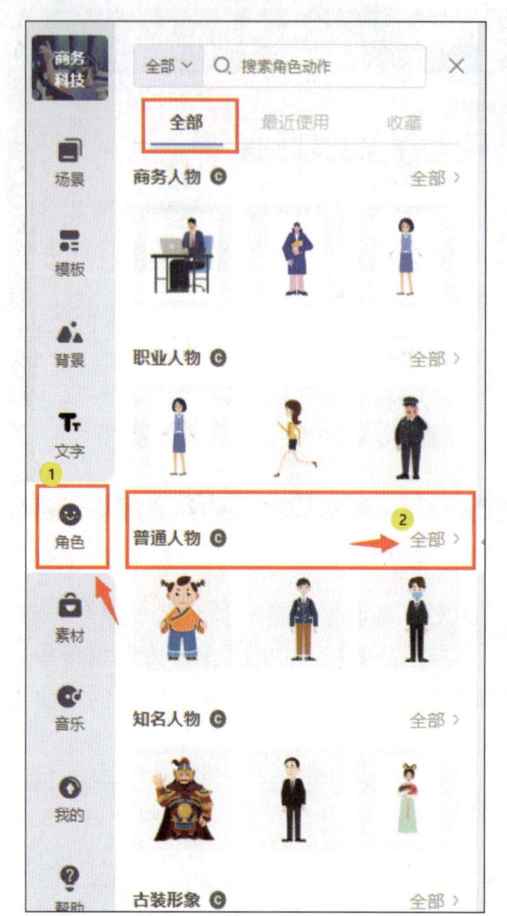

图 5-3-34　添加角色人物操作

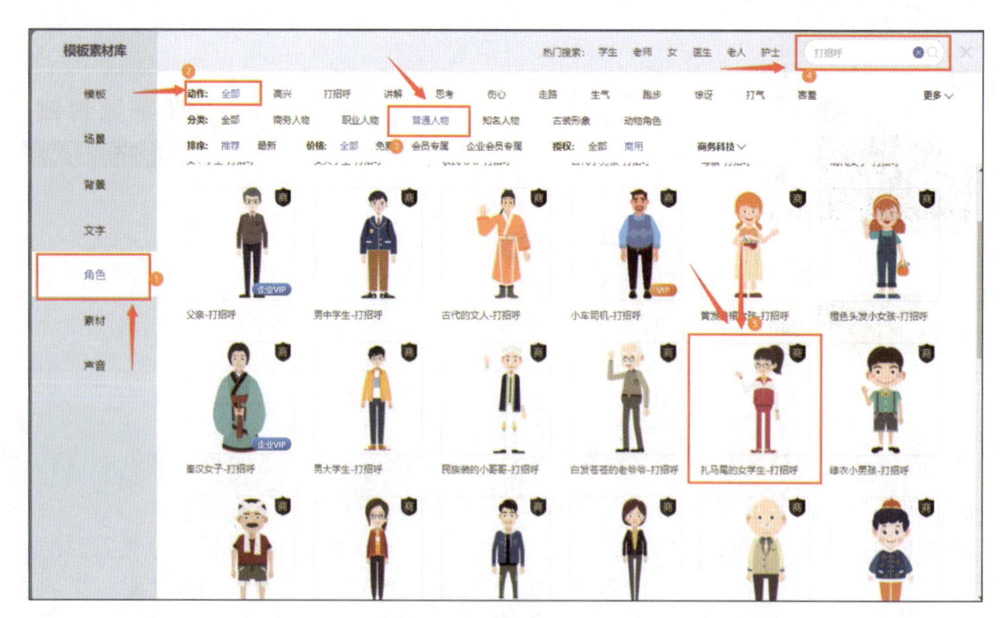

图 5-3-35　添加打招呼的扎马尾的女学生人物动画角色

（6）调整动画角色的大小和显示时间。在画布上，选中“动画人物”，用鼠标拖拽编辑点，即可放大动画人物，把动画人物尽可能调整到足够大，考虑到微课片头只使用动画的上半身打招呼的动画，所以可以适当放得更大。

接着，在底部的时间轴末端，单击加号“＋”，即可延长动画的显示时间，以获取足够长的打招呼的动作。如图 5-3-36 所示。

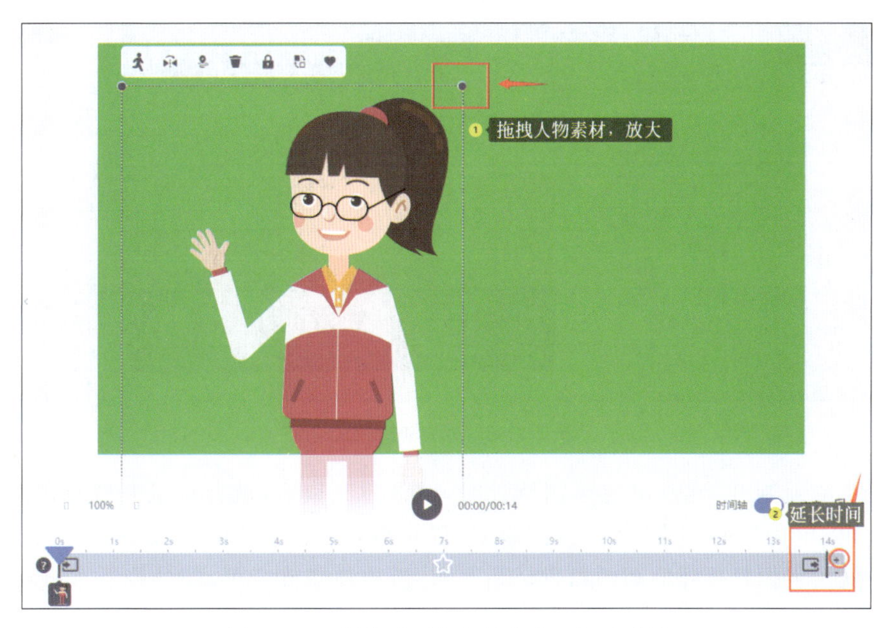

图 5-3-36　调整动画角色的大小和显示时间

（7）获取动画角色人物素材。在 Camtasia 软件，单击软件左上方的录制按钮 ，在弹出的录制工具栏选择“自定义”，在弹出的对话框选择“选择要录制的区域”，如图 5-3-37 所示。

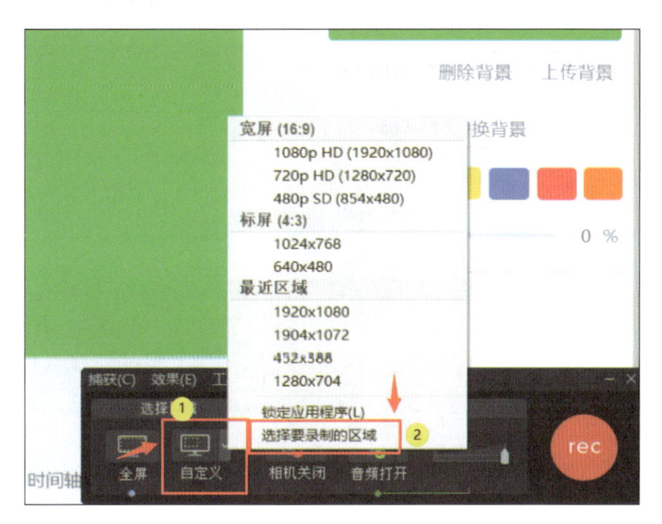

图 5-3-37　设定录制区域

接着，回到“来画”的项目画布，框选动画角色任务部分，尽可能框选整个画布的区域，确定录制区域后，单击 Camtasia 录制工具栏的录制按钮“rec”，即可开始录制。如图 5-3-38 所示。

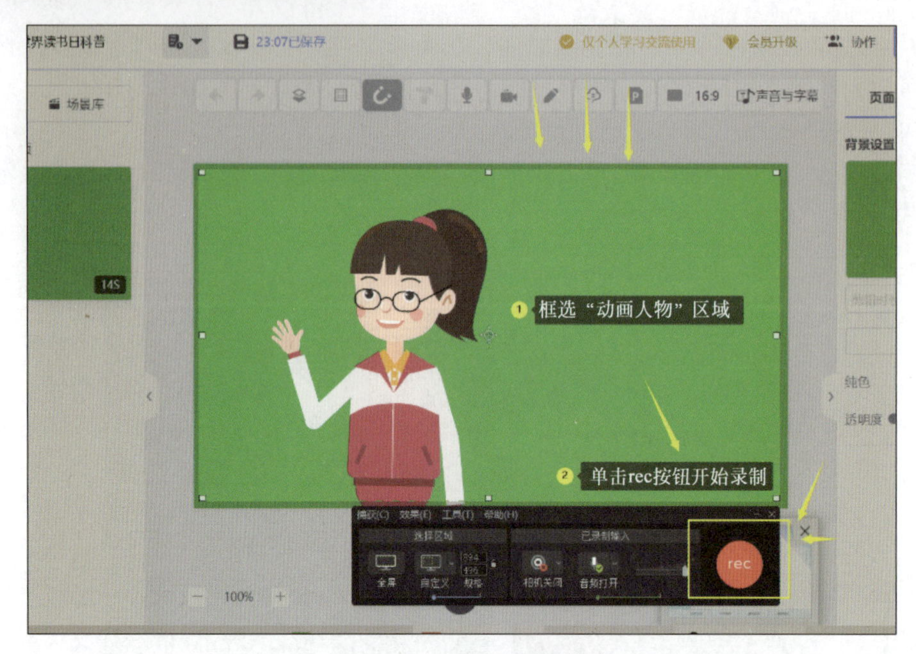

图 5-3-38　录制画面操作

Camtasia 录制开始后，出现录制倒计时，倒计时结束后，就开始录制屏幕内容。回到“来画”画面，单击“来画”舞台下方的播放按钮 ，让角色动画在舞台运动起来，这样 Camtasia 就可以把打招呼的动画角色录制下来，当动画播放结束，即可按下 Camtasia 录制工具栏的“停止”按钮，结束录制，如图 5-3-39 所示。

图 5-3-39　结束录制操作

（8）添加动画人物素材。Camtasia 停止录制后，单击 Camtasia 左侧菜单栏的“媒体”，在媒体箱中就会新增刚才录制的动画人物素材，选中并拖放到时间轴轨道上或者画布上，如图 5-3-40 所示。

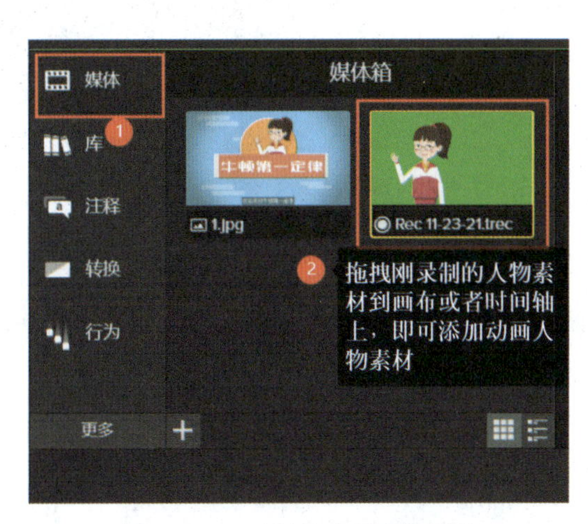

图 5-3-40 录制的动画人物素材

（9）编辑动画人物素材。在时间轴轨道上，选择动画人物素材，因片头时长仅 6s，因此动画人物素材的显示时长只需截取其中 6s 即可。移动播放头预览动画人物素材，选定素材的起始点，单击轨道上方的拆分按钮，即可分割素材。同理，选择结束点，继续按下拆分按钮，分割素材，把不要的素材删除。如图 5-3-41 所示。

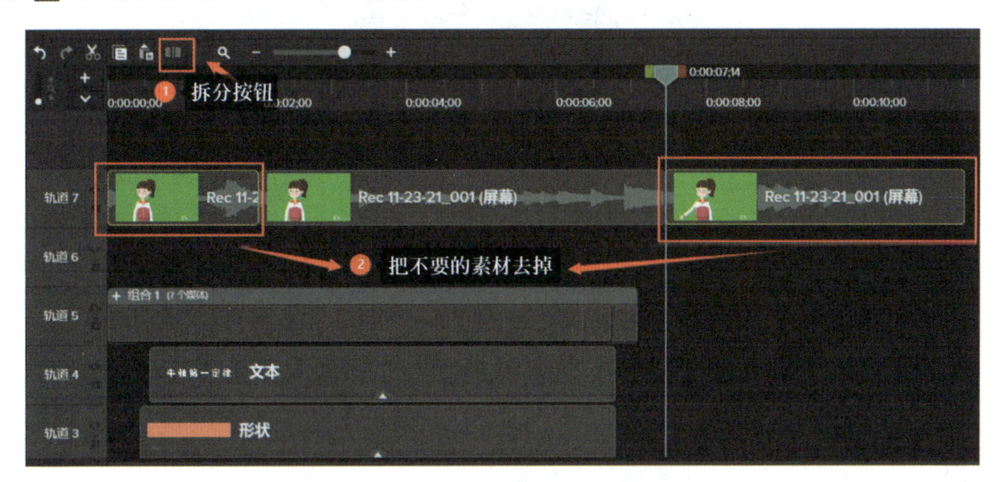

图 5-3-41 处理动画人物素材操作

（10）调整素材位置与静音音频。在时间轴轨道上，选择动画人物素材，摆放到合适的出场时间位置，建议在片头出场 1s 前完成动画人物出场。接着选中素材右击，单击“静音音频”，以便去掉录制时的音频噪声，如图 5-3-42 所示。

（11）裁剪动画人物素材。选中人物素材，回到画布上，单击画布上方的裁切按钮，进入裁切状态，裁切素材，把素材不必要的部分去掉，尽可能保留背景色为纯色，除了需要的动画人物，无其他元素干扰。裁切后，继续单击画布上方的选择按钮，进入选择状态，调整动画人物的大小。如图 5-3-43 所示。

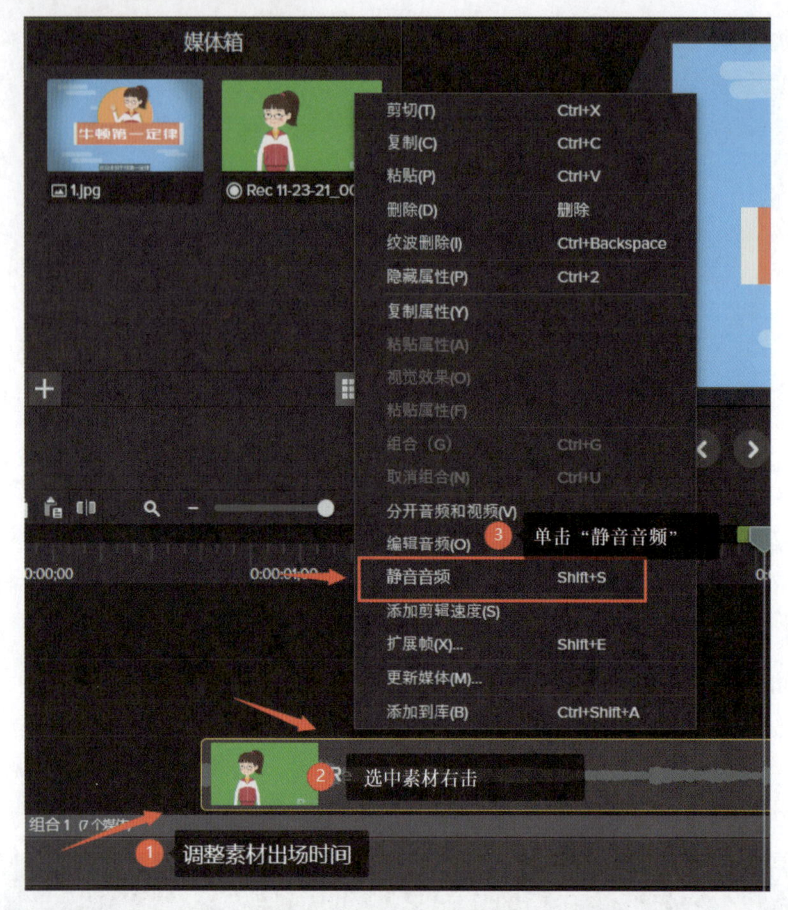

图 5-3-42 调整素材位置与静音音频操作

图 5-3-43 处理动画人物素材

(12) 去掉动画人物背景。在 Camtasia 的左侧菜单栏中，选择“更多”，找到“视觉效果”单击进入，在“视觉效果”的预制效果区选中“移出颜色”效果，按住鼠标左键不放，拖拽“移出颜色”效果到画布的“人物”素材上，如图 5-3-44 和图 5-3-45 所示。

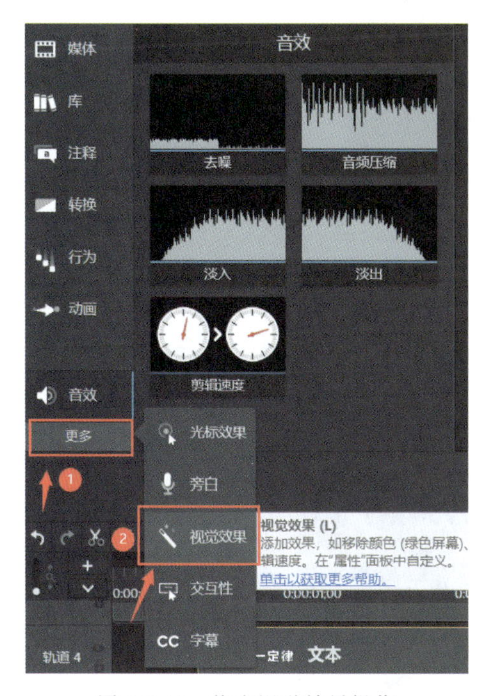

图 5-3-44 找出视觉效果操作

图 5-3-45 移出颜色操作

人物素材添加“移除颜色”效果后，在右侧的“属性”菜单栏的“移除颜色”的属性下，单击颜色色块 ，弹出的颜色界面，选择颜色吸管工具 ，点选画布上的动画人物素材的背景颜色，即可去掉素材上的背景色，如图 5-3-46 所示。

移除人物素材的背景色，如果人物素材的边缘仍然残留背景色，可以调整右侧属性栏中的容差，调整到 37%，或者根据实际情况调整其他参数，直到素材完全去掉背景色边缘，如图 5-3-47 所示。

(13) 给人物动画素材添加阴影和背景。在“视觉效果”的预制效果区选中“阴影”效果，按住鼠标左键不放，拖拽“阴影”效果到画布的人物素材上，以便让动画人物与背景色区别开来。如图 5-3-48 所示。

为了让画面更丰富，同时使动画人物更好地与蓝色背景色区别开来，我们给动画人物添加一个橘色背景作为修饰。单击右侧菜单栏的“注释”，单击上方的“形状”选项卡，往下拉找到圆形形状，双击添加到画布上，修改圆形的颜色为“#FBA655”，调整圆形的大小，

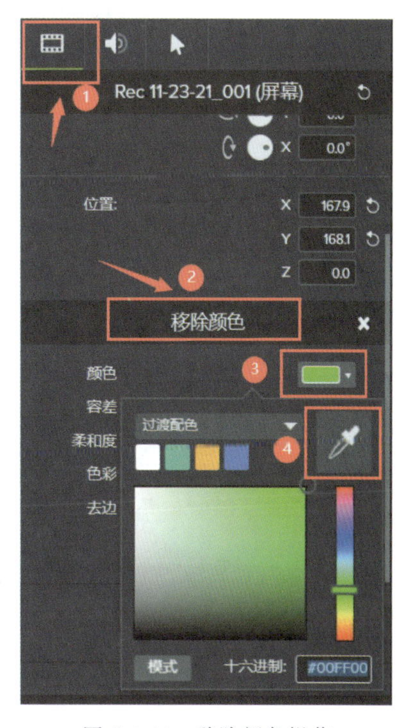

图 5-3-46 移除颜色操作

直至可以覆盖整个动画人物，如图 5-3-49 所示。

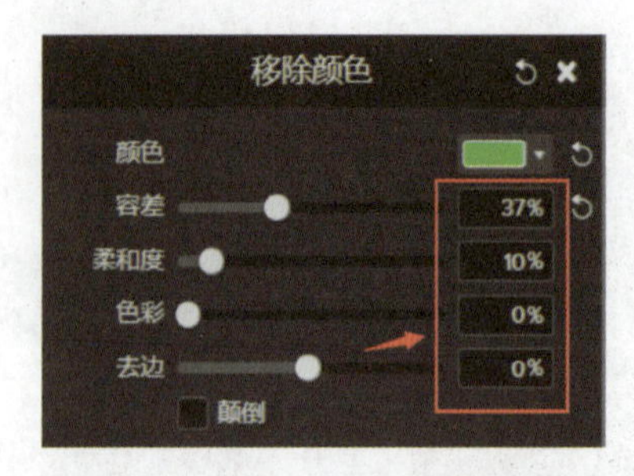

图 5-3-47　移除颜色的属性参数设置

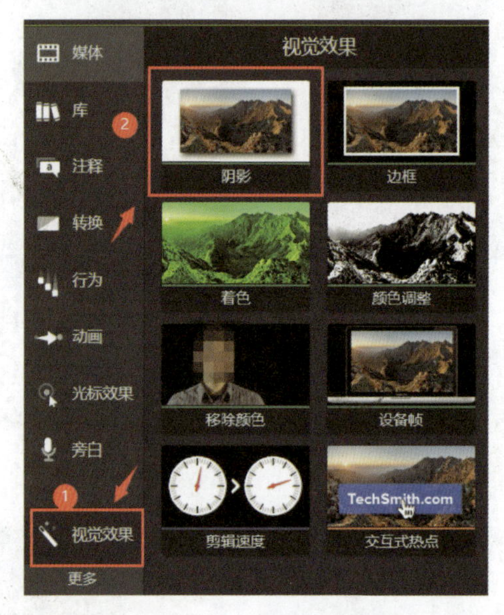

图 5-3-48　添加“阴影”效果操作

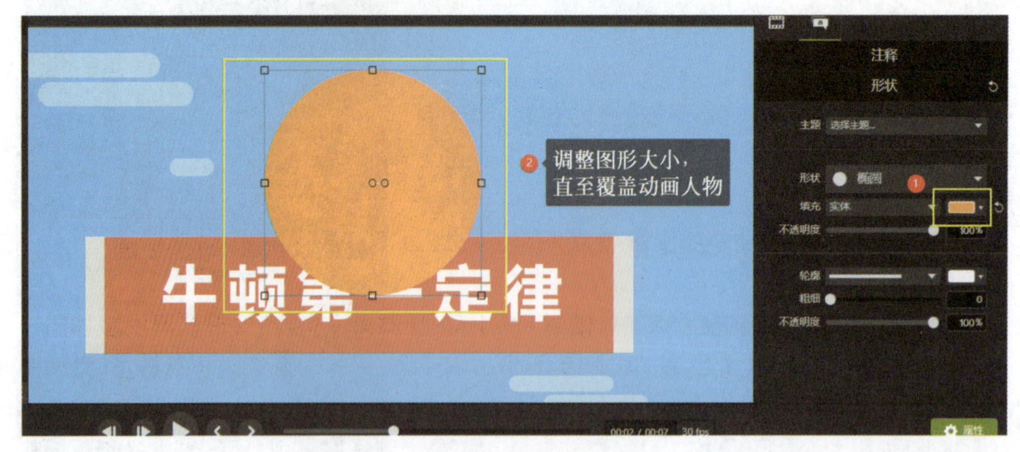

图 5-3-49　添加圆形背景

调整背景圆形到橘色人物后。选中背景圆形右击，选择“排列”，继续选择“发送以返回”，此时画布上的圆形会消失不见。这是因为“发送以返回”的效果就等于排列中“置于底层”效果，因此圆形不是不见了，只是被蓝色背景覆盖遮挡住了。此时需要继续选择画布上的蓝色背景圆形，重复前面排列的步骤，右击，选择“排列”，继续选择“发送以返回”，就可以看到橙色背景圆形显示出来。如图 5-3-50、图 5-3-51 所示。

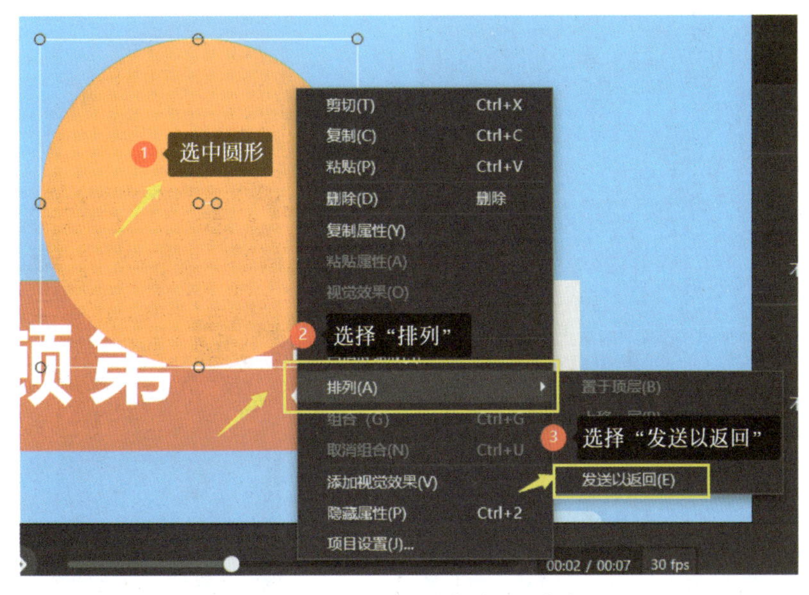

图 5-3-50 调整圆形背景显示次序

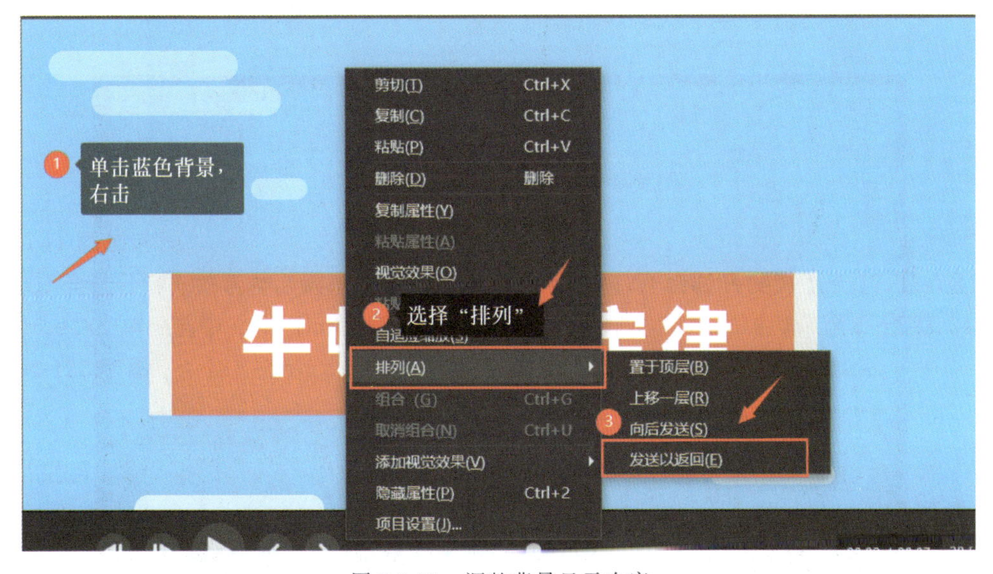

图 5-3-51 调整背景显示次序

(14) 给人物素材和橙色背景添加动画。选中时间轴上的人物和橙色圆形素材，在“行为”的预制效果区选中“弹出”效果，按住鼠标左键不放，拖拽“弹出”效果到时间轴选中的素材上，即可添加上“弹出”效果。在属性面板，设置“期间”动画为“无”。如图 5-3-52 和图 5-3-53 所示。

此时，动感文字微课片头已完成制作，可以把时间轴的播放头固定在 0s 处，再单击画布下方的播放按钮▶，即可进行片头的预览，如图 5-3-54 所示。

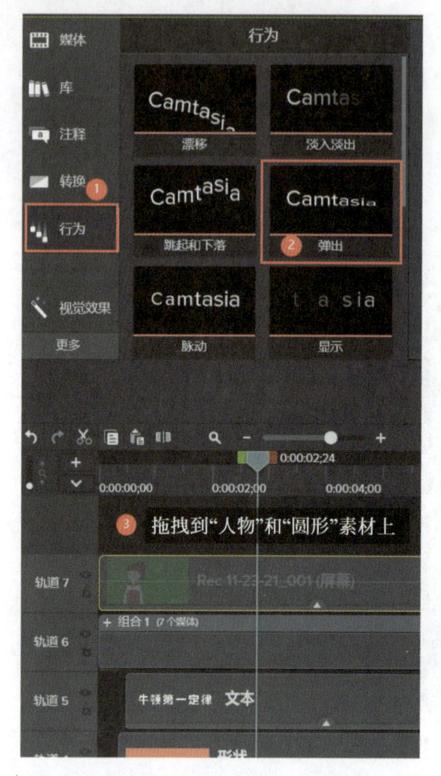

图 5-3-52 添加"弹出"效果

图 5-3-53 设置"弹出"效果期间动画

图 5-3-54 预览动画

5-3 动感文字微课片头(1)

5-4 动感文字微课片头(2)

5.4 综合实战：《Do 的用法》微课示例制作

本节是综合案例实战环节，将手把手带领读者从 0 到 1 制作微课案例。按照微课制作步骤，详细讲解微课片段的具体制作方法，帮助读者巩固用 Camtasia 2019 制作动画式微课的方法，以便让读者灵活掌握动画微课制作要点和技巧。

5.4.1 动画分析

本微课案例是关于小学英语学科中《Do 的用法》的部分内容，时间长度在 1min30s。结合教学对象，微课中的角色动画以小学生为目标进行人物设计，画面以鲜明的对比配色为主，结合流畅快速的切换，逐步呈现微课程内容。

本实例所创建的动画总的来说由 6 个部分组成，表 5-4-1 是《Do 的用法》微课的动画分镜头，分镜头是最终成片的预览小样。案例成功的关键就在于每个分镜头的场景设计与动画人物设计，这也是案例的难点部分。

表 5-4-1 《Do 的用法》微课的动画分镜头

分镜	时间	内　　容	脚　　本	画　　面
一	6s	画面中上方展示课程名称，开启背景音乐，画面以动画人物出场做简单修饰	题目：《Do 的用法》	
二	21s	添加转场，切换画面至教室场景，表现人物问答效果，左侧用文字注释形式 转场：歌曲视频引入，加强知识点理解	学生：老师，我真的真的很爱你！ 老师：表白好肉麻，写张英文贺卡如何？ 学生：那么，强烈的情感，英文如何表达呢？ 老师：别急，咱们先听听这首熟悉的歌。注意歌词里的强调	
	30s			

续表

分镜	时间	内　容	脚　本	画　面
三	10s	添加转场，修改背景颜色，由画面左侧引入“教师”动画人物角色，围绕知识点讲解	老师：歌曲里的 I do do will 表达的就是，我真的真的感觉 学生：Do do 就是真的真的，表示强调的意思	
四	10s	添加转场，切换画面室外下雨场景，表现人物提问和答疑效果，左侧用文字注释形式写出问题	学生：it is raining 下雨了 教师：do be careful with you shoes. 一定要小心你的鞋子	
五	7s	添加转场，修改背景颜色，全屏展示知识点内容。使用 3 个圆形，突出关键知识点	教师：这里位于 be careful 前面加上强调词 do 就表示：一定要小心	
六	6s	课程总结，使用前面的教室场景，与片头做呼应	教师：同学们，咱们来总结一下今天学习的强调句式用法。 教师：你学会了吗？	

5.4.2　微课配音

在动画制作之前，必须先完成微课字幕的配音，配音定好，整个微课的节奏就基本定调了，因此完整的配音是微课动画制作成功的关键。

在本微课中，配音不打算使用真人声音，我们将采用“文字转语音”的方式，市面上有很多文字转语音的工具，但是很多配音配出来充满了机器人味，表达不自然。因此，本小节将带领大家学习配音的小技巧，轻松配出自然没有机器味道的配音。

（1）打开配音网站，把提前准备好的配音文案复制到文本区，如图 5-4-1 所示。

（2）设置配音角色。本微课设置两个声音角色，分别是学生和老师。因此对白当中，要

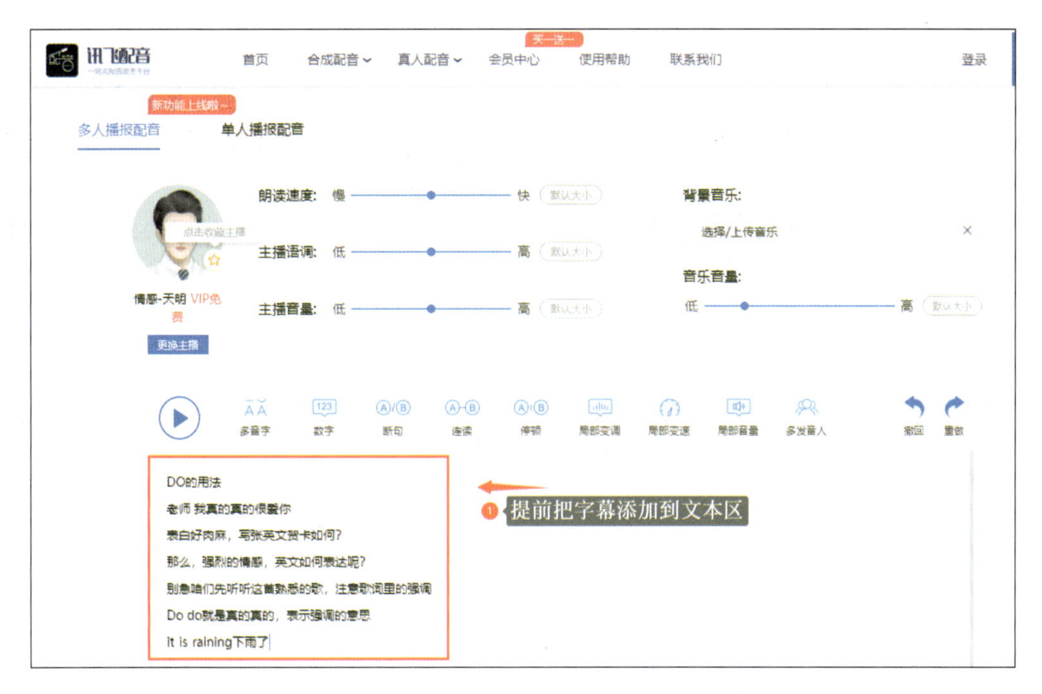

图 5-4-1　打开配音网站进行文字转语音操作

根据实际需要，设置教师和学生的对白。先在文本区选中学生角色的配音文本，选择后在文本区的上方菜单栏选择“多发音人”，如图 5-4-2 所示。

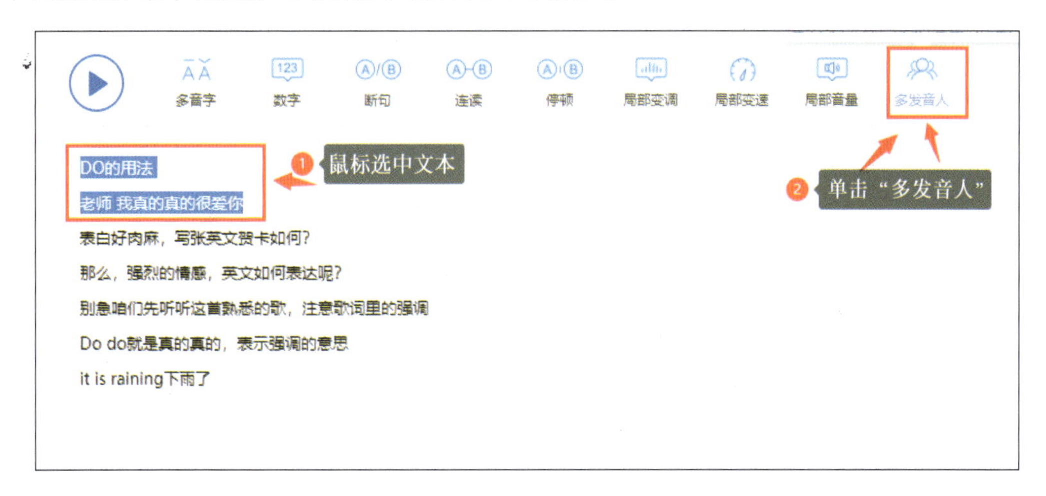

图 5-4-2　选择学生角色的配音文本

然后选择配音角色。在弹出的对话框中选择角色“小芳”，如图 5-4-3 所示。

同样的方法，回到文本区，继续选择教师角色的文本内容，单击“多发音人”，在弹出的人物框中，选择“小露”，如图 5-4-4 和图 5-4-5 所示。

按照同样的方法，以此类推，继续设置配音文本中各角色配音的内容，此处因配音文案比较长，只选取部分内容。设置好配音角色后，可以单击文本上方的播放按钮，进行配音效果预览，如图 5-4-6 所示。

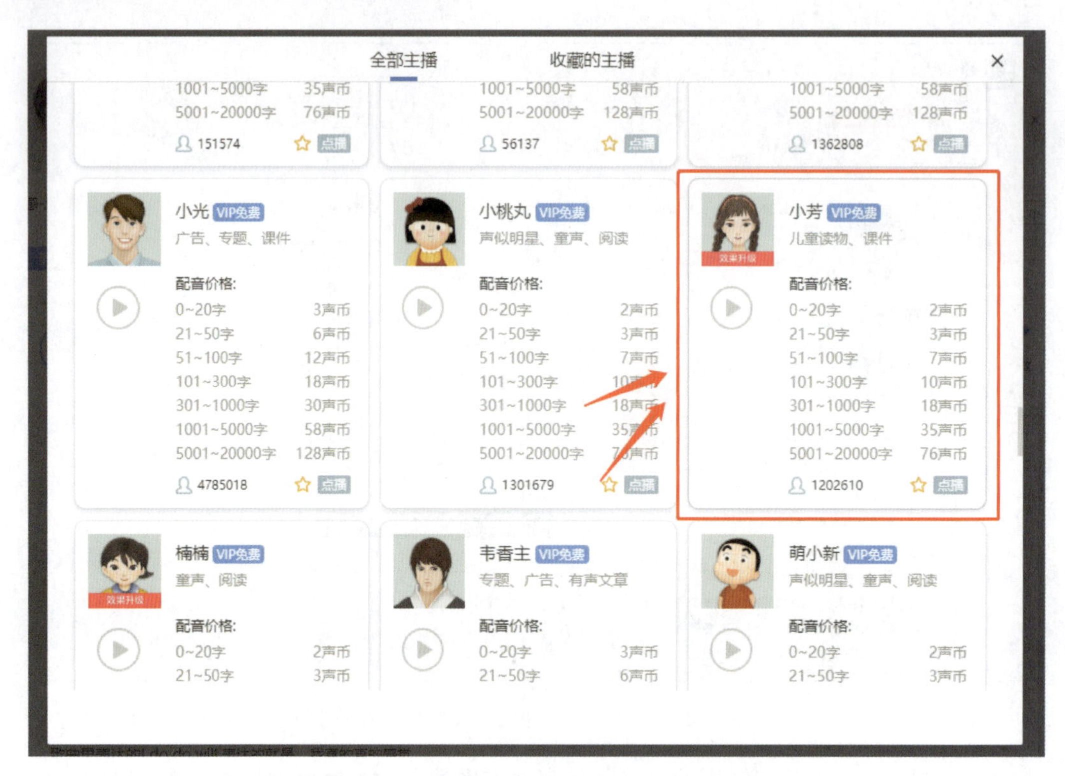

图 5-4-3 选择学生角色“小芳”音色进行配音

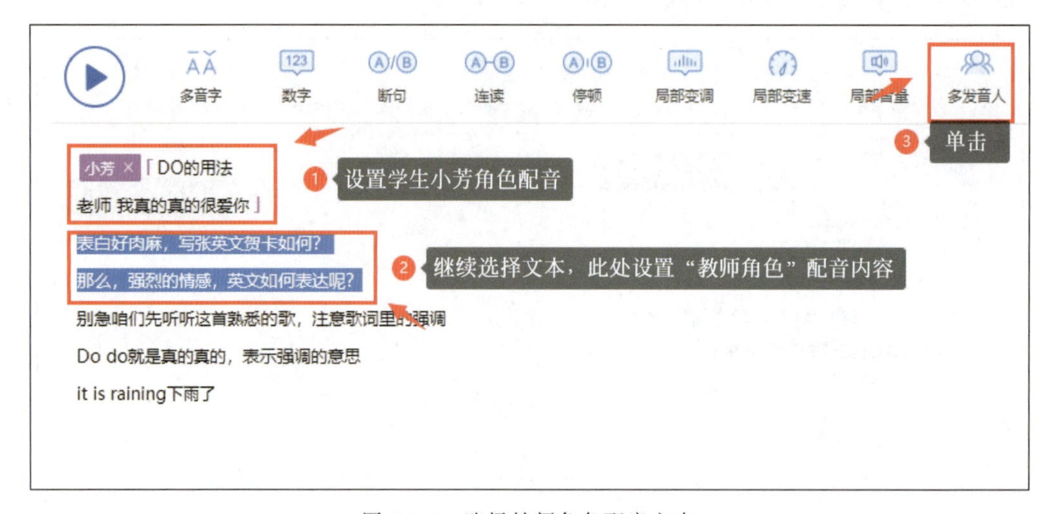

图 5-4-4 选择教师角色配音文本

通过预览得知，此时的音频会有“讯飞语音”的干扰声，这种干扰声每次出现的位置都不一样，我们的配音需要去掉这种干扰声。

接着，重点来了。打开 Camtasia 软件，单击软件上方的录制按钮 录制，进入录制界面，调整录制范围，将其固定在文本区域，单击录制按钮 rec，开始录制画面。然后单击配音网站的音频预览播放按钮 ▶，播放声音，让 Camtasia 软件把配音录制下来，如图 5-4-7 所示。

图 5-4-5　选择教师配音角色为“小露”

图 5-4-6　预览配音内容

特别需要注意的是，同样的一段文本配音，需要同时录制两次，这样就可以得到两段“相同文本”的配音，它们出现干扰声的位置不一样。接着，通过 Camtasia 剪辑，可以去掉干扰声的部分，把无干扰声部分的配音合成在一起。如图 5-4-8 所示。

(3) 导出音频。处理好音频后，选择软件右上角的“分享”按钮，在弹出的菜单中选择“自定义生成”，继续选择“新自定义生成”。在弹出的自定义界面，选择“M4A”格式，单击下一步即可生成配音，如图 5-4-9 和图 5-4-10 所示。

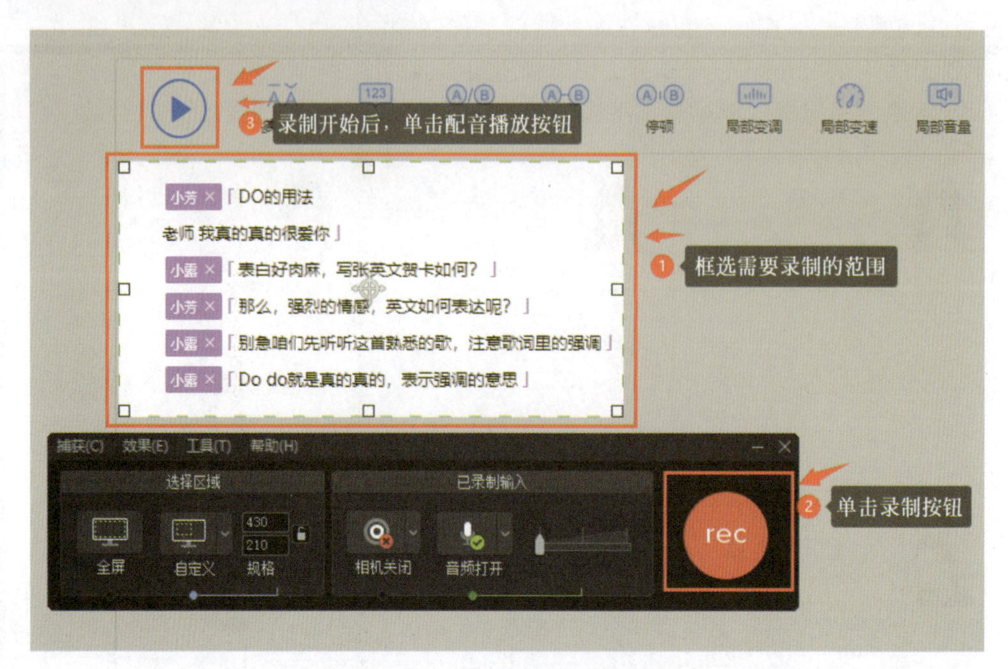

图 5-4-7　录制配音

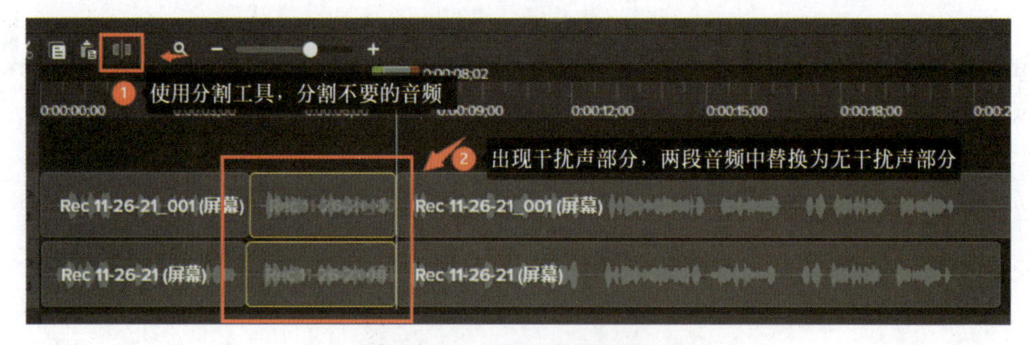

图 5-4-8　获取合并两段配音

图 5-4-9　导出音频操作

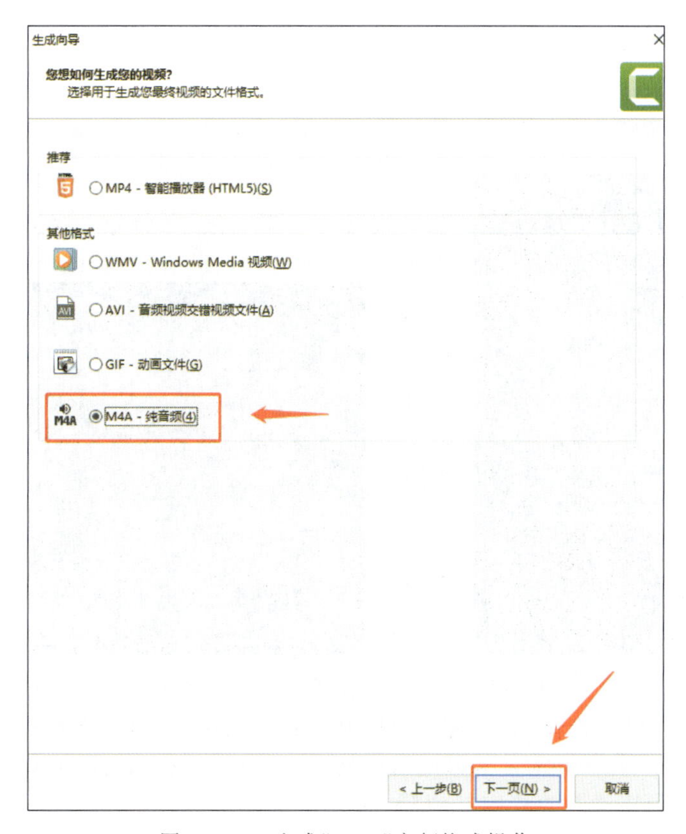

图 5-4-10　生成“M4A”音频格式操作

5.4.3　创建动画项目

如果要从零开始制作一个动画微课，在教案和分镜均已确定的前提下，剩下的只有软件操作了。软件操作的第一步便是创建项目。

(1) 启动 Camtasia 2019 软件。执行“新建项目”，也可以按快捷键 Ctrl+N，如图 5-4-11 所示。

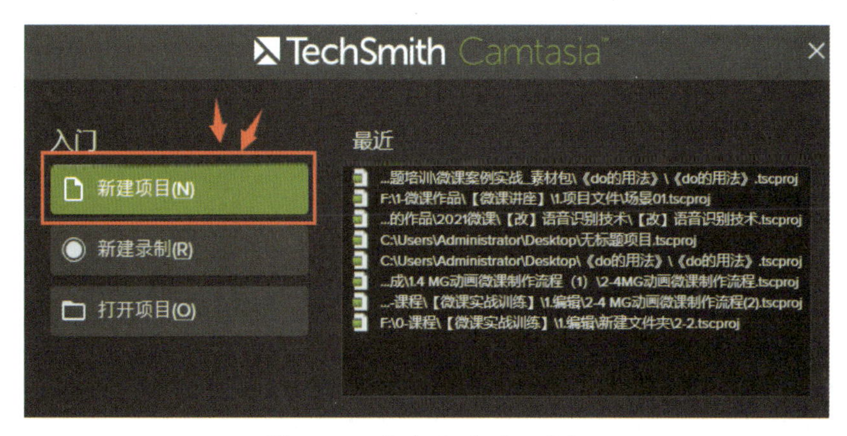

图 5-4-11　单击“新建项目”按钮

完成项目设置。打开软件后，右击画布的空白区域，在弹出的窗口中选择“项目设置”，进入项目设置界面，调整画布规格为“1080p”，帧率为“30fps”，设置后单击“应用”按钮。调整后，按下快捷键 Ctrl+S 保存项目，如图 5-4-12 和图 5-4-13 所示。

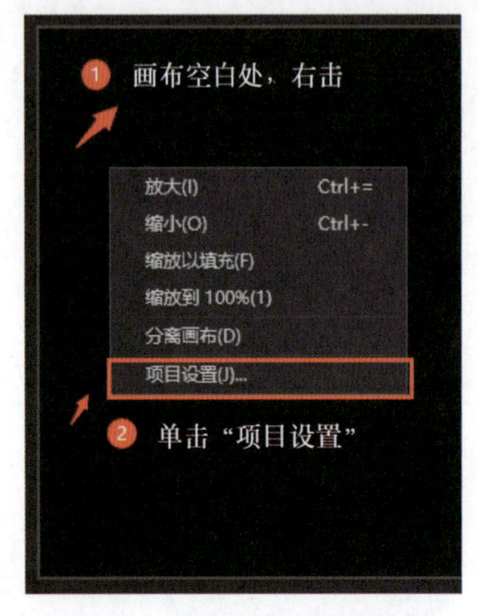

图 5-4-12 调出项目设置操作

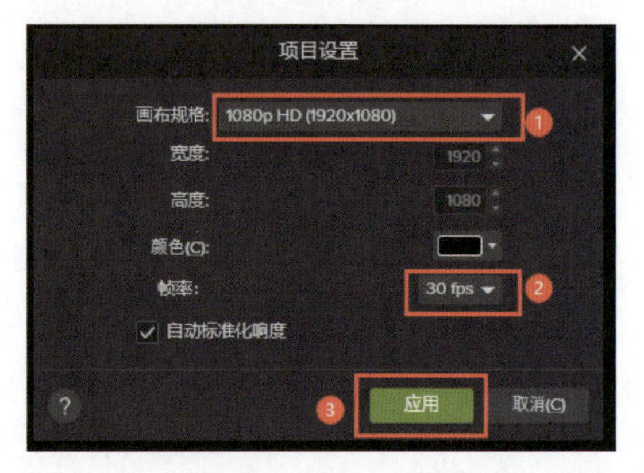

图 5-4-13 项目设置参数

(2) 导入音频。把案例微课录制好的完整的配音和背景音乐，拖到 Camtasia 软件的时间轴上，单击时间轴轨道上的锁定按钮，锁住素材轨道，以便控制整个微课节奏，不会被错误编辑，如图 5-4-14 所示。

图 5-4-14 锁定轨道素材操作

5.4.4 分镜一：微课片头制作

- **素材文件：素材\第 5 章\5.4 分镜一**

时间为 0～6s，使用醒目的图形标题和角色人物创作片头动画，让观众的视线焦点聚集在画面中央处，画面灵动活泼，如图 5-4-15 所示。

(1) 创建场景。打开素材文件夹 5.4 分镜一，把文件夹的素材拖放到 Camtasia 软件的媒体箱中，如图 5-4-16 所示。

把背景图片 1-1bg.jpg，拖到时间轴，铺满整个画布。接着拖拽图片 1-2.png 到画布上，在右侧的属性栏调整“缩放”的大小为 44%，并调整它的位置。最后拖拽 1-3.png 到画布上，属性栏调整“缩放”的大小为 122.8%，如图 5-4-17 所示。

图 5-4-15　微课片头画面

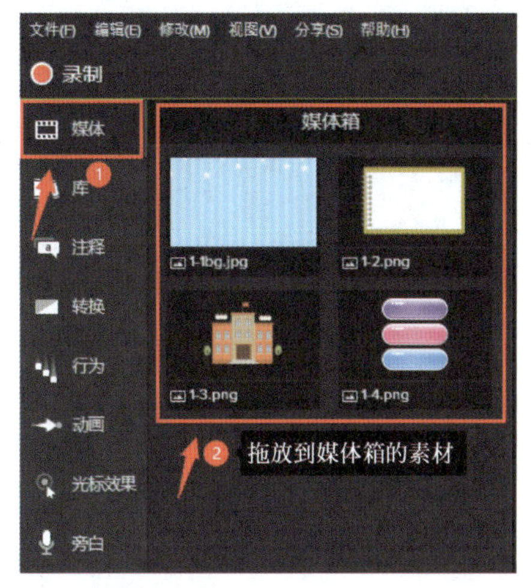

图 5-4-16　添加分镜一素材

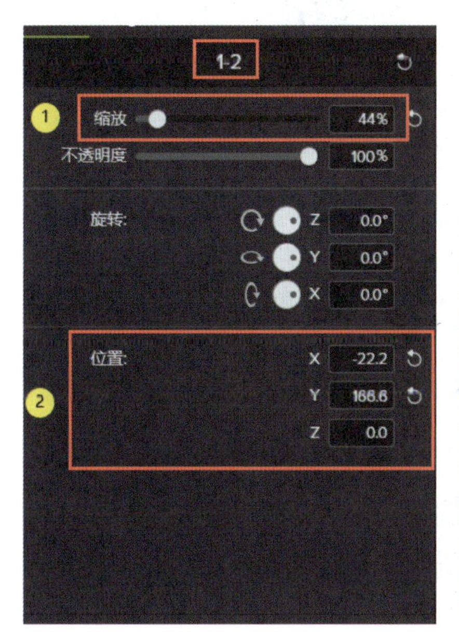

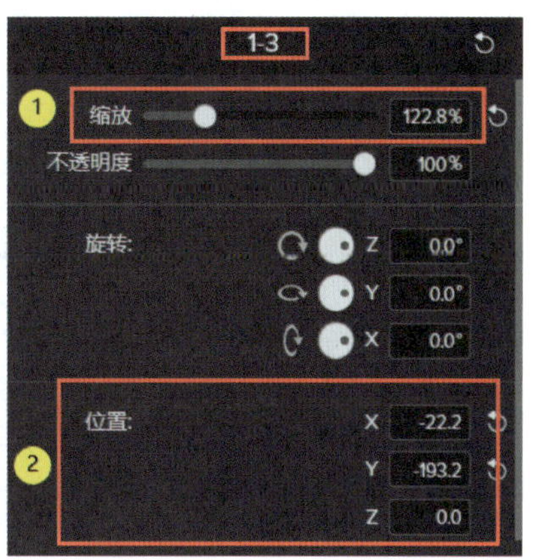

图 5-4-17　添加背景素材并设置大小位置参数

(2) 添加文字标题。在 Camtasia 左侧菜单栏选择“注释”,切换上方的“标注”选项卡,选择文字,双击即可添加文本到画布上,如图 5-4-18 所示。

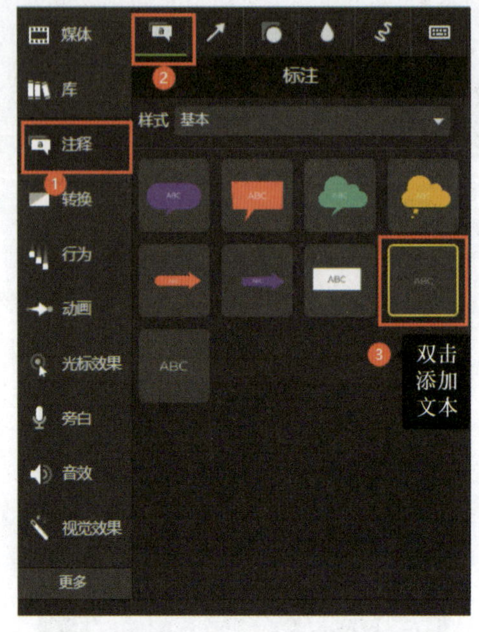

图 5-4-18　添加文字素材

在画布上选择文本,双击编辑文字内容为“Do 的用法”,在右侧的属性菜单栏调整文字样式,设置字体为“微软雅黑”“加粗”,颜色为“＃1072B9”,尺寸为 145,如图 5-4-19 和图 5-4-20 所示。

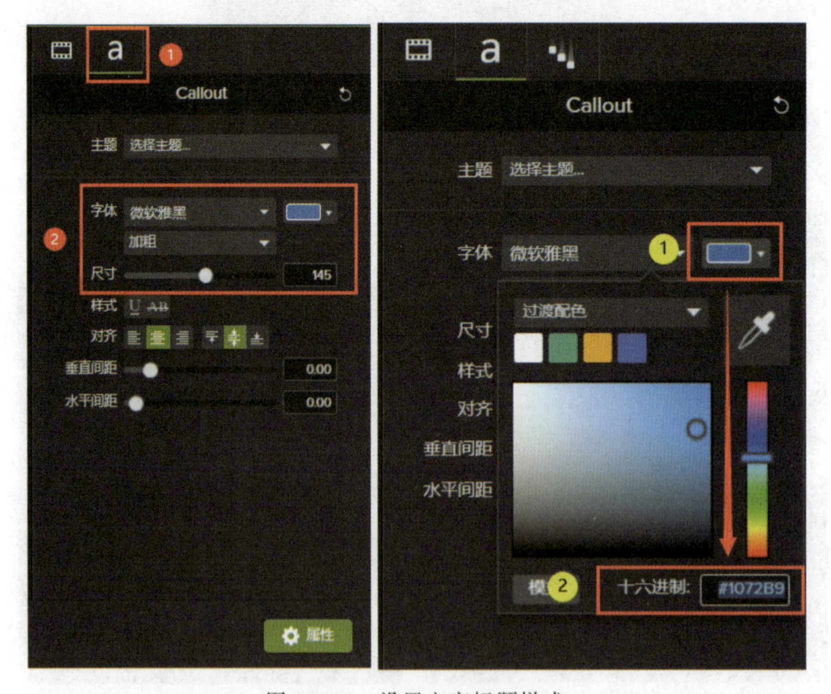

图 5-4-19　设置文字标题样式

图 5-4-20　场景预览图

（3）添加动画角色人物。在本分镜中，设计4个小学生的动画角色，以便让整个画面更加灵动有层次。如何获取动画角色人物，在前文详细介绍过，此处就不再重复了。

我们把录制获取的4个小学生动画人物素材，拖拽到画布上，并分别截取6s左右的素材时长，调整全部素材的显示时间为6s左右，并选择动画人物素材，右击，选择“静音音频”。如图5-4-21所示。

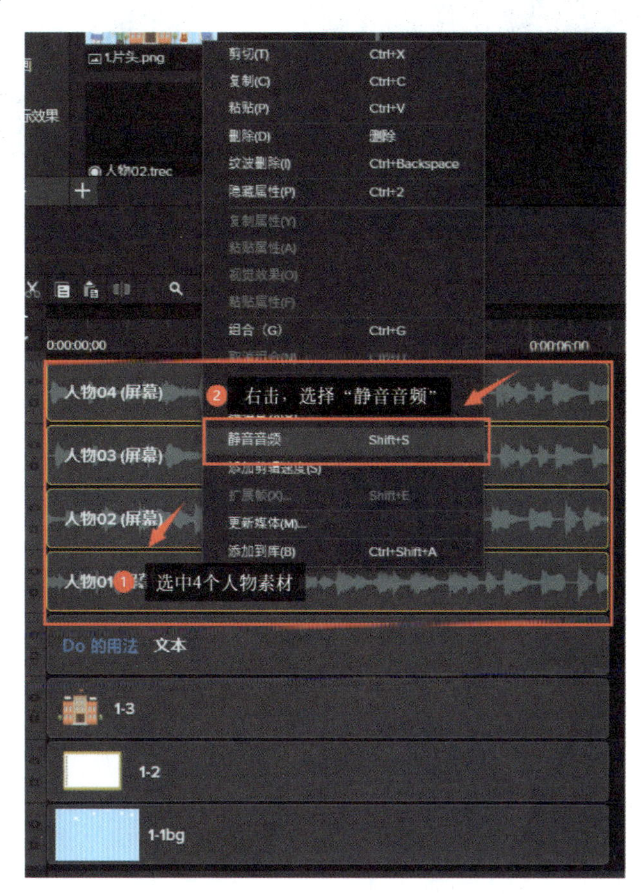

图 5-4-21　调整动画人物显示时间与静音音频

编辑动画角色人物素材。选中全部人物素材，单击左侧菜单栏的"视觉效果"，选择"阴影"效果拖放在时间轴的素材上，批量给素材添加阴影效果。接着继续选择"移除颜色"效果拖拽到素材上，在右侧的属性栏，单击颜色按钮，选择吸管工具，吸取人物素材的背景色，即可批量去掉全部人物素材的背景颜色，如图 5-4-22 和 5-4-23 所示。

图 5-4-22 处理人物素材操作

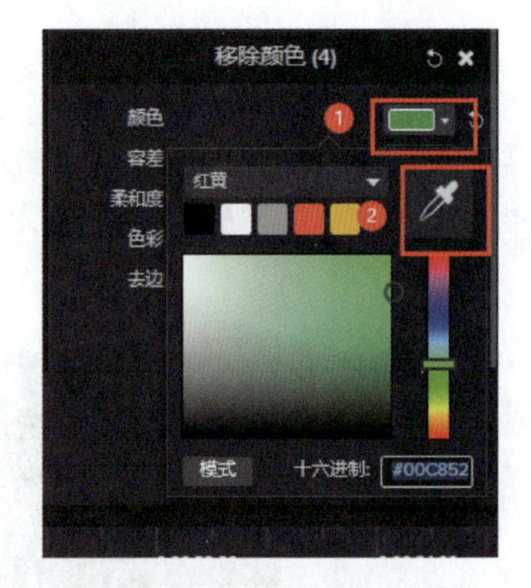

图 5-4-23 移除背景颜色操作

(4) 给片头全部素材添加动画。

① 给人物素材添加动画。选中时间轴上的全部人物角色素材，在"行为"的预制效果区选中"弹出"效果，按住鼠标左键不放，拖拽"弹出"效果到时间轴选中的素材上，即可添加"弹出"效果。在属性面板，设置"期间"动画为"无"。如图 5-4-24 和图 5-4-25 所示。

② 给其余素材添加动画。选中时间轴上剩余的全部素材，在"行为"的预制效果区选中"缩放"效果，按住鼠标左键不放，拖拽"缩放"效果到时间轴选中的素材上，即可添加上"缩放"效果。在属性面板，设置"期间"动画为"无"。如图 5-4-26 和图 5-4-27 所示。

(5) 调整素材进场时间。制作好场景和动画，最后就剩下调整素材进场时间了。在前面的案例我们也介绍过，制作动画式微课，很少会让画面中的全部元素同时进场，我们需要给不同元素设置一个"进场"的时间差。只需要选中素材，在时间轴上拖拉就可以调整时间，但需要注意的是，全部素材的进场时间最好在 1s 内完成，如图 5-4-28 所示。

调整好后，可以单击画布上的播放按钮，进行整个片头的动画预览，以便检查动画呈现效果，如果有偏差可以继续进行微调。

(6) 整理素材轨道。到这里我们已经完成了分镜一片头的制作，观察时间轴，可以发现，时间轴的轨道数量增加了很多，而且随着我们案例的继续制作，新增的轨道会越来越多，

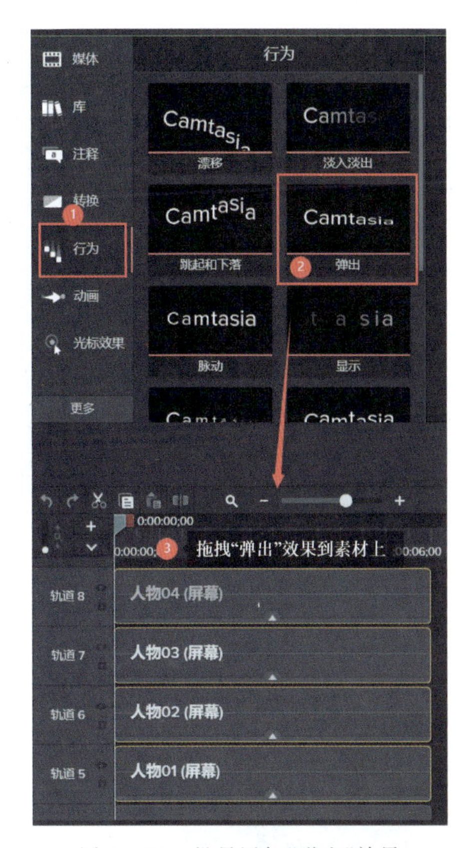

图 5-4-24　批量添加"弹出"效果

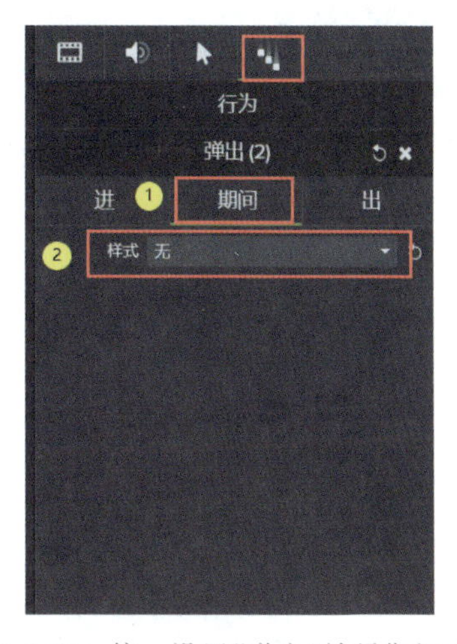

图 5-4-25　统一设置"弹出"效果期间动画

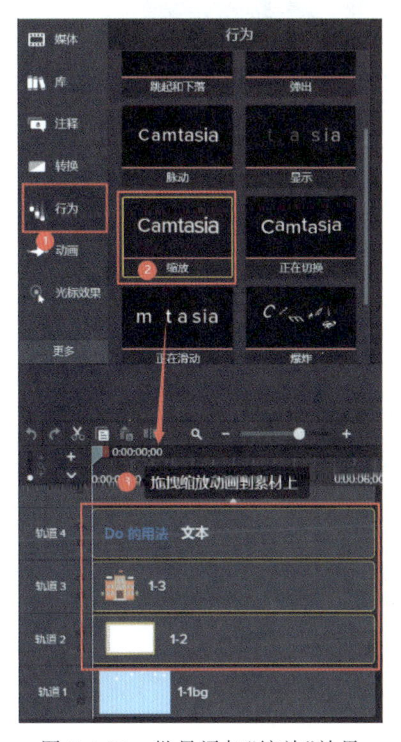

图 5-4-26　批量添加"缩放"效果

图 5-4-27　统一设置"缩放"效果期间动画

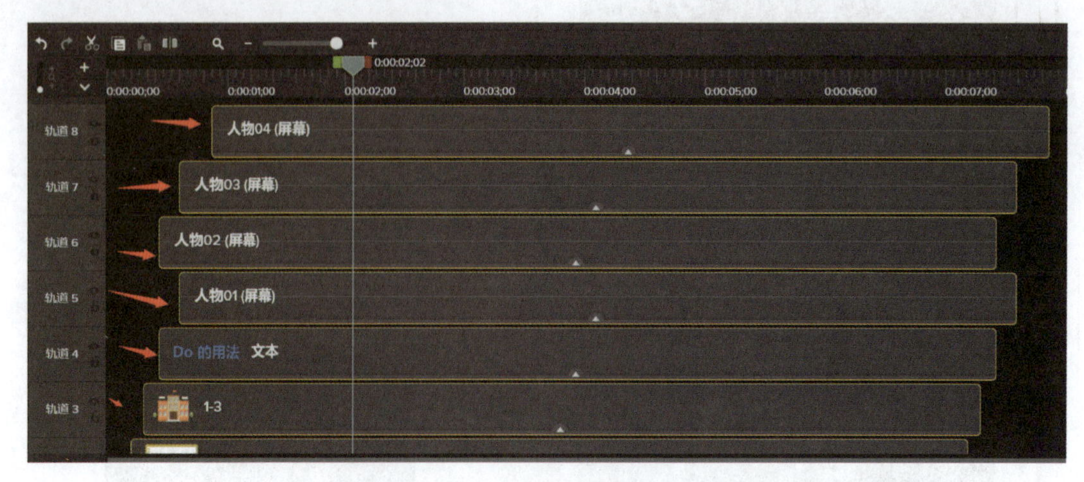

图 5-4-28 统一调整素材的进场时间

轨道数量太多,不好管理素材,会影响后面的制作效果。因此,每完成一个分镜内容,我们需要整理一下轨道内容。

选择轨道上全部分镜一的素材,右击,在弹出的界面中,单击“组合”或者按下快捷键 Ctrl+G,即可把全部分镜一的素材汇总在一个“轨道”,我们称之为“组”,双击“组”,就可以展开组内的素材,继续编辑,如图 5-4-29 和图 5-4-30 所示。

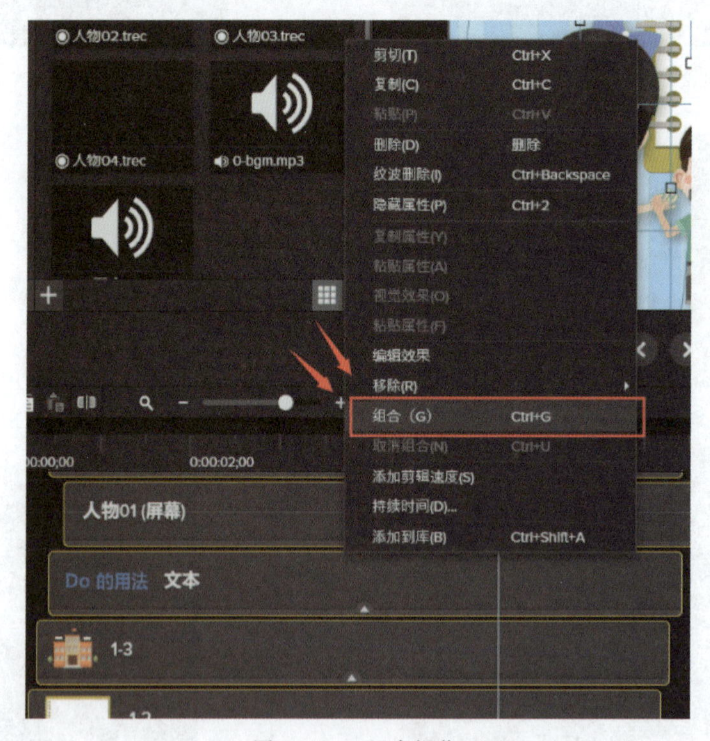

图 5-4-29 组合操作

把素材组合后,单击时间轴轨道上的锁定按钮🔒,锁住素材轨道,以便使编辑好的分镜一内容不会被错误编辑,如图 5-4-31 所示。

图 5-4-30　展开“组合”操作

图 5-4-31　锁定分镜一素材组操作

5-5　综合实战：《Do 的用法》微课分镜一

5.4.5　分镜二：教室场景对话制作

- **素材文件：素材\第 5 章\5.4 分镜二**

时间为 15s 左右，场景切换到教室，内容设定为“学生向老师提问，老师回答问题”。使用“学生”和“教师”角色人物创作动画，随着问题的呈现，结合配音的节奏，使用对话框呈现问题内容，如图 5-4-32 所示。

图 5-4-32　分镜二：教室场景对话制作

(1) 创建教室场景。打开素材文件夹“5.4 分镜二”,把文件夹的素材拖放到 Camtasia 软件的媒体箱中,如图 5-4-33 所示。

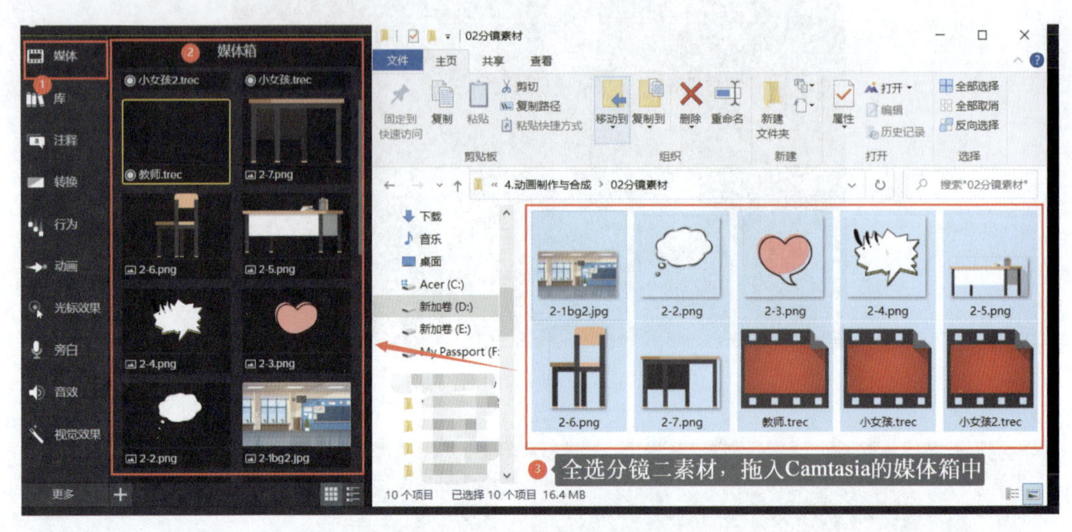

图 5-4-33　添加分镜二素材

① 把背景图片 2-1bg.jpg,拖到时间轴 7s 的位置,调整背景大小,让它铺满整个画布。接着拖拽椅子图片 2-6.png 到画布上,在右侧的属性栏调整“缩放”的大小为 34.1%,水平旋转为“180.0°”,调整位置 X 轴为－814.3,位置 Y 轴为－248.6。如图 5-4-34 所示。

② 按下快捷键 Ctrl+C 复制椅子图片 2-6.png,按下快捷键 Ctrl+V 粘贴椅子图片素材,在属性栏调整椅子素材的位置,如图 5-4-35 所示。

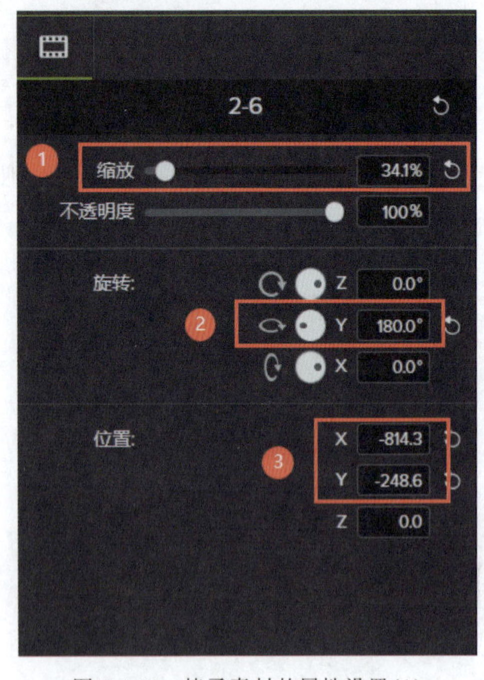

图 5-4-34　椅子素材的属性设置(1)

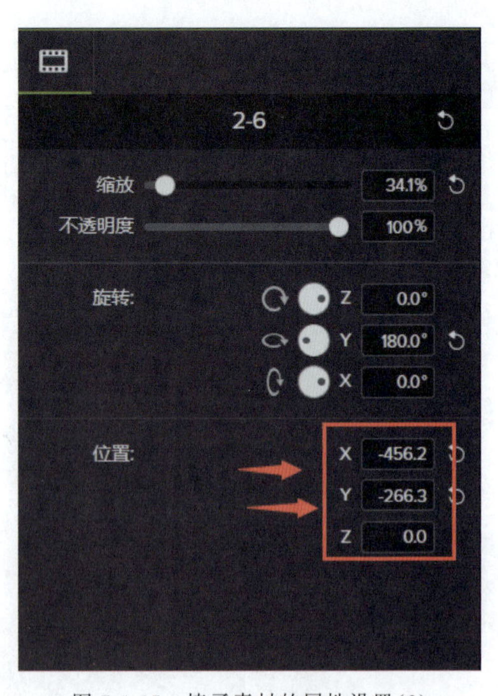

图 5-4-35　椅子素材的属性设置(2)

③ 添加桌子素材。把图片素材 2-7.png 拖到时间轴上，选中素材，在右侧的属性栏上，设置缩放为 26.9%，调整位置 X 轴为－674.8，Y 轴为－292.1，如图 5-4-36 所示。

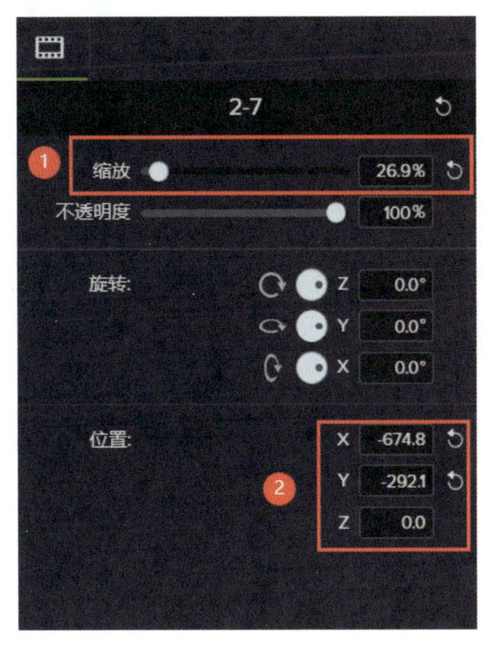

图 5-4-36　桌子 2-7.png 素材的属性设置

④ 按下快捷键 Ctrl＋C 复制桌子图片 2-7.png，按下快捷键 Ctrl＋V 粘贴桌子图片素材，在属性栏调整桌子素材的位置，如图 5-4-37 所示。

⑤ 添加教师书桌素材。把图片素材 2-5.png 拖到时间轴上，选中素材，在右侧的属性栏上，设置缩放为 24.6%，调整位置 X 轴为 524.7，Y 轴为－256.3，如图 5-4-38 所示。

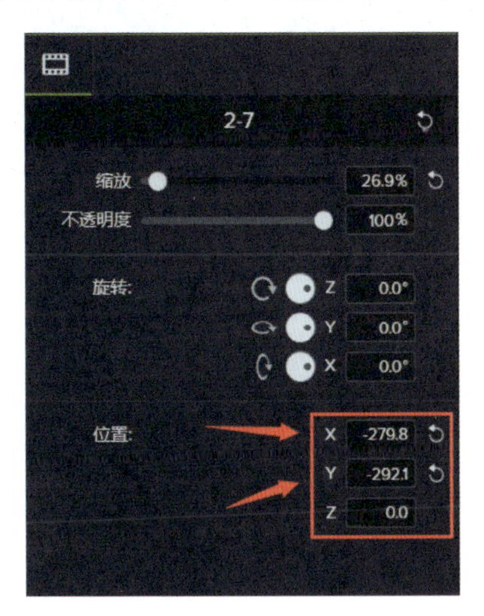

图 5-4-37　复制桌子 2-7.png 素材的属性设置

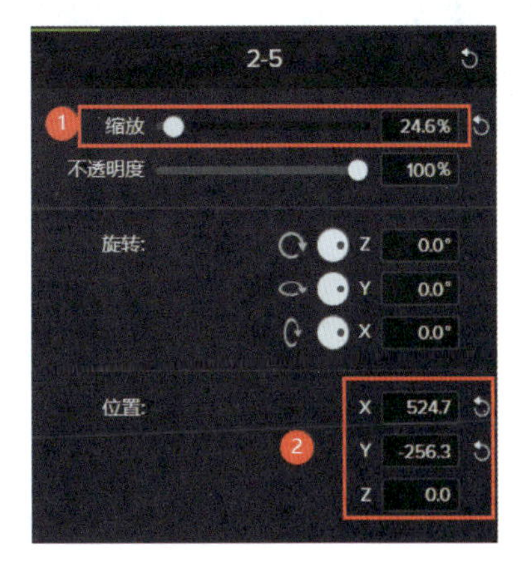

图 5-4-38　教师书桌素材的属性设置

⑥全选分镜二的全部素材，统一调整素材的显示时长，延长素材显示时间到 40s 的位置，如图 5-4-39 所示。

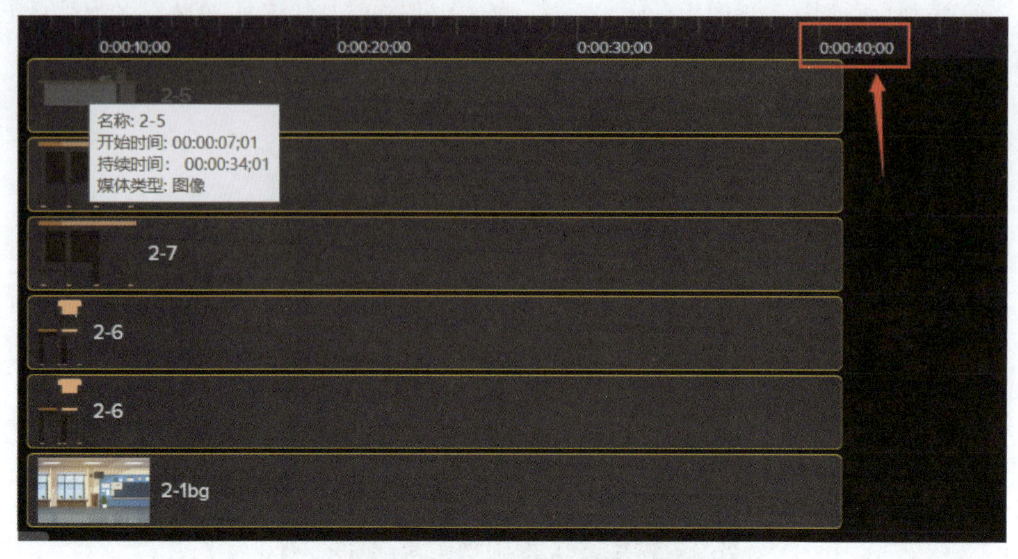

图 5-4-39　统一调整素材的显示时长

(2) 添加人物角色素材。

温馨提示：如何获取动画角色人物，在 5.3.4 节详细介绍过，此处就不再重复了。

① 调整素材的显示时间。我们把录制获取的学生和教师角色动画人物素材，拖拽到画布上，把光标固定在时间轴上素材的前端或者末端，截取素材合适的显示时长。如图 5-4-40 所示。

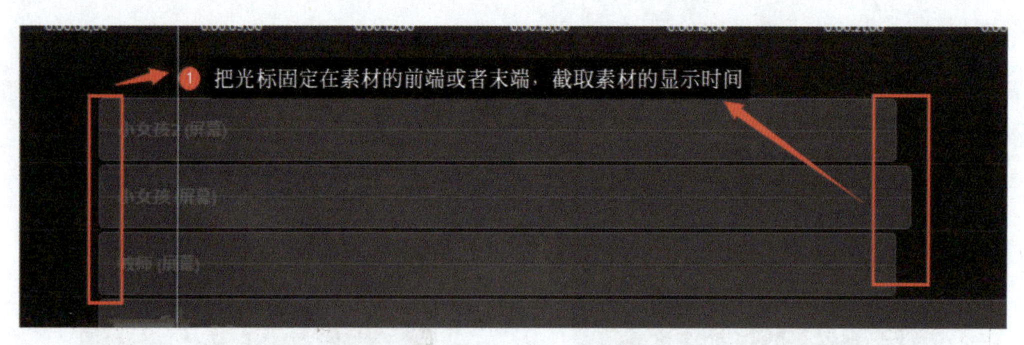

图 5-4-40　调整动画人物显示时间

②移除动画角色人物素材的背景。选中全部人物素材，单击左侧菜单栏的“视觉效果”，选择“阴影”效果拖放在时间轴的素材上，批量给素材添加阴影效果。接着继续选择“移除颜色”效果拖拽到素材上，在右侧的属性栏，单击颜色按钮，选择吸管工具，吸取人物素材的背景色，即可批量去掉全部人物素材的背景颜色，如图 5-4-41 所示。

③ 裁剪动画人物素材。选中教师角色人物素材，回到画布上，单击画布上方的裁切按钮，进入裁切状态。裁切素材，选取教师动画人物中打招呼的动作。裁切后，继续单击画布上方的选择按钮，完成裁切，如图 5-4-42 所示。

同理，选中小女孩的学生角色，单击画布上方的裁切按钮，进入裁切状态。裁切素材，选取提问动画部分画面，如图 5-4-43 所示。另外一个“小女孩 2”学生人物素材，只用于画面修饰，不作裁剪。

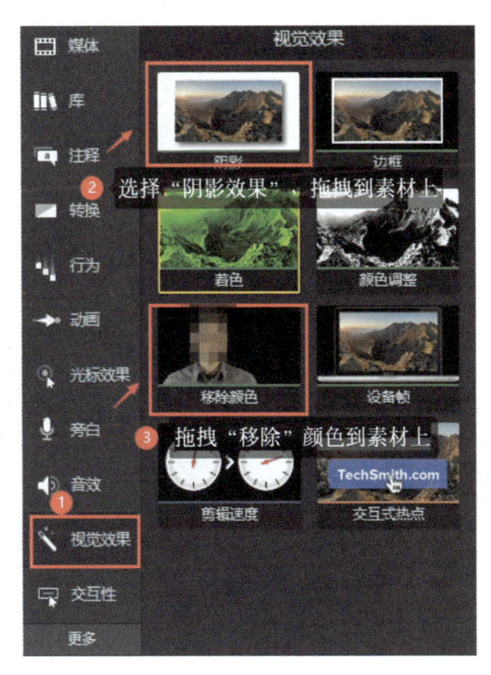

图 5-4-41　添加阴影和移除颜色操作

图 5-4-42　裁剪教师动画人物素材

④ 调整动画人物素材的大小和位置。选中教师动画人物素材，在右侧的属性面板，设置缩放为 136%，位置的 X 轴设置为 546.9；Y 轴设置为－104.7。如图 5-4-44 所示。

同理，选中学生角色素材“小女孩”，在右侧的属性面板，设置缩放为 100%，位置的 X 轴设置为－505.8；Y 轴设置为－153.3，如图 5-4-45 所示。

同理，选中学生角色素材“小女孩 2”，在右侧的属性面板，设置位置的 X 轴为－739.1，Y 轴为－170.1，如图 5-4-46 所示。

图 5-4-43　裁剪学生动画人物素材

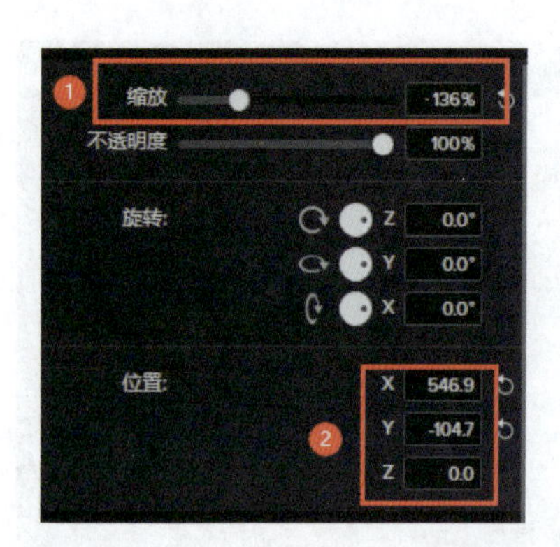

图 5-4-44　调整“教师”角色素材的大小和位置

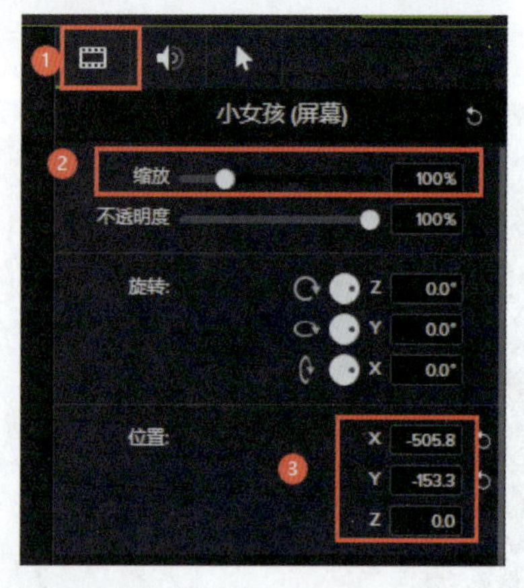

图 5-4-45　调整“小女孩”角色素材的大小和位置

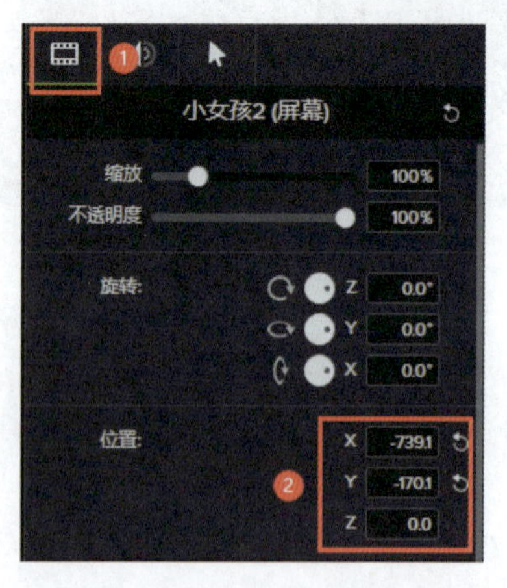

图 5-4-46　调整“小女孩 2”角色素材的大小和位置

(3) 给分镜二素材添加动画。

选中时间轴上的全部素材,在“行为”的预制效果区选中“弹出”效果,按住鼠标左键不放,拖拽“弹出”效果到时间轴选中的素材上,即可为全部素材添加上“弹出”效果。在属性面板,设置“期间”动画为“无”。如图 5-4-47 和图 5-4-48 所示。

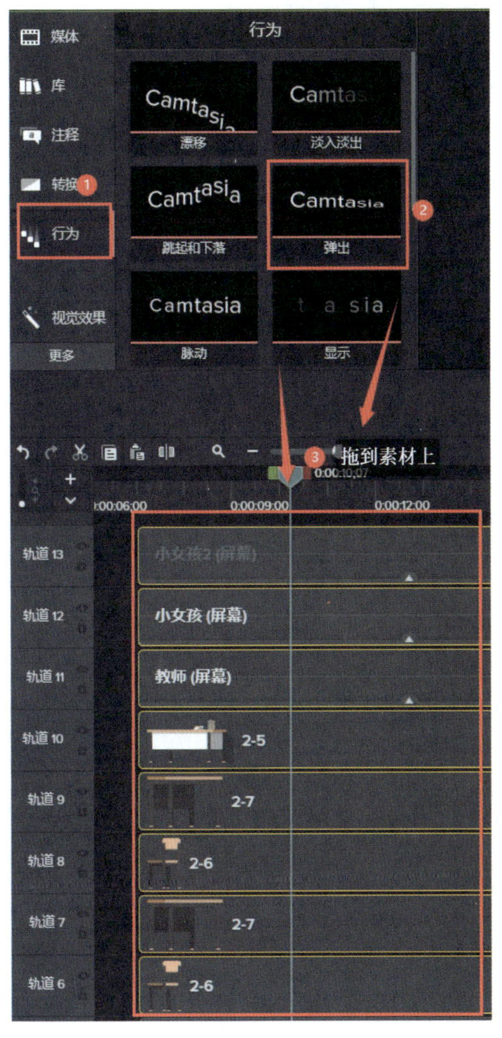

图 5-4-47 批量添加“弹出”效果

图 5-4-48 统一设置“弹出”效果期间动画

(4) 调整素材进场时间。制作好场景和动画,最后就剩下调整素材进场时间了。需要给不同元素设置一个进场的时间差。选中素材,在时间轴上拖拉就可以调整时间,但需要注意的是,全部素材的进场时间最好在 1s 内完成,如图 5-4-49 所示。

调整好后,可以单击画布上的播放按钮,进行整个片头的动画预览,以便检查动画呈现效果,如果有偏差可以继续进行微调。

(5) 整理素材排列的层次。到这里,分镜二的场景设计基本完成,但是此时观看画面可以发现,全部的人物都靠前,挡在桌子前面,这不符合常理,需要对人物素材的排列顺序做调整,应该把全部的桌子挡在人物前面。因此,在画布上选中画面的三张桌子,右击,在弹出的

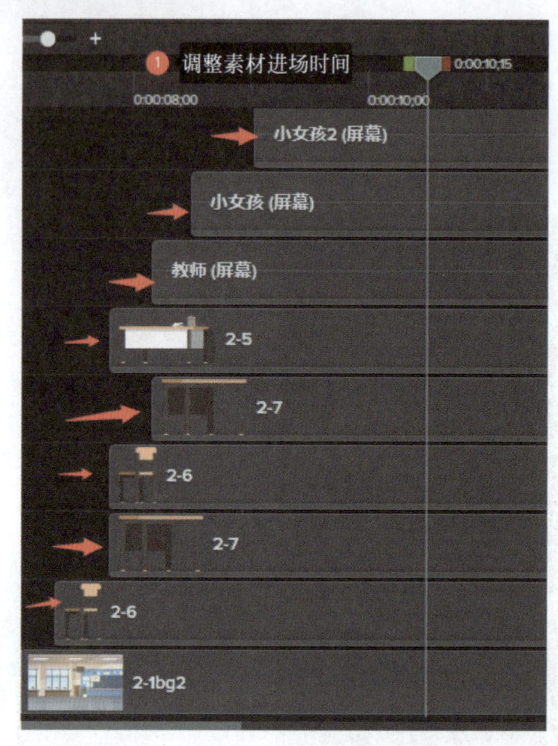

图 5-4-49　统一调整素材的进场时间

窗口中，选择"排列"，继续选择"置于顶层"。如图 5-4-50 所示。此时在时间轴的轨道上，素材轨道的排列层次也会相应地发生调整，排列到顶部。如图 5-4-51 所示。

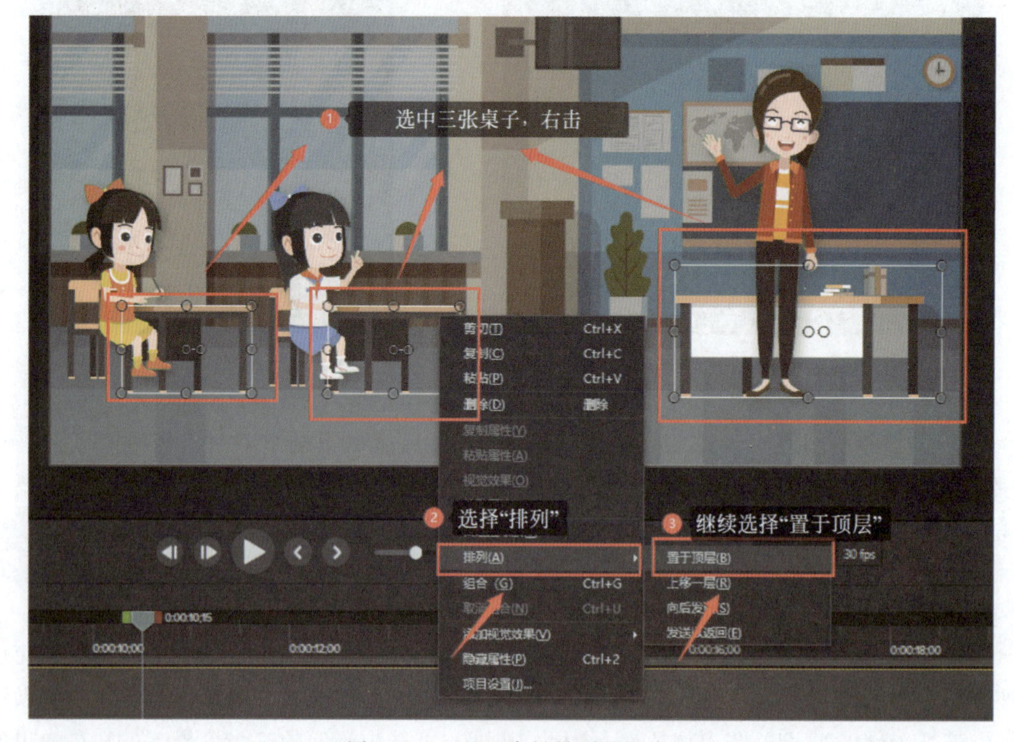

图 5-4-50　整理素材排列的层次

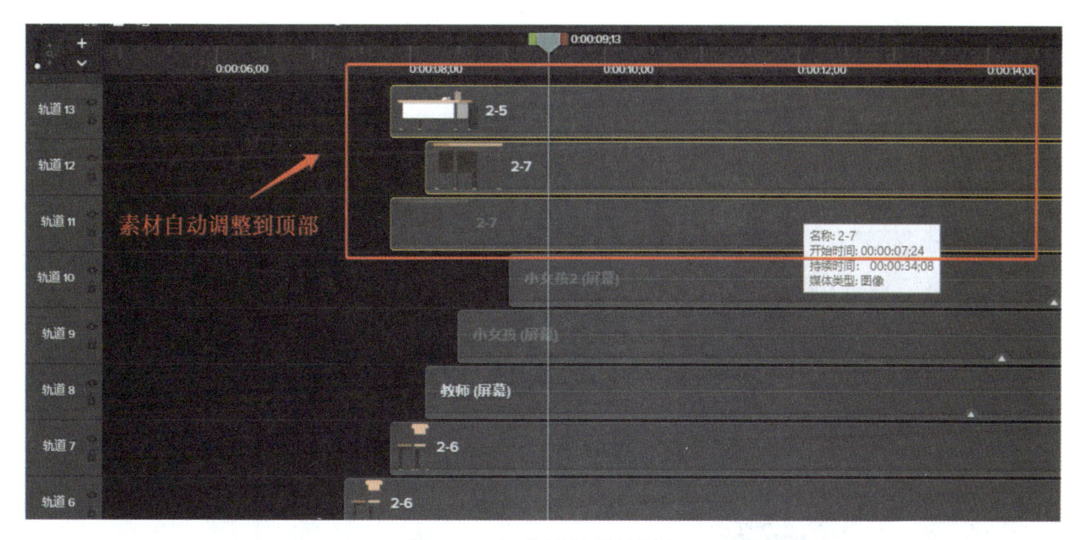

图 5-4-51　素材排列的层次

(6) 结合旁白音频,同步呈现学生提问内容。

① 把素材文件夹中的对话框素材全部拖到软件的"媒体箱"中,如图 5-4-52 所示。

② 添加对话框素材。对标旁白音频,时间轴上的播放头固定到时间点 9.12s 的位置,把对话框素材"2-2.png"拖到时间轴轨道上的该时间点上,拖动素材的末端,调整显示时间,结束时间点为 12.25s,这里的时间呈现,与旁白女孩的对白同步呈现即可,如图 5-4-53 所示。

调整对话框素材的大小和位置。在右侧的属性面板设置缩放为 34%,调整位置的 X 轴为-60.6,Y 轴为 106.7,如图 5-4-54 所示。

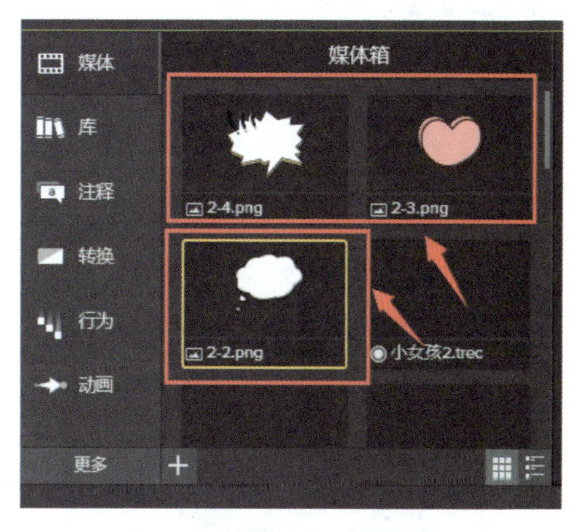

图 5-4-52　拖拽对话框素材

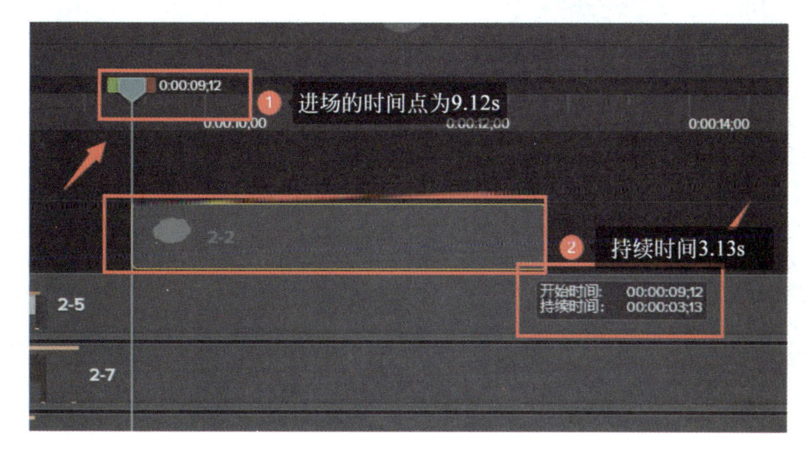

图 5-4-53　添加对话框素材

③ 添加文字标题。在 Camtasia 左侧菜单栏选择“注释”，切换上方的“标注”选项卡，选择文字，双击即可添加文本到画布上，如图 5-4-55 所示。

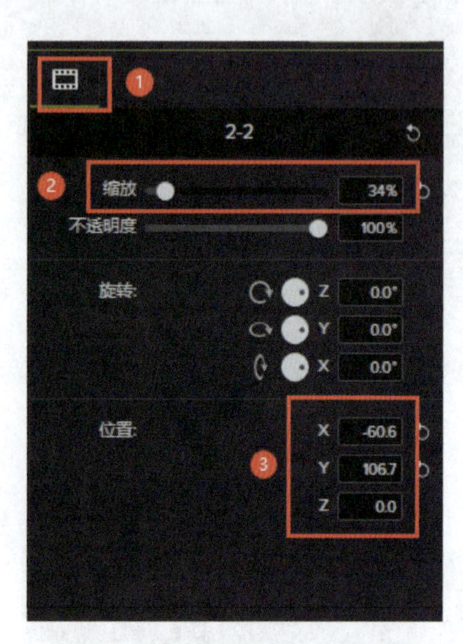

图 5-4-54　对话框的属性设置

图 5-4-55　添加文字素材

在画布上选择文本，双击编辑文字内容为“老师，我真的很爱很爱你！”，在右侧的属性菜单栏调整文字样式，设置字体为“微软雅黑”“加粗”，颜色为“白色”，尺寸为 52，如图 5-4-56 所示。继续切换到“视觉属性”选项卡，调整文字的位置，如图 5-4-57 所示。

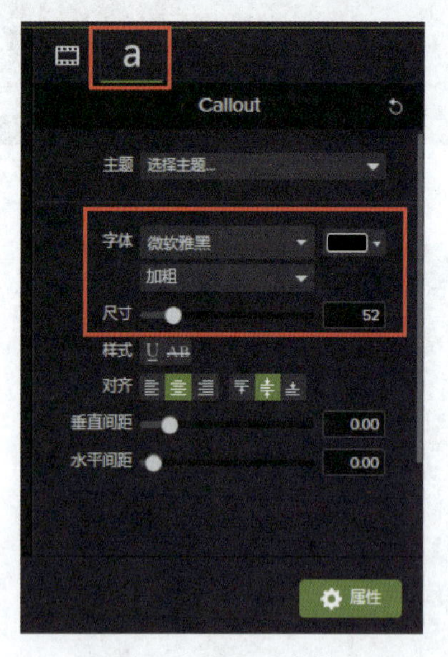

图 5-4-56　调整文字样式

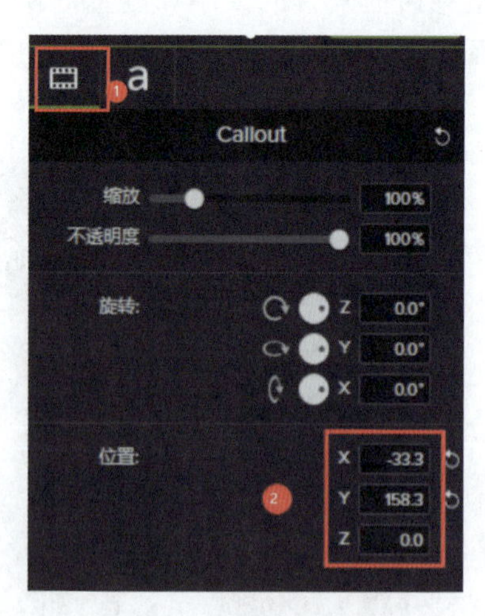

图 5-4-57　调整文字位置

在时间轴上，调整文字的显示时长，与对话框大致相同，如图 5-4-58 所示。

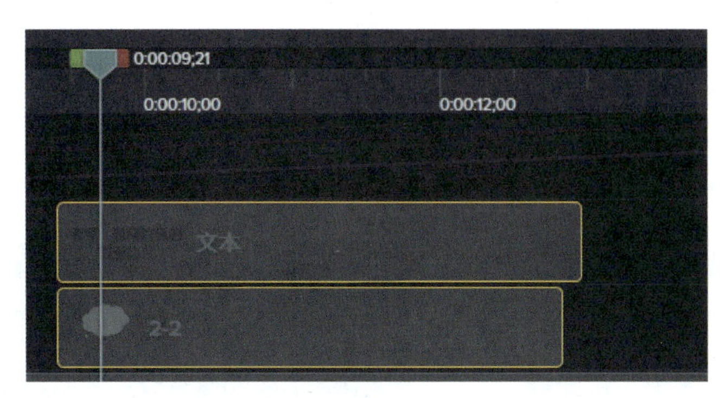

图 5-4-58 调整文字的显示时长

④ 为对话框和文本添加动画。选中对话框和文本，在“行为”的预制效果区选中“弹出”效果，按住鼠标左键不放，拖拽“弹出”效果到时间轴选中的素材上，即可为素材添加上“弹出”效果。在属性面板，设置“期间”动画为“无”。如图 5-4-59 和图 5-4-60 所示。

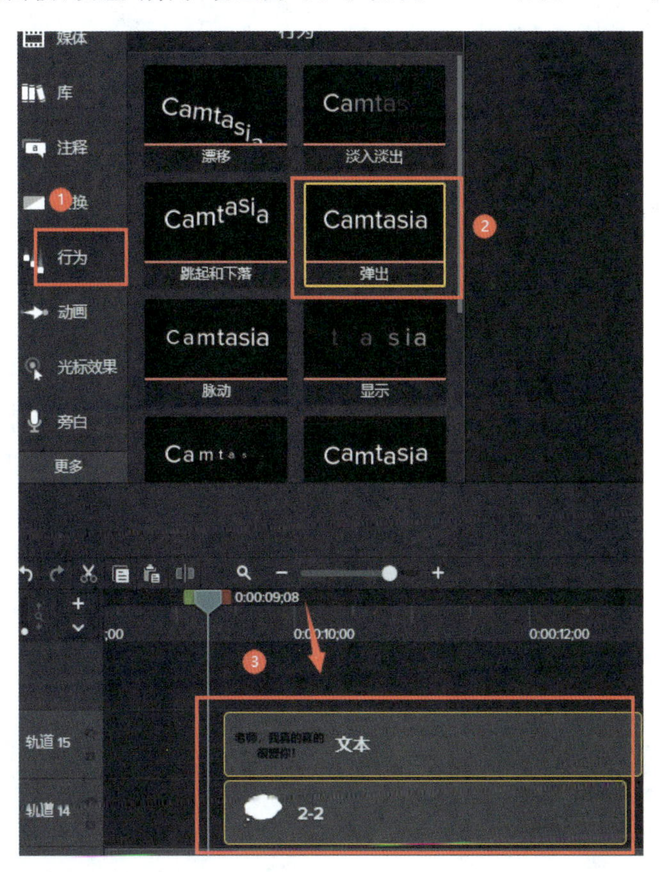

图 5-4-59 为对话框和文本添加“弹出”动画

（7）结合旁白音频，同步呈现教师回答内容。

① 添加对话框素材。对标旁白音频，将时间轴上的播放头固定到时间点 12.29s 的位置，把对话框素材“2-3.png”拖到时间轴轨道上的该时间点上，拖动素材的末端，调整显示时间，结束时间点为 16.11s，这里的时间呈现，与旁白教师角色的对白同步呈现即可，如图 5-4-61 所示。

图 5-4-60　调整期间动画为“无”

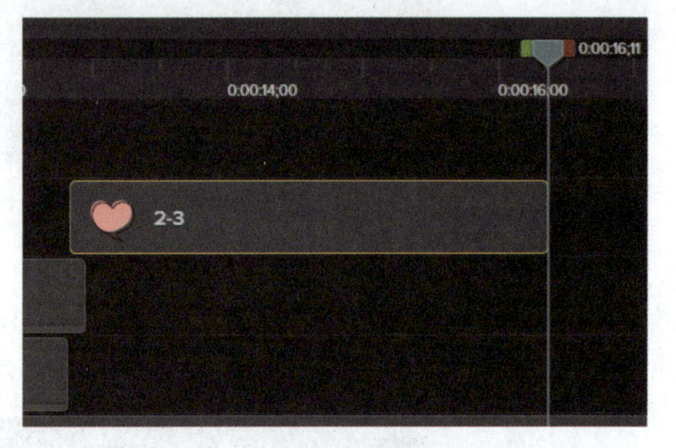

图 5-4-61　添加 2-3 对话框素材

调整对话框素材的大小和位置。在右侧的属性面板设置缩放为 85.7%，调整位置的 X 轴为 182.1，Y 轴为 203.9，如图 5-4-62 所示。

② 添加文字标题。在 Camtasia 左侧菜单栏选择“注释”，切换上方的“标注”选项卡，选择文字，双击即可添加文本到画布上，如图 5-4-63 所示。

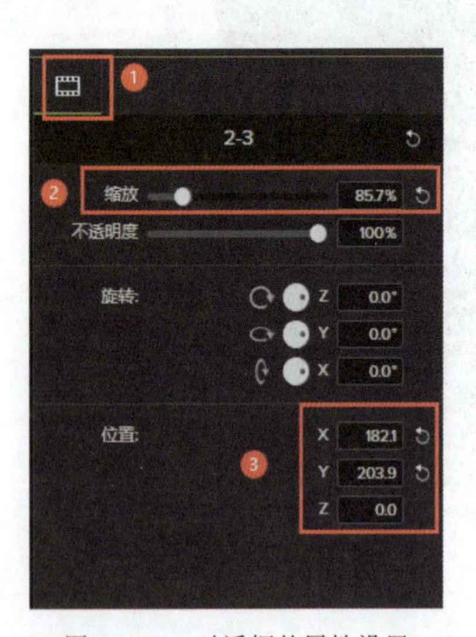

图 5-4-62　对话框的属性设置

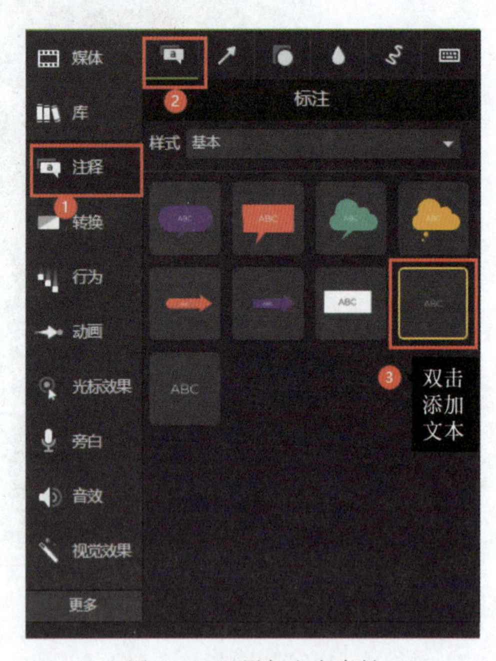

图 5-4-63　添加文字素材

在画布上选择文本，双击编辑文字内容为“表白很肉麻，写张英文贺卡如何?”，在右侧的属性菜单栏调整文字样式，设置字体为“微软雅黑”“加粗”，颜色为“白色”，尺寸为 52，如

图 5-4-64 所示。继续切换到“视觉属性”选项卡，调整文字的位置，如图 5-4-65 所示。

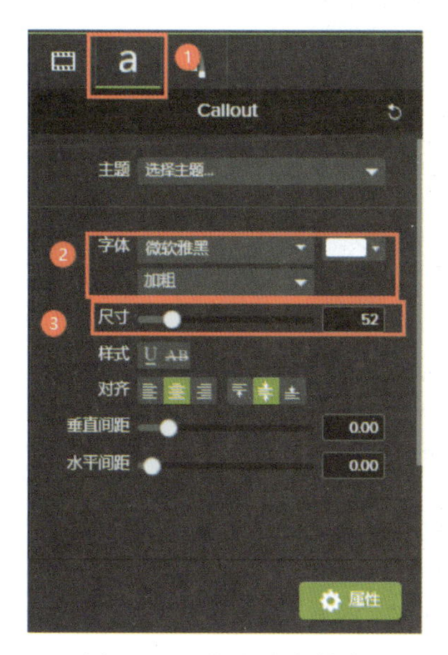

图 5-4-64 调整文字样式

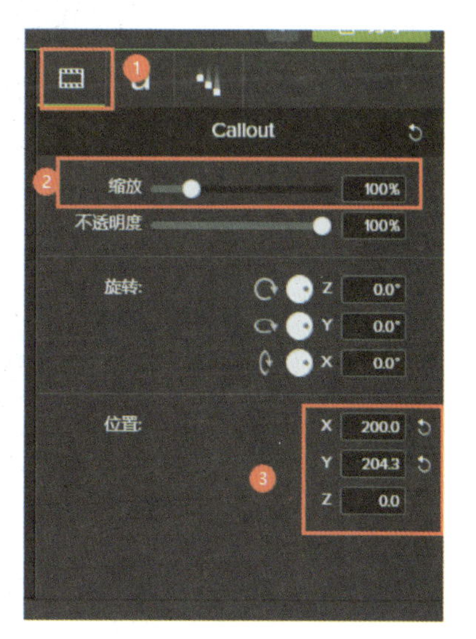

图 5-4-65 调整文字位置

在时间轴上，调整文字的显示时长，与对话框大致相同，如图 5-4-66 所示。

③ 为对话框和文本添加动画。选中对话框和文本，在“行为”的预制效果区选中“缩放”效果，按住鼠标左键不放，拖拽“缩放”效果到时间轴选中的素材上，即可为素材添加“缩放”效果。在属性面板，设置“期间”动画为“无”。如图 5-4-67 和图 5-4-68 所示。

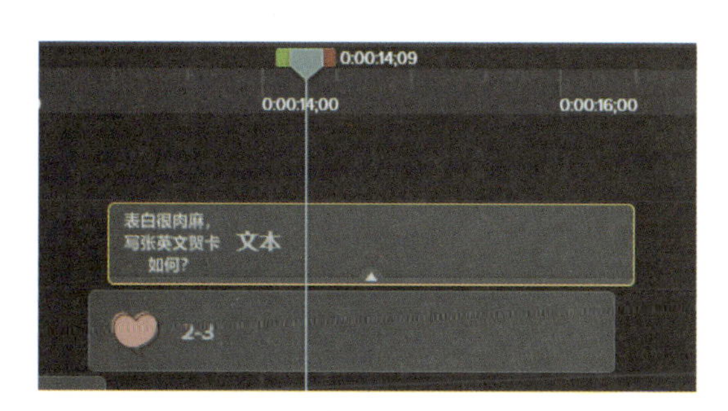

图 5-4-66 调整文字的显示时长

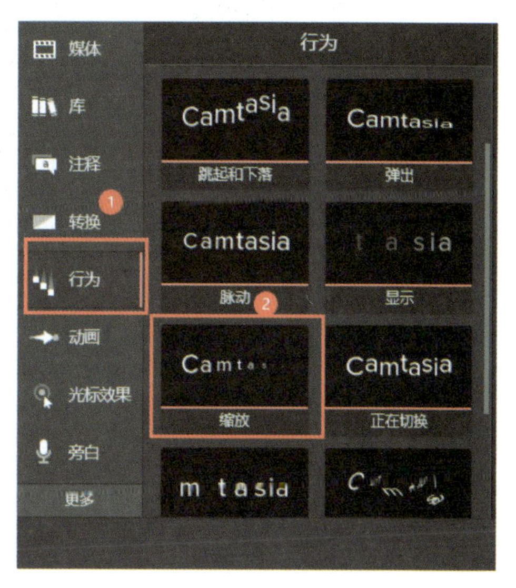

图 5-4-67 为对话框和文本添加“缩放”动画

④ 调整人物的动画状态。选中“教师”动画角色，调整播放头的时间点，移到 12.24s 的位置，按下时间轴上方菜单栏中的分割按钮，分割教师动画角色人物的素材。如图 5-4-69 所示。

图 5-4-68　调整期间动画为“无”

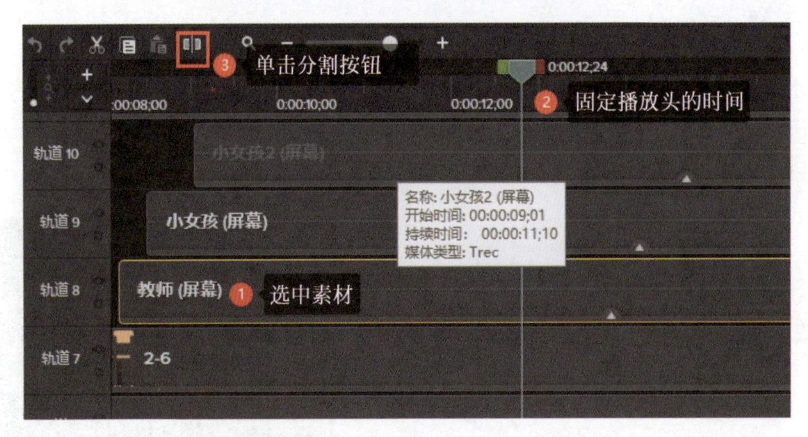

图 5-4-69　裁切教师动画人物的显示时间

分割后，选中后半段“教师”角色素材，回到画布上，单击上方的裁切工具，进入裁切状态后，调整动画角色人物显示的区域，调整显示为“讲话”动画部分，以便和旁白同步显示。如图 5-4-70 所示。

继续保持选中教师素材，调整播放头的位置，置于 16.07s 的位置，按下时间轴上方菜单栏中的分割按钮▥。分割该段“教师”动画角色人物的素材，并把后半段去掉。如图 5-4-71 所示。

定格画面。鼠标固定在素材末端，按下 Alt 键不放，拖拽素材末端，即可定格当前画面，延长当前画面显示时间，如图 5-4-72 所示。

⑤ 定格显示学生素材。选中“小女孩”学生动画角色，调整播放头的时间点，移到 12.24s 的位置，按下时间轴上方菜单栏中的分割按钮▥，分割“小女孩”学生动画角色人物的素材。如图 5-4-73 所示。

图 5-4-70　调整教师人物显示为“讲话”动画部分

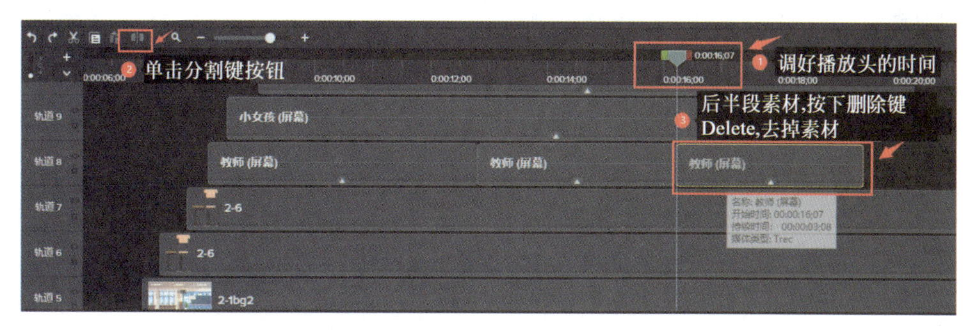

图 5-4-71　根据旁白时间点分割素材

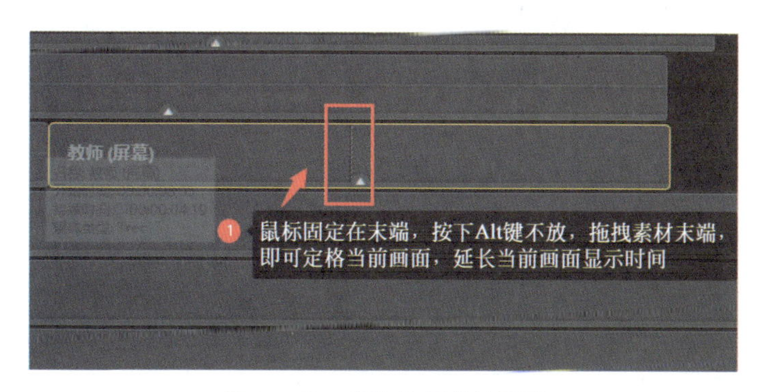

图 5-4-72　定格教师素材画面

定格画面。鼠标固定在素材末端，按下 Alt 键不放，拖拽素材末端，即可定格当前画面，延长当前画面显示时间，如图 5-4-74 所示。

延长显示画面。选中处理好的“小女孩”学生素材，按下快捷键 Ctrl+C，然后在素材末端按下粘贴快捷键 Ctrl+V，完成素材的复制达到延长显示时间的效果，如图 5-4-75 所示。

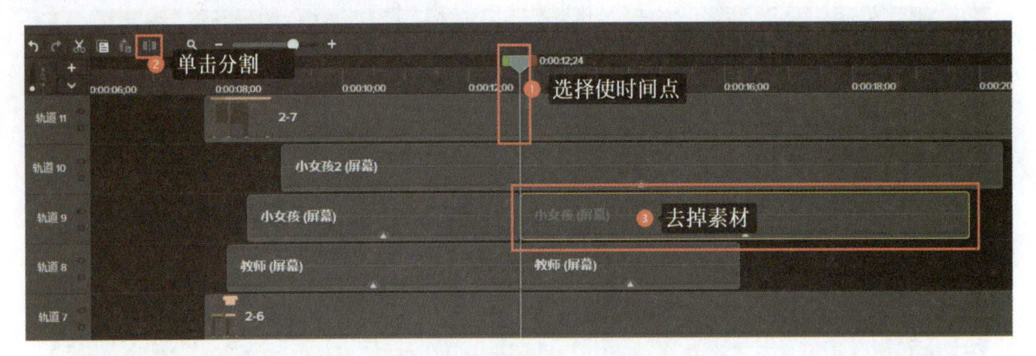

图 5-4-73　裁切学生角色动画

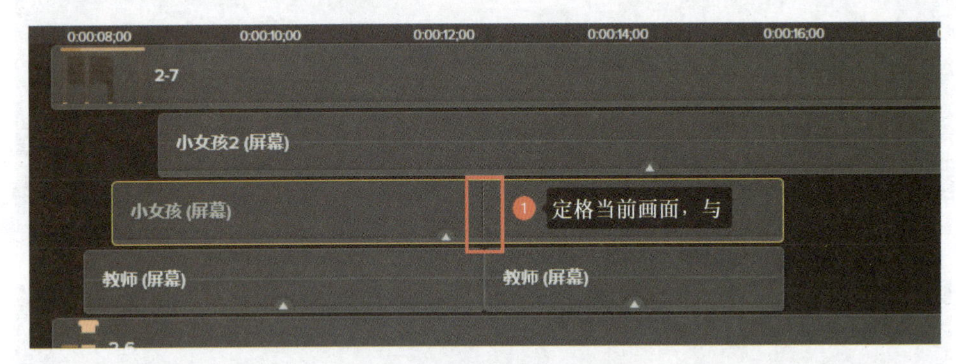

图 5-4-74　调整学生定格画面

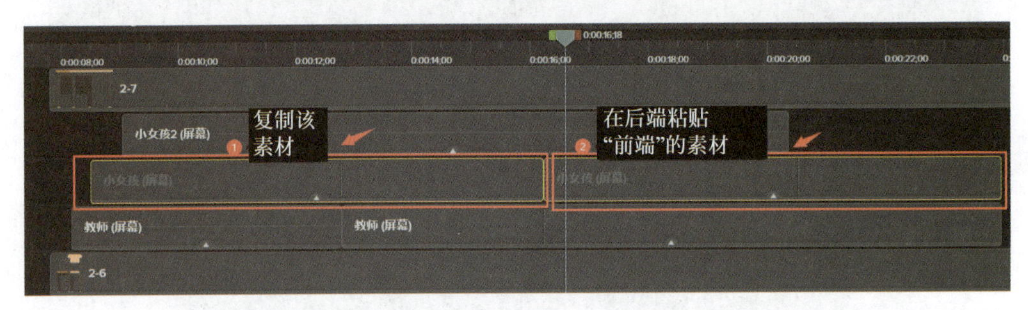

图 5-4-75　复制学生素材

同理，复制“教师”动画角色人物素材，结合旁白，调整教师的显示时长，另一个修饰的学生素材“小女孩 2”也是同样处理，如图 5-4-76 所示。

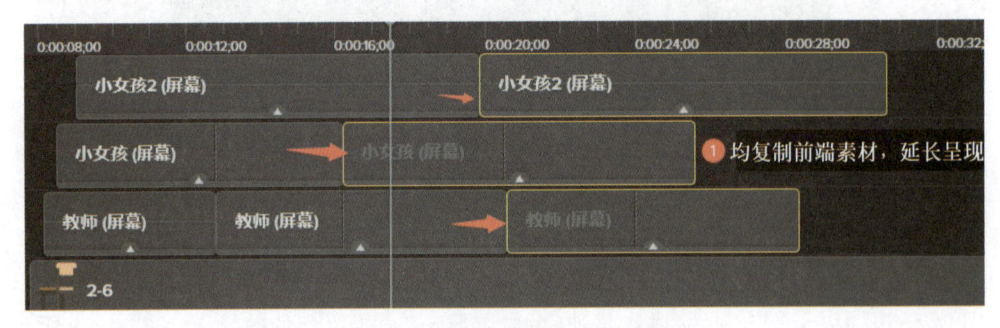

图 5-4-76　延长素材的显示时间

（8）整理分镜二素材内容。制作到这里，分镜二就完成了，我们需要对分镜二全部素材进行整理。选中分镜二全部素材，按下组合快捷键 Ctrl+G，即可将分镜二全部素材组成一个组。此时，空出来的轨道有很多，右击轨道，在弹出的窗口中，选择“移除所有空轨道”，如图 5-4-77 所示。

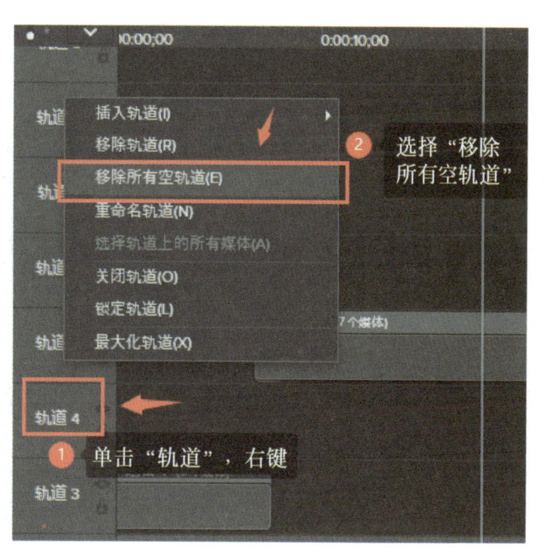

图 5-4-77 移除所有空轨道

（9）拼接视频。按照分镜设计，分镜二的动画部分，后面衔接一段视频。调整时间轴上的播放头，位置固定在 25.28s 位置，选中分镜二的组合，按下分割按钮，分割素材，去掉后半部分素材。

打开素材文件夹，找到“视频”拖到 Camtasia 软件中的时间轴轨道，单击软件左侧菜单栏中的“转换”，在效果预览区选中“鞭形旋转”效果，分镜二素材组合和视频的衔接处，即可添加转场效果。如图 5-4-78 所示。

图 5-4-78 添加转场效果

(10) 锁定分镜二组合素材的轨道。定位到分镜二素材组合轨道,单击轨道头部的锁定按钮■,锁定素材轨道,以便后面不被错误编辑。如图 5-4-79 所示。

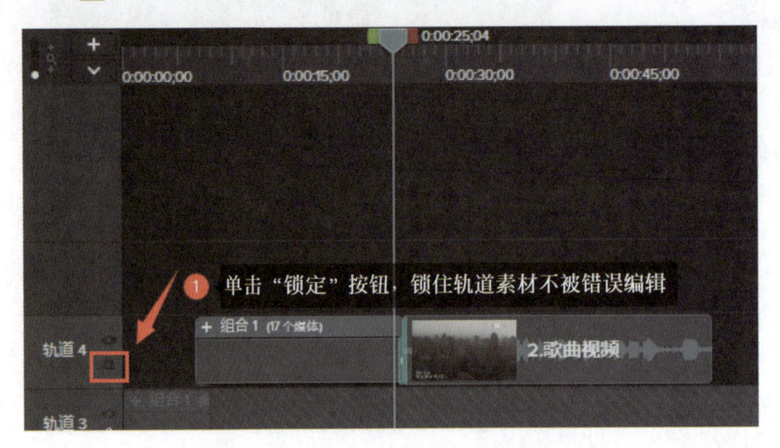

图 5-4-79 锁定分镜二组合素材的轨道

5-6 综合实战:《Do 的用法》微课分镜二

5.4.6 分镜三:教师讲解知识点画面制作

分镜三的内容主要是知识点的讲解,这个分镜选择了一个教师动画角色出镜,会给整个画面带来亲切感。涉及的动画技术,基本都是前面介绍的做法,如果熟练掌握,本分镜的制作,应该得心应手。如图 5-4-80 所示。

图 5-4-80 分镜三的画面内容

(1) 创建场景。本分镜使用到的素材,和分镜一的场景素材重复,在 Camtasia 软件的媒体箱当中,把背景图片“1-1bg.jpg”拖到时间轴,铺满整个画布。接着拖拽图片“1-2.png”到画布上,在右侧的属性栏调整“缩放”的大小为 47.3%,并调整它的位置如图 5-4-81 和图 5-4-82 所示。

(2) 添加文字标题。在 Camtasia 左侧菜单栏选择“注释”,切换上方的“标注”选项卡,选择文字,双击即可添加文本到画布上,如图 5-4-83 所示。

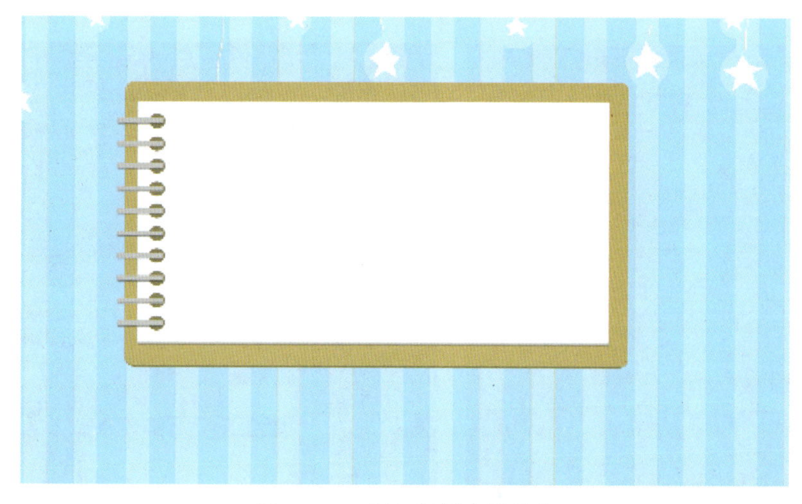

图 5-4-81　添加场景素材操作

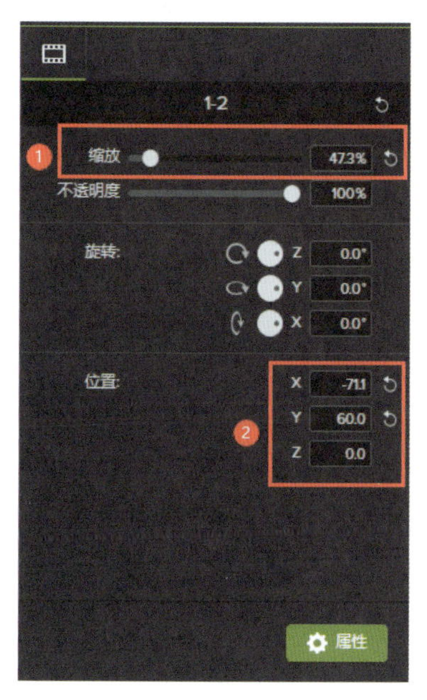

图 5-4-82　调整背景板大小参数

图 5-4-83　添加文字素材

在画布上选择文本，双击编辑文字内容为“I do do will”，在右侧的属性菜单栏调整文字样式，设置字体为“Montserrat”，颜色为“＃1072B9”，尺寸为 145，如图 5-4-84 所示。

按下快捷键 Ctrl＋C 复制该文本，按下快捷键 Ctrl＋V 粘贴文本，双击编辑文字内容为“我真的真的感觉”，在右侧的属性菜单栏调整文字样式，设置字体为“微软雅黑”“加粗”，颜色为“＃F7AC08”，尺寸为 121，如图 5-4-85 所示，最后效果如图 5-4-86 所示。

（3）添加动画角色人物。打开分镜二的素材组，选中“教师”讲解动画的动画角色素材，按下 Ctrl＋C 快捷键复制素材，然后回到 54s 位置，按下 Ctrl＋V 快捷键，粘贴“教师”讲解动画素材。如图 5-4-87 与图 5-4-88 所示。

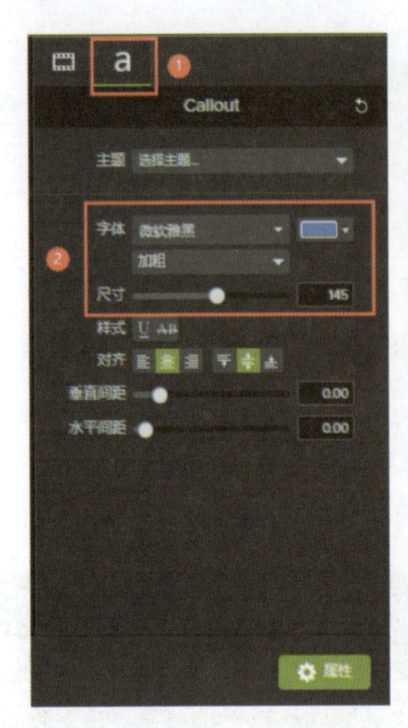

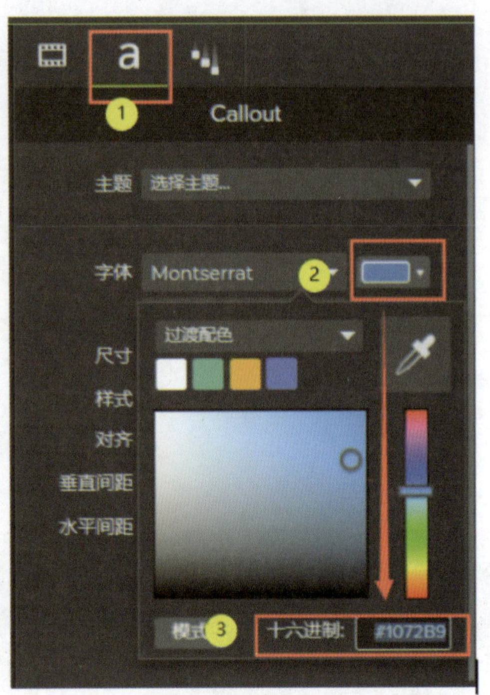

图 5-4-84　设置文字标题样式

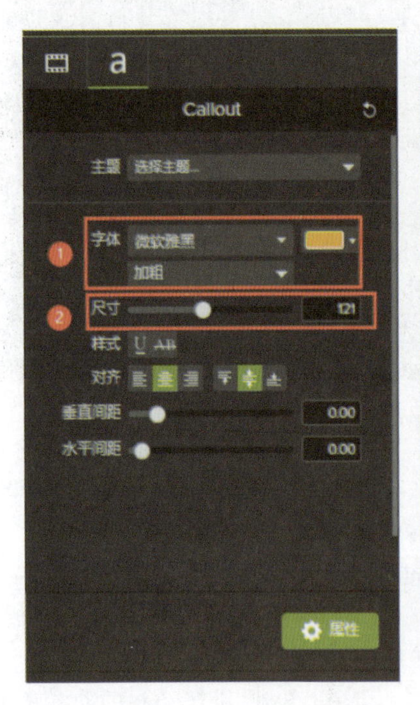

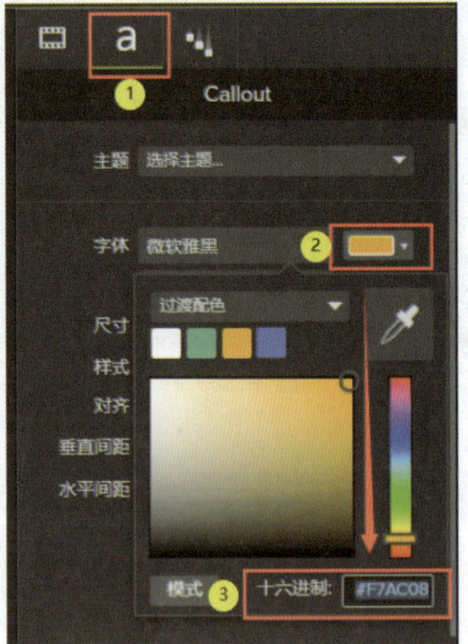

图 5-4-85　设置文字标题样式

图 5-4-86　场景预览图

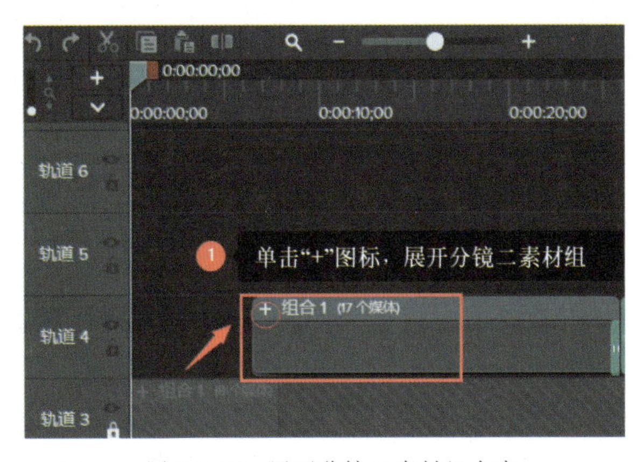

图 5-4-87　展开分镜二素材组内容

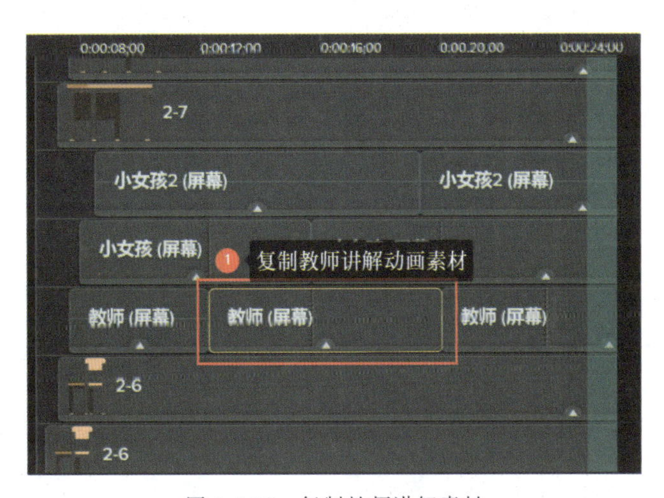

图 5-4-88　复制教师讲解素材

编辑动画角色人物素材属性。选中素材，在右侧的属性栏，调整素材的参数，其中缩放调整为 205.1%，位置 X 轴设置为 102.8，Y 轴设置为 −51.2，如图 5-4-89 所示。

(4) 为片头全部素材添加动画。

① 给人物素材添加动画。选中时间轴上的人物角色素材,在“行为”的预制效果区选中“滑动”效果,按住鼠标左键不放,拖拽“滑动”效果到时间轴选中的素材上,即可添加上“滑动”效果。在属性面板,设置“进场”动画的“方向”为“右”,设置“期间”动画为“无”。如图 5-4-90～图 5-4-92 所示。

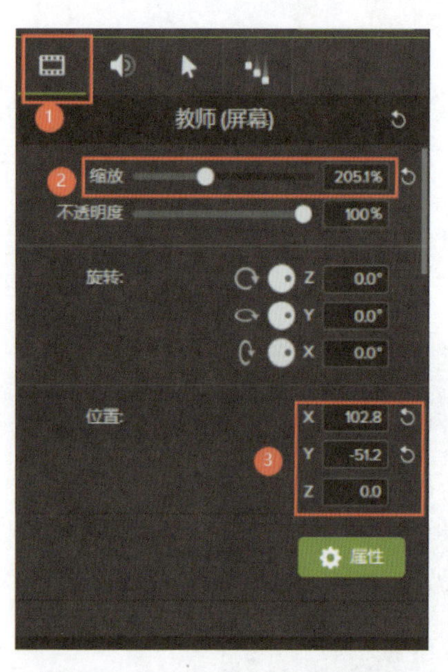

图 5-4-89　教师讲解人物素材属性

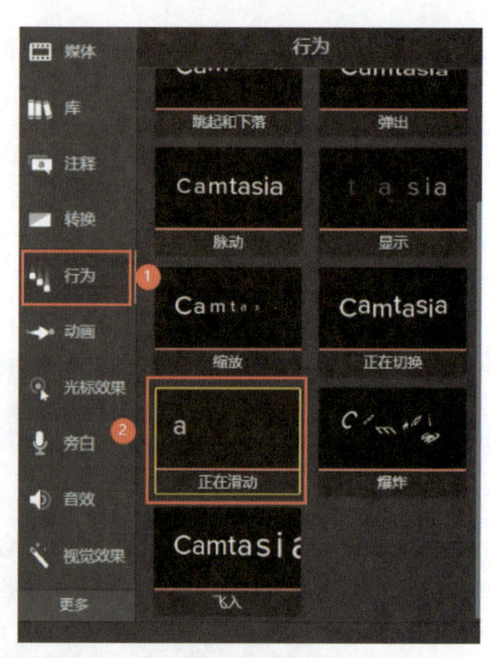

图 5-4-90　添加“滑动”效果

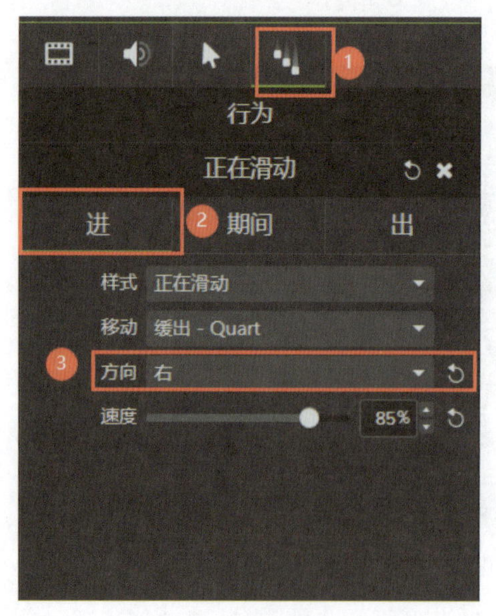

图 5-4-91　设置进场动画

图 5-4-92　设置期间动画

② 给其余素材添加动画。选中时间轴上剩余的全部素材，在“行为”的预制效果区选中“缩放”效果，按住鼠标左键不放，拖拽“缩放”效果到时间轴选中的素材上，即可添加上“缩放”效果。在属性面板，设置“期间”动画为“无”。如图 5-4-93 和图 5-4-94 所示。

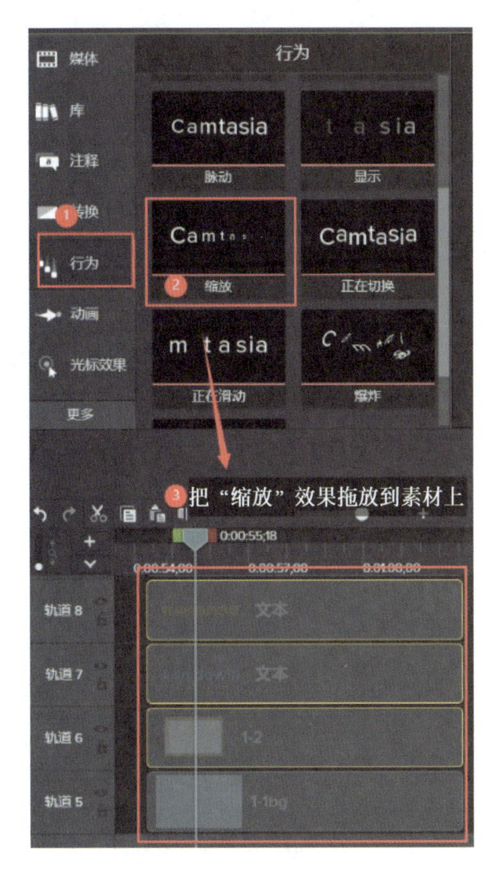

图 5-4-93　批量添加“缩放”效果

图 5-4-94　统一设置“缩放”效果期间动画

(5) 调整素材显示时间和进场时间。统一调整全部素材的显示时间，调整显示时间的区间控制在 54s 至 1min2s，如图 5-4-95 所示。

图 5-4-95　调整素材的显示时间

接着，为全部元素设置一个进场的时间差。只需要选中素材，在时间轴上拖拉就可以调整时间，但需要注意的是，全部素材的进场时间最好在 1s 内完成，如图 5-4-96 所示。

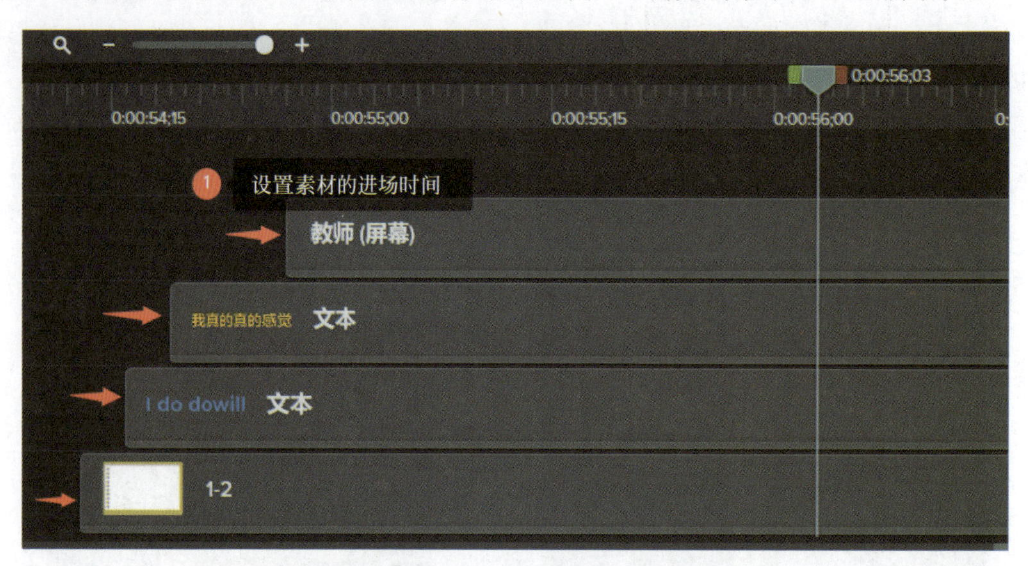

图 5-4-96　统一调整素材的进场时间

调整好后，可以单击画布上的播放按钮，进行整个片头的动画预览，以便检查动画呈现效果，如果有偏差可以继续进行微调。

(6) 整理素材轨道。选中分镜三全部素材，按下组合快捷键 Ctrl+G，即可将分镜三全部素材组成一个组。此时，空出来的轨道有很多。右击轨道，在弹出的窗口中，选择“移除所有空轨道”。定位到分镜三素材组合轨道，单击轨道头部的锁定按钮，锁定素材轨道，以便后面不被错误编辑。如图 5-4-97 所示。

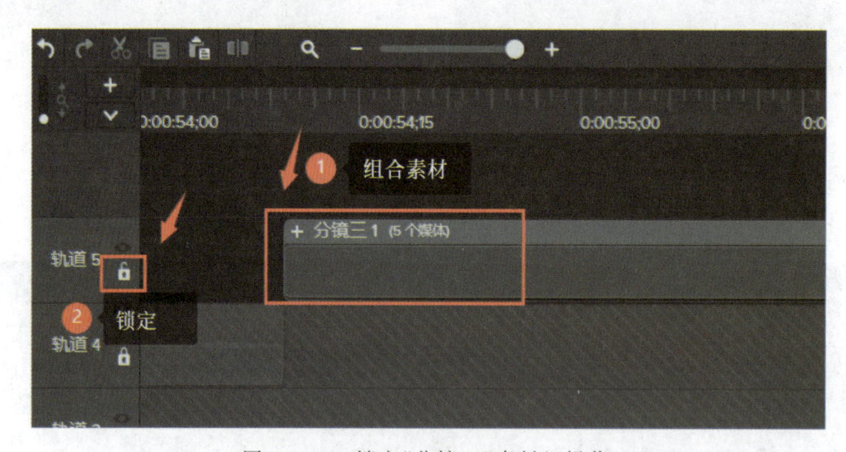

图 5-4-97　锁定“分镜三”素材组操作

(7) 复制场景。本环节是结合旁白“学生：Do do 就是真的真的，表示强调的意思”制作动画，我们直接复制前面分镜二场景即可。单击分镜二的素材组，按下快捷键 Ctrl+C 复制素材，移动播放头，把播放头固定在时间点 1min2s 位置，按下快捷键 Ctrl+V 粘贴。如图 5-4-98 所示。

把播放头固定在时间点 1min8s 位置，按下快捷键“S”分割素材，把后端素材删除，此时

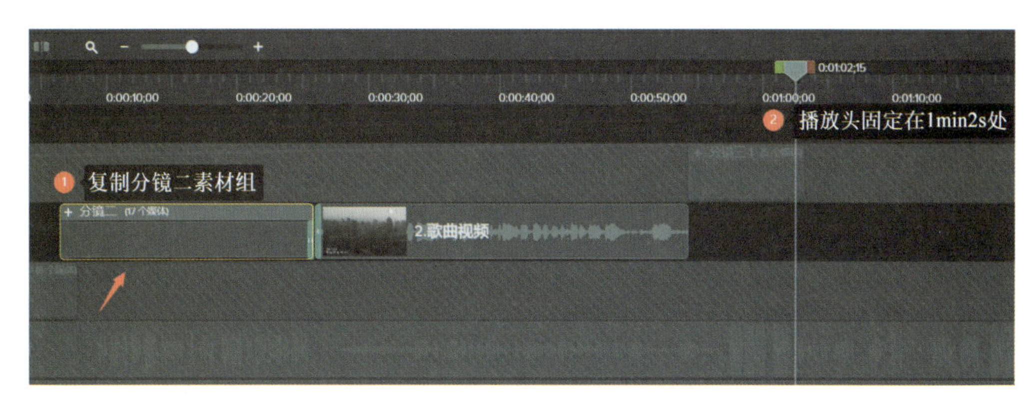

图 5-4-98　复制分镜二场景

学生旁白“学生：Do do 就是真的真的，表示强调的意思”的动画场景就做好了。如图 5-4-99 所示。

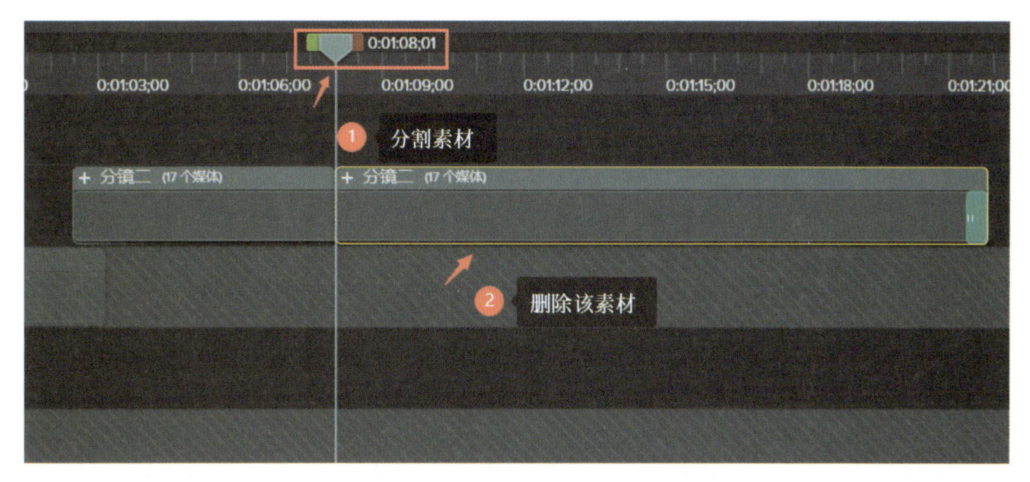

图 5-4-99　截取分镜二场景内容

接着，单击文字部分，一直双击文字素材，直到进入文字编辑状态，修改文字内容为“Do do 就是真的真的，表示强调的意思”。这样整个场景我们就做好了。如图 5-4-100 所示。

图 5-4-100　修改场景文字

5-7　综合实战：《Do 的用法》微课分镜三

5.4.7 分镜四：室外下雨场景对话制作

（1）创建场景。打开分镜四的素材，按照我们的预览图，如图 5-4-101 所示，依次把素材拖到 Camtasia 软件的时间轴上，注意素材显示的层级。

图 5-4-101 分镜四预览图

（2）添加素材后，统一调整素材的显示时长。设置开始时间设为 1min7s，结束时间设置为 9min25s。如图 5-4-102 所示。

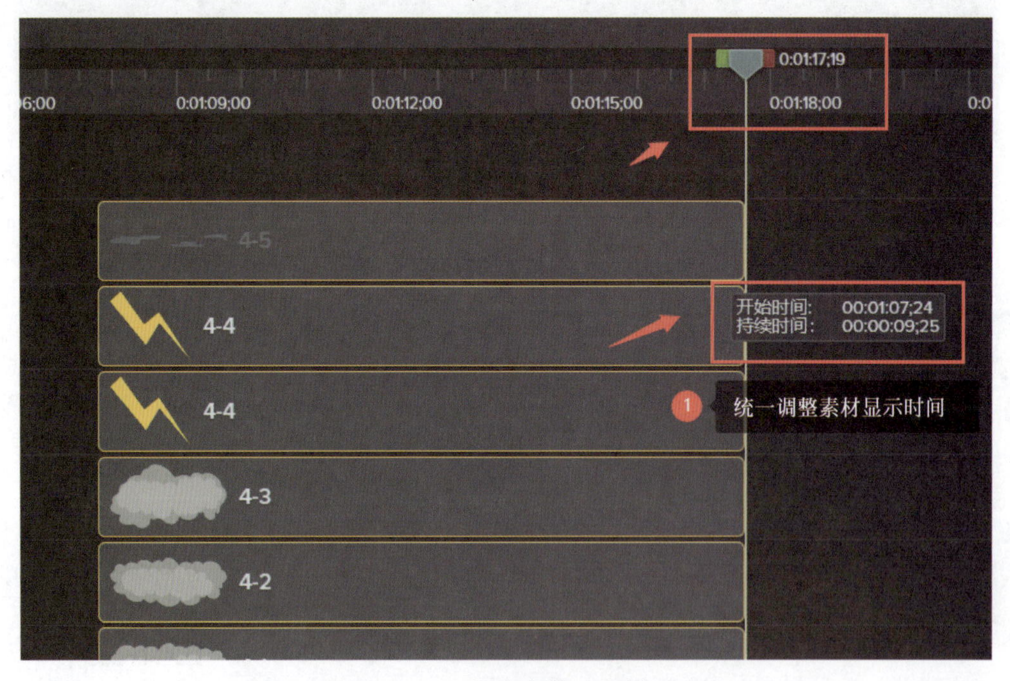

图 5-4-102 调整素材显示时长

（3）添加动画角色。

① 添加学生讲解动画角色。把播放头固定在时间 1min5s 的位置，回到画布上，选中分镜三中学生讲解的动画素材和对话框素材，按下 Ctrl+C 快捷键复制。接着回到 1min7s 的位置，按下 Ctrl+V 快捷键粘贴素材。如图 5-4-103 所示。

图 5-4-103　复制分镜三中学生讲解和对话框素材

粘贴素材后，根据场景的位置，调整学生和对话框以及文字素材的显示位置，并微调素材的大小。调整后，双击文字，进去编辑状态后，修改文字为“it is rainning 下雨了”。如图 5 4 104 所示。

图 5-4-104　调整学生角色素材和对话框素材位置

② 添加教师动画人物素材。打开分镜四素材文件夹，把教师走路的动画素材添加到时间轴上，按照前面介绍的方法，添加视觉属性，去掉背景色。调整素材显示时间为 1min10s 至 1min13s。并调整素材的位置，如图 5-4-105 所示。

图 5-4-105　调整教师走路素材的显示时间和位置

给教师动画角色素材添加动画。单击左侧菜单栏，单击“动画”，顶部菜单栏切换到动画选项卡，选择“自定义”效果，拖放到教师动画角色素材。调整关键帧的显示时间。如图 5-4-106 和图 5-4-107 所示。

图 5-4-106　添加自定义动画

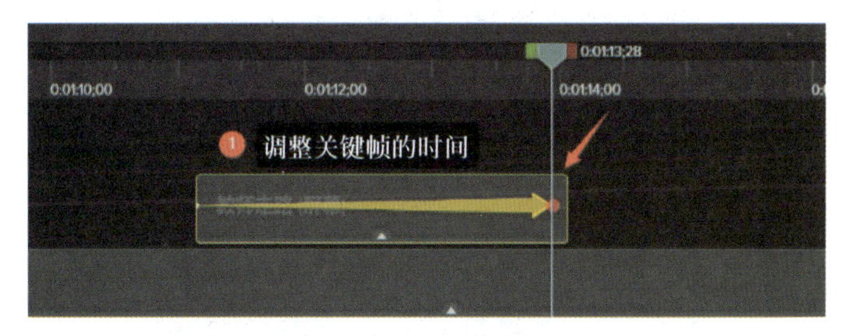

图 5-4-107　调整关键帧的时间

调整教师动画人物的位置。首先，把播放头固定在关键帧末端，接着调整画布上的教师动画角色任务位置，X 轴调整为 363.8，Y 轴调整为 28.1，如图 5-4-108 所示。

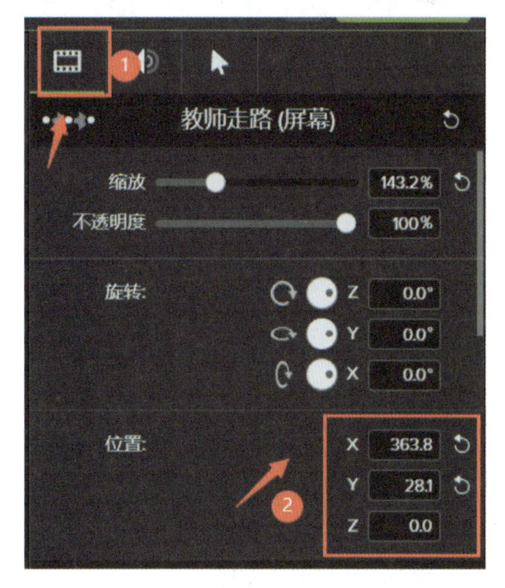

图 5-4-108　调整教师角色任务的动画末端位置

③ 添加教师动画角色的“讲解动画”。

打开分镜三的素材组，选中教师讲解素材，按下快捷键 Ctrl+C，复制素材，移动播放头，固定在 1min13s 的位置，按下快捷键 Ctrl+V 粘贴素材，调整素材结束时间为 1min17s 左右。并选中素材，在右侧的属性菜单栏，调整素材的位置和大小，如图 5-4-109 和图 5-4-110 所示。

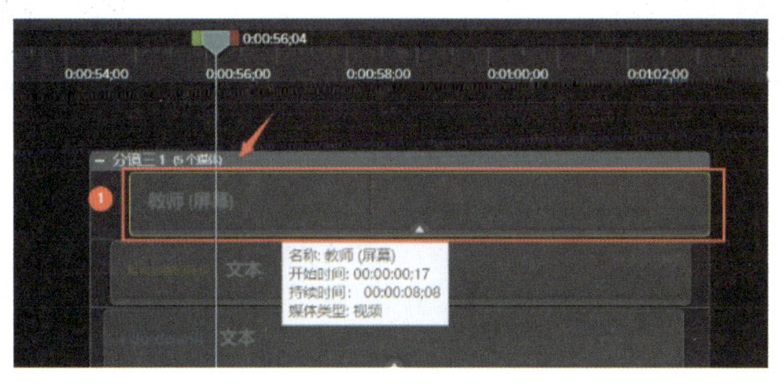

图 5-4-109　复制分镜三的教师动画试题

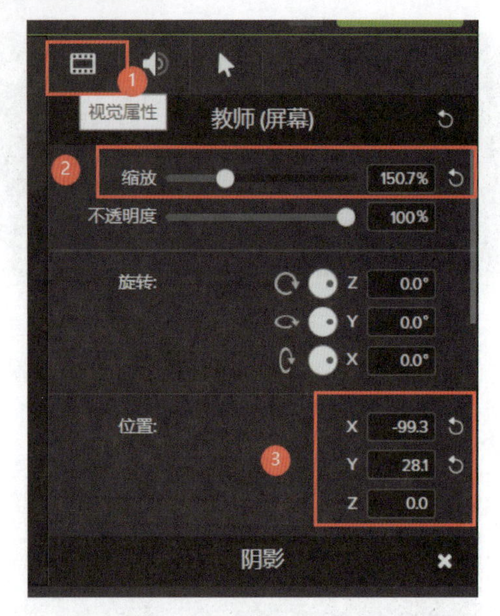

图 5-4-110　调整素材位置和大小参数

最后，选中全部分镜四的素材，按下快捷键 Ctrl+G，把分镜四的素材合并为一个组，并单击轨道的锁定按钮，锁定分镜四素材。在轨道头空白处右击，在弹出的窗口单击“移除所有空轨道”，如图 5-4-111 所示。

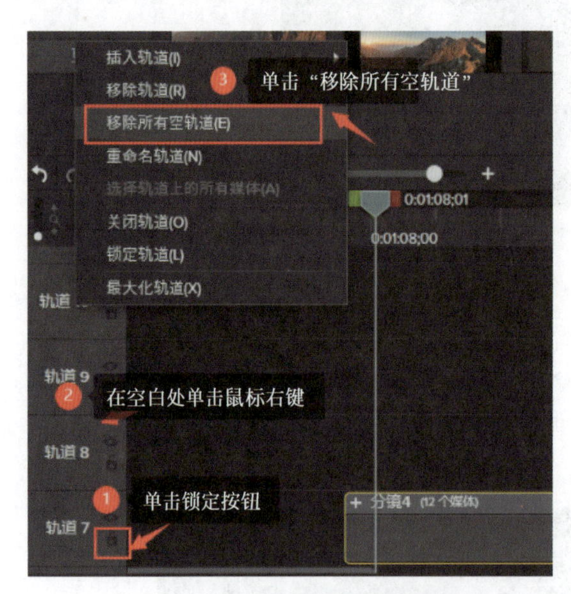

图 5-4-111　整理分镜四素材轨道

5-8　综合实战：《Do 的用法》微课分镜四

5.4.8　分镜五：知识点强调画面制作

（1）创建场景。打开分镜五的素材，把背景图片 5-1 拖到时间轴轨道，调整图片大小，让它铺满整个画布区域。如图 5-4-112 所示。

图 5-4-112　场景预览图

(2) 添加文字背景。在 Camtasia 左侧菜单栏选择“注释”，切换上方的“形状”选项卡，样式设置为“全部”，双击即可添加圆形到画布上，如图 5-4-113 所示。选中圆形，在右侧属性栏调整圆形的大小、位置，参数如图 5-4-114 所示。

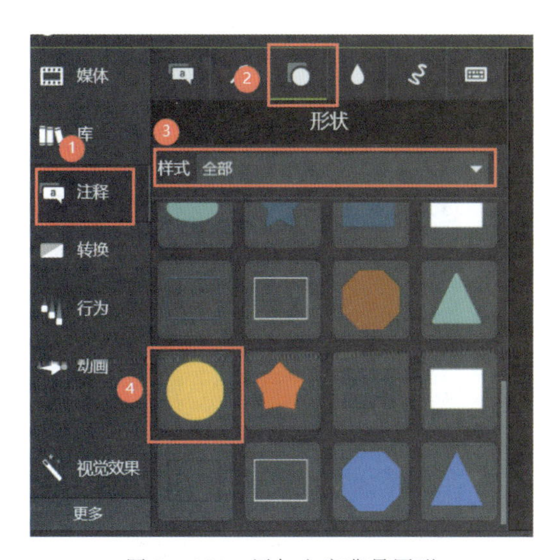

图 5-4-113　添加文字背景圆形

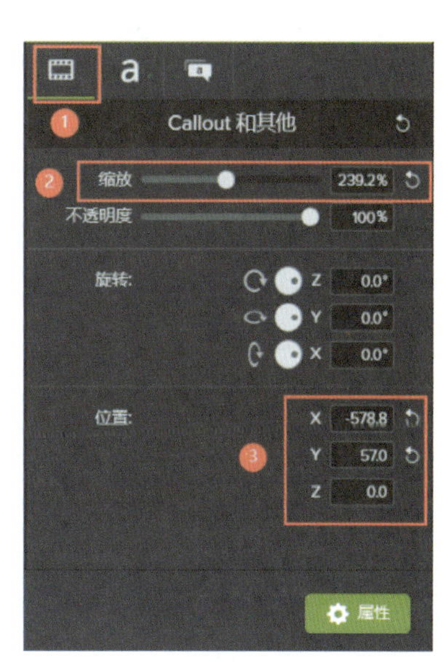

图 5-4-114　调整圆形的大小和位置

调整圆形的填充颜色和边框参数。单击属性菜单栏上方的“注释属性”，再单击填充颜色的素材，输入颜色“#96CDF2”。同理，在下方的“轮廓”颜色设置，单击色块，输入颜色参数“#6BB9F0”，粗细调整为 18，如图 5-4-115 所示。

(3) 添加文字。在 Camtasia 左侧菜单栏选择“注释”，切换上方的“标注”选项卡，选择文字，双击即可添加文本到画布上，如图 5-4-116 所示。

在画布上选择文本，双击编辑文字内容为“Do”，在右侧的属性菜单栏调整文字样式，设置字体为“Montserrat”，颜色为“#ffffff”，尺寸为 113，如图 5-4-117 所示。

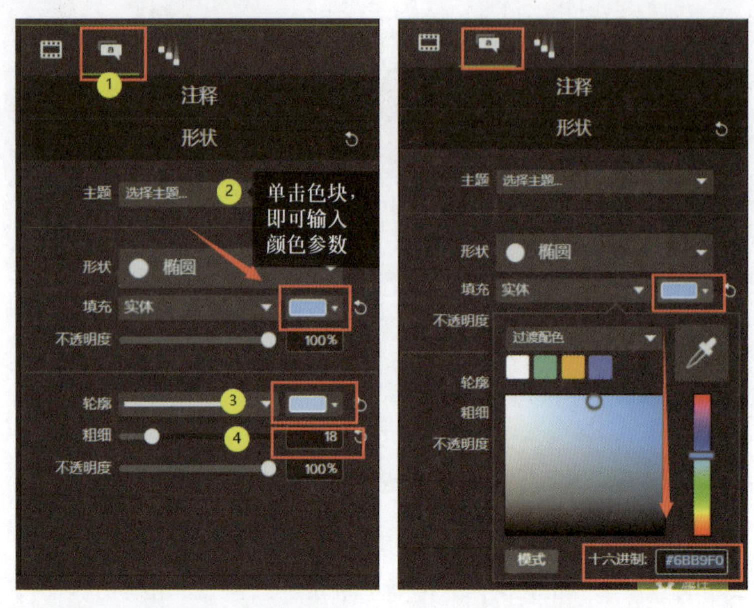

图 5-4-115　调整圆形的填充颜色和边框参数

图 5-4-116　添加文字素材

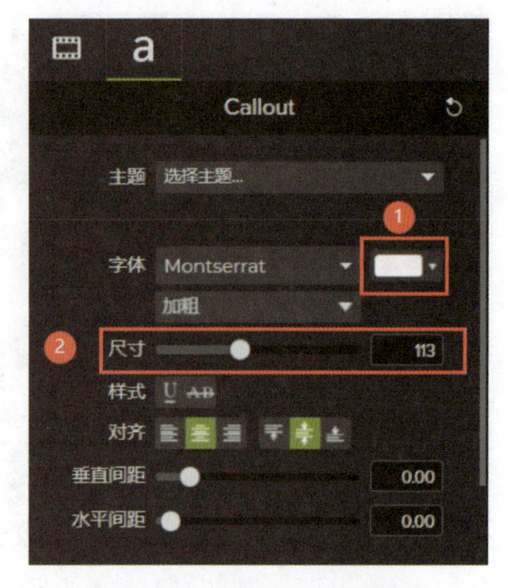

图 5-4-117　设置文字标题样式

同时选中圆形和文本，按下快捷键 Ctrl+C 复制，按下快捷键 Ctrl+V 粘贴文本，连续粘贴两次，这样就可以复制 3 个一模一样的圆形和文本，修改文本文字和圆形的位置，如图 5-4-118 所示。

添加辅助性文字。在 Camtasia 左侧菜单栏选择“注释”，切换上方的“标注”选项卡，选择文字，双击即可添加文本到画布上，输入文本内容“加上强调词 Do，就表示，一定要小心”，按需要调整文本凸显的颜色，以便强调重点。至于文本样式，已多次涉及，此处不再重复，如图 5-4-119 所示。

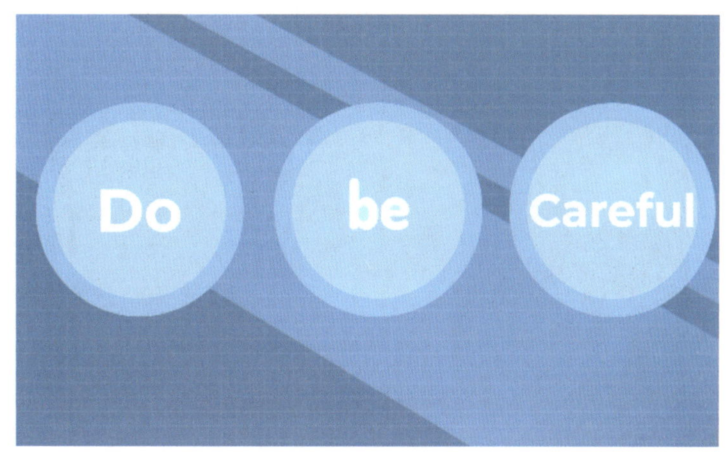

图 5-4-118　设计圆形和文本

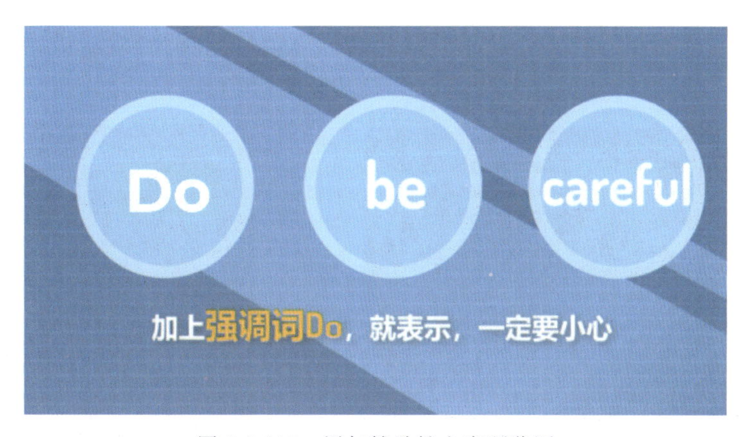

图 5-4-119　添加辅助性文字预览图

（4）添加动画。

① 全选分镜五的素材。调整分镜五素材的显示时间，开始时间设为 1min17.13s，显示时长为 6.21s。单独选中文本“Do”和背景圆形，调整显示时间为 1min19.29s 至 1 分 23.34s，如图 5-4-120 和图 5-4-121 所示。

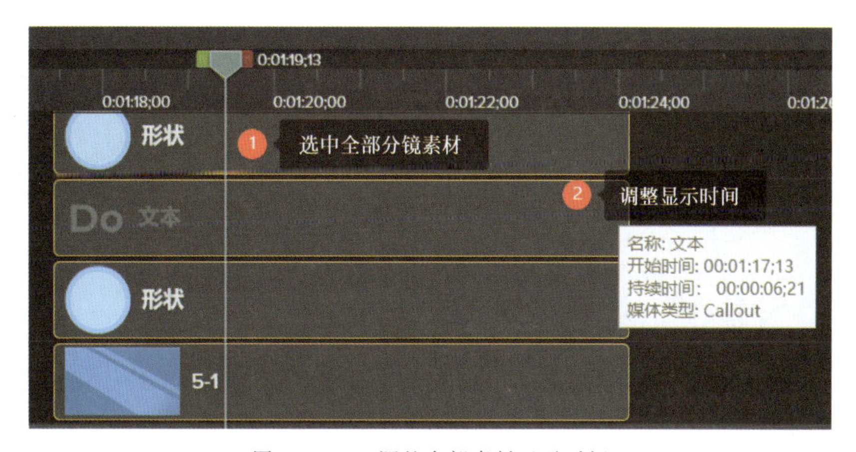

图 5-4-120　调整全部素材显示时间

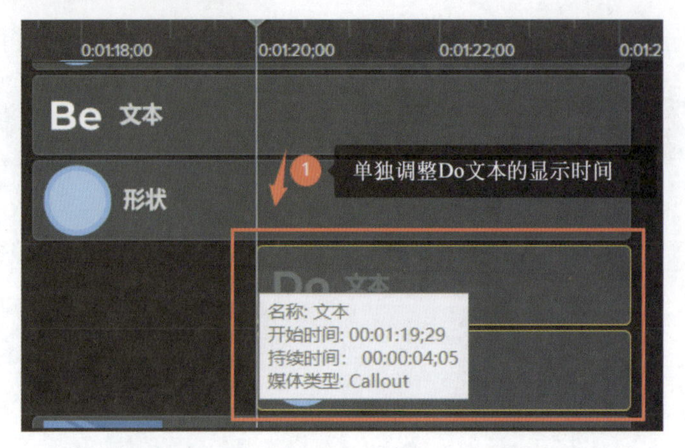

图 5-4-121 调整 Do 文本和背景显示时间

② 添加动画。选中时间轴上的全部素材在"行为"的预制效果区选中"弹出"效果，按住鼠标左键不放，拖拽"弹出"效果到时间轴选中的素材上，即可添加上"弹出"效果。在属性面板，设置"期间"动画为"无"。如图 5-4-122 和图 5-4-123 所示。

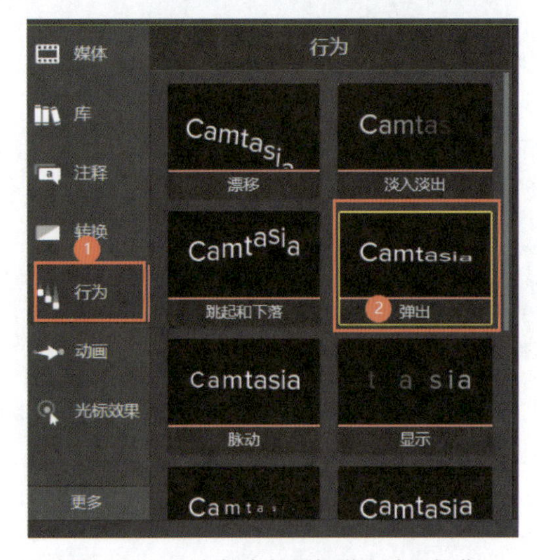

图 5-4-122 全部素材添加弹出动画操作

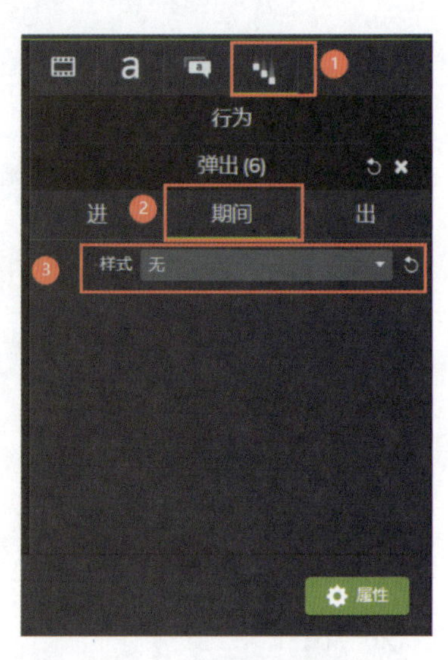

图 5-4-123 设置期间动画为"无"

③ 组合分镜五素材。全选分镜五的素材，按下快捷键 Ctrl+G，组合分镜五全部素材，并按照前面介绍的方法，移出多出来的空轨道，最后锁定分镜五的组合素材轨道，这样分镜五的动画制作就完成了。

5-9 综合实战：《Do 的用法》微课分镜五

5.4.9 分镜六：微课总结画面制作

分镜六主要是制作微课总结画面，在这里直接使用前面分镜二中在教室场景里教师讲解的画面。在这里我们不需要重复搭建场景和制作素材，可以复制场景二素材进行复用，以便提高动画微课的制作效率。

选中分镜二素材组合，按轨道前面的锁图标按钮🔒，解锁素材轨道，接着通过拖拽播放头的红、绿滑块，其中绿色播放头滑块固定在 20s 位置，红色播放头滑块固定在 25s 位置，接着按下快捷键 Ctrl+C 复制素材，如图 5-4-124 所示。

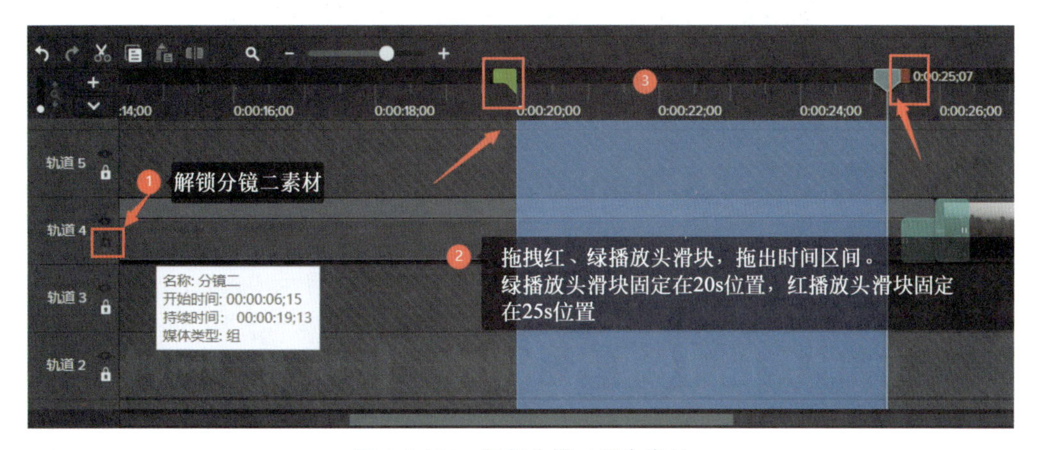

图 5-4-124　复制分镜二组合素材

接着，把播放头固定在 1min24s 左右的位置，按下粘贴键 Ctrl+V，复制分镜二素材，调整分镜二组合镜头的大小，在右侧属性栏中，调整缩放为 163.6%，位置 X 轴设置为−554.2，如图 5-4-125 所示。为了延长显示时间，继续复制前面调整好的素材，粘贴在素材后面，如图 5-4-126 所示。

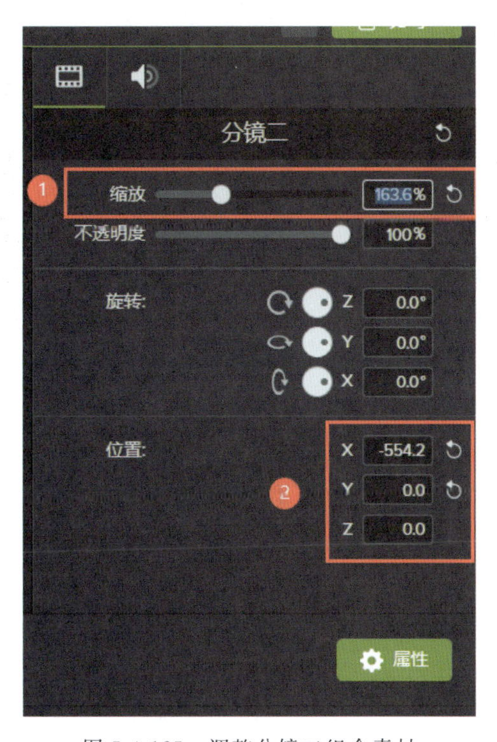

图 5-4-125　调整分镜二组合素材

图 5-4-126　调整分镜五组合素材

到这里，我们整个动画微课就做好了，可以单击画面的播放按钮，进行整个项目的预览，也可以直接生成微课视频。单击右上角的分享按钮 ，在弹出的窗口选择“本地文件”，如图 5-4-127 所示。后面按照提示，一直选择“下一步”操作，即可生成视频。

最后，可以把整个源文件项目导出来，以便整理归档和后期编辑需要。单击软件左上角的“文件”，在弹出的界面，选择“导出”，继续选择“压缩项目”，即可把源文件和涉及的全部素材归档到同一个压缩文件中。如图 5-4-128 所示。

图 5-4-127　微课生成操作

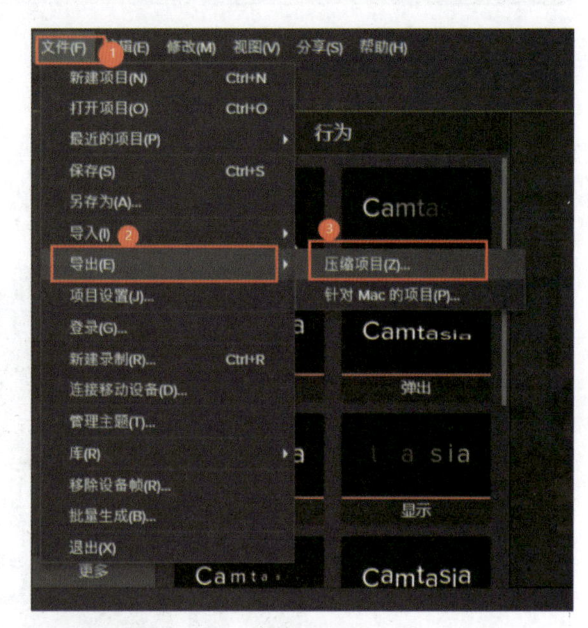

图 5-4-128　微课源文件导出

5-10　综合实战：《Do 的用法》微课分镜六

第6章

使用PowerPoint制作动画式微课

本章概述

本章主要介绍使用 PowerPoint 软件制作动画式微课的方法。PowerPoint 是大众最为熟知的办公软件之一，其实除办公以外，它也可以作为一个动画制作软件和微课制作软件，用来制作企业宣传片、产品介绍短片、趣味课件视频、微课视频、演示演讲动画视频等。

学习导图

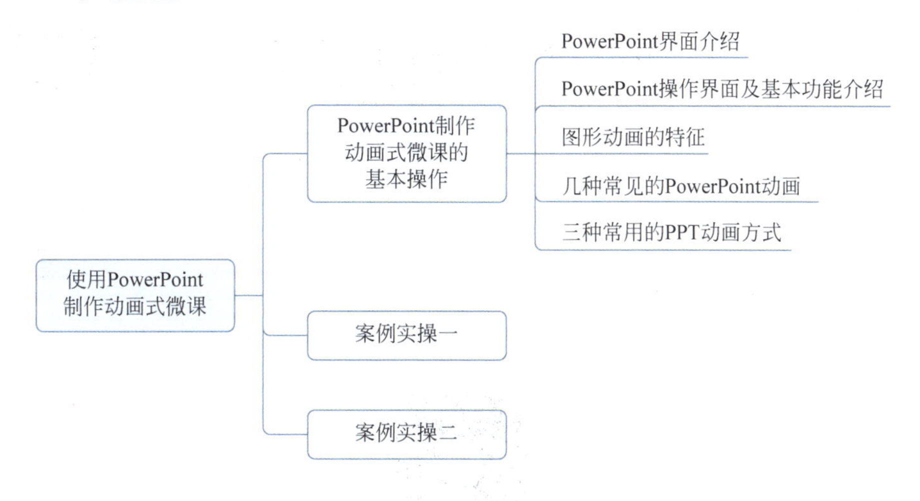

6.1 PowerPoint 制作动画式微课的基本操作

众所周知，PowerPoint 作为一款使用率极高的办公软件，大多用于商业演示、教师授课等。随着微软公司对 Office 软件的不断更新与完善，PowerPoint 已不再像过去一样只能制作扁平、相对静态的课件录屏微课。本章将基于 PowerPoint 2016 版本，讲述如何通过 PowerPoint 制作动画式微课。

6.1.1 PowerPoint 界面介绍

由于 PowerPoint 相对其他动画制作软件来说较为普及，绝大部分的基本功能都为大众所熟知，因此本节将重点介绍利用 PowerPoint 制作动画式微课时最常使用的部分功能键。打开 PowerPoint，进入软件界面。主界面主要分为菜单栏、工具栏、演示文稿视图、操作区域以及参数修改区。如图 6-1-1 所示。

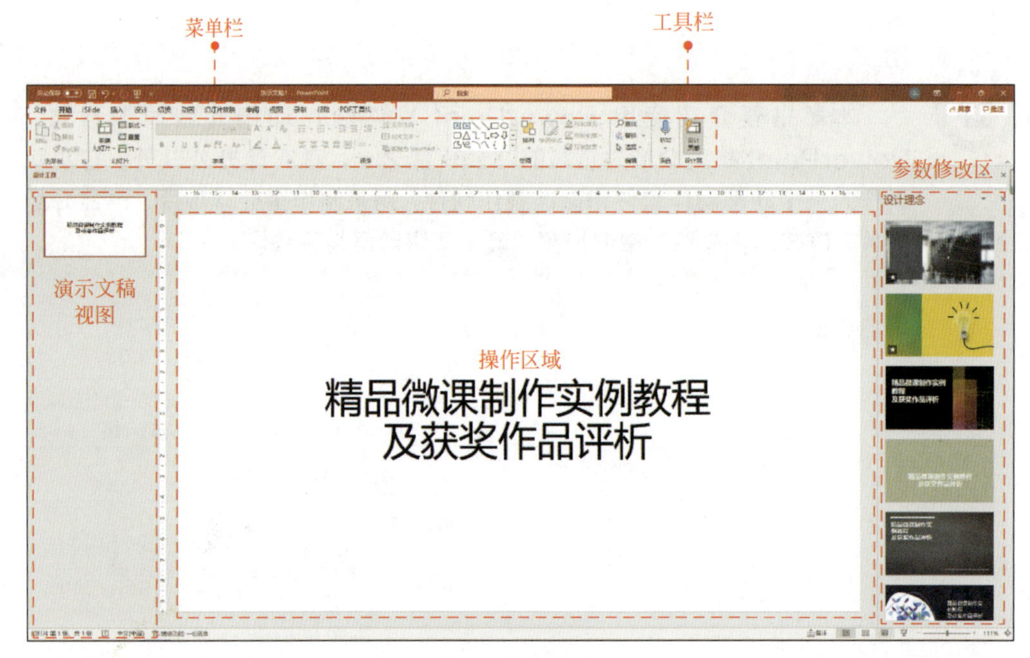

图 6-1-1　开始界面

6-1　PowerPoint 界面介绍

6.1.2 PowerPoint 操作界面及基本功能介绍

1. 菜单栏

常规的菜单栏主要分为文件、开始、插入、设计、切换、动画、幻灯片放映、审阅、视图、录制、帮助、PDF 工具集等栏目，除此之外还可以从外部自行下载 PPT 辅助插件如 iSlide 插件、Onekeytools 插件、口袋动画插件等。在众多菜单栏目中，插入、设计、切换、动画和录制这五大栏目是我们制作动画式微课最常用的栏目。

2. 工具栏

每个菜单栏目皆对应一系列的工具功能键。

(1) 开始：在“开始”工具栏中，“新建幻灯片”是在制作动画式微课时最常用到的工具之一，其下拉菜单包括 Office 主题、复制选定幻灯片、幻灯片（从大纲）、重用幻灯片四大功能，如图 6-1-2 所示。

图 6-1-2 开始工具栏菜单

① Office 主题：即新建空白幻灯片，我们可以选择不同版式的空白幻灯片进行创建，此功能可以较快地将内容和版式相结合。比如当我们在微课制作中需要一个对比型的页面，我们可以选定 Office 主题中的“比较”，就可以快速地创建一个对比的页面。

② 复制选定幻灯片：在同一个 PPT 文件中，如果需要对特定幻灯片进行复制，可以采用此功能，也可以用快捷键 Ctrl+C（复制）和 Ctrl+V（粘贴）。但此功能只能服务于单一的 PPT 文件，如果需要把 A 文件中的某一页幻灯片以一模一样形式复制到 B 文件中，则需要采用下面所提到的重用幻灯片功能。

③ 幻灯片（从大纲）：在我们制作微课的时候，一般会先制定微课大纲，微课大纲可以采用 txt、rtf、docm、doc、docx、wpd 等形式进行制作。在开始制作微课时，可以把上述文件通过此功能导入 PPT 文件中，此时可以发现导入后的文件已经自动将大纲分配到每一页的幻灯片中了，这样我们就可以清晰地知道每一页幻灯片需要制作什么样的内容，不需要再在制作中来回切换到大纲。

④ 重用幻灯片：当我们制作微课时，需要把 A 文件中的某一页幻灯片以一模一样的形式复制到 B 文件中，比如我们制作微课片头时，常常会采用已制作好的或固定的片头，这时候就可以在此 PPT 文件中通过重用幻灯片的功能，导入以往制作好的 PPT 文件中的某一页或某几页幻灯片，其原有的图片、文字、动画路径以及音频视频都可以直接转移到此 PPT 文件中。

6-2 PowerPoint 工具栏开始功能

（2）插入：在“插入”工具栏中，除我们比较常用的形状、图片、图标之外，视频、音频以及屏幕录制等功能也会频繁运用到我们的微课制作中。在 PowerPoint2019 及以上版本，还新增了 3D 模型和缩放定位等功能，可以让我们的微课不再局限于二维扁平的展示，以及传统单一页面的切换。如图 6-1-3 所示。

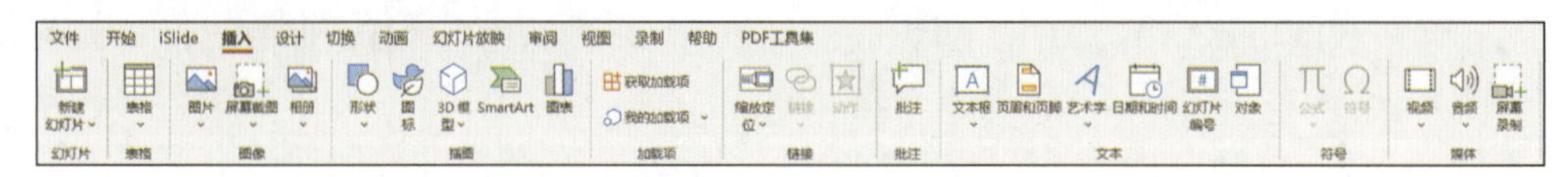

图 6-1-3　插入工具栏

① 图片：在制作微课过程中，常常需要插入人物、背景、物体等一系列的素材。图片作为最常用的素材载体，可以通过插入这一功能为我们所用。我们主要可以从三种途径插入图片，分别是从此设备插入、从图像集插入以及从联机插入。

从此设备插入，顾名思义即在当前幻灯片中插入我们所用计算机里面的图片。

从图像集插入，这是很多微课制作者容易忽略的一个功能。单击图像集，可以看到图像集有图像、图标、人像抠图、贴纸、视频、插图。以图像集内的视频为例，我们可以看到这里有大量的高质量视频，很多都适用于制作微课的片头片尾，十分方便。如图 6-1-4 所示。

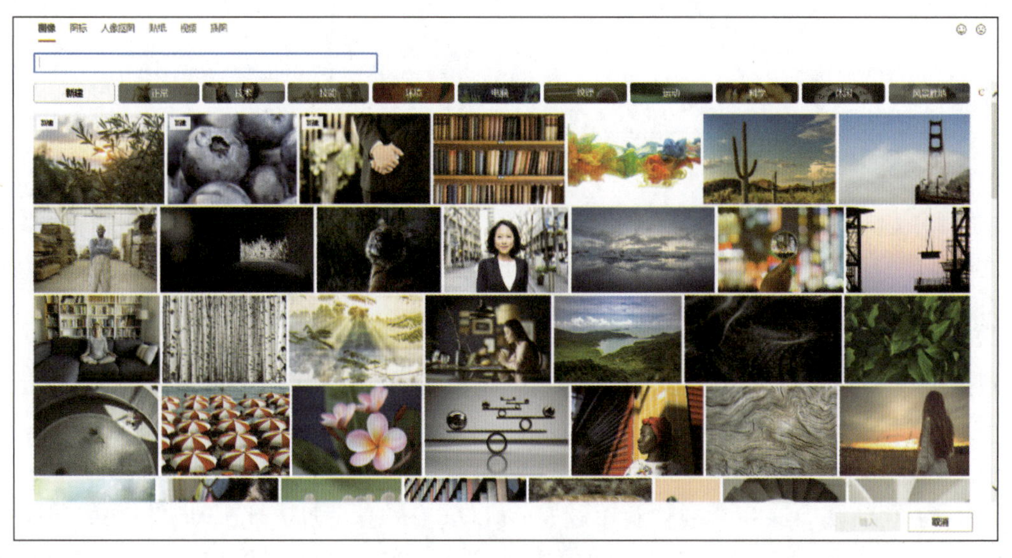

图 6-1-4　图像集界面

从联机插入，是指在联网的基础上，直接搜索想要的图片，这些图片主要是由微软公司旗下的“必应”搜索引擎提供的。

插入图片后，我们常常还需要对图片的格式进行进一步的修改，这时可以看到菜单栏最右侧会多出一个“图片格式”工具栏。通过这个工具栏，可以对插入的图片素材进行修改。可以通过“删除背景”功能对图片进行抠图，也可以通过校正、颜色、艺术效果、透明度等功能对图片的亮度、颜色、艺术形态等做出修改。如图 6-1-5 所示。

② 图标：与图片大同小异，区别是图标主要以已经抠完图的 PNG 形式呈现。

③ 缩放定位（2019 版本及以上功能）：即把 A 幻灯片定位到 B 幻灯片中，然后从 B 幻灯片里单击 A 从而放大 A 的过程。此功能类似 Prezi、Focusky 等幻灯片演示制作软件的

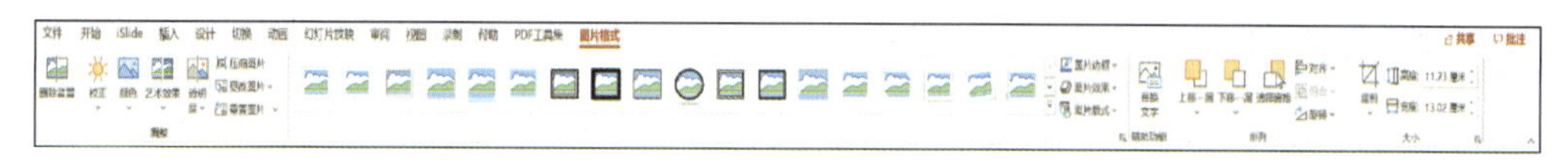

图 6-1-5　图片格式

功能，主要包括摘要缩放定位、节缩放定位和幻灯片缩放定位等三种缩放定位形式。如图 6-1-6 所示。

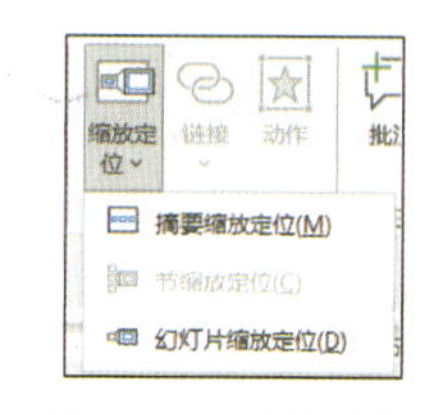

图 6-1-6　缩放定位

幻灯片缩放定位：可以做成画中画、一镜到底的效果。

摘要缩放定位：把多张幻灯片形成一页目录指引，可从目录中随意单击进入某一张幻灯片。

节缩放定位：与摘要缩放类似，不同在于它首先要把幻灯片设置小节才能操作，另外在单击缩放的幻灯片后需要展示完本小节的幻灯片后再回到总的矩阵页面。

④ 视频：我们在制作微课时，经常需要借助一些外部的视频素材。插入视频时，菜单栏最右侧会多出一个“视频格式”和“播放”工具栏。在视频格式工具栏中，可以通过校正、颜色等按钮修改视频的亮度、着色等。在播放工具栏中，可以通过“裁剪视频”对插入的视频进行剪辑，但要注意的是，这里的剪辑仅能截取视频内连续的片段，不能合并或删减视频中间的片段。另外，在此工具栏中，还有淡化持续时间的设置、视频音量的调节以及播放形式的设置，比如可以设置成单击时播放，也可以设置成自动播放。如图 6-1-7 与图 6-1-8 所示。

图 6-1-7　视频格式

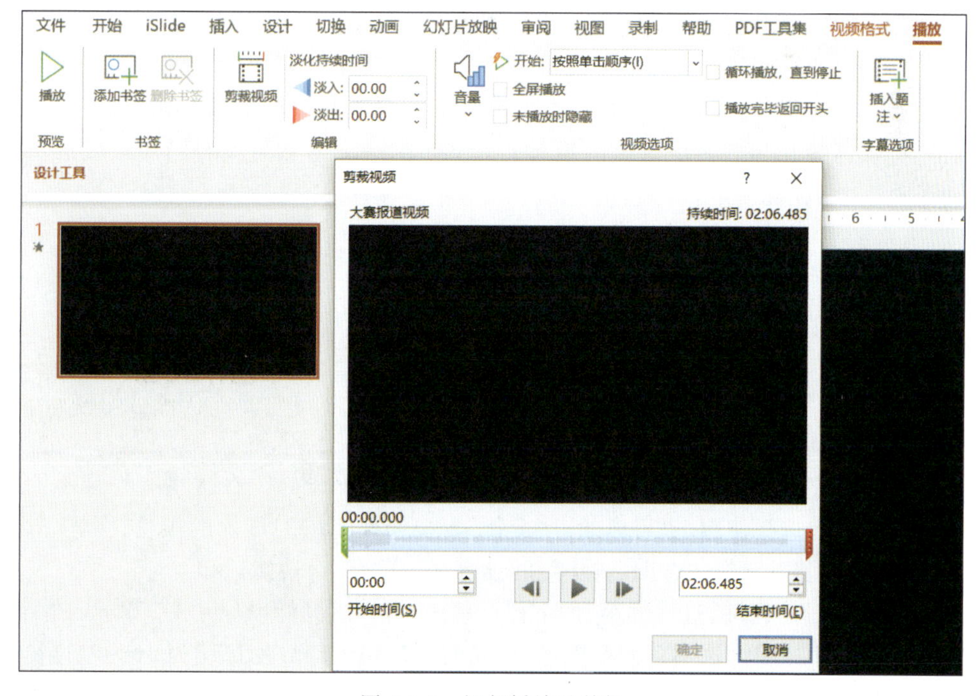

图 6-1-8　视频播放及剪辑

⑤ 音频：与插入视频类似，可以用同样的方式插入音频，此时菜单栏最右侧会多出一个“音频格式”和“播放”工具栏。在音频格式工具栏中，可以通过校正、颜色等按钮来调节音频小喇叭的锐化柔和程度和色调饱和度等。在播放工具栏中，可以通过“裁剪音频”对插入的音频进行剪辑，同样值得注意的是，这里的剪辑也只能截取音频内连续的片段，不能合并或删减音频中间的片段。另外，在此工具栏中，还能通过渐强、渐弱对音频的淡化持续时间做出调整，也能对音频的音量、循环播放等播放形式进行设置。如图 6-1-9 所示。

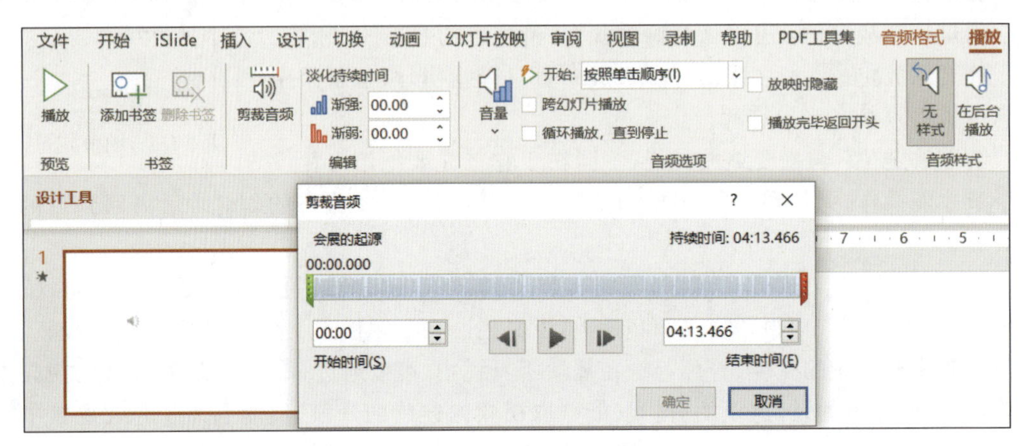

图 6-1-9　音频播放及剪辑

⑥ 屏幕录制：在制作微课过程中，常常需要借助许多外部的录屏软件，但其实 PPT 本身就拥有录屏功能——屏幕录制。它不仅可以录制幻灯片的播放，也能录制计算机中的其他场景。

屏幕录制包括录制、计时、选择区域、音频录制、指针录制几大功能。录制微课时，可以先单击“选择区域”按钮，把所要录制的区域选定好，然后设置好是否录制音频以及是否录制指针，最后单击“录制”按钮，即可开始录制。录制结束，所录制的片段会自动生成为视频插入当前的幻灯片页面中，我们可以直接在幻灯片上面对视频进行剪辑操作，也可以右击视频，单击“将媒体另存为”，将所录制的视频另存为 MP4 格式，放置到自己所需要的文件夹中。如图 6-1-10 所示。

图 6-1-10　屏幕录制

6-3　PowerPoint 工具栏插入功能

(3) 设计：在“设计”工具栏中，可以修改幻灯片的页面设计。在这里有许多不同的页面模板主题供我们选择使用，也可以通过“变体”直接修改当前幻灯片的颜色、字体、效果和背景。在此，我们着重介绍“幻灯片大小”和“设计灵感”这两个功能。

① 幻灯片大小：在“幻灯片大小”的下拉菜单中，可以看到标准(4∶3)、宽屏(16∶9)和自定义幻灯片大小这三个选项。制作微课时，我们最常用的幻灯片比例为 16∶9，这是因为我们日常看到的视频、电影等大多数都是 16∶9 的，它可以完全覆盖屏幕，使之不会出现黑

边。而 4∶3 的多用于特意营造复古、怀旧氛围的微课，当我们将幻灯片大小设置为 4∶3 时，会发现播放幻灯片时，屏幕左右两侧会出现黑边。如果我们的微课有特殊的需要，需要其他不同的显示尺寸时，可以通过自定义幻灯片大小进行设置。如图 6-1-11 所示。

② 设计灵感：在 PowerPoint 中，“设计灵感”是一个非常便捷的功能，它可以帮助我们快速地排版和设计。比如，当我们在当前幻灯片中随意插入几张图片时，它可以快速识别，并提供多种排版方式供我们选择使用。如图 6-1-12 所示。

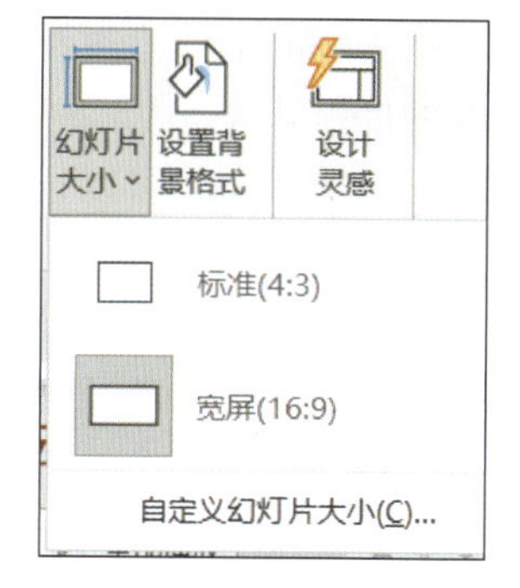

图 6-1-11　幻灯片大小

图 6-1-12　设计灵感

（4）切换：是指两页幻灯片之间的过渡切换效果，可以使两页幻灯片比较生动地衔接。2016 版的 PowerPoint 相对于以往版本来说，它的切换效果有了质的飞跃，以往版本的切换效果大多是扁平和死板的，而 2016 版及以上版本的切换效果比较灵动和立体。

① 切换到此幻灯片：即选择切换方式，切换效果分为“细微”“华丽”“动态内容”，其中细微有 12 种效果，华丽有 29 种效果，动态内容有 7 种效果，我们可以根据微课的风格和需求进行选择，合适的切换效果可以让微课设计事半功倍。如图 6-1-13 所示。

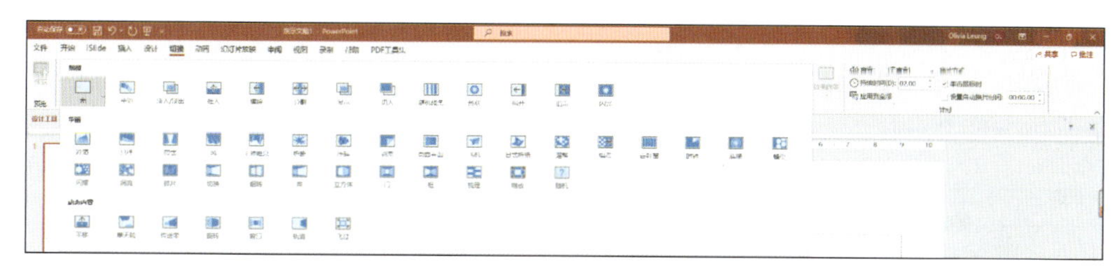

图 6-1-13　切换效果界面

② 效果选项：选定切换效果后，可以通过效果选项对所选的效果进行进一步的设置。

③ 声音：在切换幻灯片时，可以通过声音设置，使得切换过程更加生动。

④ 持续时间：通过设置切换的持续时间，可以达成不同的切换效果。持续时间越长，切换的过程越久；持续时间越短，切换的过程越快。

⑤ 换片方式：可以选择单击鼠标时再切换，也可以设置自动换片时间，从而使幻灯片自动切换到下一页。

(5) 动画："动画"是制作微课最重要的工具，它可以对特定素材的出现、展示、退出以及行动路径进行设置，使得我们的微课富有动态，生动形象。在动画工具栏，主要包括"动画效果选择""效果选项""高级动画设置""动画计时"等窗格。

① 动画效果：即动画呈现方式，分为"进入""强调""退出""动作路径"四大部分。在PowerPoint 2016及以上版本中，动画效果包括进入效果40种，强调效果24种，退出效果40种，动作路径效果63种。如图6-1-14所示。

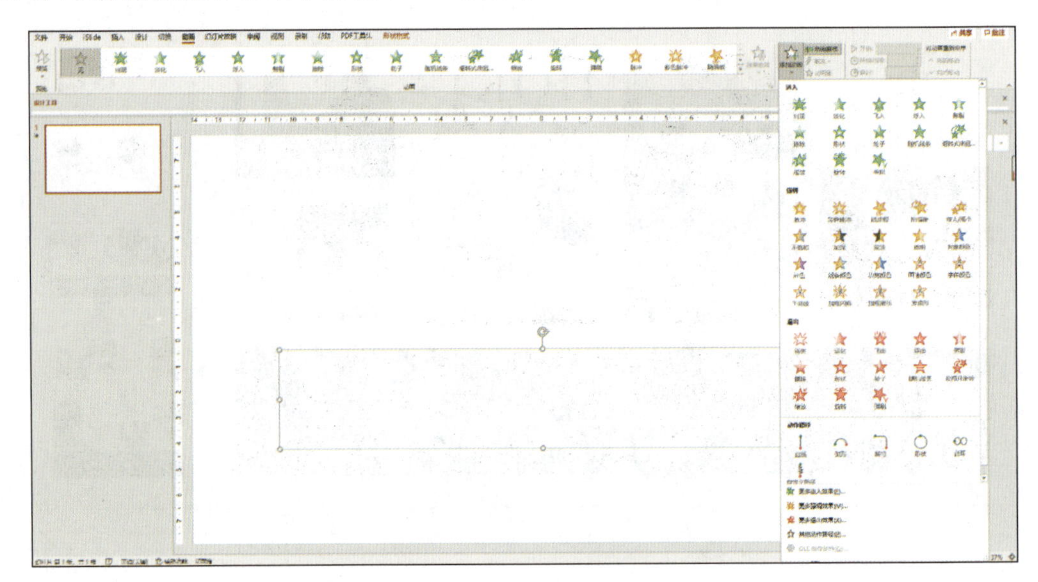

图6-1-14 动画效果界面

进入：对象从无到有的过程。

强调：突出对象，加深对象印象的过程。

退出：对象从有到无的过程。

动作路径：对象移动的路径。

② 效果选项：跟切换效果选项类似，选定动画效果后，可以通过效果选项对所选的动画进行进一步的设置。

③ 高级动画设置：包括"添加动画""动画窗格""触发""动画刷"四个部分。如图6-1-15所示。

图6-1-15 高级动画界面

动画窗格：对所选对象单击"添加动画"添加了一个动画效果后，界面最右侧会自动弹出动画窗格如图6-1-16所示。在动画窗格中，进入动画为绿色图标，强调动画为黄色图标，退出动画为红色图标，路径动画为路径图标。图标的右侧是对象动画的时间轴，我们可以拖动时间轴设置对象动画发生的时间。在时间轴的右侧有个倒三角，我们单击倒三角会看到效果选项界面，在效果选项中，我们可以具体地设置该动画的效果、计时等。如图 6-1-17 所示。

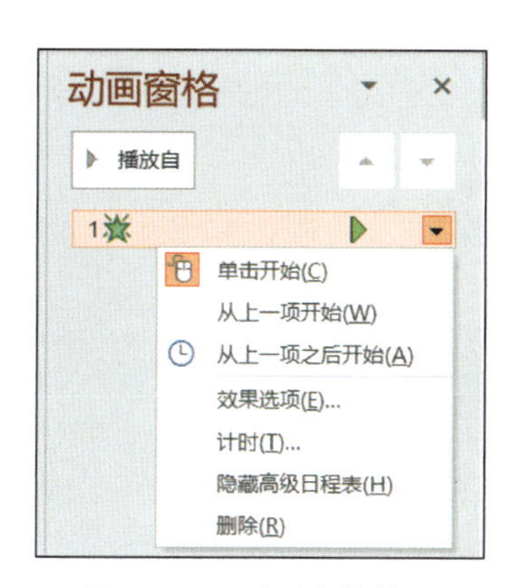

图 6-1-16　动画窗格界面

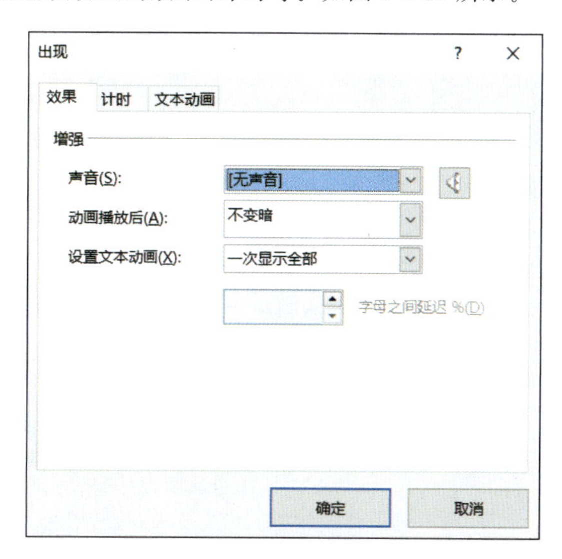

图 6-1-17　动画窗格效果选项界面

计时：在计时工具板块中，可以设置动画的开始方式，如“单击时”“与上一动画同时”“上一动画之后”。也可以设置动画的持续时间，依然是持续时间越长，动画过程越久；持续时间越短，动画过程越短。通过延迟按钮，我们可以具体设定所选对象动画的发生时间。最右侧的动画排序按钮，可以设置整页幻灯片的动画发生顺序，一般来说，排序越前，动画越先发生；排序越后，动画越晚发生。如图 6-1-18 所示。当然，我们也可以通过移动具体的动画时间轴来设置，此时不需要另外排序。其他计时设置，可以通过上面所提到的动画窗格中的下拉菜单找到“计时”，这里除可以设置动画的开始方式和延迟之外，还可以通过“重复”设置动画的频次以及通过“播放完快退”设置动画的循环。如图 6-1-19 所示。

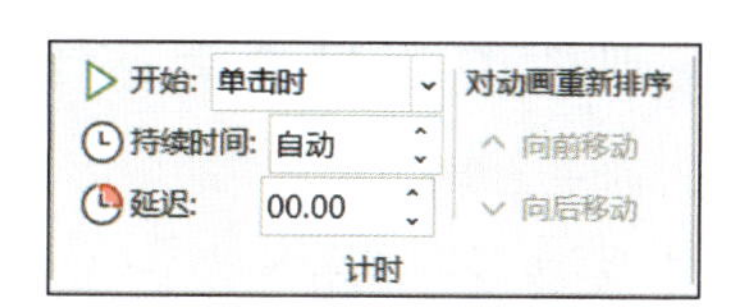

图 6-1-18　计时界面

图 6-1-19　动画窗格计时选项

6-4　PowerPoint 工具栏设计、切换、动画功能

6.1.3 图形动画的特征

我们利用 PowerPoint 制作动画时需要遵循一些动画规则，只有这样制作出来的动画才更有动感。

1. 图形运动要有加速度

图形的运动状态是加速运动而不是匀速运动的，因为加速运动的视觉效果更具冲击力，如图 6-1-20 所示。

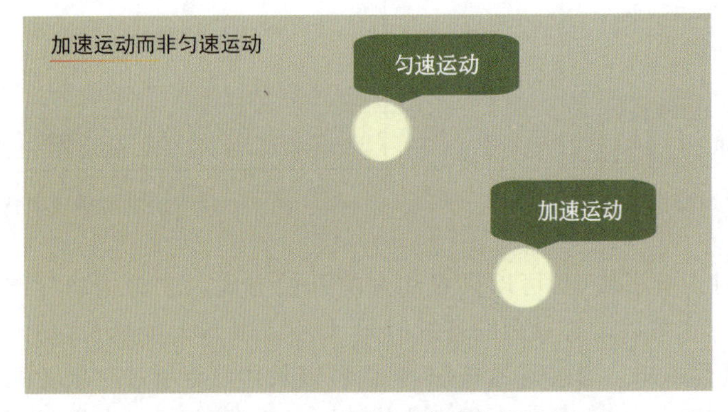

图 6-1-20 加速运动示意图

2. 画布上要有多层次图形

画布上要有多层次的图形，而不是只有一层图形，因为多层次的图形可以使画面更有层次感，从而使画面更有动感，如图 6-1-21 所示。

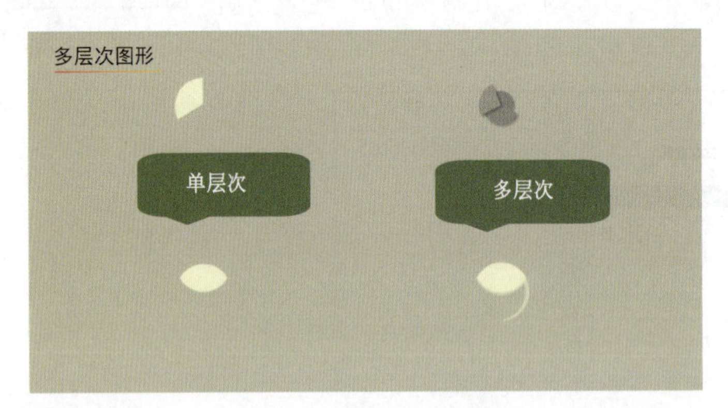

图 6-1-21 多层次图形示意图

3. 运动中的图形具有运动修饰

运动中的图形要添加一些运动修饰，这样会使一张静态的素材更加有动感，如图 6-1-22 所示。

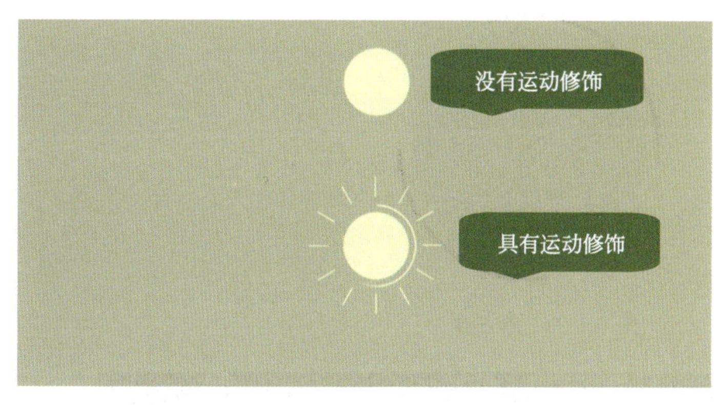

图 6-1-22　具有运动修饰的图形示意图

6-5　图形动画的三个特征

6.1.4　几种常见的 PowerPoint 动画

下面介绍几种制作图形运动式微课常用的 PPT 动画，分别是陀螺旋、放大/缩小、基本缩放、擦除、缩放定位。

1. 动画例子——陀螺旋（绕某一个中心点旋转）

第一步：插入如图 6-1-23 所示的图形。

第二步：选中红色的指针复制一份，然后选中两根指针按下快捷键 Ctrl+G 成组，注意整个选项框的范围是两根指针的区域，陀螺旋旋转的中心点将会是框选区域的中心点，如图 6-1-24 所示。

图 6-1-23　第一步

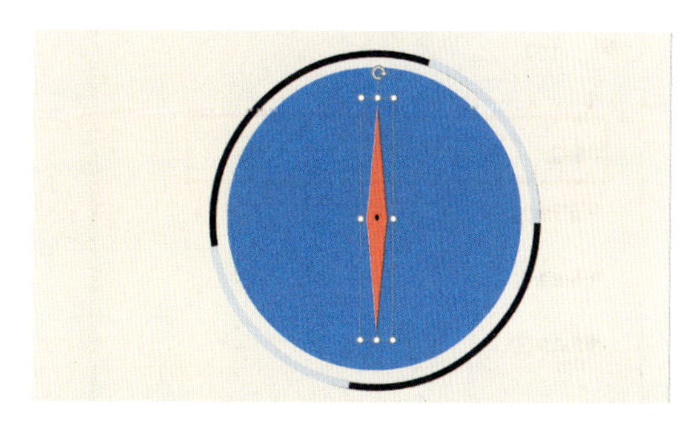

图 6-1-24　第二步

第三步：把下面那根指针的填充颜色改为无填充，改完后框选区域仍然是上一步的范围，如图 6-1-25 所示。

第四步：添加陀螺旋动画，如图 6-1-26 所示。

第五步：让这根指针绕着中心点旋转 90°，我们打开陀螺旋动画的效果选项卡，把数量设为“360°顺时针”，如图 6-1-27 所示。

第六步：打开效果选项面板中的计时面板，把重复设置为 0.25(90°/360°)，如图 6-1-28 所示。

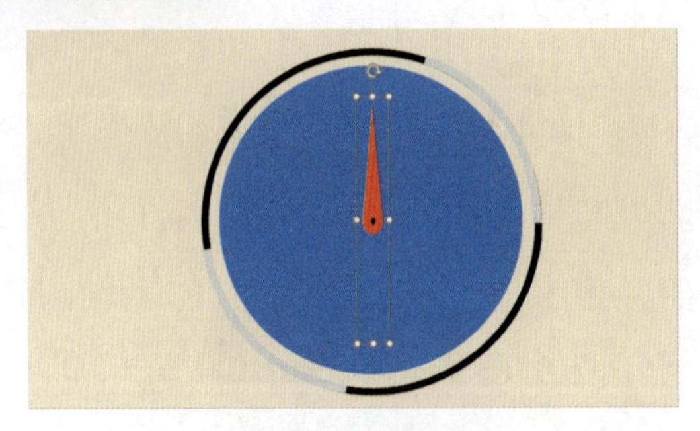

图 6-1-25　第三步

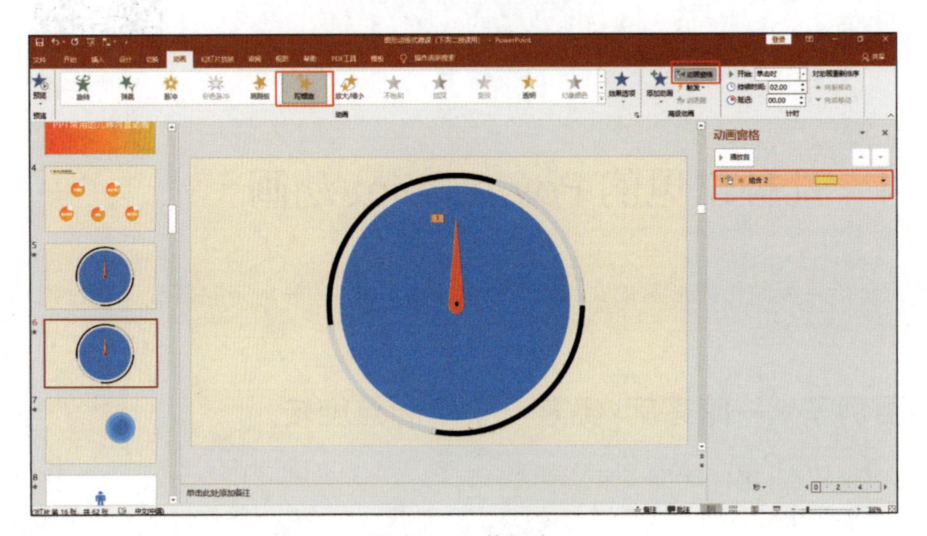

图 6-1-26　第四步

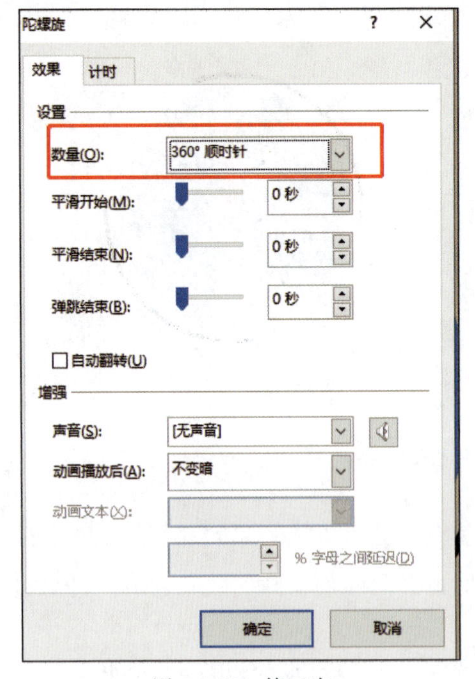

图 6-1-27　第五步

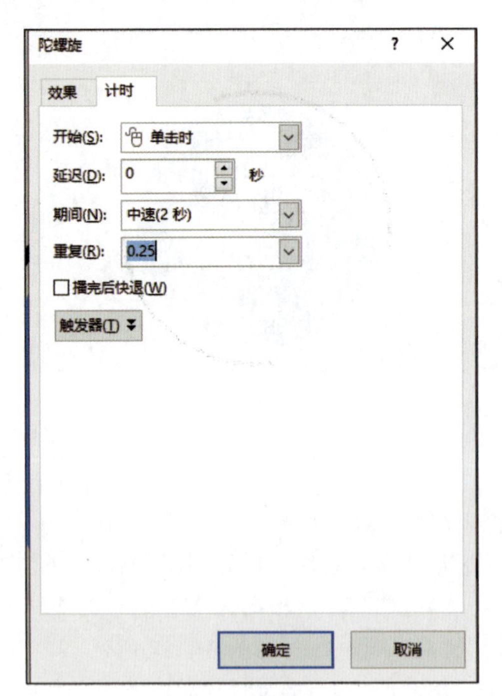

图 6-1-28　第六步

2. 动画例子——放大/缩小

这个动画可以把一个图形最大放大到原图形的 1000%，最小缩小到原图形的 0%。

第一步：插入 3 个不同大小的圆形，如图 6-1-29 所示。

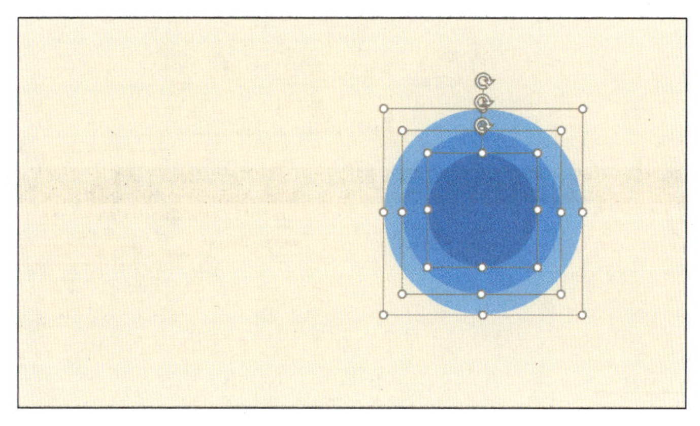

图 6-1-29　第一步

第二步：为这 3 个圆形分别添加放大/缩小动画，并把放大的尺寸设为 101%，把弹跳结束设为 2s，然后把第二个圆和第三个圆的延迟分别设为 0.1s 和 0.2s，如图 6-1-30 与图 6-1-31 所示。

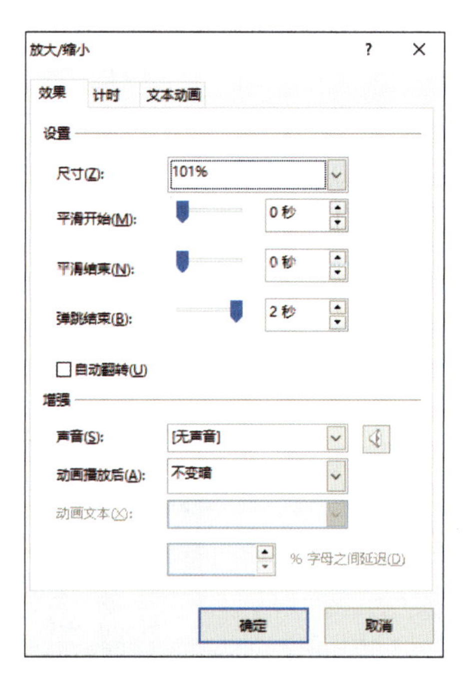

图 6-1-30　第二步之设置效果

第三步：选择最小的圆形，添加路径动画和放大/缩小动画，放大/缩小动画的尺寸设置为 0，动画的开始方式设为与上一动画同时开始。路径动画的持续时间改为 0.3s，延迟改为 0s，如图 6-1-32 与图 6-1-33 所示。

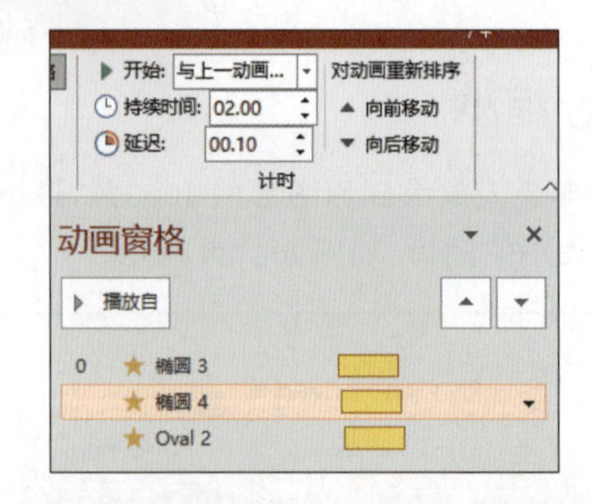

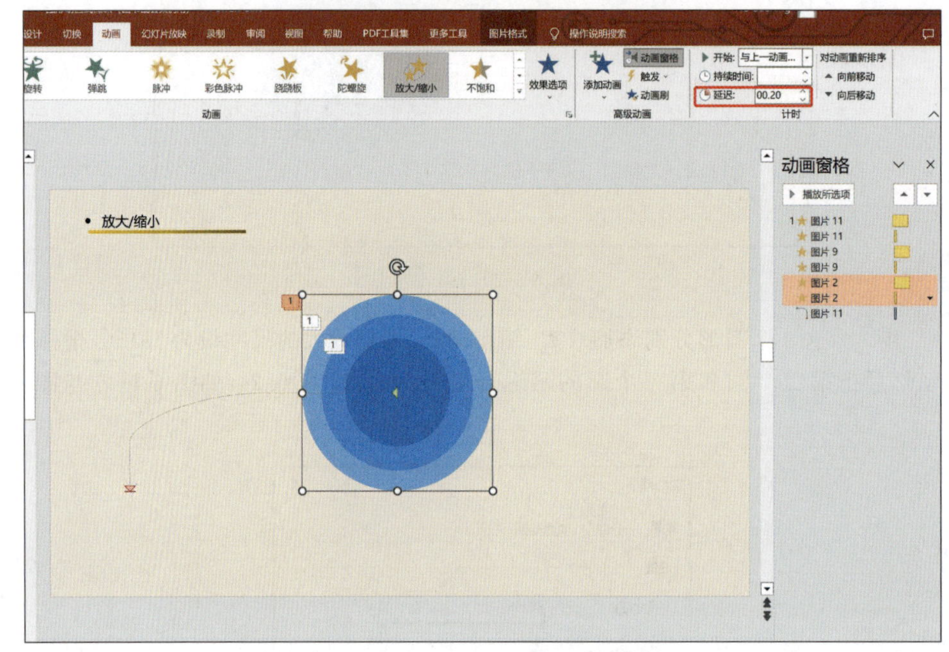

图 6-1-31 第二步之设置延迟时间

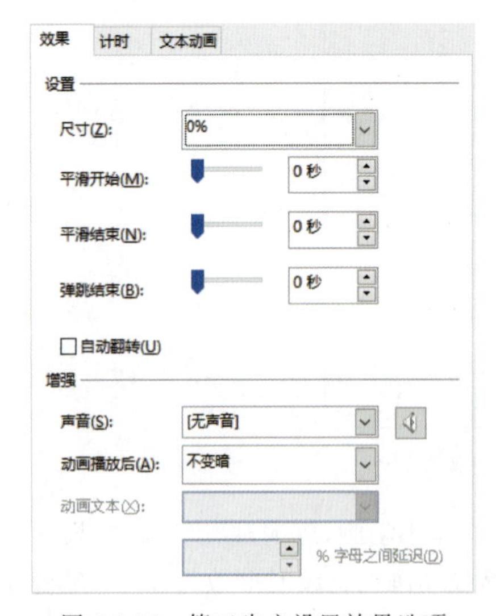

图 6-1-32 第三步之设置效果选项

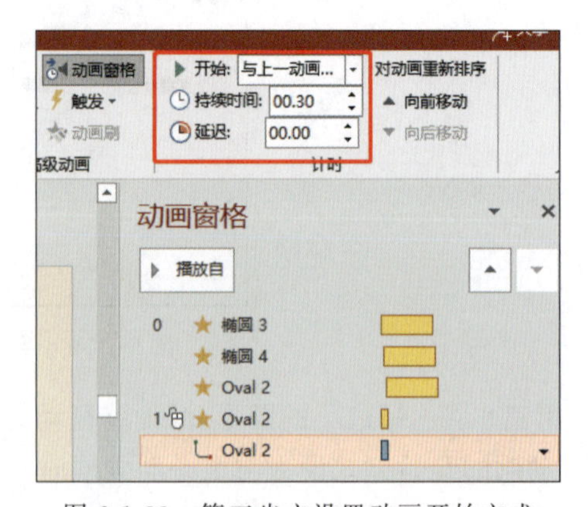

图 6-1-33 第三步之设置动画开始方式

3. 动画例子——基本缩放

第一步：插 3 个圆形(3 个圆是重叠在一起的)，大小要超过 PPT 画布的大小，如图 6-1-34 所示。

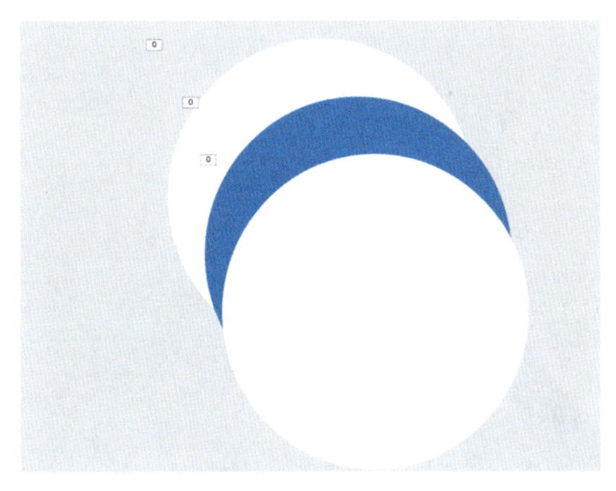

图 6-1-34　第一步

第二步：每个圆形都添加基本缩放这个动画，效果选项设为缩小。持续时间设为 1s，第二个圆延迟设为 0.07s，第三个圆延迟设为 0.15s，如图 6-1-35 所示。

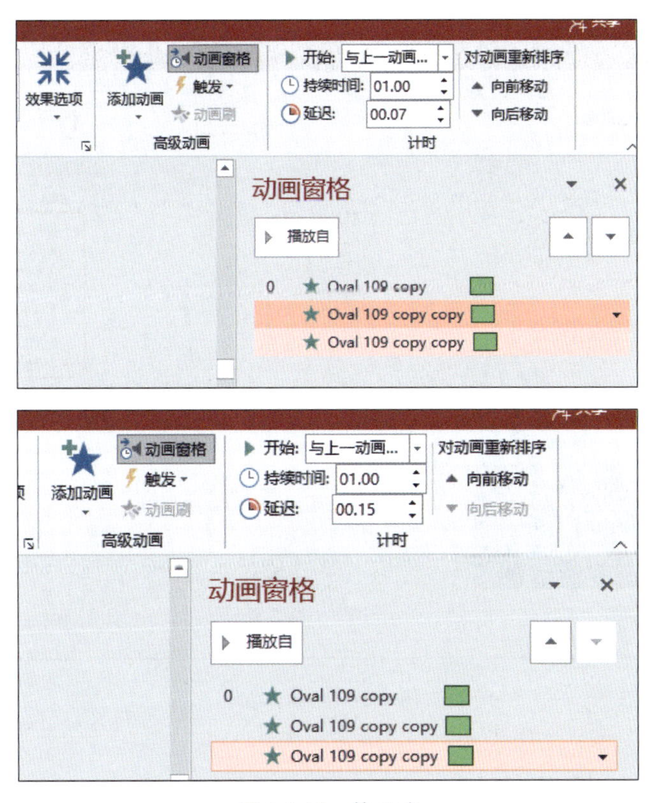

图 6-1-35　第二步

4. 动画例子——擦除

第一步，插入如图 6-1-36 所示的图形。

图 6-1-36　第一步

第二步，为每个图形设置擦除动画，擦除动画的效果选项设为自底部，而且为每个图形的擦除动画的出现设置一个时间差，如图 6-1-37 所示。

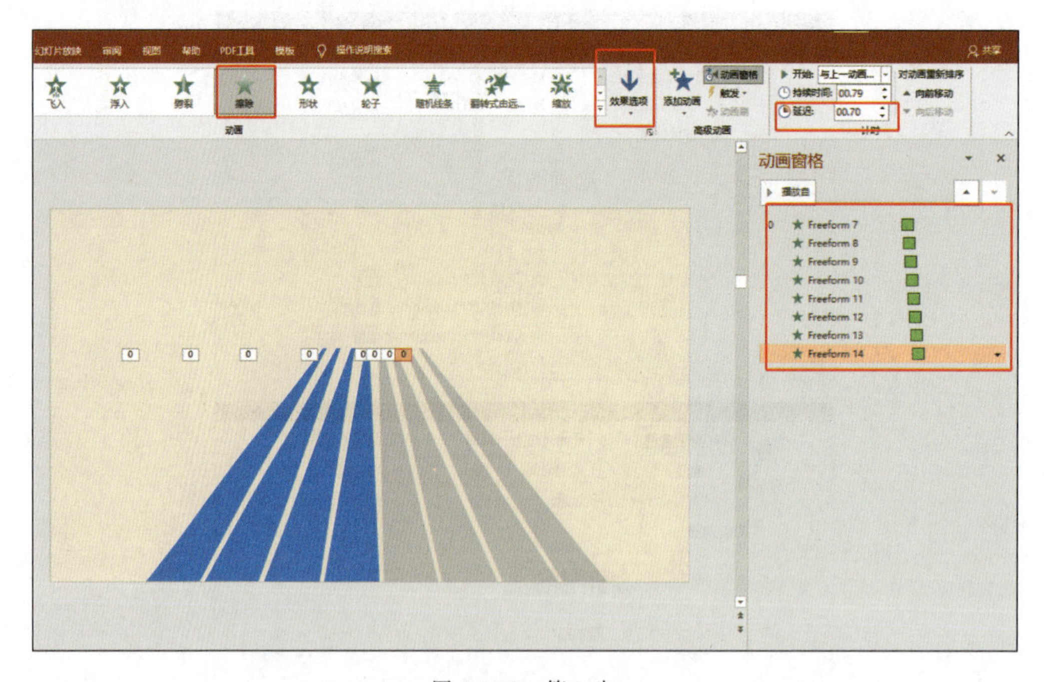

图 6-1-37　第二步

5. 动画例子——缩放定位

第一步：分别在 4 页 PPT 中插入一张缩放的背景图，3 张放有定位标志的幻灯片，如

图 6-1-38 所示。

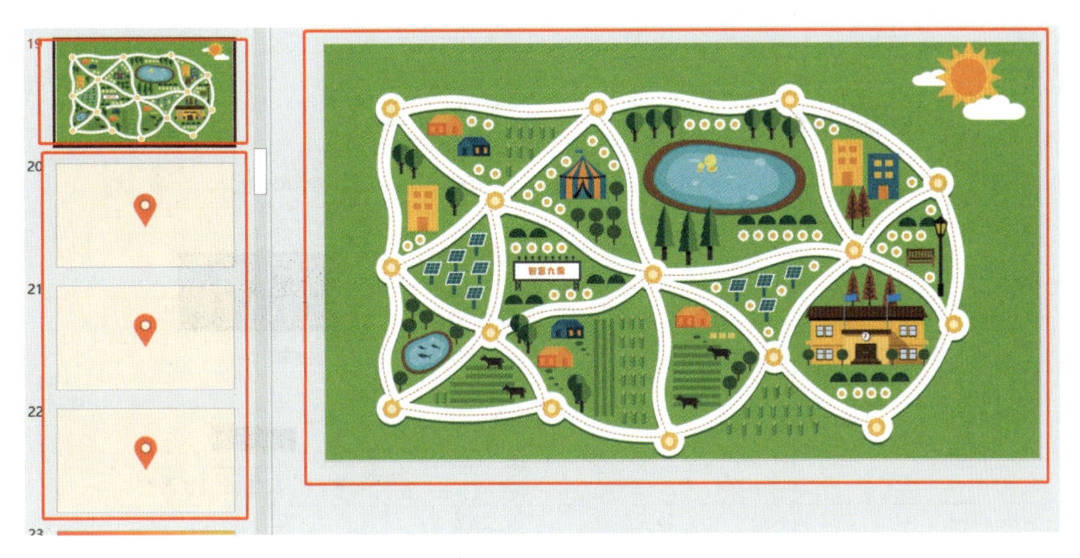

图 6-1-38　第一步

第二步：单击插入菜单下缩放定位的幻灯片缩放定位，如图 6-1-39 所示。

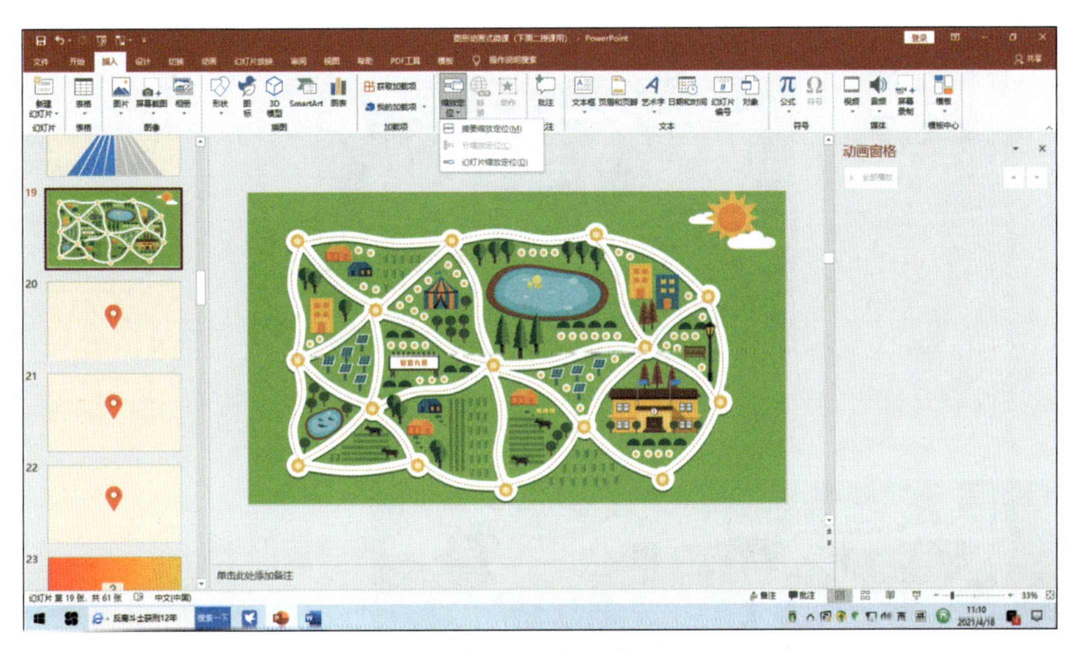

图 6-1-39　第二步

第三步：分别选择 3 张放有定位标志的幻灯片，如图 6-1-40 所示。

第四步：分别单击插入缩放背景的 3 张幻灯片，然后单击上方格式菜单中的缩放定位背景，如图 6-1-41 所示。

第五步：显示最终效果，如图 6-1-42 所示。

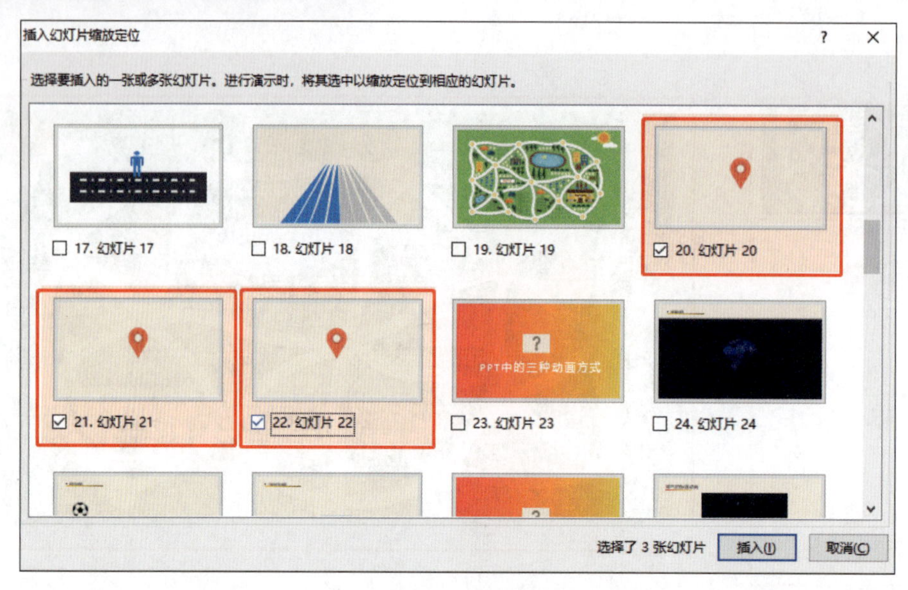

图 6-1-40　第三步

图 6-1-41　第四步

图 6-1-42　第五步

6-6　PPT 常用的几种内置动画

6.1.5　三种常用的 PPT 动画方式

1. 遮罩动画

第一步：插入一张地球图片然后设置从左至右的路径动画，如图 6-1-43 所示。

图 6-1-43　第一步

第二步：插入一个黑色的长方形和其他颜色的圆形，然后先选择黑色的长方形，再按住 Ctrl 键不放加选圆形，接着单击上方格式菜单下的合并形状中的“组合”，如图 6-1-44 所示。

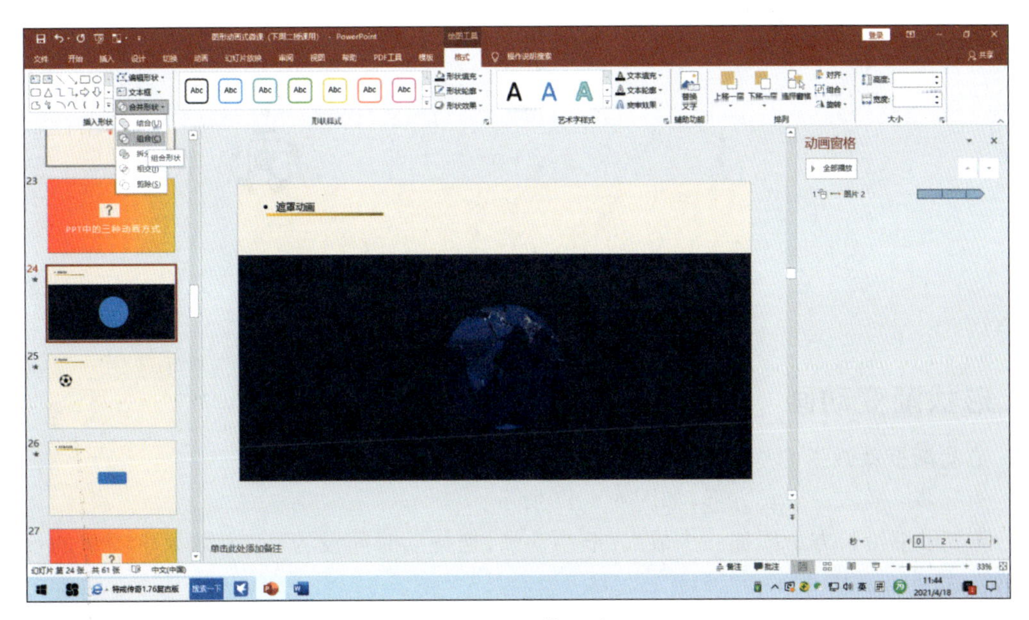

图 6-1-44　第二步

2. 路径动画

第一步：插入一个足球并添加陀螺旋的动画效果。

第二步：选择足球并添加一种路径动画，然后单击路径动画的效果选项中的编辑顶点，如图 6-1-45 所示。

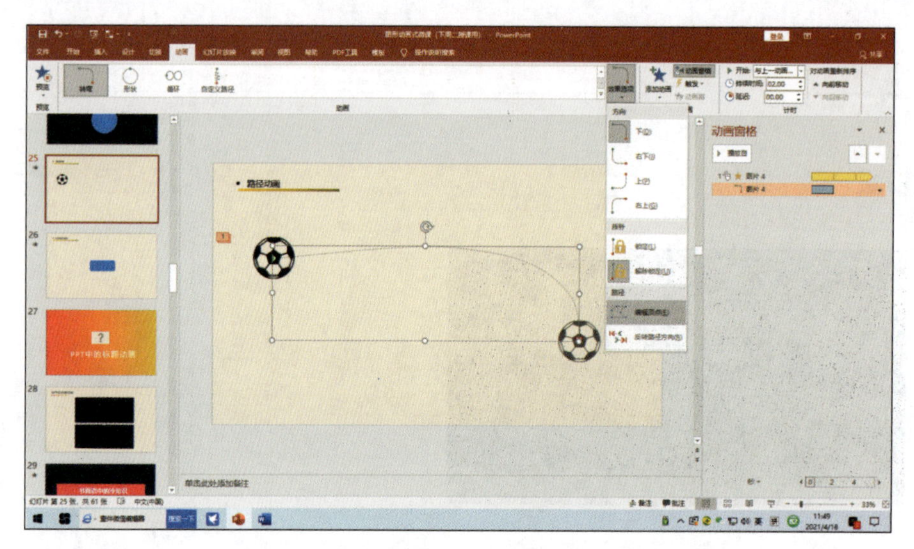

图 6-1-45　第二步

第三步：对编辑顶点进行拖动编辑，这样可以编辑路径，如图 6-1-46 所示。

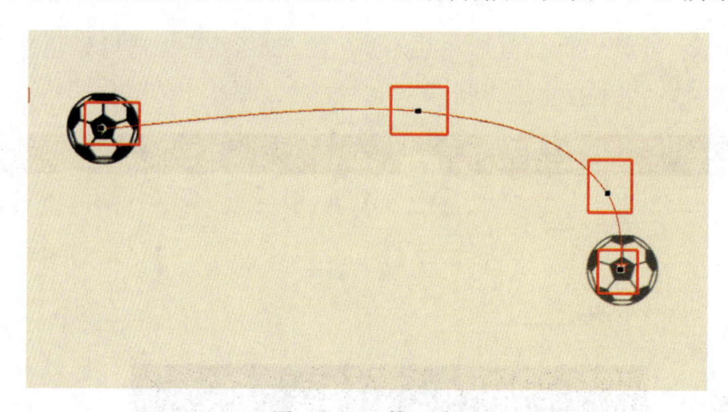

图 6-1-46　第三步

3. 形状渐变动画

形状渐变动画指的是从一种图形变成另外一种图形的过程。

第一步：插入一个长方形，如图 6-1-47 所示。

第二步：给长方形添加一个放大/缩小动画，把持续时间设为 0.5s，效果选项里的尺寸设为 0，如图 6-1-48 所示。

第三步：插入一个圆形，并对圆形设置淡化动画和放大/缩小动画，持续时间都是 0.5s，如图 6-1-49 所示。

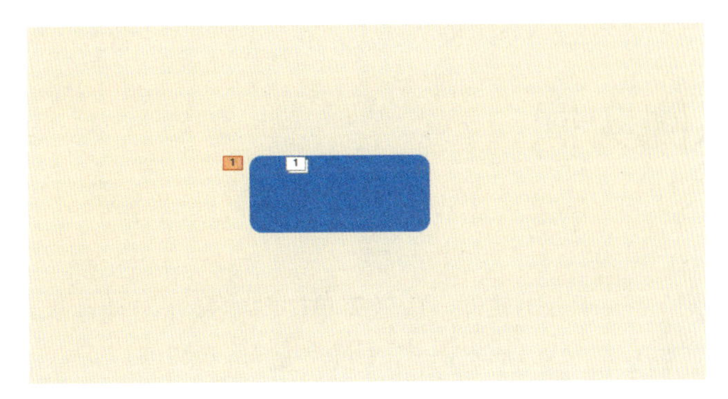

图 6-1-47　第一步

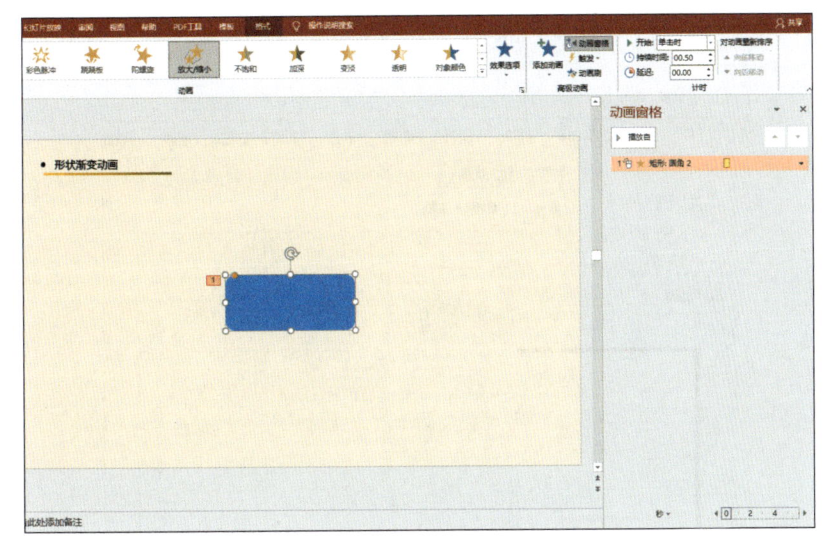

图 6-1-48　第二步

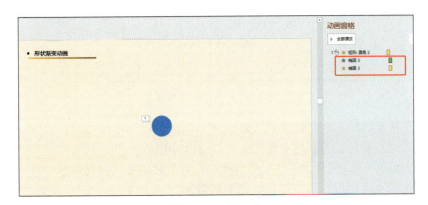

图 6-1-49　第三步

6-7　PPT 中的三种动画方式

6.2 案例实操一

[案例描述]

本案例主要介绍 PowerPoint 软件一些最简单的基本操作与动画操作，包括图形绘制、文本添加、幻灯片切换、背景设置、插入图片、删除背景、插入动画、动画效果、动画路径、切换效果等。

[制作步骤]

(1) 打开 PowerPoint，新建空白演示文稿。保存文件，命名为"案例实操：会展的起源"，如图 6-2-1 所示。

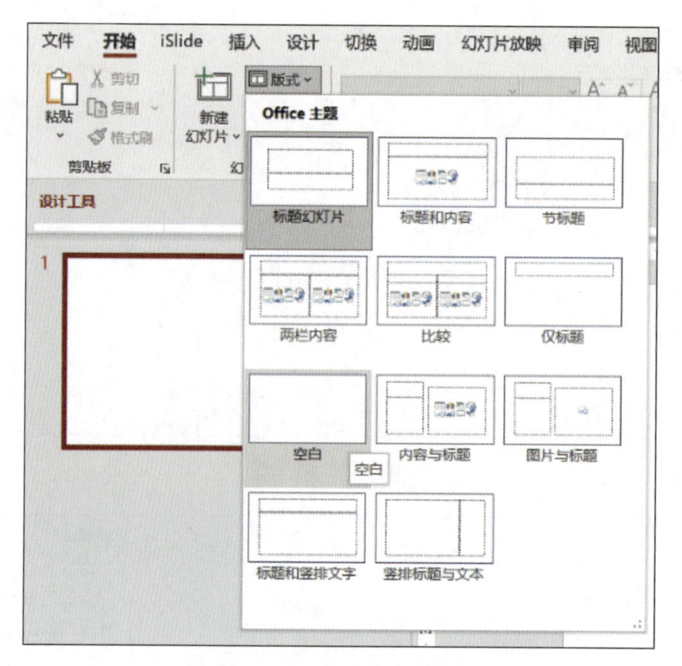

图 6-2-1　新建空白页面

(2) 在开始菜单栏里单击版式下拉菜单→"Office 主题"，选择"空白"，这时演示文稿的第一页幻灯片就会变成没有任何对象的空白页面，如图 6-2-2 所示。

(3) 单击插入工具栏上的"形状"→"直线"，在空白区域从左往右绘制一条直线，并放置在幻灯片页面的中央位置。单击形状格式工具栏，在工具栏中单击"形状轮廓"，选择标准色为橙色，粗细为 3 磅，效果如图 6-2-3 所示。

(4) 单击插入工具栏上的"形状"→"矩形圆角"，绘制一个圆角矩形。单击形状格式工具栏，在工具栏中单击"形状填充"，选择标准色为橙色。在工具栏中单击"形状轮廓"，选择"无轮廓"。将圆角矩形调整大小，并放置到页面中央。效果如图 6-2-4 所示。

(5) 右击圆角矩形，选择"编辑文字"。在矩形中输入文字"但是"，调整字体为"微软雅黑"，加粗，居中，阴影，字号为 32，字体颜色为白色。单击插入工具栏中的"文本框"→"绘制

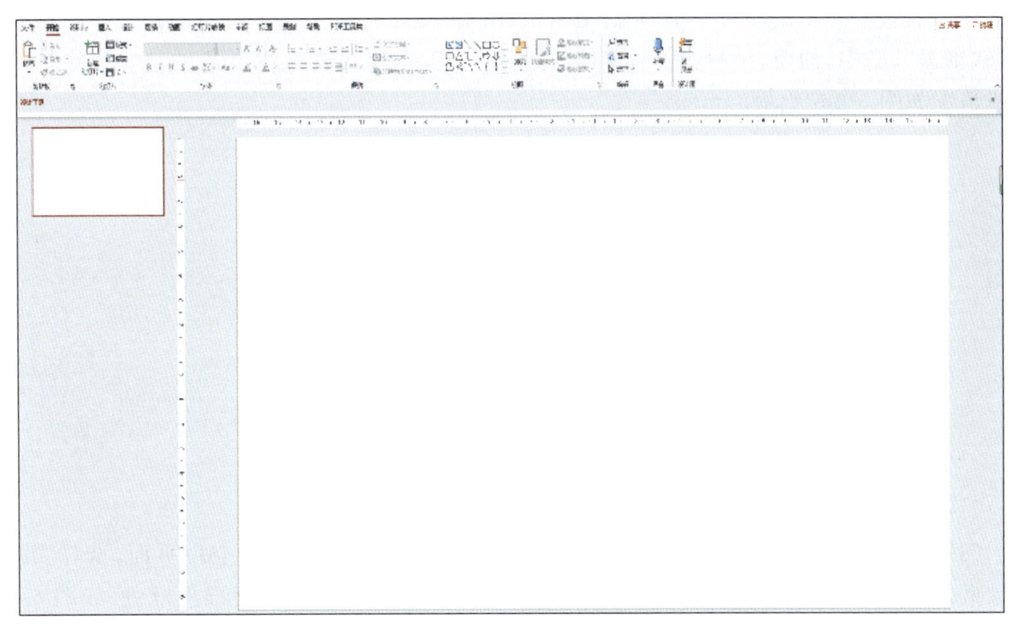

图 6-2-2　Office 主题

图 6-2-3　绘制一条直线

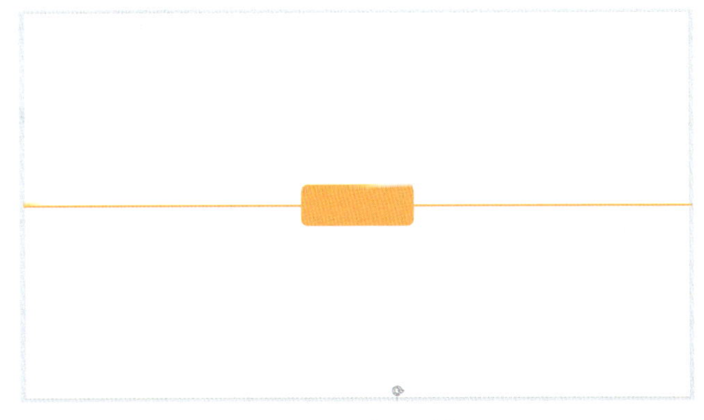

图 6-2-4　圆角矩形位置

横排文本框”，在圆角矩形正下方绘制文本框，并输入文字“关于会展的起源”，调整字体为“微软雅黑”，居中，加粗，字号为28，字体颜色为黑色，并将其放置在合适的位置。幻灯片1完成情况如图6-2-5所示。

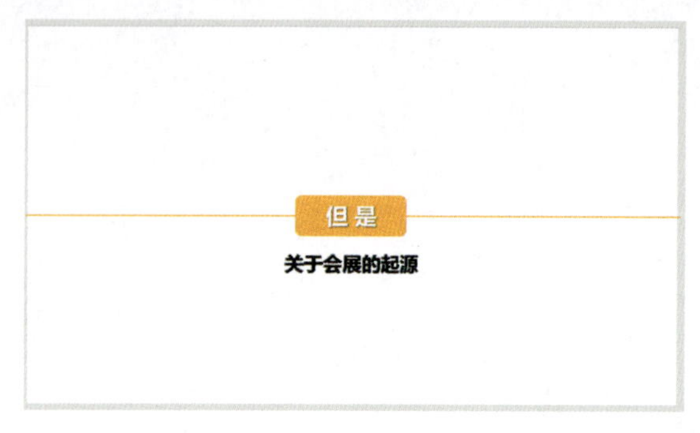

图6-2-5　幻灯片1效果

(6) 在左侧演示文稿视图右击“新建幻灯片”，在幻灯片2中右击空白页面，选择“设置背景格式”，在弹出的背景格式参数区中，选择“纯色填充”，颜色选择标准色橙色，如图6-2-6所示。

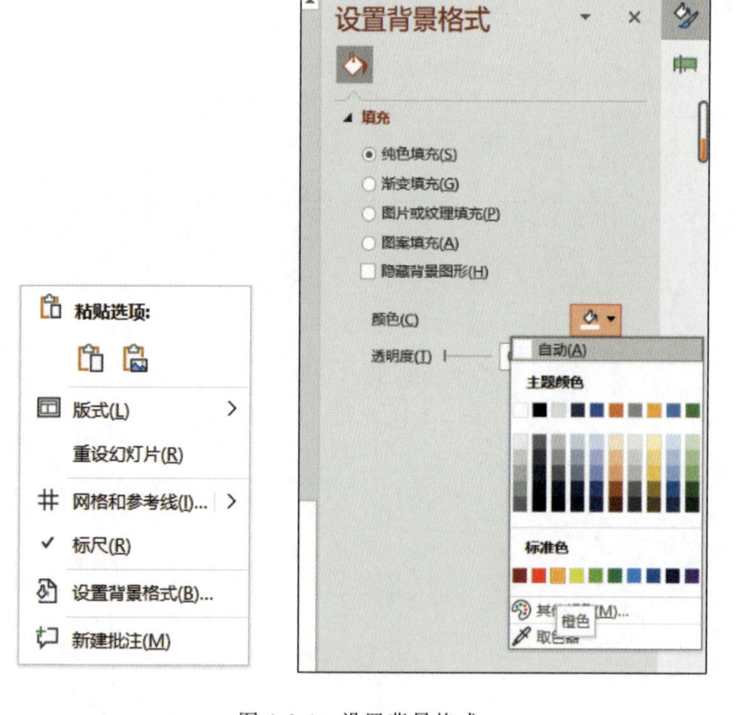

图6-2-6　设置背景格式

(7) 单击插入工具栏上的“文本框”→“绘制横排文本框”，输入文字“物物交换”，调整字体为“微软雅黑”，居中，加粗，阴影，字号为54，字体颜色为白色。复制文本框，把第二个“物物交换”改成“集市庙会”。两个文本框水平对齐。再用相同的方法，插入第三个文本框，输入or，将or放置到“物物交换”和“集市庙会”中间，同时选中三个文本框，右击“组合”，将其变成一个对象组。效果如图 6-2-7 所示。

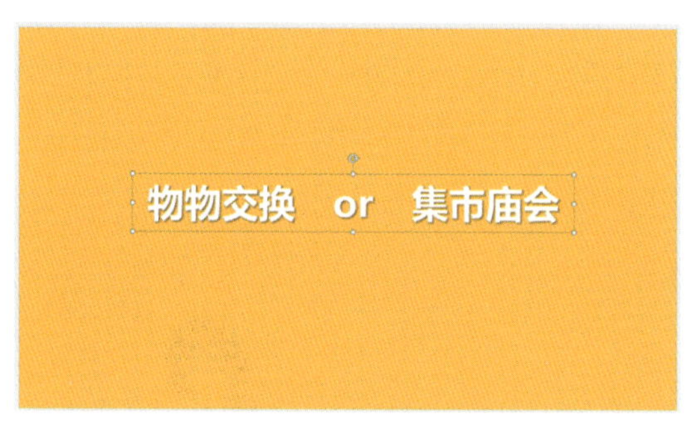

图 6-2-7　文本框对象组

(8) 选中对象组，单击动画工具栏的“添加动画”→“其他更多路径”→“直线和曲线”→“向右”。此时我们可以看到对象中有一个红点和一个绿点，红点代表终点，绿点代表起始点。按住“Shift”键将红点水平拖动到界面框右侧，将“or 集市庙会”移动到黄色背景外，使“or 集市庙会”处于画外，“物物交换”处于画内，如图 6-2-8 所示。单击动画工具栏的“计时”，持续时间设置为 1.00s，如图 6-2-9 所示。

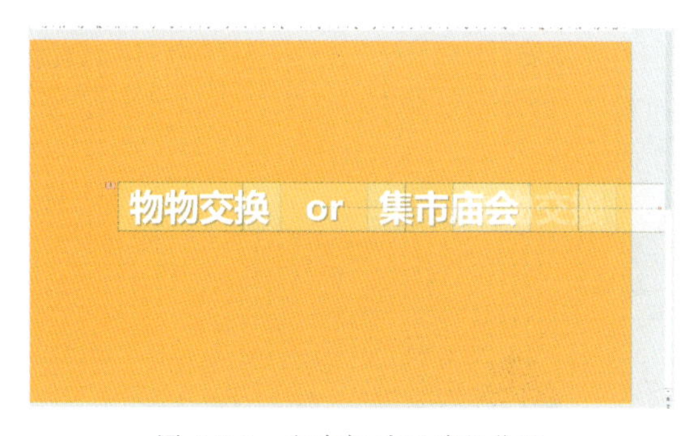

图 6-2-8　文本框动画路径位置

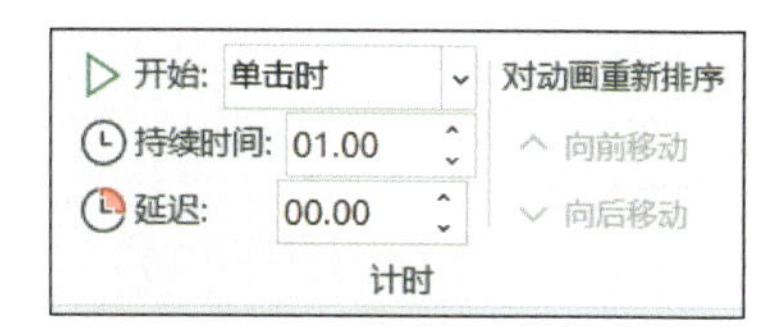

图 6-2-9　动画计时设置

(9) 单击插入工具栏上，选择“图片”→“此设备”→“原始人 A”。单击“图片格式”工具栏选择“删除背景”，通过“标记要保留的区域”和“标记要删除的区域”将白底去掉，只保留原始人 A。在“删除背景”中，紫色区域为需要删除的区域，如图 6-2-10 与图 6-2-11 所示。

图 6-2-10　原始人 A 删除背景前

图 6-2-11　原始人 A 删除背景后

(10) 调整原始人 A 的大小,单击"图片格式"工具栏,选择"图片效果"→"阴影"→"外部"→"偏移右下",为原始人 A 增加阴影,使其更加生动。接着将原始人 A 拖动到页面的右侧。单击动画工具栏,选择"添加动画"→"进入"→"淡化"。在右侧的动画窗格中,下拉对象动画菜单,选择"在上一动画之后"。设置后效果如图 6-2-12 所示。

图 6-2-12 原始人 A 位置

(11) 单击插入工具栏上的"文本框",选择"绘制横排文本框",输入文字"I have 交易功能信息传递功能",调整字体为"微软雅黑",加粗,阴影,字号为 54,字体颜色为白色,行间距为固定值 70 磅。文本框位置和排版如图 6-2-13 所示。

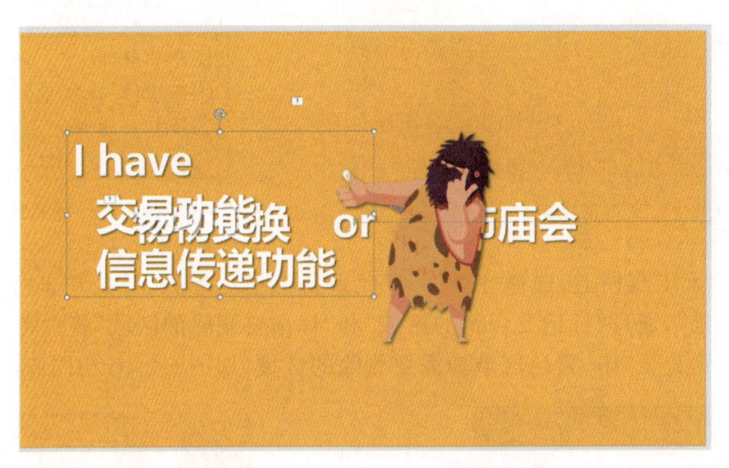

图 6-2-13 文本框位置和排版

(12) 单击动画工具栏的"添加动画",选择"进入"→"淡化"。在右侧的动画窗格中,下拉对象动画菜单,选择"从上一项开始"。如图 6-2-14 所示。

(13) 同时选中原始人 A 和文本框"I have 交易功能信息传递功能",单击动画工具栏,选择"添加动画"→"退出"→"淡化"。选中"物物交换 or 集市庙会"对象组,单击动画工具栏,选择"添加动画"→"其他动作路径"→"直线和曲线"→"向左"。按住 Shift 键,将绿点拖动到黄色背景右侧的红箭头处,同样按住"Shift"键,将红点水平拖动到黄色背景的左侧,使"物物交换 or"处于画外,"集市庙会"处于画内,如图 6-2-15 所示。单击动画工具栏,选择"计时"→"开始"→"与上一动画同时",持续时间设置为 01.00s,如图 6-2-16 所示。

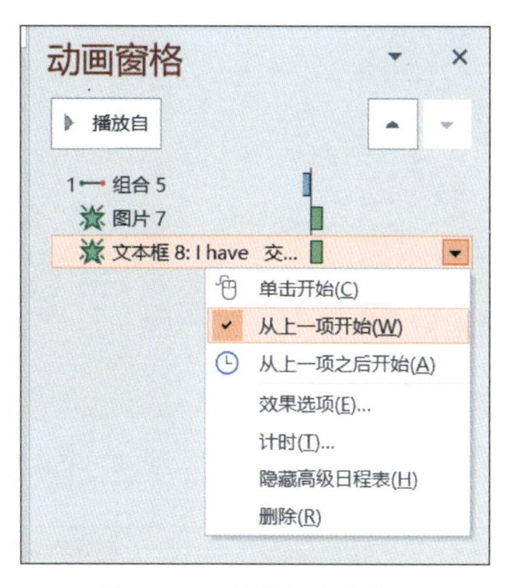

图 6-2-14　文本框动画设置

图 6-2-15　对象组动画路径设置

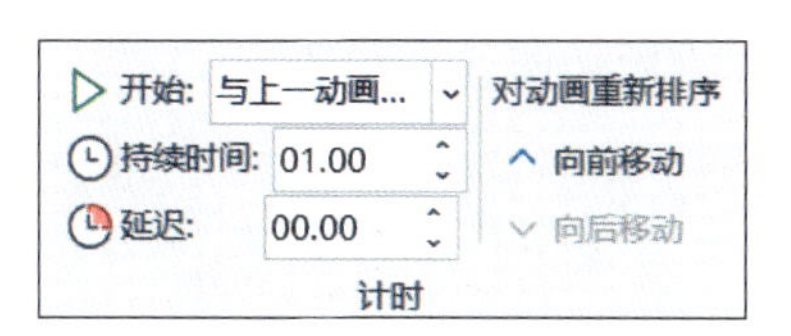

图 6-2-16　对象组动画计时设置

(14) 单击插入工具栏,选择“图片”→“此设备”→“原始人 B”。单击“图片格式”工具栏,选择“删除背景”,通过“标记要保留的区域”和“标记要删除的区域”将白底去掉,只保留原始人 B。如图 6-2-17 与图 6-2-18 所示。

(15) 调整原始人 B 的大小。单击“图片格式”工具栏,选择“图片效果”→“阴影”→“外部”→“偏移右下”,为原始人 B 增加阴影,使其更加生动。接着单击“图片格式”工具栏,选择“旋转”→“水平翻转”。然后将原始人 B 拖动到页面的左侧。单击动画工具栏,选择“添加动画”→“进入”→“淡化”。在右侧的动画窗格中,下拉对象动画菜单,选择“从上一项之后开始”。设置后效果如图 6-2-19 所示。

图 6-2-17　原始人 B 删除背景前

图 6-2-18　原始人 B 删除背景后

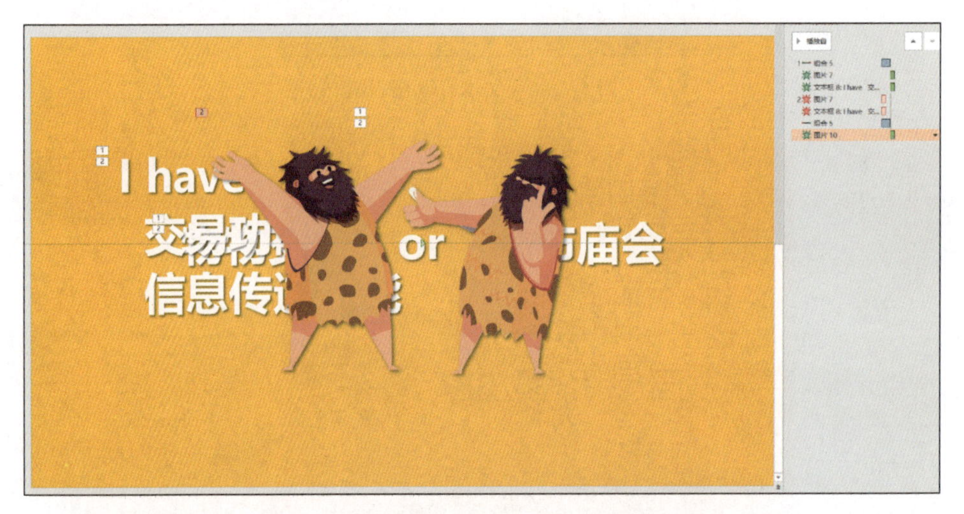

图 6-2-19　原始人 B 位置、效果及动画设置

（16）单击插入工具栏上的“文本框”，选择“绘制横排文本框”，编辑文字“I have 相对固定的地点和时间”，调整字体为“微软雅黑”，加粗，阴影，字号为 54，字体颜色为白色，行间距为固定值 70 磅。文本框位置和排版如图 6-2-20 所示。

图 6-2-20　文本框位置和排版

（17）选中文本框“I have 相对固定的地点和时间”，单击动画工具栏的“添加动画”，选择“进入”→“淡化”。在右侧的动画窗格中，下拉对象动画菜单，选择“从上一项开始”。设置后如图 6-2-21 所示。

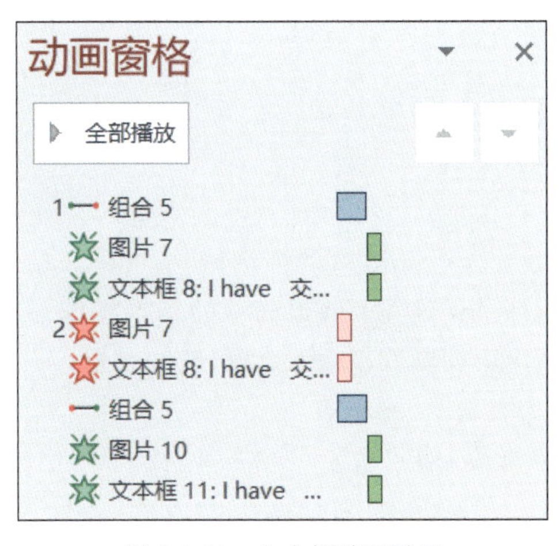

图 6-2-21 文本框动画设置

（18）单击切换工具栏，选择“推入”。选择“效果选项”→“自右侧”。如图 6-2-22 所示。

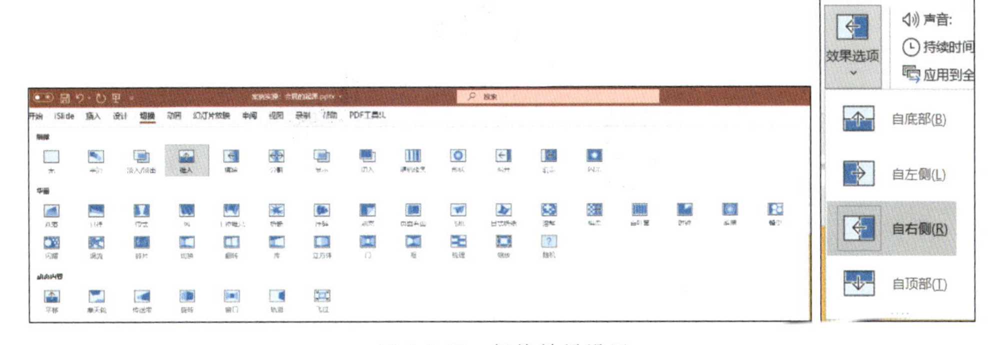

图 6-2-22 切换效果设置

（19）单击插入工具栏，选择“屏幕录制”。单击“选择区域”→“选中整个屏幕”→“录制”。将幻灯片从头开始播放，并进行录制，如图 6-2-23 所示。

图 6-2-23 屏幕录制

（20）录制结束后，视频自动生成并插入幻灯片1中，右击视频，选择“将媒体另存为”，即可把刚刚录制的动画以MP4的格式保存到电脑中。

6-8　案例实操（一）

6.3 案例实操二

［案例描述］

本案例主要介绍PowerPoint软件一些最简单的基本操作与动画操作，包括文本添加、背景设置、插入图片、删除背景、动画效果设置、动画时间设置。

［制作步骤］

第一步：插入微课背景元素，如图6-3-1所示。

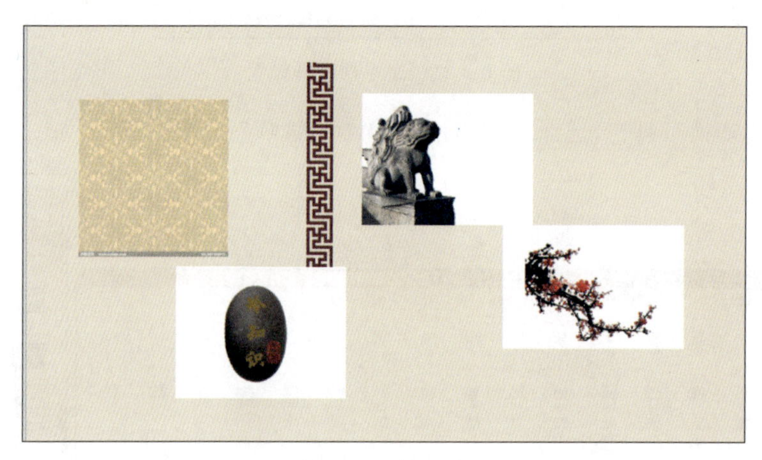

图6-3-1　第一步

第二步：双击这些素材，然后删除背景，并把素材进行布局，再把所有素材进行组合，如图6-3-2所示。

图6-3-2　第二步

第三步：插入“鼎”这个素材，然后对鼎添加从右向左的路径，如图 6-3-3 所示。

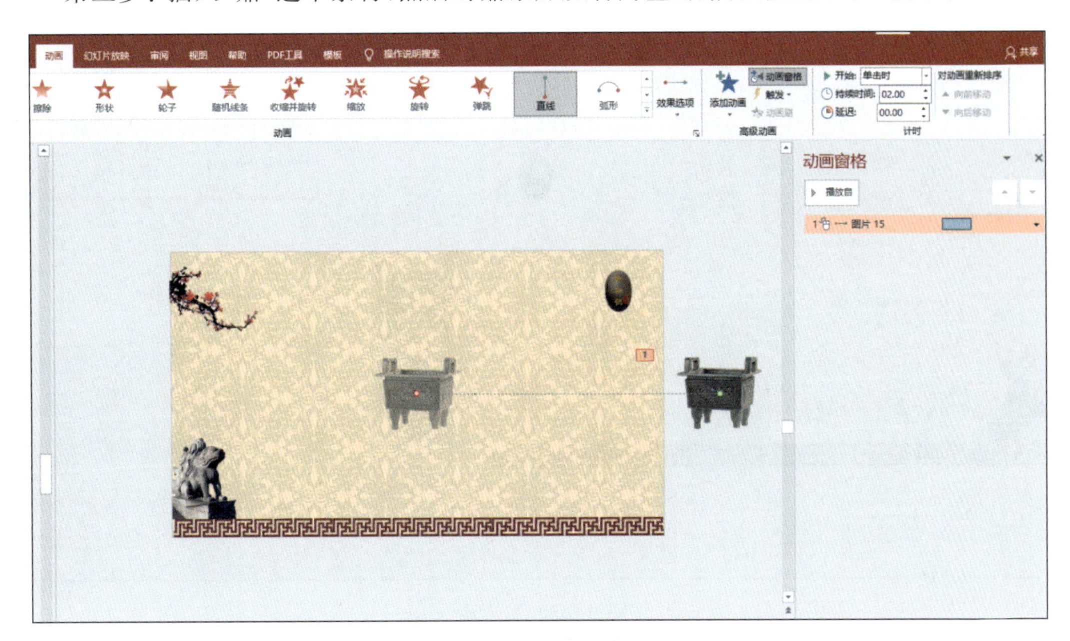

图 6-3-3　第三步

第四步：选择鼎添加“跷跷板”动画，开始方式改为“与上一动画同时”，在效果选项面板里把重复设为“直到幻灯片末尾”，如图 6-3-4 所示。

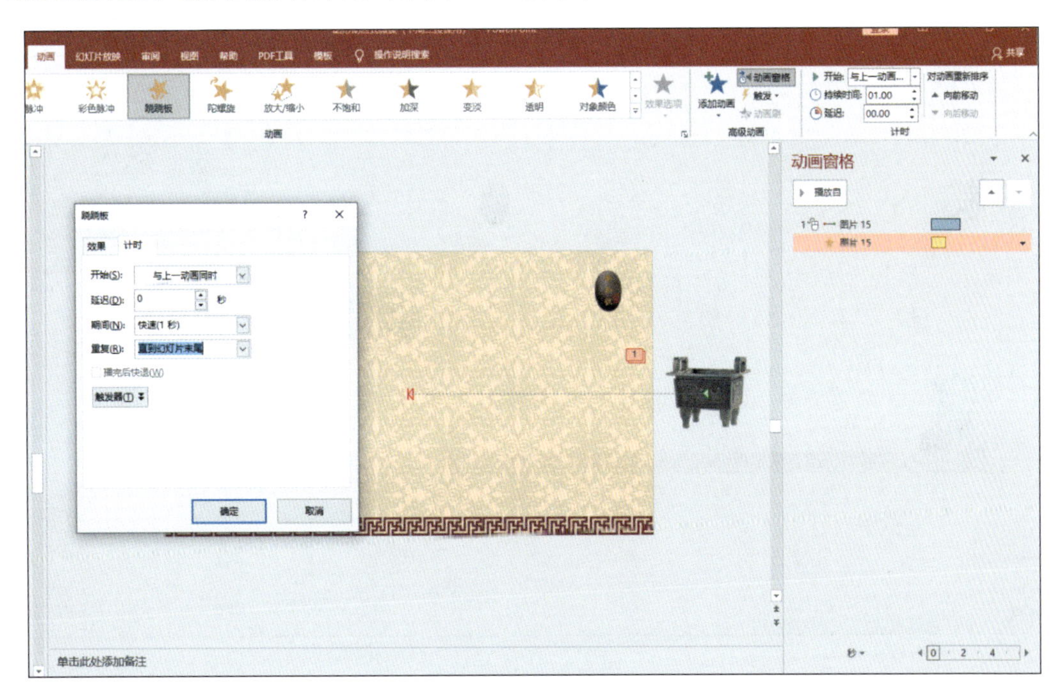

图 6-3-4　第四步

第五步：在鼎的左右两端插入两朵云，并添加淡化动画，然后把右边云朵淡化动画的开始方式改为“与上一动画同时”，如图 6-3-5 所示。

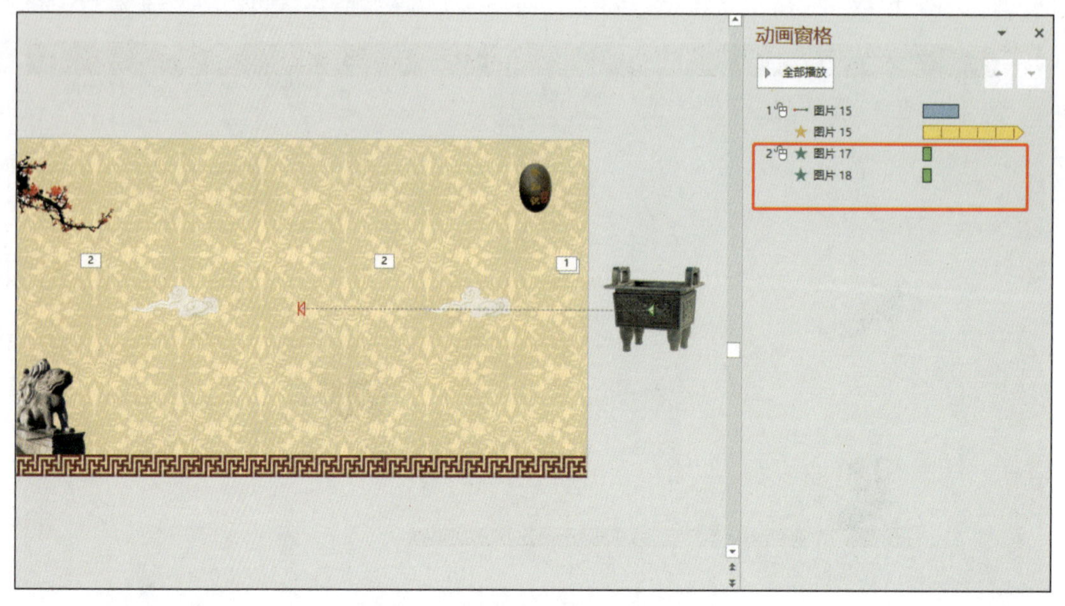

图 6-3-5　第五步

第六步：分别对两朵云添加路径动画，并打开路径动画的效果选项面板，设置为自动翻转，计时中的重复设置为“直到幻灯片末尾”，并且把两个路径动画的开始方式设为与“上一动画同时”，如图 6-3-6 所示。

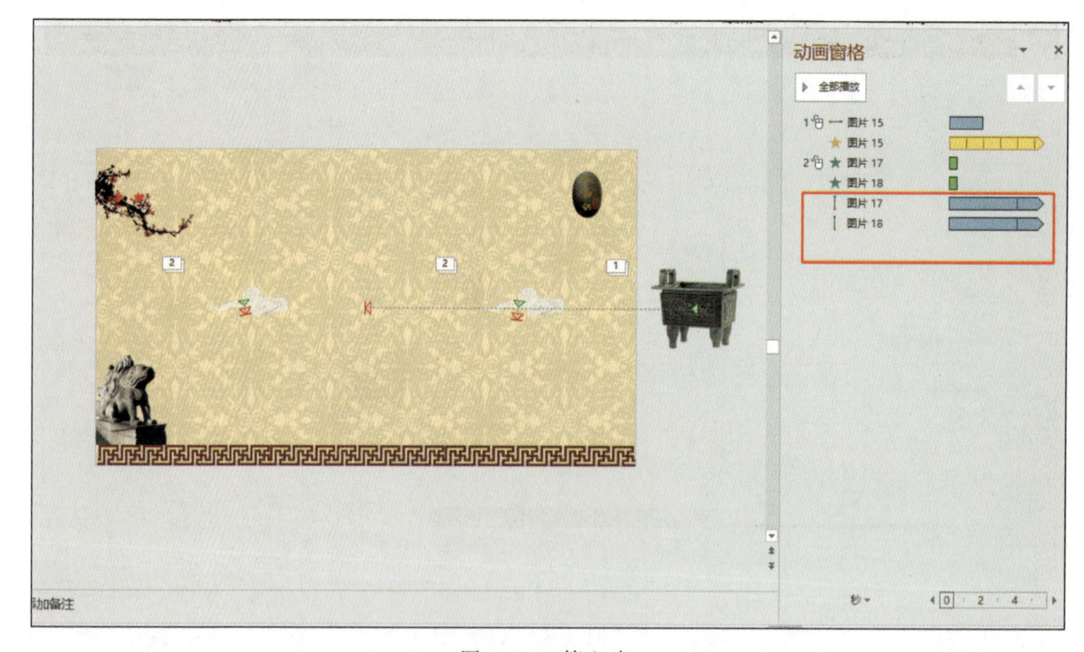

图 6-3-6　第六步

第七步：插入文本标题“有趣的汉语冷知识”并且添加淡化和波浪形的动画，把波浪形动画的开始方式设为与“上一动画同时”，并把持续时间设为 1s，如图 6-3-7 所示。

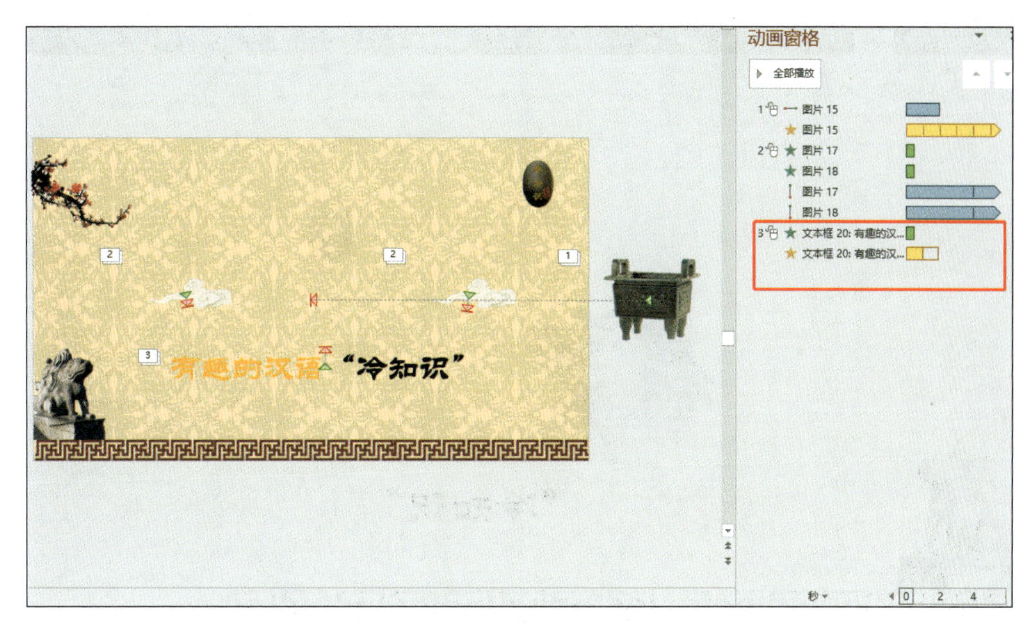

图 6-3-7　第七步

第八步：选择标题和鼎这两个元素分别添加缩放退出动画，效果选项设为幻灯片中心，鼎的缩放动画的开始方式设为“与上一动画同时”，如图 6-3-8 所示。

图 6-3-8　第八步

第九步：插入“吃惊”这一张照片，添加飞入和路径动画，改变路径动画的起始点和终点，把路径动画的开始方式设为“与上一动画同时”，打开飞入动画的效果选项面板，把弹跳结束设置为 0.3s，打开路径动画的效果选项面板，设置为自动翻转，把计时中的重复设置为“直至幻灯片末尾”，如图 6-3-9 所示。

(a)

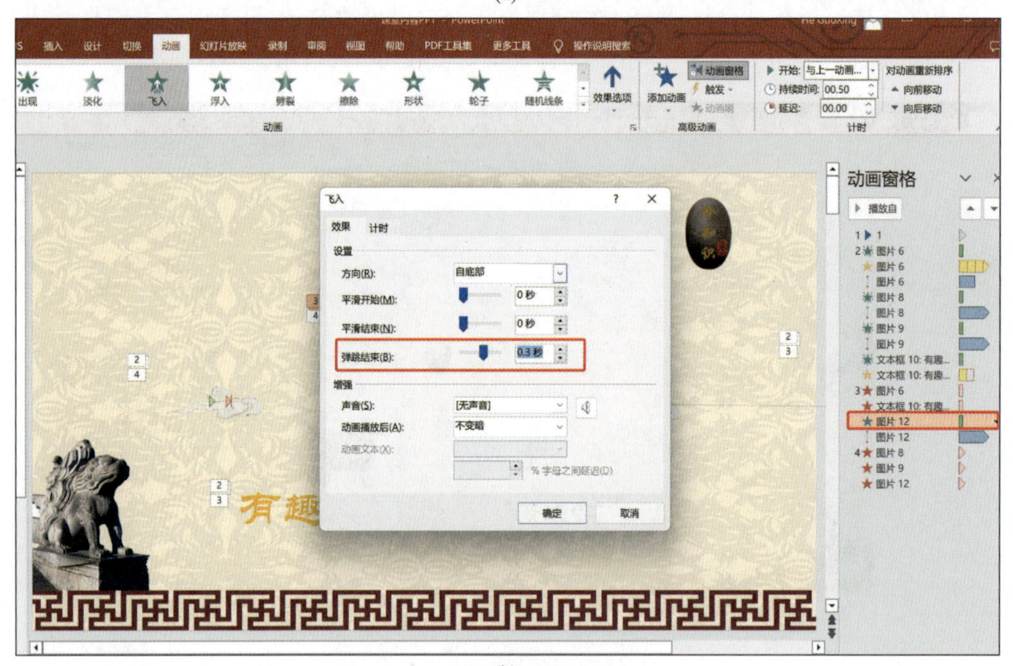

(b)

图 6-3-9　第九步

6-9　第一步至第九步

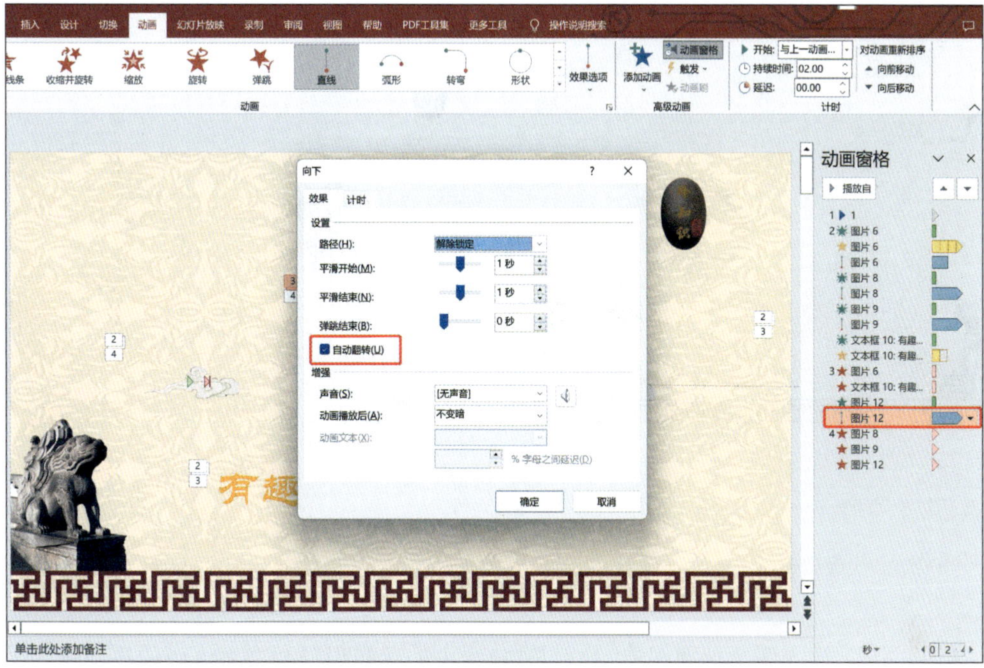
插入
设计
切换
动画
幻灯片放映
录制
审阅
视图
帮助
PDF工具集
更多工具
操作说明搜索
收缩并旋转
缩放
旋转
弹跳
直线
弧形
转弯
形状
效果选项
添加动画
动画窗格
触发
动画刷
开始: 与上一动画...
持续时间: 02.00
延迟: 00.00
对动画重新排序
向前移动
向后移动
动画
高级动画
计时
向下
效果
计时
设置
路径(H):
解除锁定
平滑开始(M):
1 秒
平滑结束(N):
1 秒
弹跳结束(B):
0 秒
自动翻转(U)
增强
声音(S):
[无声音]
动画播放后(A):
不变暗
动画文本(X):
% 字母之间延迟(D)
确定
取消
动画窗格
播放自
图片 6
图片 8
图片 9
文本框 10: 有趣...
图片 12
单击此处添加备注

(c)

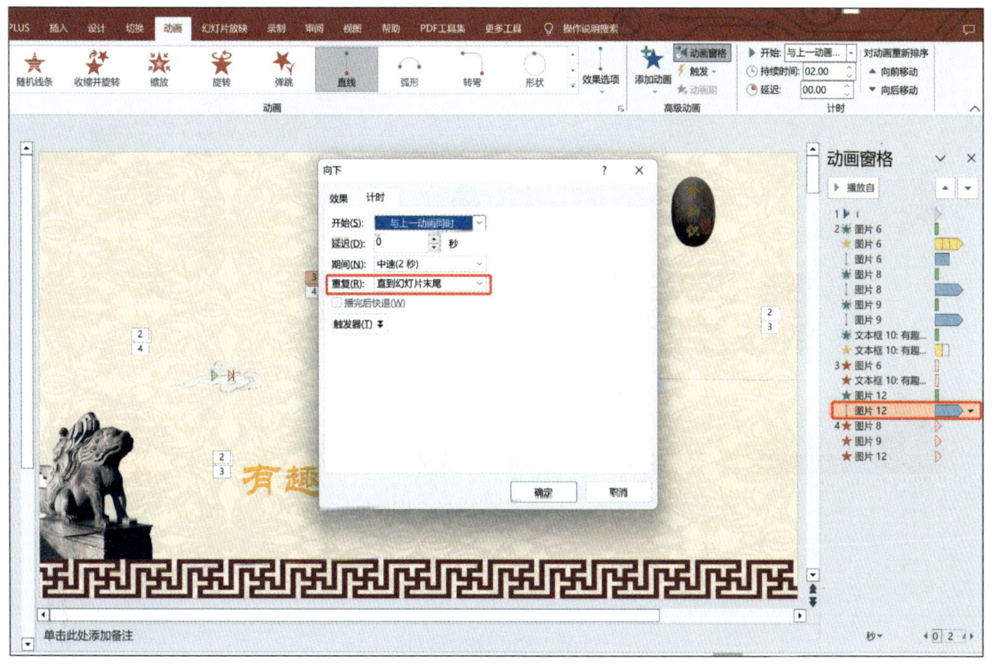
插入
设计
切换
动画
幻灯片放映
录制
审阅
视图
帮助
PDF工具集
更多工具
操作说明搜索
随机线条
收缩并旋转
缩放
旋转
弹跳
直线
弧形
转弯
形状
效果选项
添加动画
动画窗格
触发
动画刷
开始: 与上一动画...
持续时间: 02.00
延迟: 00.00
对动画重新排序
向前移动
向后移动
动画
高级动画
计时
向下
效果
计时
开始(S):
与上一动画同时
延迟(D):
0
秒
期间(N):
中速(2 秒)
重复(R):
直到幻灯片末尾
播完后快退(W)
触发器(T)
确定
取消
动画窗格
播放自
图片 6
图片 8
图片 9
文本框 10: 有趣...
图片 12
单击此处添加备注

(d)

图 6-3-9 （续）

第十步：分别对两朵云和“吃惊”这一图片添加消失动画。如图 6-3-10 所示。

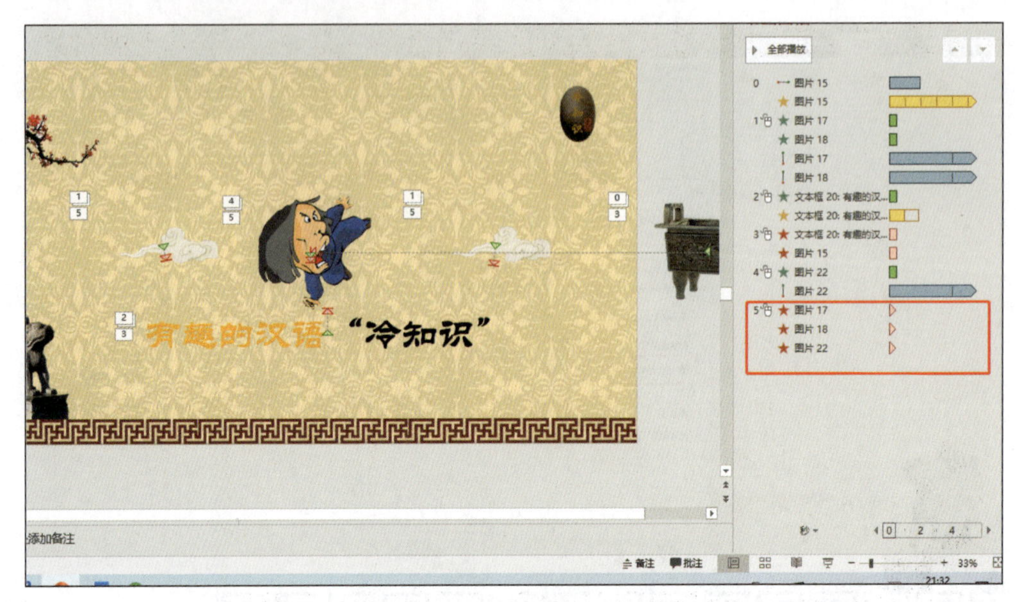

图 6-3-10　第十步

第十一步：插入两个标题图形，分别是“口语中的冷知识”和“书面语中的冷知识”，并分别添加飞入动画，把“书面语中的冷知识”的开始方式设为“上一动画之后”，如图 6-3-11 所示。

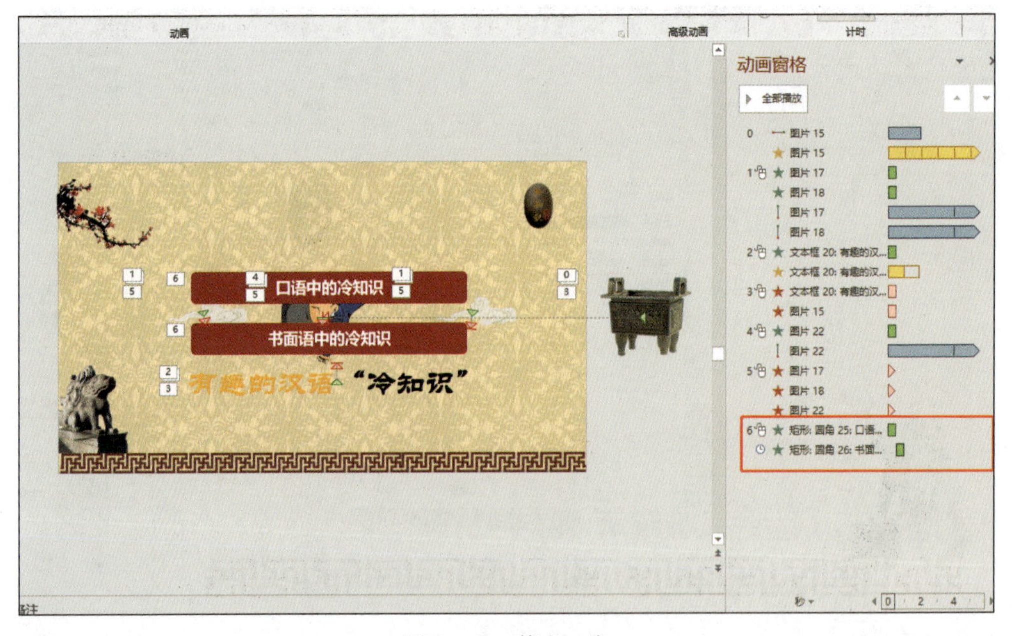

图 6-3-11　第十一步

第十二步：对 PPT 整个画面中添加长方形，让多个长方形布满画面，然后对每个长方形添加劈裂的动画，每个动画的持续时间设置为 0.75s，效果选项设为中央向上下展开，从左到右，每个长方形的延迟设为 0.25s，0.5s，0.75s…以此类推，如图 6-3-12 所示。

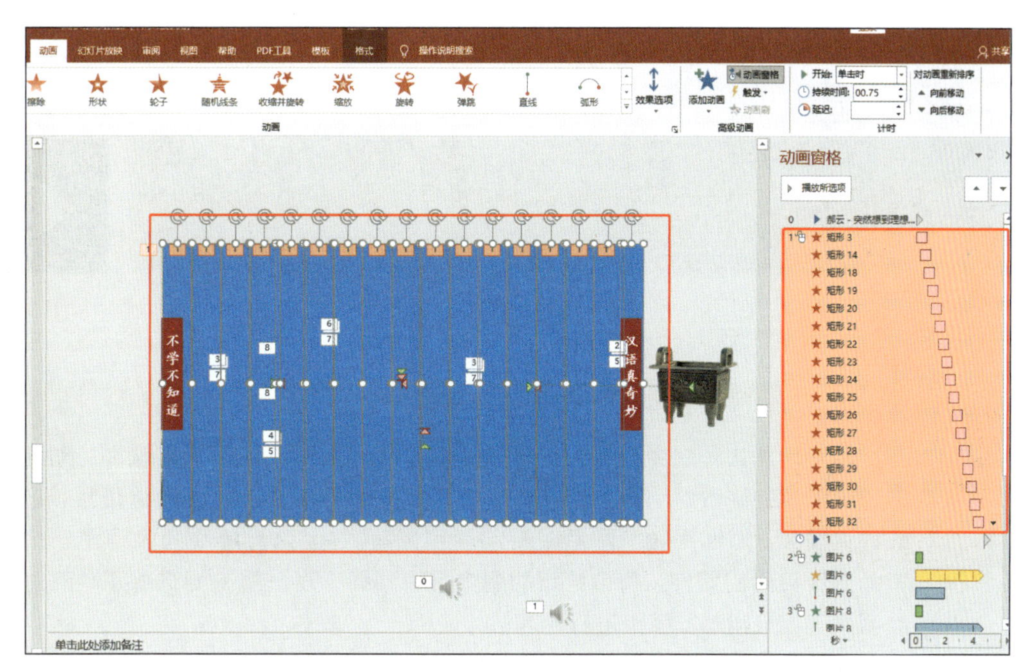

图 6-3-12　第十二步

第十三步：添加背景音乐和解说配音。

插入背景音乐，把动画方式设置为“与上一项同时”，动画启动顺序拖到位置 0；插入解说配音，把动画方式设置为“与上一项同时”，动画启动顺序拖到位置 1 的最后一个，如图 6-3-13 所示。

图 6-3-13　第十三步

6-10　第十步至第十三步

第7章

使用万彩动画大师制作动画式微课

本章概述

万彩动画大师是免费易上手的动画制作软件、MG动画制作软件、动画视频制作软件、微课制作软件，可用来制作企业宣传片、产品介绍短片、趣味课件视频、微课视频、演示演讲动画视频等。因为万彩动画大师是一个不断更新完善的软件，每个更新的版本会有不同，在这里主要选取了“万彩动画大师3.0.000”版本进行制作。

本章主要学习使用万彩动画大师软件来制作微课作品的方法，主要分为三个部分，第一部分介绍万彩动画大师软件的基本操作，第二部分通过6个实例来介绍万彩动画大师软件的一些关键技术，第三部分通过一个综合案例来学习制作一个完整的微课。

学习导图

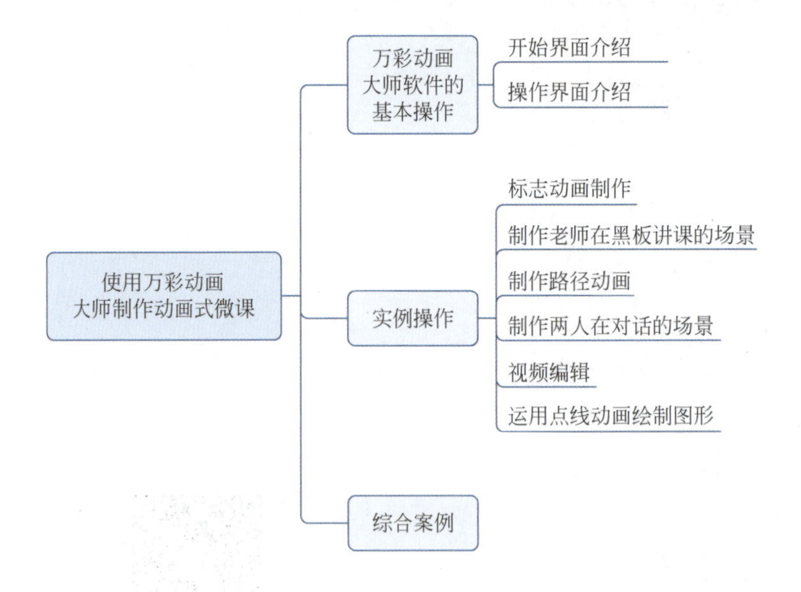

7.1 万彩动画大师软件的基本操作

万彩动画大师是一款好用的动画制作软件，操作简单易上手。为了让大家能轻松、快速地熟悉并使用万彩动画大师，这里我们详细地介绍软件的基本操作。

7.1.1 开始界面介绍

安装好万彩动画大师软件后，打开软件，进入开始界面。万彩动画大师的开始界面由以下几个部分组成。如图 7-1-1 所示。

图 7-1-1 开始界面介绍

1. 新建方式

(1) 新建空白项目：单击“新建空白项目”按钮可以新建一个空白项目，然后继续添加内容。

(2) 导入 PPT：可以导入做好的 PPT 文件，软件会自动生成一个工程项目，可以对 PPT 文件里原先的内容进行重新设置与操作。

(3) 打开工程文件：打开已保存的工程文件继续编辑。

2. 模板列表

直接使用模板，替换模板内容与图片是快速制作动画视频的有效方式之一。万彩动画大师软件里面包含了很多模板，多个分类，涵盖多个主题，只要选中单击便可下载使用，可以直接打开模板进行编辑与修改。

3. 注册与登录

万彩动画大师软件本身是不收费的，但模板与素材较少，如果用户想获得更多的模板与素材，就要注册成为会员，如果想获取尽量多的模板与素材，使用更多的功能，就要升级账户，支付一定的费用。

4. 搜索模板/问题

可以搜索相关的关键词来寻找所需要的模板。

7-1　开始界面介绍

7.1.2　操作界面介绍

万彩动画大师的操作界面由以下几个部分组成：菜单栏、工具栏、场景编辑栏、编辑工具栏、画布编辑/预览区域、时间轴和元素工具栏，如图 7-1-2 所示。

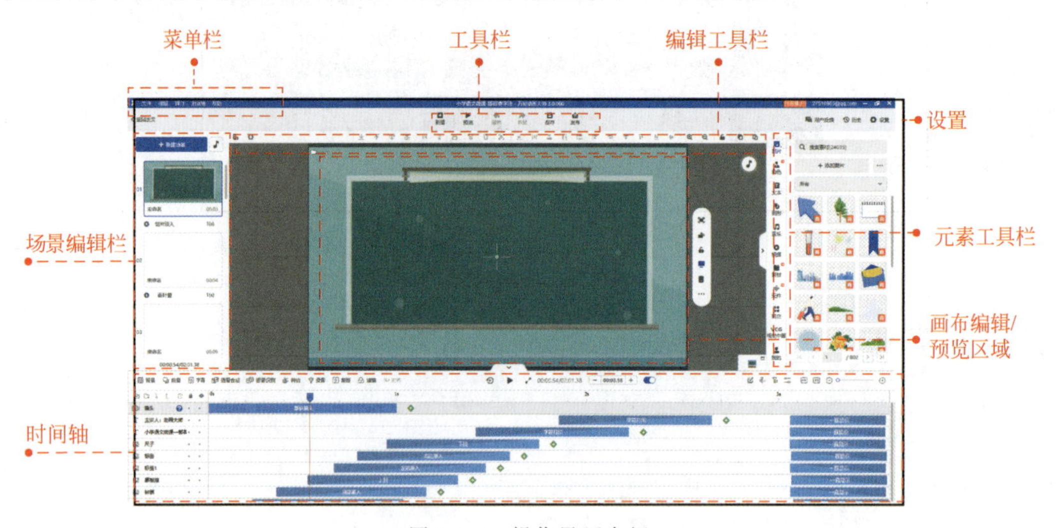

图 7-1-2　操作界面介绍

1. 菜单栏

菜单栏中包括文件、编辑、操作、时间轴、帮助等内容，如图 7-1-3 所示。

（1）文件：可以从中新建工程、打开工程、关闭工程、保存工程以及发布动画视频等。如图 7-1-4 所示。

文件 编辑 操作 时间轴 帮助

图 7-1-3 菜单栏

新建工程	Ctrl+N
打开工程...	Ctrl+O
合并工程	Ctrl+Q
关闭工程	Ctrl+W
保存工程	Ctrl+S
另存工程为...	
最近打开的工程	›
备份工程	›
发布	
打开备份工程目录	
打开自动保存工程目录	
退出	Alt+Q

图 7-1-4 文件菜单

(2) 编辑：可以预览动画视频，导出或导入选中的场景；撤销、重做、复制、剪切以及粘贴内容等，如图 7-1-5 所示。

(3) 操作：选中物件后可以进行的操作，与编辑工具栏的一些功能相近，如图 7-1-6 所示。

预览	
从当前位置播放到结束	Ctrl+Shift+ENTER
导入场景	Ctrl+I
导出场景	Ctrl+E
撤销 (Ctrl+Z)	Ctrl+Z
重做 (Ctrl+Y)	Ctrl+Y
复制 (Ctrl+C)	Ctrl+C
剪切 (Ctrl+X)	Ctrl+X
粘贴 (Ctrl+V)	Ctrl+V

图 7-1-5 编辑菜单

上移一层	SHIFT+U
下移一层	SHIFT+D
水平翻转	SHIFT+A
垂直翻转	SHIFT+F
解锁对象	SHIFT+J
锁定物体	SHIFT+L
清除物体旋转角度	SHIFT+Q
删除物体	DELETE
固定位置而不随镜头动	SHIFT+W
居中显示选中的元素对象	SHIFT+E
使组件间垂直间距相等	SHIFT+G
使组件间水平间距相等	SHIFT+K
使同宽高	SHIFT+Y
使同样高度	SHIFT+I
使同样宽度	SHIFT+O
左对齐 (Ctrl+L)	Ctrl+L
右对齐 (Ctrl+R)	Ctrl+R
垂直中心对齐 (Ctrl+G)	Ctrl+G
上对齐 (Ctrl+T)	Ctrl+T
底部对齐 (Ctrl+B)	Ctrl+B
水平中心对齐 (Ctrl+H)	Ctrl+H
放大 (+)	
缩小 (-)	

图 7-1-6 操作菜单

(4) 时间轴：可对时间轴进行编辑，如图 7-1-7 所示。

(5) 帮助：提供了学习软件的教程及快捷键介绍，通过“帮助”可以很快掌握软件。如图 7-1-8 所示。

(6) 设置：在菜单栏右方有 1 个设置功能键，单击打开对话框，可对文件的属性进行编辑与保存等的设置，如图 7-1-9 所示。

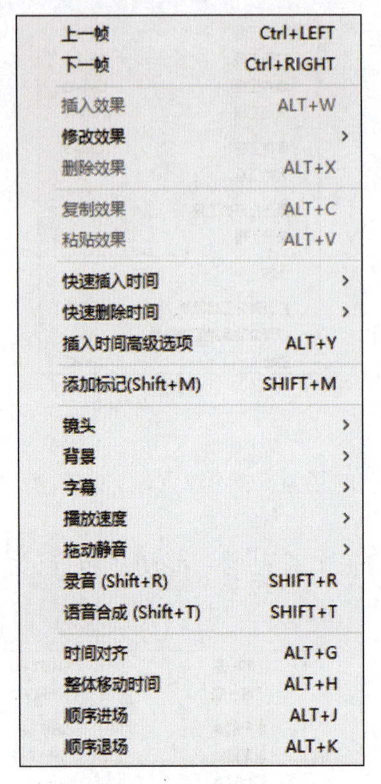

图 7-1-7　时间轴菜单

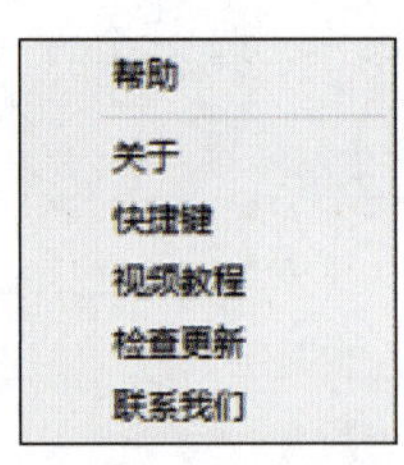

图 7-1-8　帮助菜单

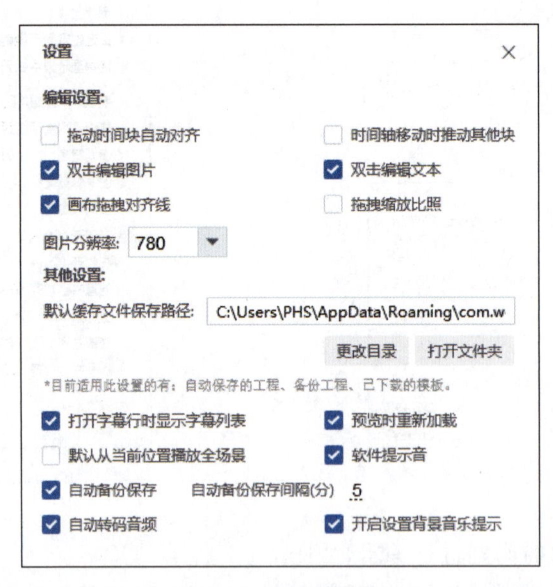

图 7-1-9　设置属性栏

2. 工具栏与编辑工具栏

图 7-1-10 有上下两部分内容，上面的工具栏包含以下几个部分：新建、预览、保存、发

布，以及操作的撤销与恢复。新建可以快速地建立一个新的工程文件，预览可以观看整个动画视频效果，保存可以快速保存动画视频内容与设置，发布可以发布成最终的动画视频。

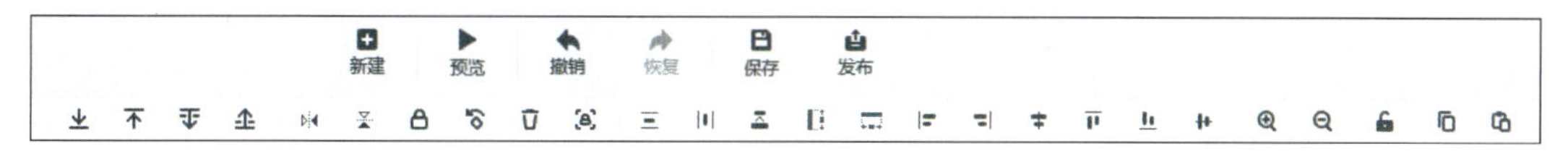

图 7-1-10　编辑工具栏

下面的编辑工具栏可以对画面中选择的素材进行图层的调整、翻转、锁定、删除、对齐、复制、粘贴等操作，还可以对画布进行放大与缩小、锁定镜头等操作。

3. 场景编辑栏

场景编辑栏中能够看到场景的缩略图，可以新建、复制、导入、导出、替换、收藏场景、调整场景播放顺序、对场景添加转场效果、对声音进行设置，如图 7-1-11 所示。

图 7-1-11　场景编辑栏

4. 元素工具栏

可以通过元素工具栏来添加各种多媒体内容到动画视频中，比如图片、图形、视频和音乐等。选择相应的元素，然后单击便可添加到画布中，接着还可以自定义元素的设置等，如图 7-1-12 所示。

（1）图片

单击图片图标 图片，有两种添加图片方式，单击“添加本地图片”按钮，可以添加本地计算机上的图片，还可以使用软件内置的图片，如图 7-1-13 所示。

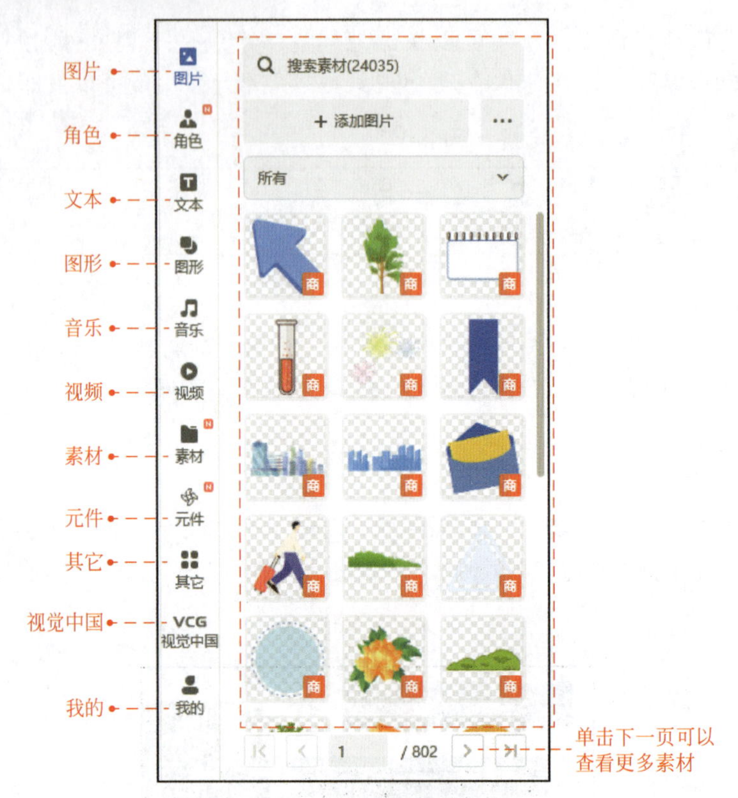

图 7-1-12　元素工具栏

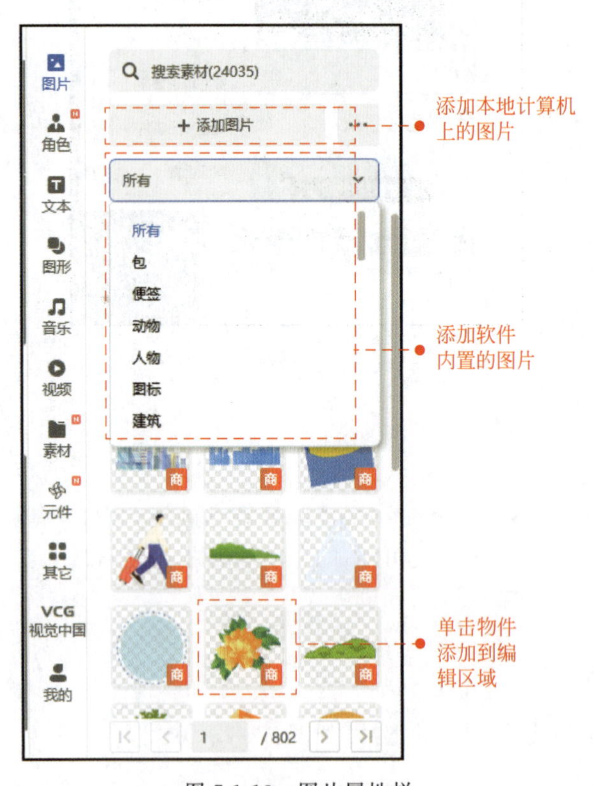

图 7-1-13　图片属性栏

（2）角色

万彩动画大师大部分的角色都需要注册会员才能使用。单击角色图标 角色，出现角色属性栏，单击“添加角色”就会出现角色对话框，如图 7-1-14 所示。

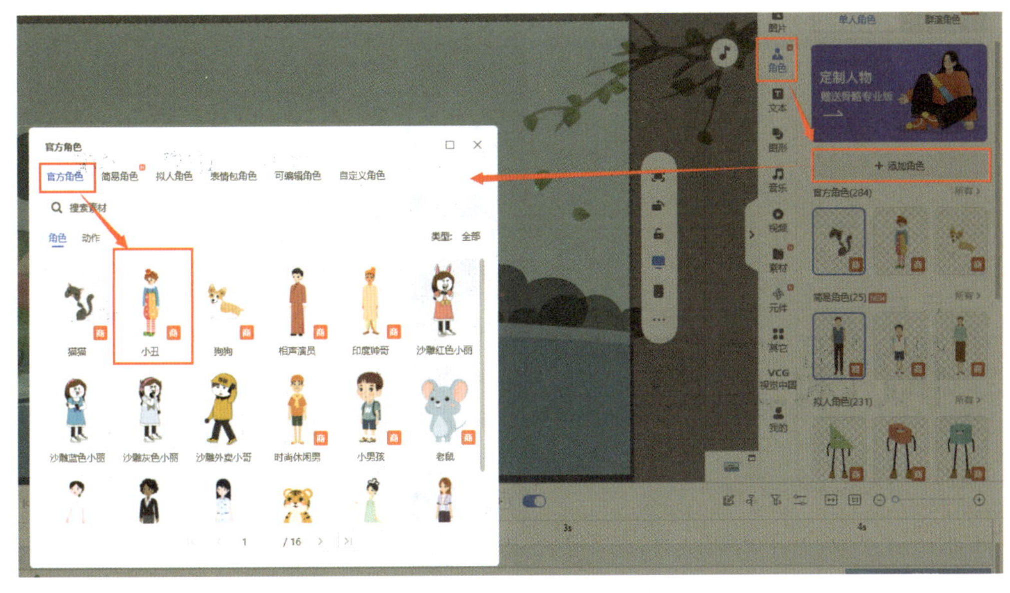

图 7-1-14　角色对话框

选中一个角色类型，出现角色动作效果显示对话框，单击其中一个就可以使其进入画布中，如图 7-1-15 所示。

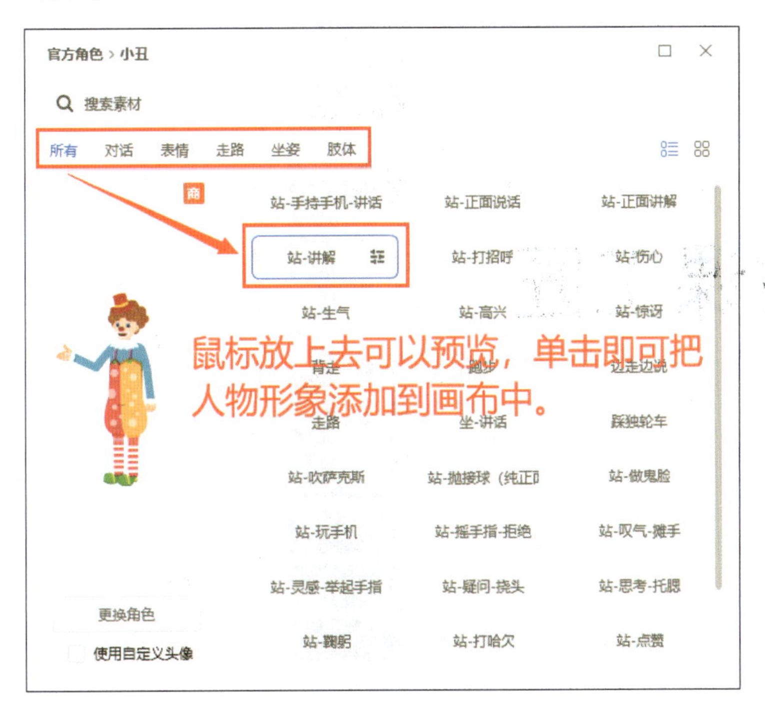

图 7-1-15　选择角色形象

(3) 文本

单击文本图标 T文本，并单击“添加文本”按钮，然后在画布中相应位置添加文字，如图 7-1-16 所示。选中文字，即可以调整文字的颜色、字体、大小、行距、字距等，如图 7-1-17 所示。

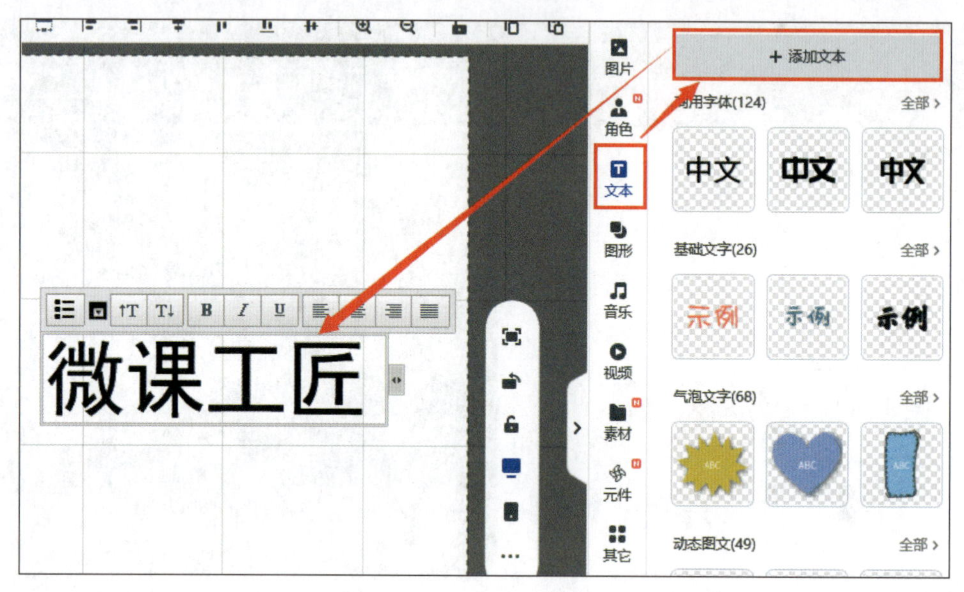

图 7-1-16　添加文本

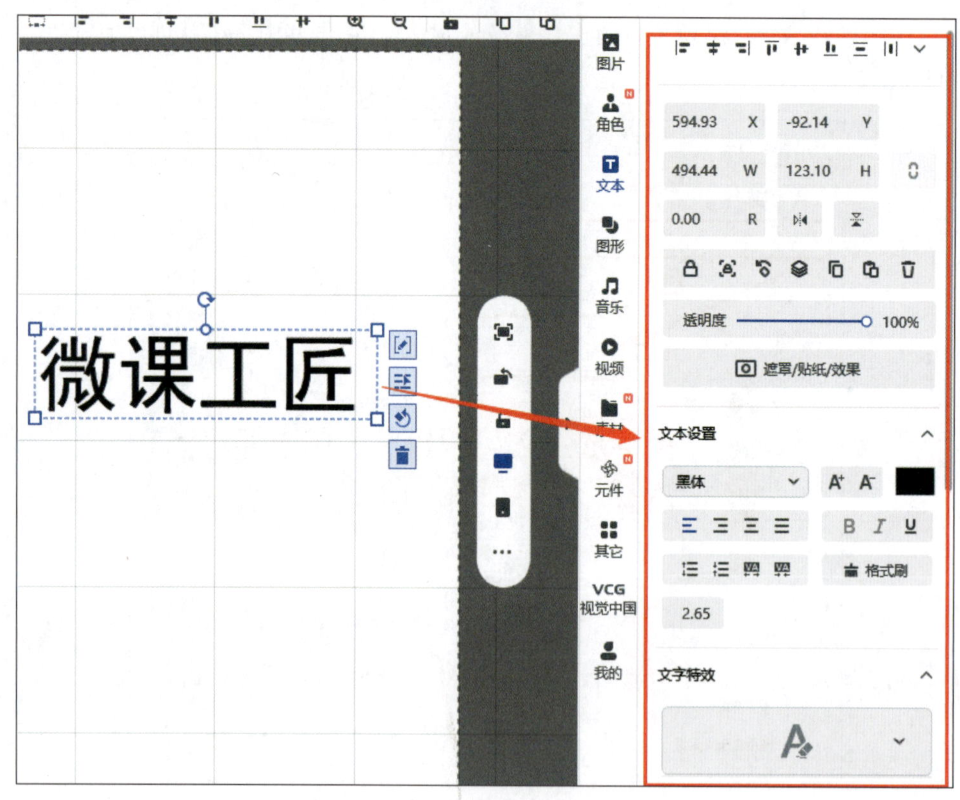

图 7-1-17　设置文本属性

除添加基础字体外，还可以添加一些特效文字，如图 7-1-18 所示。

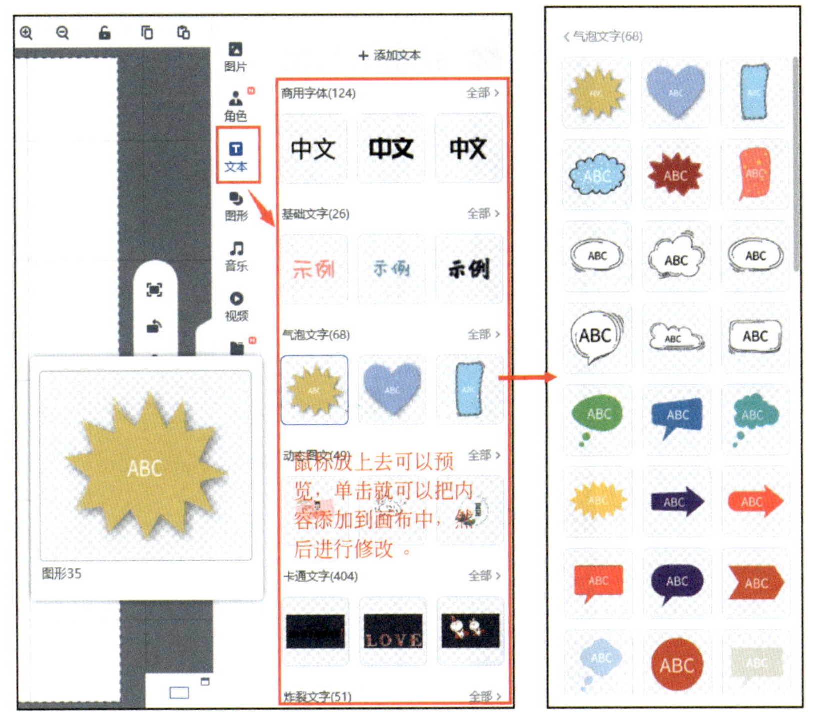

图 7-1-18　添加特效文字

(4) 图形

万彩动画大师提供了大量的内置图形素材，单击图形图标，里面有箭头、矩形、圆形、对话框、化学符号、数字符号、物理符号、变体等图形素材。可以选中图形然后再拖动到画布(或直接拖动到画布)；还可以用现有的图形组合成各种所需的图形，如图 7-1-19 所示。选中画布上的图形，在右边就会出现相应的属性栏，可以调整图形的样式、对齐方式、颜色、大小、透明度、动画等属性，如图 7-1-20 所示。

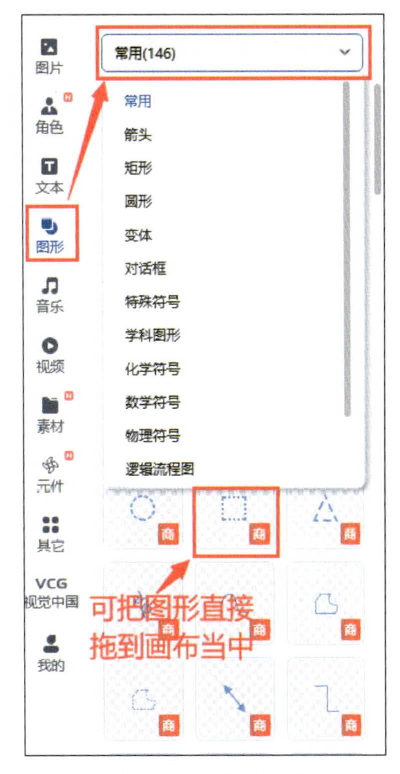

图 7-1-19　选择图形

(5) 音乐

单击音乐图标，可以添加计算机本地音乐，也可以使用软件自带的音乐素材，单击 ▶ 按钮试听音频效果，单击 + 按钮便可将音乐添加至场景中或作为背景音乐，如图 7-1-21 所示。

在时间轴中找到音频，单击音频图层，在右边的属性栏中会出现音乐的属性设置，可以对音乐进行各项调整，单击“声音编辑器”，还可以对音乐进行裁剪等处理，如图 7-1-22 所示。

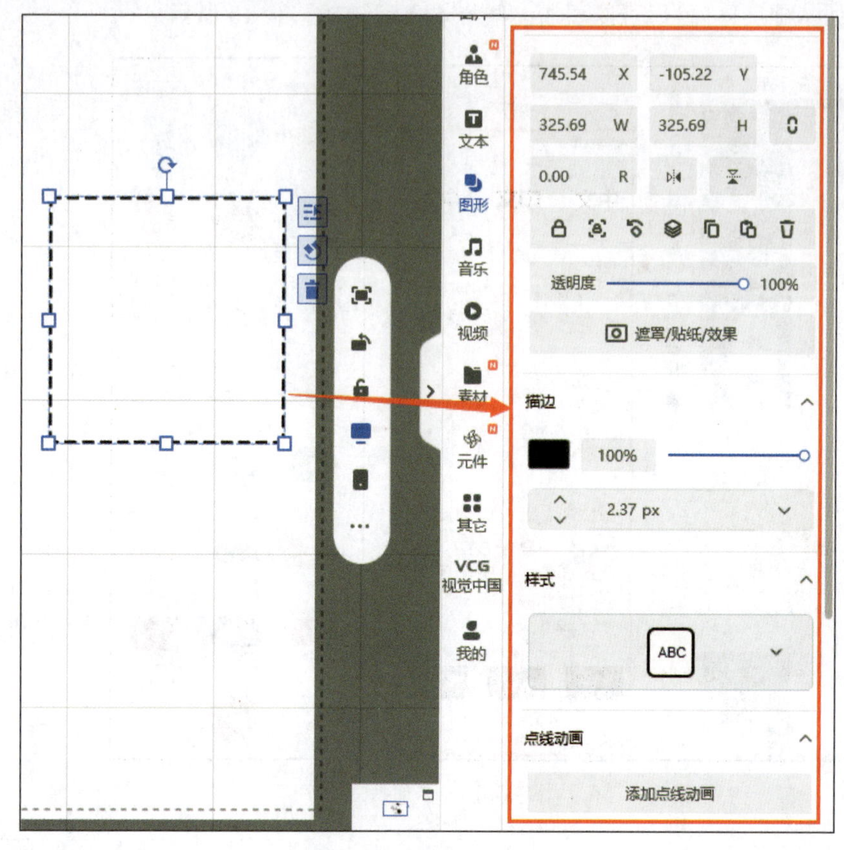

图 7-1-20　修改图形属性

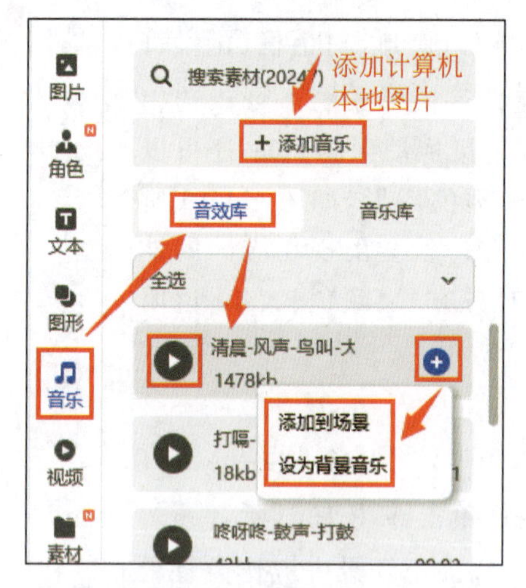

图 7-1-21　添加音乐

(6) 视频

单击视频图标，并单击“添加本地视频”按钮，可以添加本地计算机上的视频到场景中，如图 7-1-23 所示。

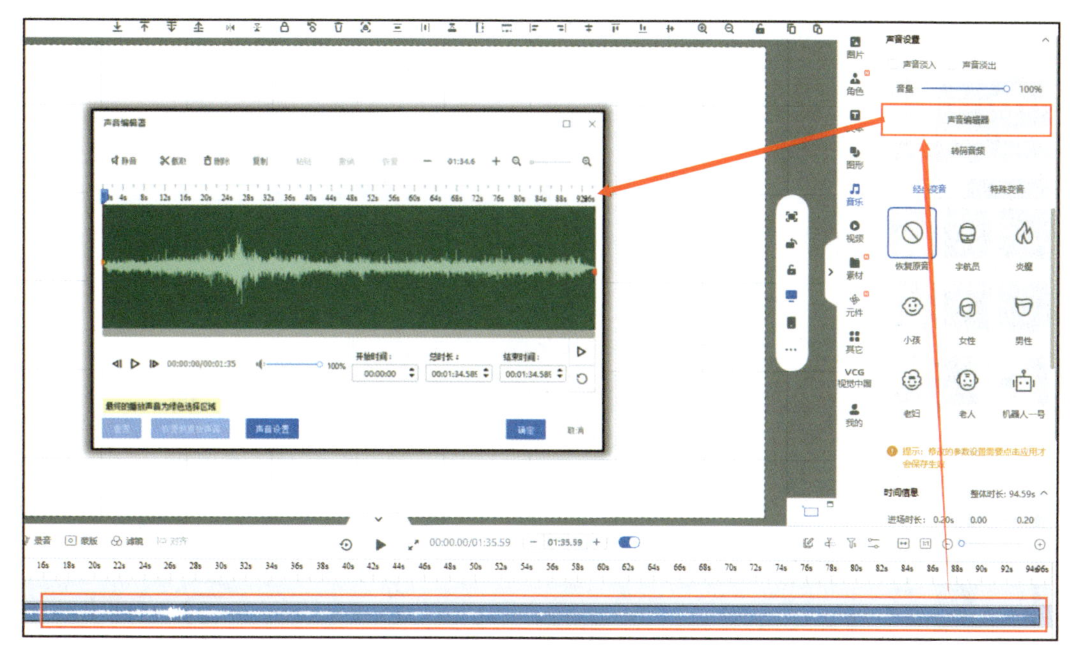

图 7-1-22　编辑音乐

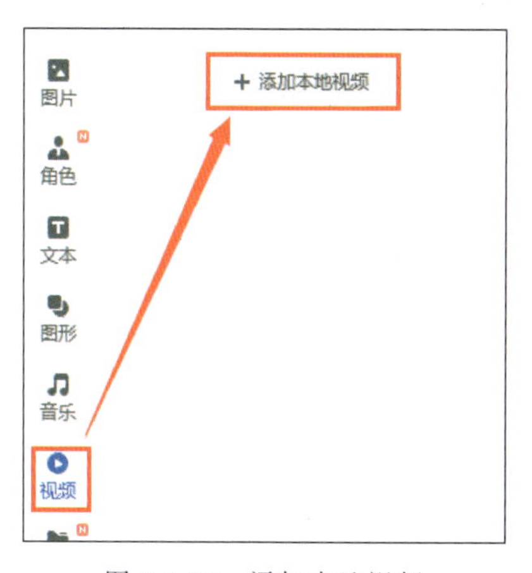

图 7-1-23　添加本地视频

（7）素材

单击素材图标，就会在右边属性栏列表上出现“动态图片”“点线动画”“SWF”“特效”“动画组件”“SVG”6 种素材，如图 7-1-24 所示。单击每种素材右边的“所有”按钮，就会出现更多的素材以供选择，还可以根据分类进行搜索查找。

（8）元件

单击元件图标，可以看到“易动元件”与“骨骼元件”两种动态素材，元件是一种可编辑修改的，具有动态效果的素材。如果想对“易动元件”进行编辑，就单击“编辑”按钮下载使用万彩易动大师进行编辑，如果想对“骨骼元件”进行编辑，就单击“编辑”按钮下载使用骨骼大师进行编辑。如果不需要修改动画效果，直接单击图标就可以添加到画布上，如图 7-1-25 所示。

图 7-1-24　素材属性栏

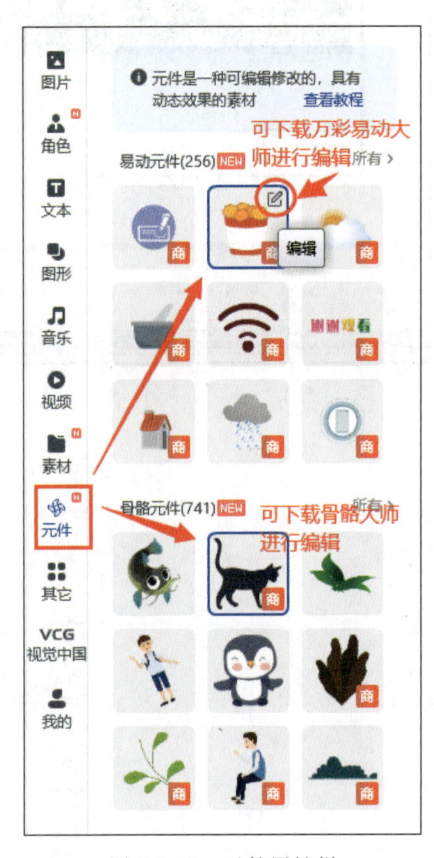

图 7-1-25　元件属性栏

（9）其他

单击图标 ，属性栏有四部分的内容，单击“添加新幻灯片”可以添加新的幻灯片；单击“工具”打开下拉式菜单，这里包括了模糊、马赛克、放大镜等 10 种效果，双击就可以将效果添加到画布中；单击“公式”，可以打开一个对话框，在对话框里可以编辑公式；单击“图表”打开下拉菜单，这里包括 15 种常用的图表效果，双击就可以将效果添加到画布中，如图 7-1-26 所示。

（10）视觉中国

单击视觉中国图标 ，这里有很多图片、音乐、音效、视频素材，但需要购买才能使用，如图 7-1-27 所示。

图 7-1-26　其他属性栏

图 7-1-27　视觉中国属性栏

(11) 我的

单击我的图标，在属性栏上单击"导入"按钮，可以导入一些自己常用的素材，方便以后使用，如图 7-1-28 所示。

5. 时间轴

万彩动画大师时间轴界面主要划分为 8 个区域，如图 7-1-34 所示。这里主要对左上角区域的 10 种功能进行了介绍，分别是：背景/前景/字幕/语音合成/语音识别/特效/录音/蒙版/滤镜/对齐。此外，还简单介绍了场景时间区域的部分功能，如图 7-1-29 所示。

(1) 背景

单击背景图标 背景，在时间轴上添加背景，单击背景图层上的绿色"＋"号，就可以弹

图 7-1-28　我的属性栏

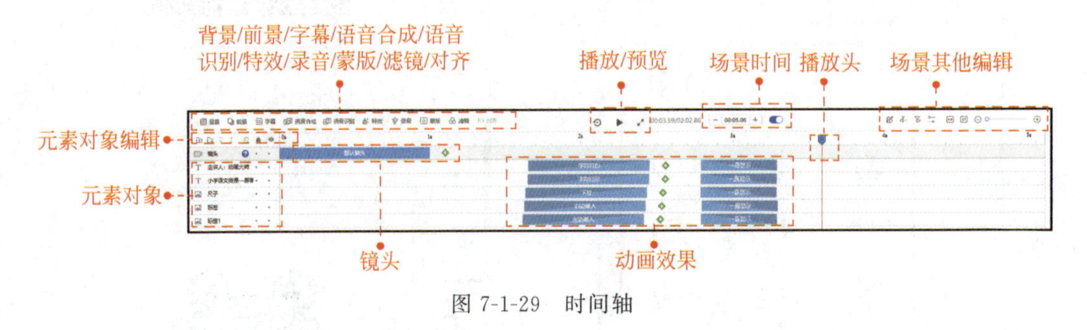

图 7-1-29　时间轴

出背景对话框，有背景颜色、图片背景、视频背景、飘浮背景 4 个选项，如图 7-1-30 所示。单击即可添加背景到画布中。

(2) 前景

单击前景图标 前景，在时间轴上添加前景，单击前景图层上的绿色“+”号，就可以弹出前景对话框，有 9 个前景特效选项可以选择，如图 7-1-31 所示。单击即可添加前景到时间轴上及画布中。

(3) 字幕

单击字幕图标 字幕，在时间轴上添加字幕，单击 按钮打开字幕列表，可以在列表里添加文字，调整字幕各项属性，如图 7-1-32 所示。

(4) 语音合成

单击语音合成图标 语音合成，出现语音合成对话框，输入文本，语音合成功能就可以快速生成不同语音(男音、女音、普通话、粤语、英语、卡通人物语言、台湾方言、湖南方言、东北方言等)，轻松调节语音的音量和音速。如图 7-1-33 所示。

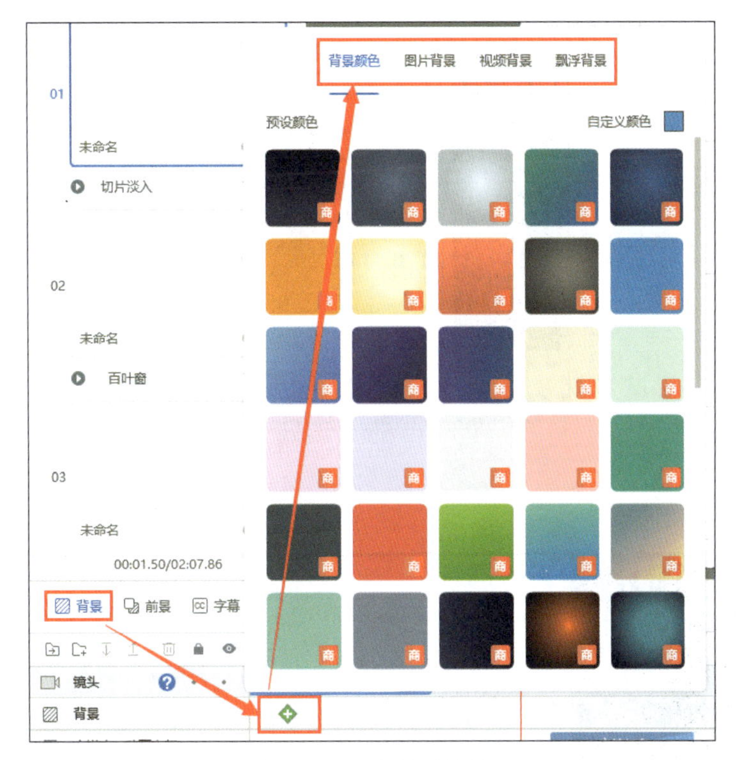

图 7-1-30　背景对话框

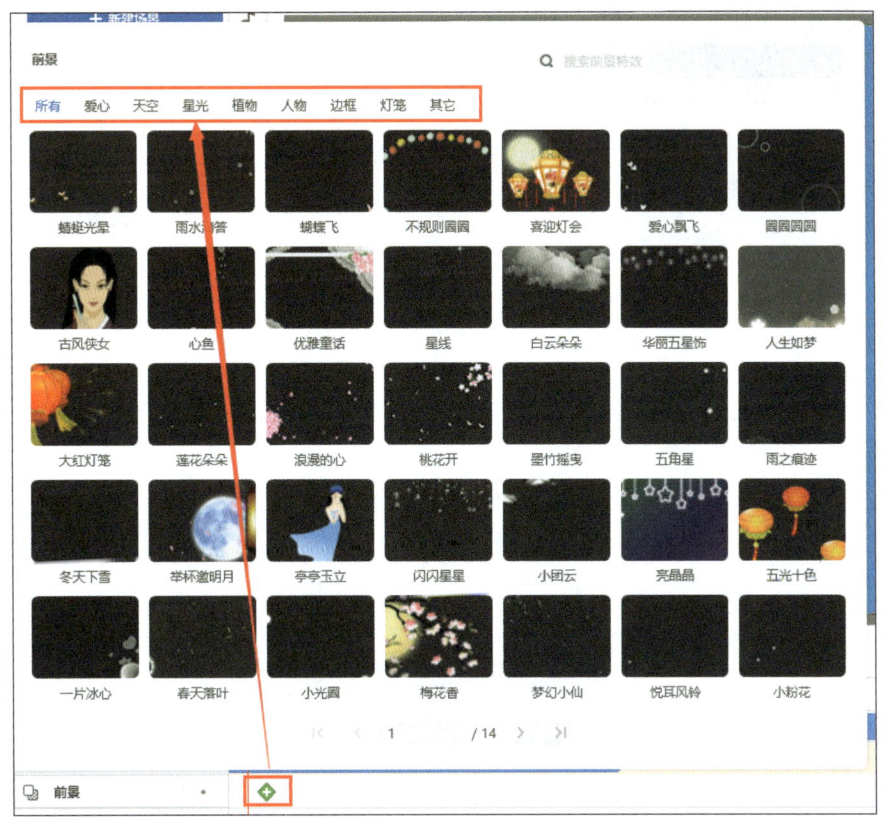

图 7-1-31　前景对话框

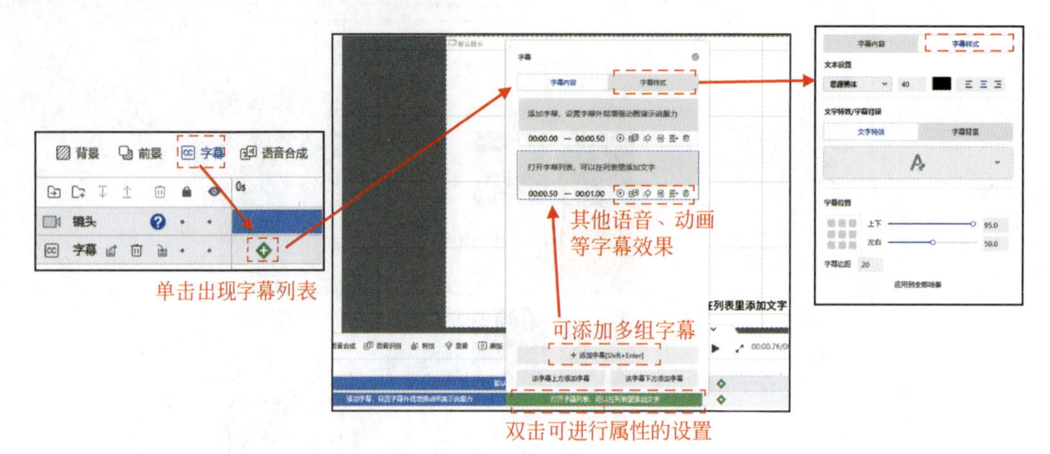

图 7-1-32　字幕的添加

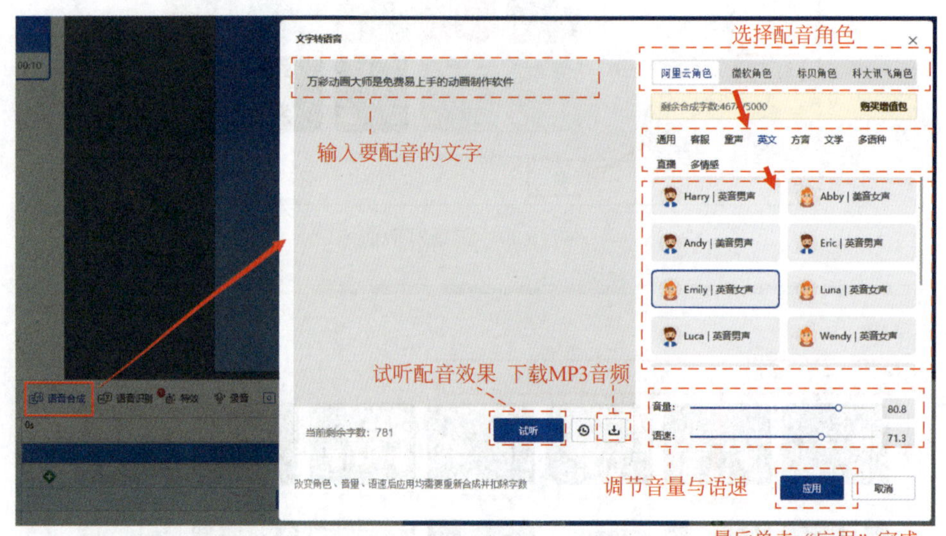

图 7-1-33　语音合成

（5）语音识别

单击语音识别图标 语音识别 ，出现语音识别对话框，可以导入音视频，但需要购买才能使用这个功能，如图 7-1-34 所示。

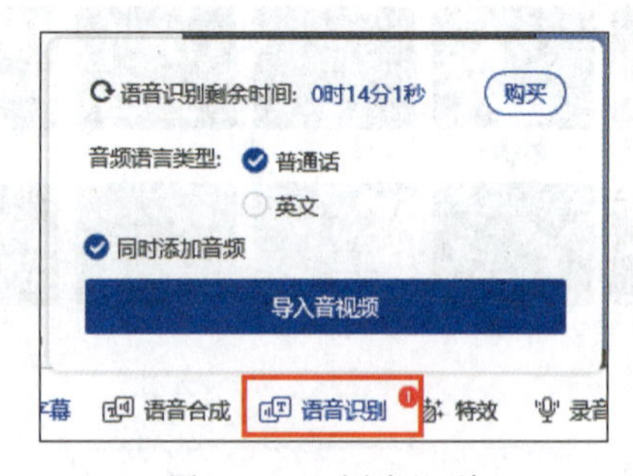

图 7-1-34　语音识别

（6）特效

单击特效图标 特效 ，出现特效对话框，单击“＋”号，打开预览图，单击就可以把特效添加到时间轴及画布中，如图 7-1-35 所示。

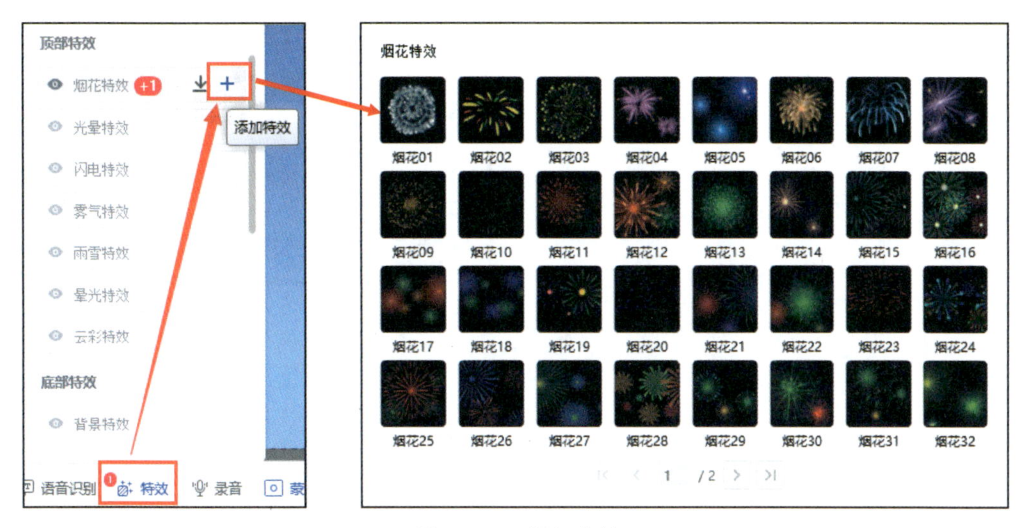

图 7-1-35　添加特效

（7）录音

单击录音图标 录音 ，出现录音对话框，单击 按钮，3s 后即可进行录音，如图 7-1-36 所示。录完后单击右边 ✓ 按钮，时间轴上就会出现录好的音频，形成 1 个音乐图层，如图 7-1-37 所示。

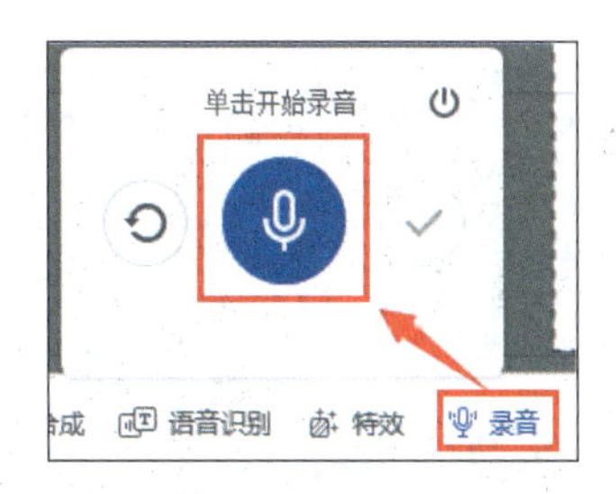

图 7-1-36　录音

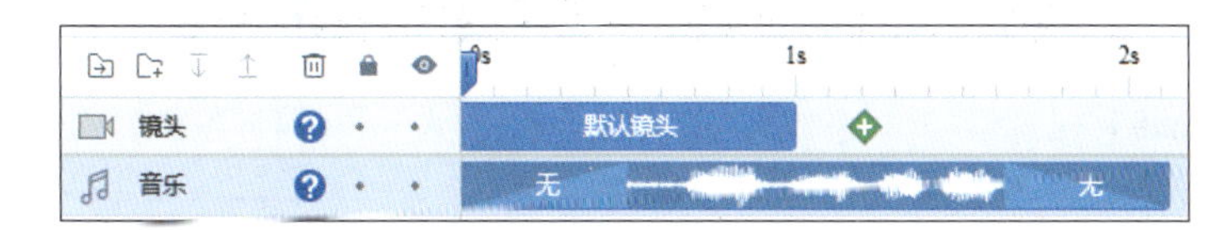

图 7-1-37　时间轴上的录音效果

（8）蒙版

为场景添加蓝色背景，然后单击蒙版图标 蒙版 ，出现蒙版图层，单击蒙版图层绿色“＋”号，在弹出的对话框中选择其中一个形状，单击确定即可为下面的图层添加蒙版动画，如图 7-1-38 所示。新增一个人物形象，选中时间轴上“蒙版. 圆形”，在右边属性栏就会出现蒙版的属性（图 7-1-39）。

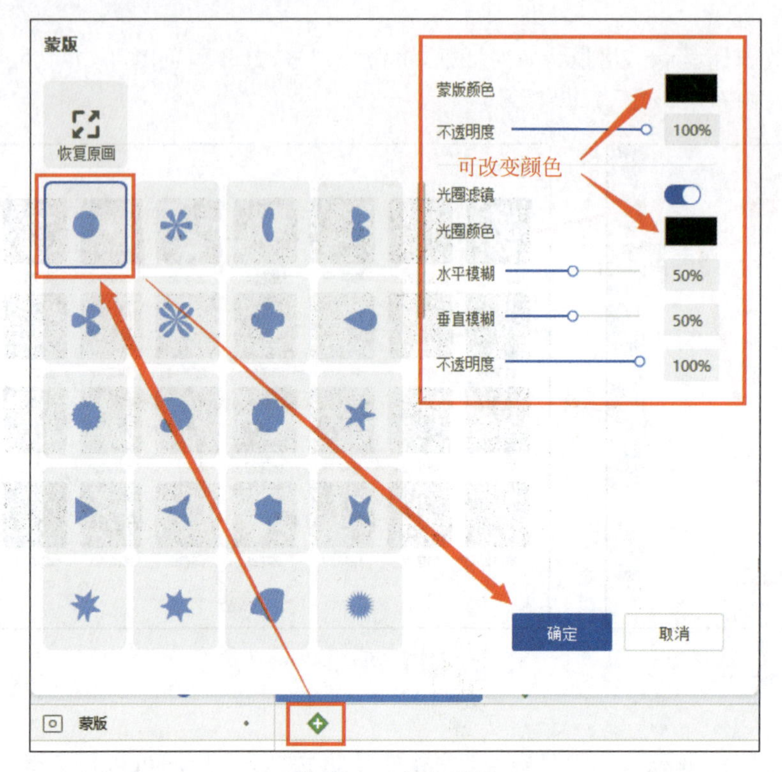

图 7-1-38　添加蒙版

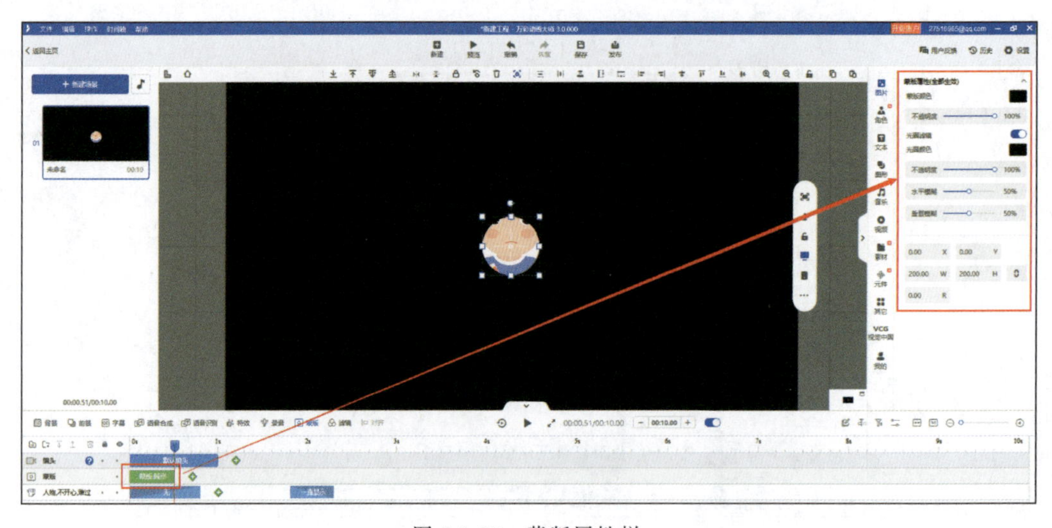

图 7-1-39　蒙版属性栏

选中时间轴上“蒙版.圆形”，在右边调整属性，调整完的效果如图 7-1-40 所示。

(9) 滤镜

添加一张建筑图片，然后单击滤镜图标 滤镜，在时间轴上添加滤镜效果，单击“+”号，打开滤镜设置对话框，有 4 种滤镜效果，这里选择模糊滤镜，如图 7-1-41 所示。这样就会出现一个由清晰到模糊的动画效果，最终画面效果如图 7-1-42 所示。

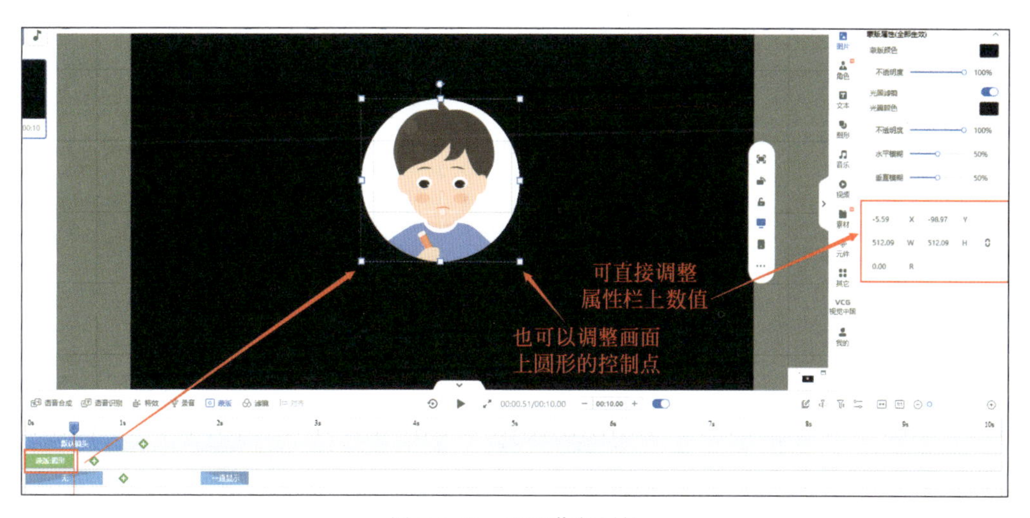

图 7-1-40　调整蒙版属性

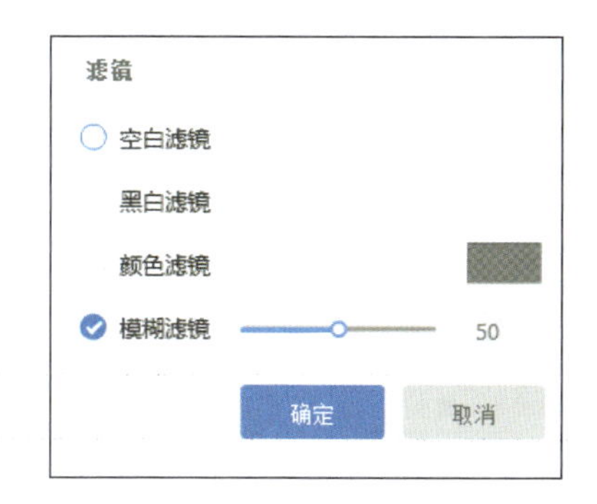

图 7-1-41　滤镜对话框

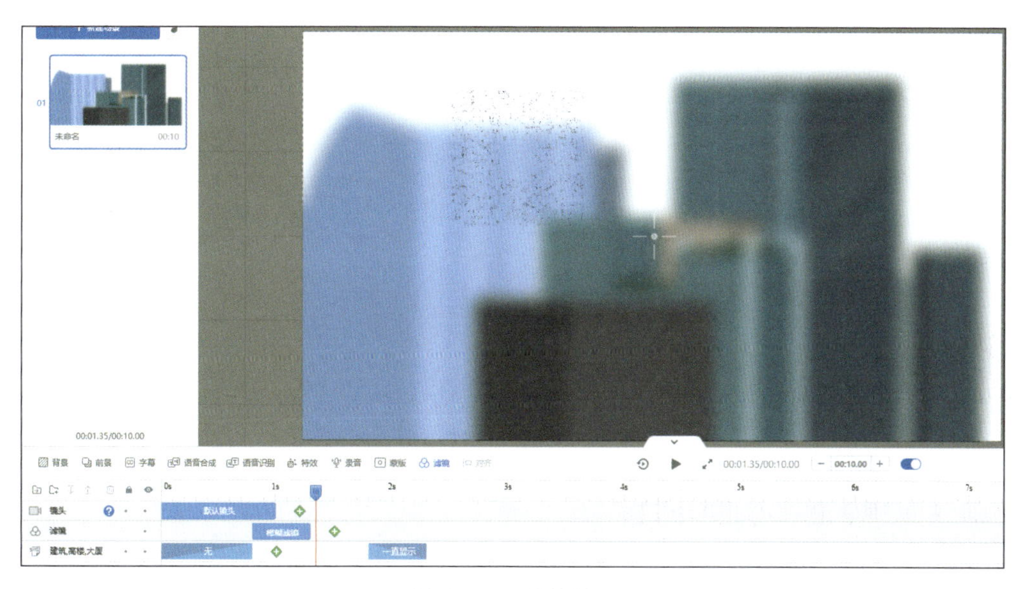

图 7-1-42　滤镜效果

（10）对齐

选中两个以上的物件，就可以使用时间轴上对齐的效果，有多种效果可以选择，如图 7-1-43 所示。

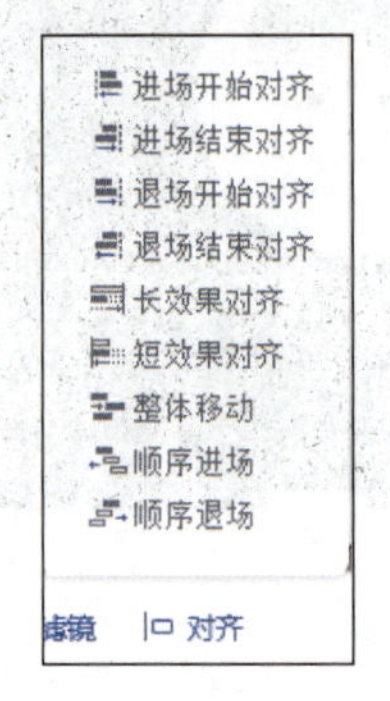

图 7-1-43　对齐效果列表

（11）场景时间

万彩动画大师支持按比例缩放时间轴，如此一来，就方便了动画视频的编辑工作。如图 7-1-44 所示，可选择“显示全部时长”“默认时间轴的缩放比例”，或者拖动圆点，自定义时间轴缩放比例。

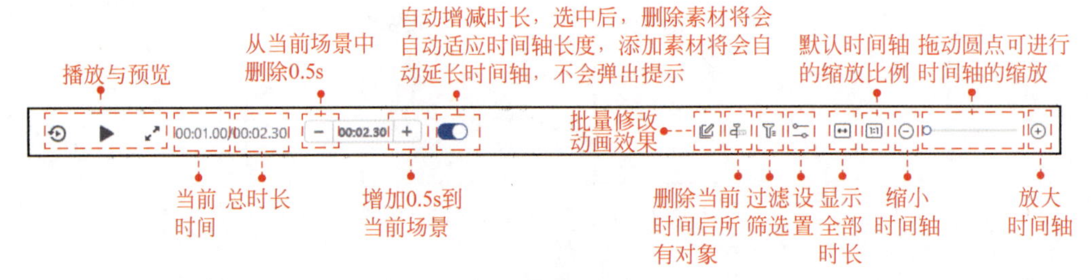

图 7-1-44　场景时间

7-2　操作界面介绍

7.2 实例操作

7.2.1 标志动画制作

［案例描述］

本案例主要介绍软件一些最简单的基本操作与动画操作，主要讲解的知识点有：添加背景，导入图片以及对图片进行编辑，添加文本，绘制图形，进场、强调、退出动画的设置，插入音乐。

［制作步骤］

（1）打开万彩动画大师软件，单击“新建空白项目”，新建一个工程文件。保存文件，命名为“微课工匠”，在时间轴上单击背景图标 背景 ，在时间轴上单击绿色“+”号，选择灰色渐变背景，如图 7-2-1 所示。单击元素工具栏上的“图片”→“添加图片”，导入“微课工匠.png”图片，并放置在画面合适的位置。效果如图 7-2-2 所示。

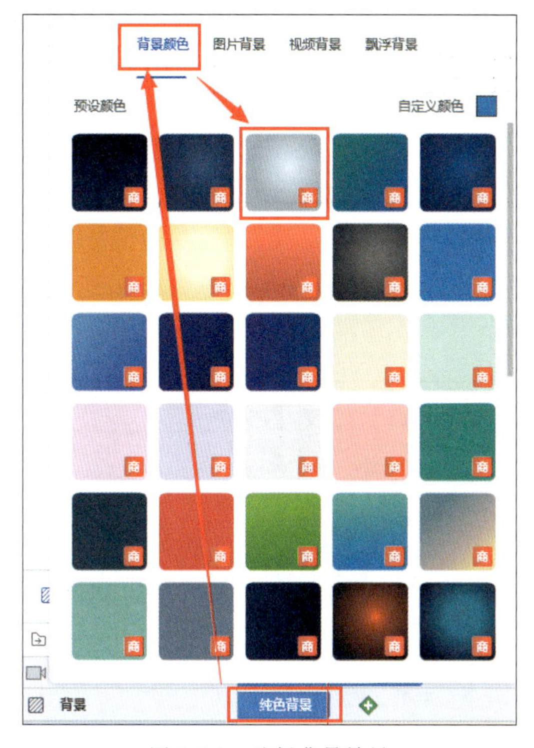

图 7-2-1　选择背景效果

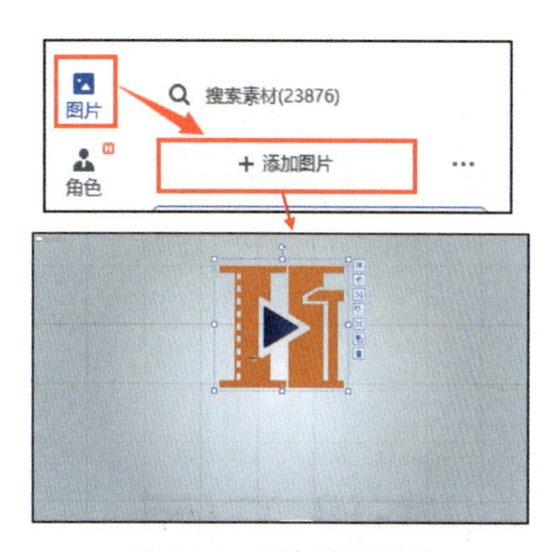

图 7-2-2　添加本地图片

（2）选中图片，单击右边属性栏“遮罩/贴纸/效果”图标 遮罩/贴纸/效果 ，打开对话框，为图片添加白色描边与阴影效果。效果如图 7-2-3 所示。

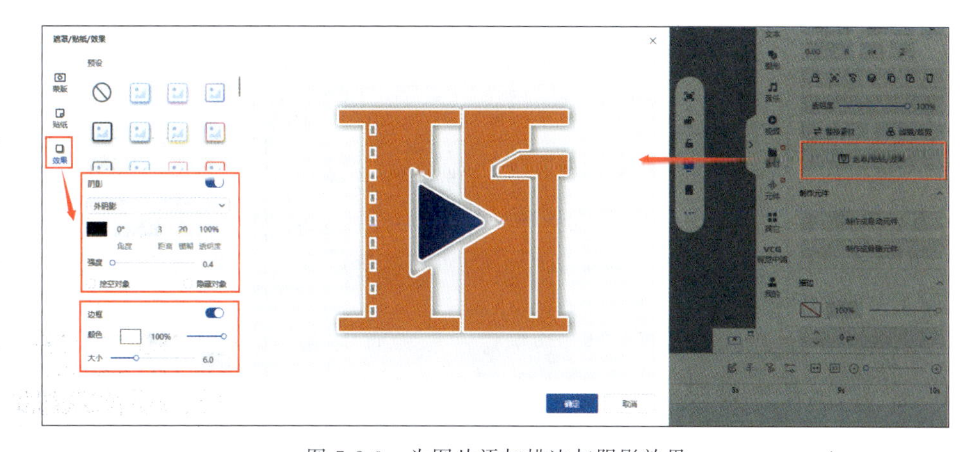

图 7-2-3　为图片添加描边与阴影效果

(3) 单击元素工具栏上的“文本”→“添加文本”,然后在画布上单击,输入文字“微课工匠”,然后选中文字,并修改文字属性,放置在合适的位置。效果如图 7-2-4 所示。

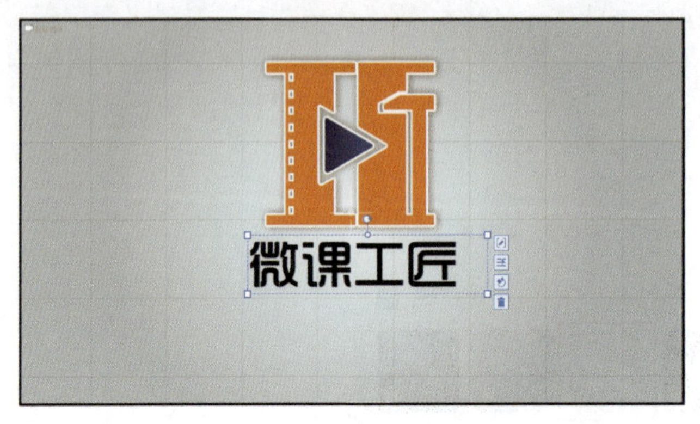

图 7-2-4 添加文本

(4) 单击元素工具栏上的“图形”→“矩形”→“圆角矩形”,然后在画布上绘制一个圆角矩形,并放置在合适的位置。效果如图 7-2-5 所示。

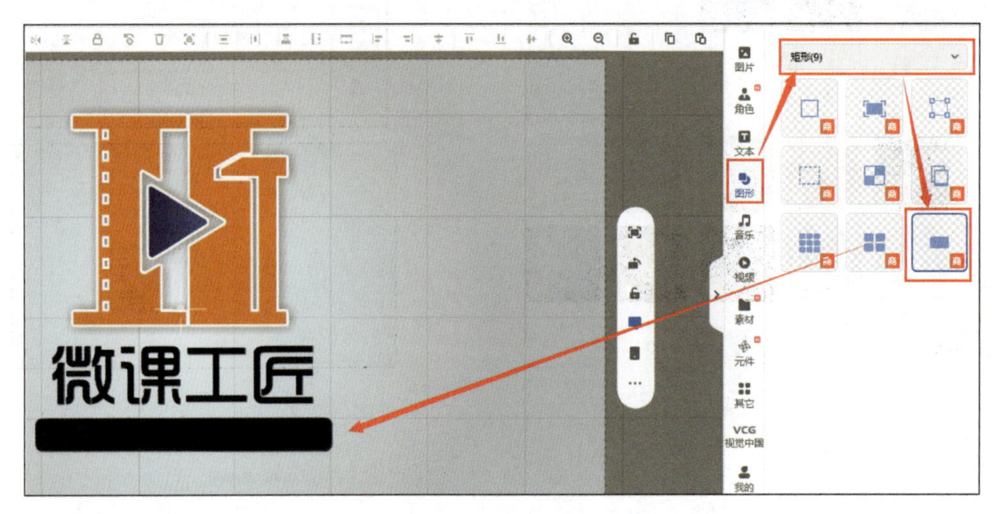

图 7-2-5 圆角矩形

(5) 单击元素工具栏上的“文本”→“添加文本”,然后在画布上单击,输入文字“MICRORLECTURE CRAFTSMAN”,然后选中文字,并修改文字属性,放置在合适的位置。效果如图 7-2-6 所示。

(6) 回到时间轴,为画布上的“标志图形”元素添加进场动画效果,双击初始进场效果“无”,打开进场效果对话框,选中“场景效果”→“幕布打开”,然后单击“确定”,把进场动画效果添加到时间轴上。如图 7-2-7 所示。

(7) 单击进场动画后面绿色“+”号,为标志图形添加“扩散光线”强调动画,如图 7-2-8 所示。

(8) 按同样方法,为其余 3 个元素添加动画效果,并调整出现的时间,时间轴效果如图 7-2-9 所示。

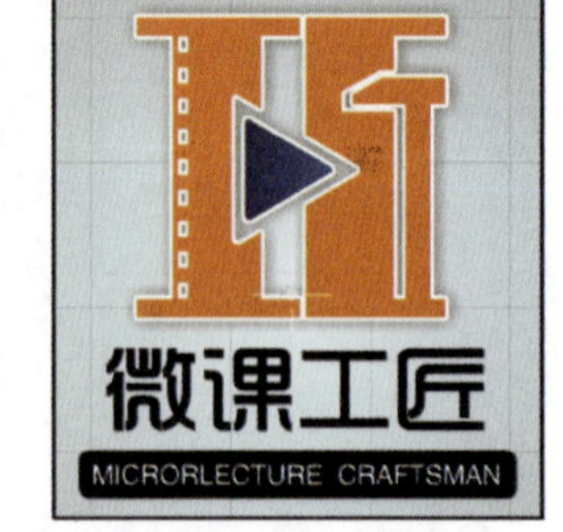

图 7-2-6 添加英文

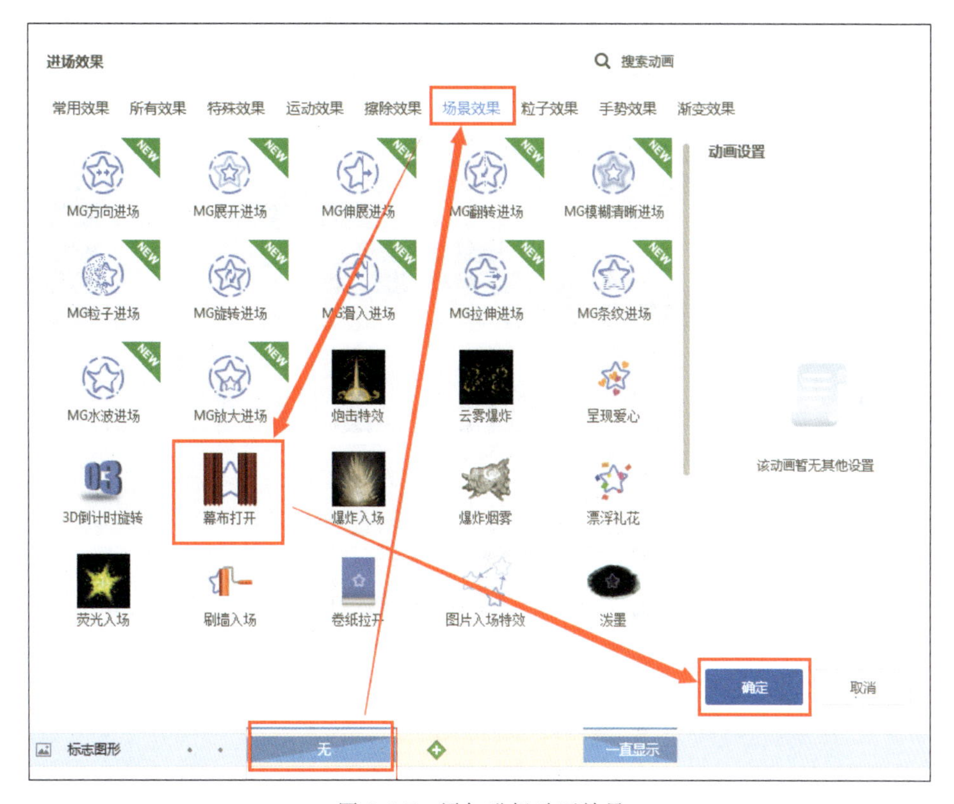

图 7-2-7　添加进场动画效果

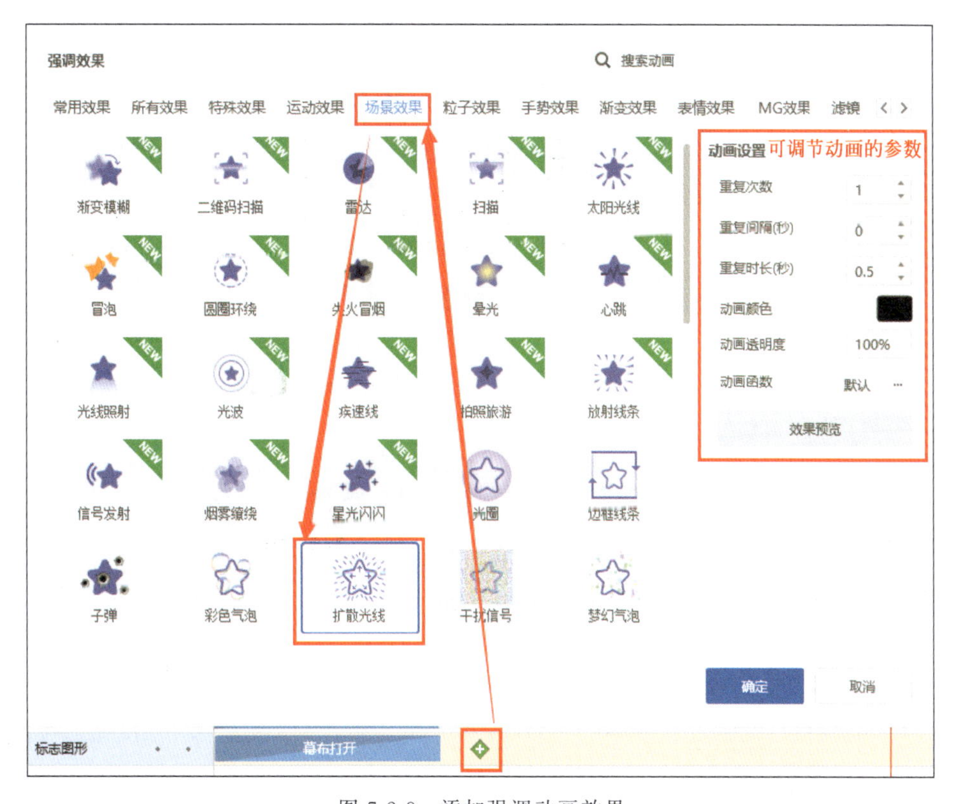

图 7-2-8　添加强调动画效果

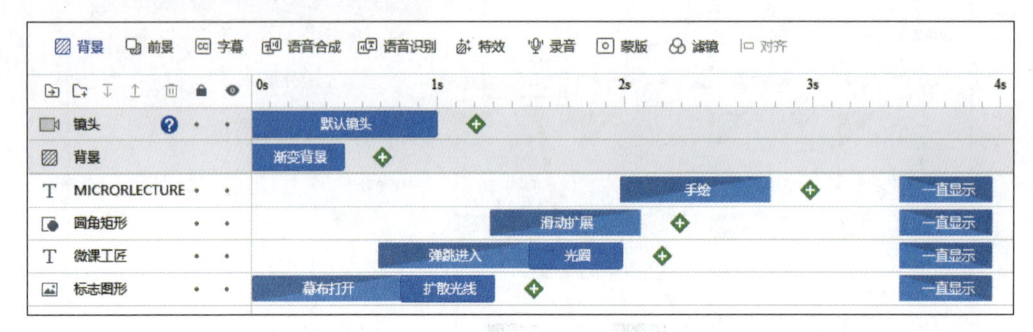

图 7-2-9　时间轴上动画效果

(9) 单击元素工具栏上的“音乐”→“音乐库”→“开场”,将开场音乐添加到场景中,效果如图 7-2-10 所示。

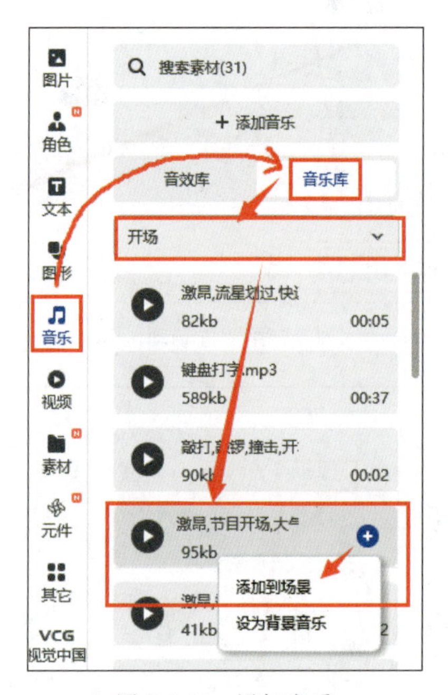

图 7-2-10　添加音乐

(10) 点选时间轴上“自动增减时长”图标,自动删除时间轴上多余的部分。如图 7-2-11 所示。

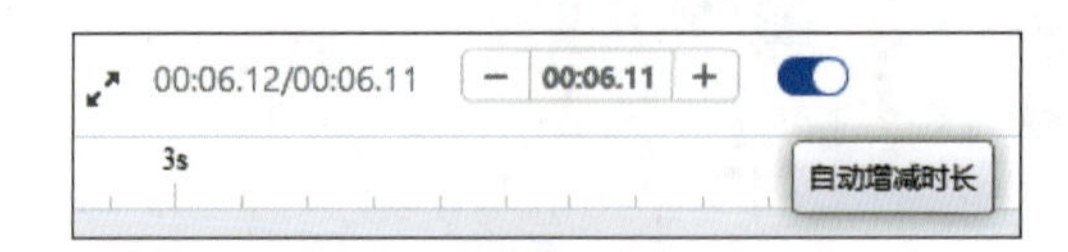

图 7-2-11　点选“自动增减时长”图标

(11) 单击菜单栏上的“文件”→“发布”或单击工具栏上的发布按钮 发布 ,打开发布对话框,选中“本地视频”,设置发布视频的位置、视频大小与格式等,单击“发布”按钮即可成功发布,如图 7-2-12 所示。

图 7-2-12　发布视频

7-3　标志动画制作

7.2.2　制作老师在黑板上讲课的场景

［案例描述］

本案例主要介绍软件一些最简单的基本操作与动画操作，主要讲解的知识点有添加在线场景、导入角色以及设置角色动作、添加文本、修改文本属性、添加镜头等。

［制作步骤］

(1) 打开万彩动画大师软件，单击“新建空白项目”，新建一个工程文件。保存文件，命名为“女教师上课”。单击左上角场景编辑栏上场景缩略图上方的[...]按钮，单击“官方场景替换”，如图 7-2-13 所示。打开在线场景对话框，单击“在线场景”→“现代内景”→“课堂”，把课堂场景导入画布中，如图 7-2-14 所示。

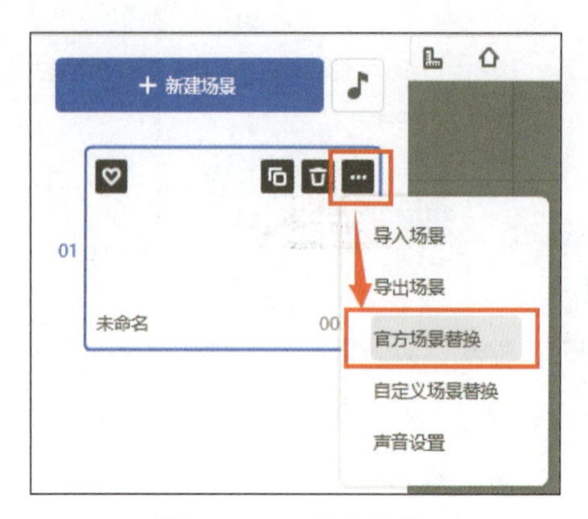

图 7-2-13　场景替换

图 7-2-14　选择场景

(2) 单击元素工具栏上“角色”图标，打开角色属性栏，单击“所有”按钮，如图 7-2-15 所示。在出现的角色中单击到第 2 页，选择女白领角色类型，如图 7-2-16 所示。出现角色动作效果显示对话框，单击其中“说话介绍”动作，如图 7-2-17 所示。

单击人物角色后，角色就会添加到画布中，调整人物形象大小，画面最终效果如图 7-2-18 所示。

(3) 单击时间轴上镜头图层的绿色“+”号，再添加一个默认镜头，把镜头缩小，如图 7-2-19 所示。这样画面就会有一个由全景到近景的推拉镜头。

(4) 单击元素工具栏上的“文本”→“添加文本”，然后在画布上单击，输入文字“欢迎来到微课工匠课堂”，然后选中文字，修改文字属性，并放置在合适的位置。效果如图 7-2-20 所示。

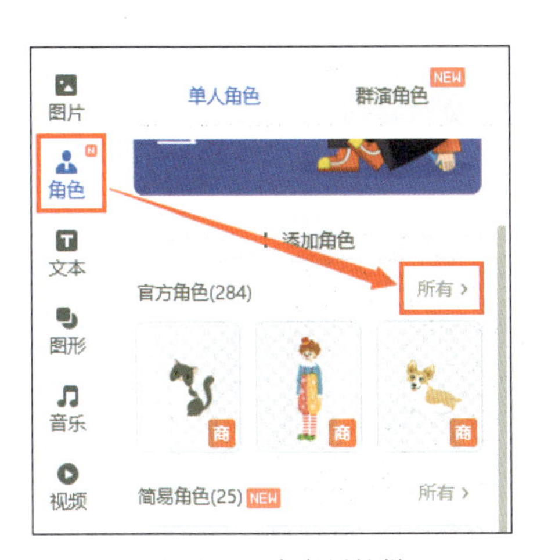

图 7-2-15 角色属性栏

图 7-2-16 选择角色

图 7-2-17 选择角色动作

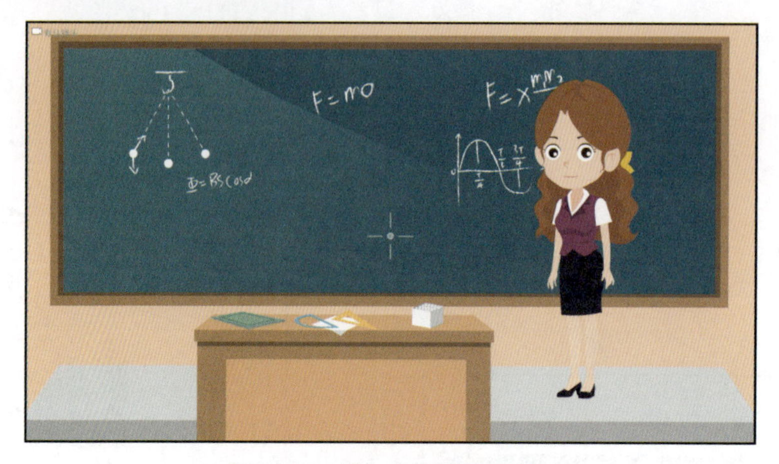

图 7-2-18　添加人物角色到画布

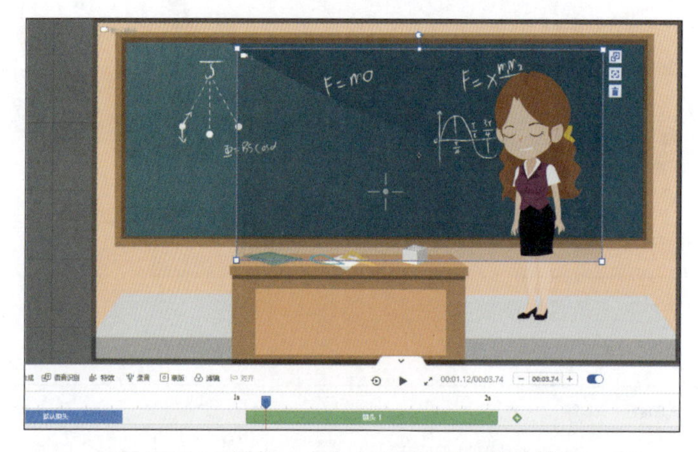

图 7-2-19　添加一个由全景到近景的推拉镜头

图 7-2-20　添加文本

(5) 为女教师添加“向上滑动”进场效果，为文字添加“手绘”进场效果，调整时间轴各元素的出现时间。最终效果如图 7-2-21 所示。

(6) 单击发布按钮，发布成视频格式，完成视频文件的制作。

图 7-2-21　调整时间轴各元素的出现时间

7-4　制作老师在黑板讲课场景

7.2.3　制作路径动画

［案例描述］

本案例是制作一个简单的路径动画，主要讲解的知识点有添加背景，导入图片以及对图片进行编辑，添加文本，绘制图形，进场、强调、退出动画的设置，插入音乐等。

［制作步骤］

（1）打开万彩动画大师软件，单击“新建空白项目”，新建一个工程文件。保存文件，命名为“简单路径动画”。单击元素工具栏上的“音乐”→“音效库”→“影视”→“中央台新闻联播片头—节目片头”，将片头音乐添加到场景中，如图 7-2-22 所示。

（2）单击元素工具栏上的“图形”→“圆形”，选择圆形，把圆形拖到画布中。如图 7-2-23 所示。

（3）修改圆形的颜色为浅灰色，为圆形添加深灰色边框，并放置在左下角位置，效果如图 7-2-24 所示。

（4）为圆形添加“向上展开”进场效果，单击进场动画后面绿色“+”号，为圆形添加“移动”强调动画，并将圆形移动到画面中间，圆形的开始位置与终点位置就会出现一条带有箭头的虚线。时间轴与画面效果如图 7-2-25 所示。

图 7-2-22　添加音乐

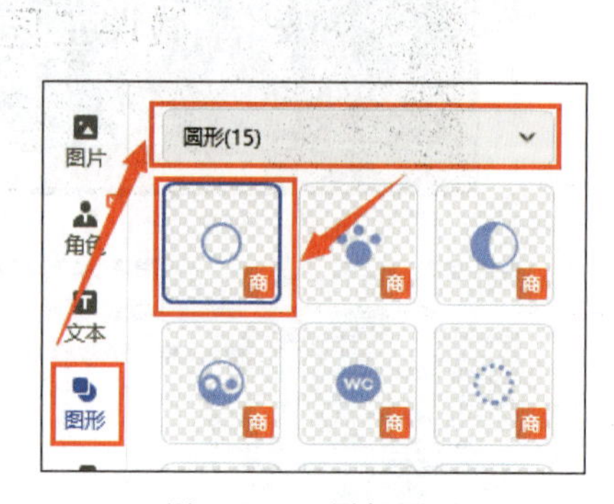

图 7-2-23　添加图形

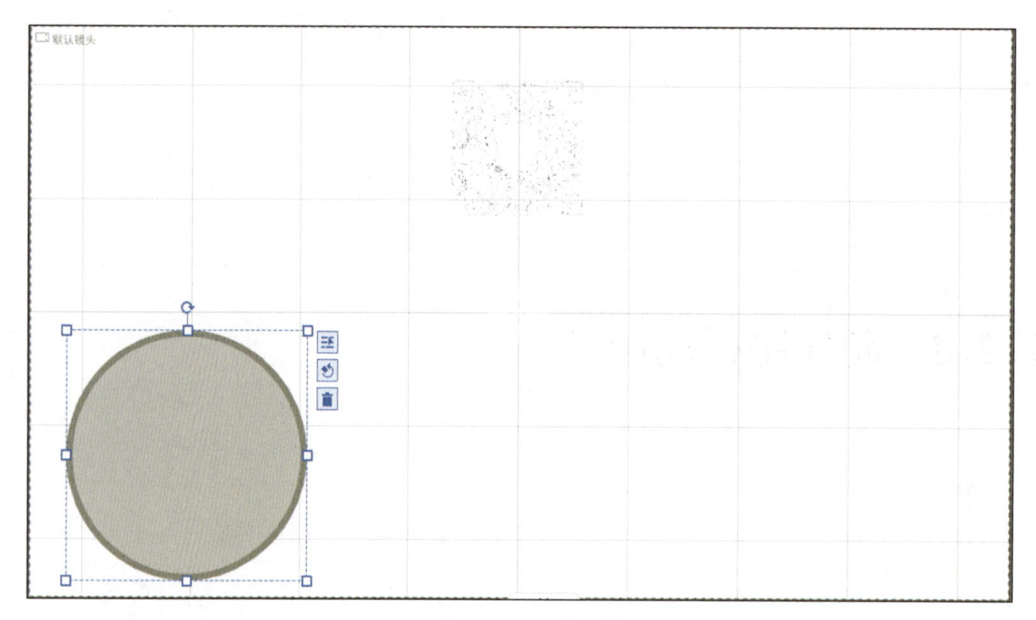

图 7-2-24　修改圆形属性

(5) 单击虚线，虚线上会出现一个圆点，拖动圆点，使虚线变弯曲，如图 7-2-26 所示。这样圆形就会出现一个根据虚线行走的路径动画效果。

(6) 单击元素工具栏上的“文本”→“添加文本”，然后在画布上单击，输入文字“[微课工匠]”，选中文字，修改文字属性，为文字添加白边，并放置在圆的中心位置，为文字添加“汇聚特效”文本进场效果，单击进场动画后面绿色“+”号，为文字添加“移动”强调动画，并将文字移动到圆的上方。效果如图 7-2-27 所示。

(7) 单击元素工具栏上的“文本”→“添加文本”，然后在画布上单击，输入文字“践行工匠精神”，选中文字，修改文字属性，并放置在圆的中心位置，为文字添加“向上展开”进场效果，单击进场动画后面绿色“+”号，为文字添加“移动”强调动画，并将文字移动到圆的左边。

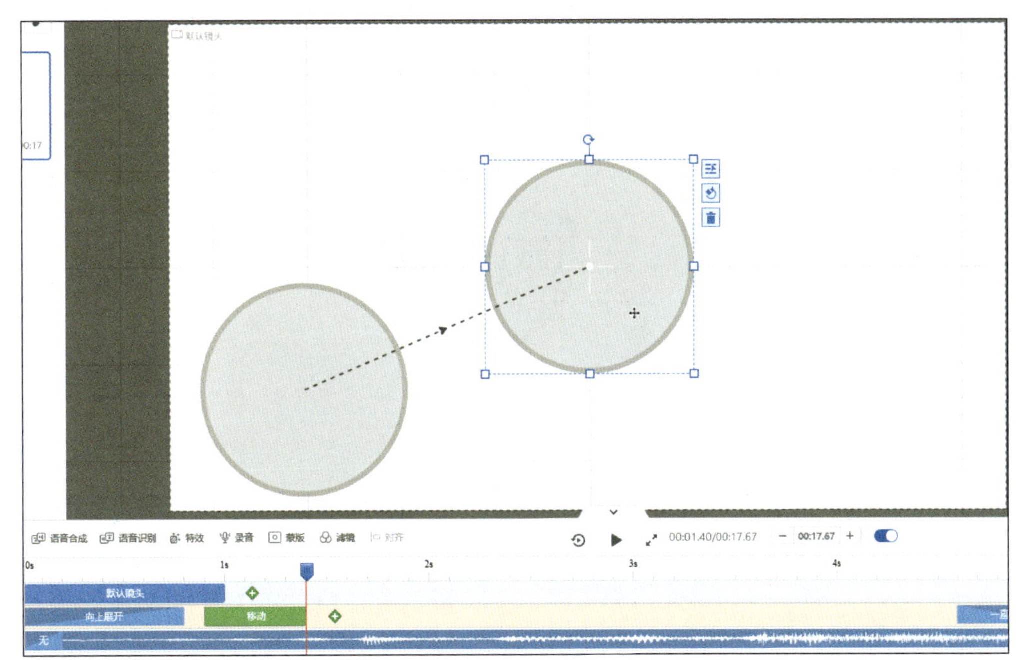

图 7-2-25　为圆形添加“移动”强调动画

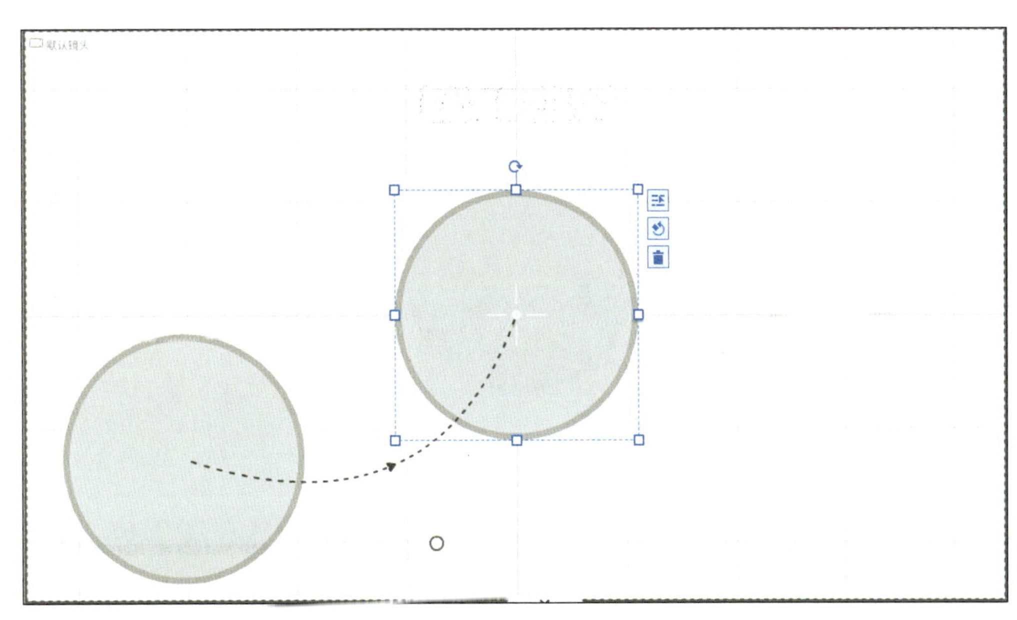

图 7-2-26　调整移动路径

效果如图 7-2-28 所示。

(8) 单击元素工具栏上的“文本”→“添加文本”，然后在画布上单击，输入文字“打造精品微课”，选中文字，修改文字属性，并放置在圆的中心位置，为文字添加“向上展开”进场效果，单击进场动画后面绿色“+”号，为文字添加“移动”强调动画，并将文字移动到圆的右边。效果如图 7-2-29 所示。

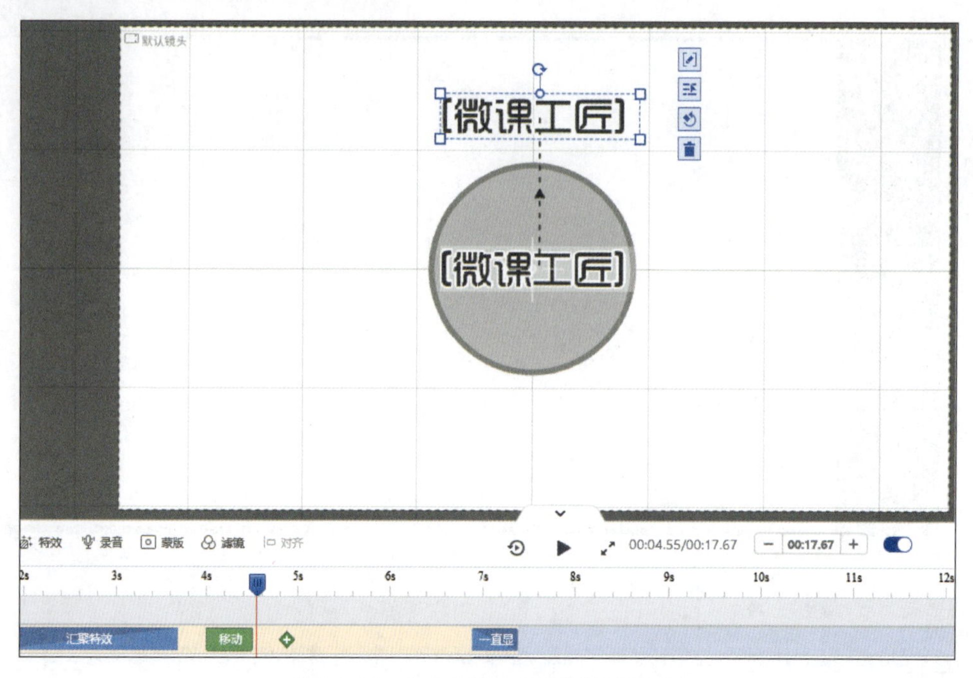

图 7-2-27　为文字添加“移动”强调动画

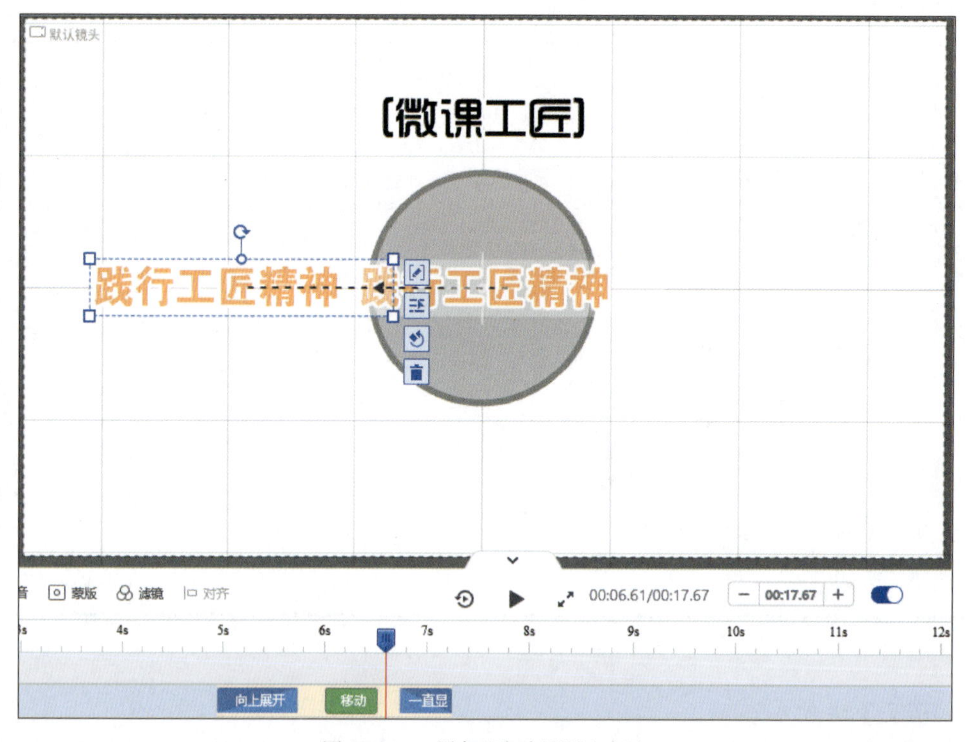

图 7-2-28　添加“移动”强调动画

(9) 单击元素工具栏上的“图片”→“添加本地图片”，导入“微课工匠.png”图片，并放置在画面合适的位置。单击右边属性栏“遮罩/贴纸/效果”图标 遮罩/贴纸/效果，打开对话框，为图片添加白色描边与阴影效果。调整图片大小，将图片置于圆的中心位置，为图片添加“底部

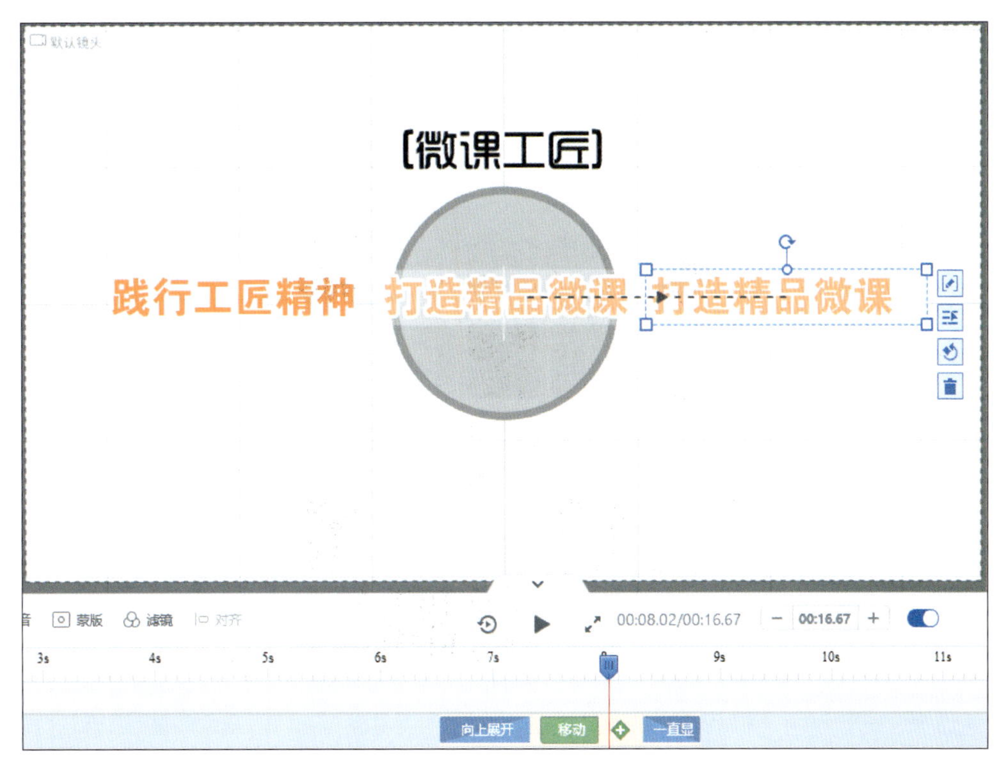

图 7-2-29　添加“移动”强调动画

手型推出”进场效果，单击进场动画后面绿色“＋”号，为图片添加“放大镜”“扩散光线”“闪闪发光”3 个强调动画。效果如图 7-2-30 所示。

图 7-2-30　添加图片并修改属性与添加动画效果

（10）在时间轴上单击背景图标，在背景轴上单击绿色“＋”号，选择一个视频背景，单击即可添加到时间轴上，如图 7-2-31 所示。

图 7-2-31　选择视频背景

（11）单击时间轴上镜头图层的绿色“＋”号，再添加一个默认镜头，镜头拉到 15s 处，在 15s 处把镜头缩小，如图 7-2-32 所示。这样画面就会有一个由全景到近景的推拉镜头。

图 7-2-32　添加全景到近景的推拉镜头

最终画面效果与时间轴效果如图 7-2-33 所示。

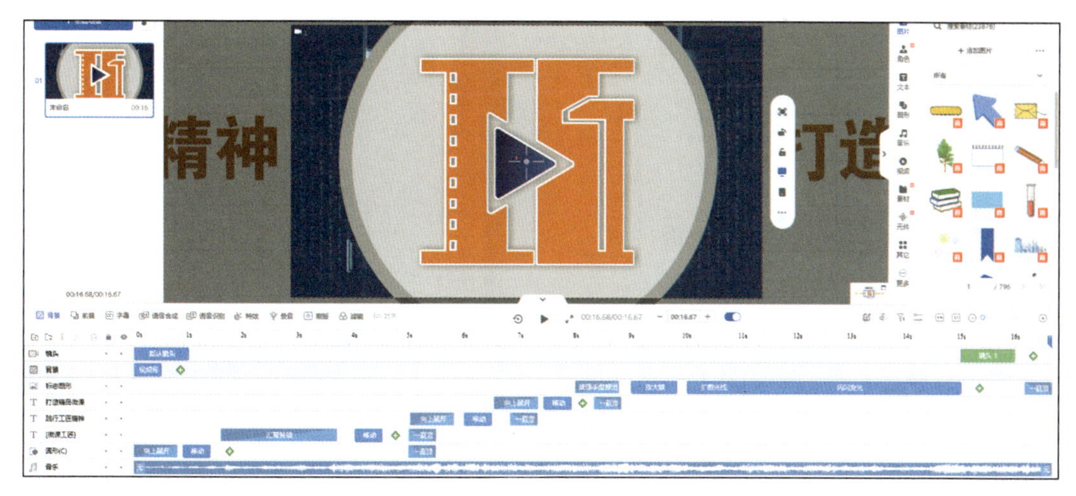

图 7-2-33　最终画面效果与时间轴效果

（12）单击发布按钮，发布成视频格式，完成视频文件的制作。

7-5　制作路径动画

7.2.4　制作两人在对话的场景

［**案例描述**］

本案例讲解如何制作两人在对话的场景，主要讲解的知识有添加角色、编辑角色、语音合成、添加气泡字幕等。

［**制作步骤**］

（1）打开万彩动画大师软件，单击“新建空白项目”，新建一个工程文件。保存文件，命名为“男女对话”，将场景背景颜色改为绿色。

（2）单击元素工具栏上“角色”图标，打开角色属性栏，单击“所有”按钮，如图 7-2-34 所示。在出现的角色当中单击到第 2 页，选择“西装商业女”角色类型，如图 7-2-35 所示。出现角色动作效果显示对话框，单击其中“说话. 微笑. 摊右手”动作，如图 7-2-36 所示。调整人物形象大小，将人物放置在画面的右边。

（3）运用同样方法，单击元素工具栏上“角色”图标，单击“西装商业男”角色，单击“说话. 微笑. 摊右手”动作，调整人物形象大小。选中角色形象，右击，在弹出的选项中选择“水平翻转”，将人物形象进行水平翻转，如图 7-2-37 所示。画面最终效果如图 7-2-38 所示。

图 7-2-34　角色属性栏

图 7-2-35　选择角色

图 7-2-36　选择角色动作

(4) 单击时间轴上“语音合成”按钮，打开文字转语音对话框，在对话框上输入要转语音的文字“王经理，请问你的工作方案写好了吗?”，为“西装商业女”角色选择合适的配音角色，还可以调整音量与语速，单击应用按钮就可以把配音添加到时间轴上，如图 7-2-39 所示。

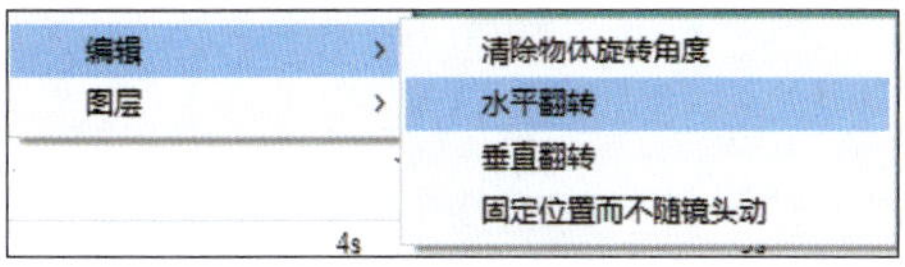

编辑
图层
清除物体旋转角度
水平翻转
垂直翻转
固定位置而不随镜头动

图 7-2-37　水平翻转

图 7-2-38　水平翻转角色效果

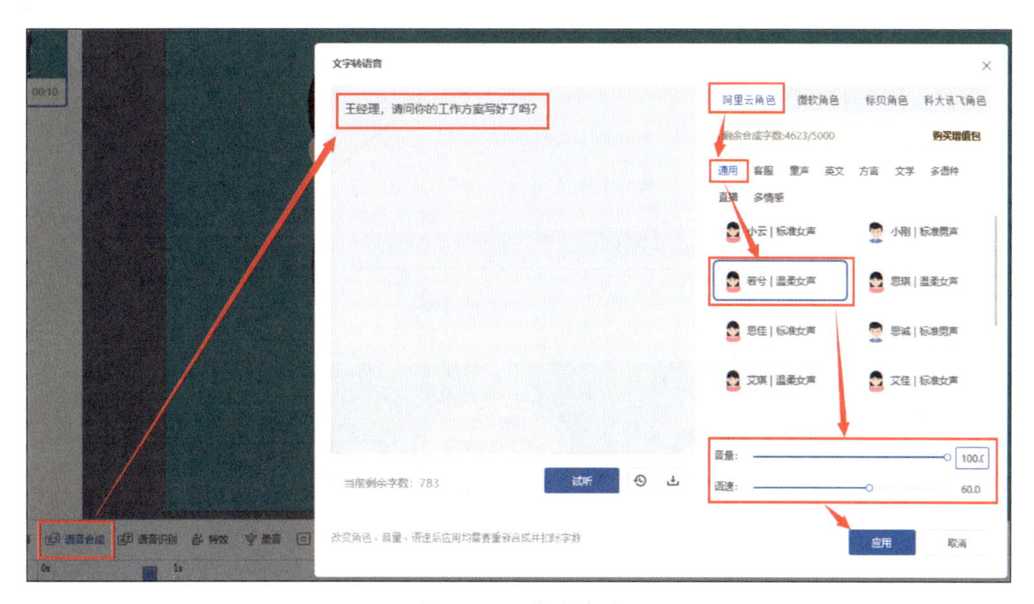

图 7-2-39　语音合成

（5）将配音的图层拉到“西装商业女”角色图层上面，根据“西装商业女”角色的动作，将音频开头拉到 0.8s 处，将“西装商业女”角色图层的动作拉到与音频相齐的位置，如图 7-2-40 所示。

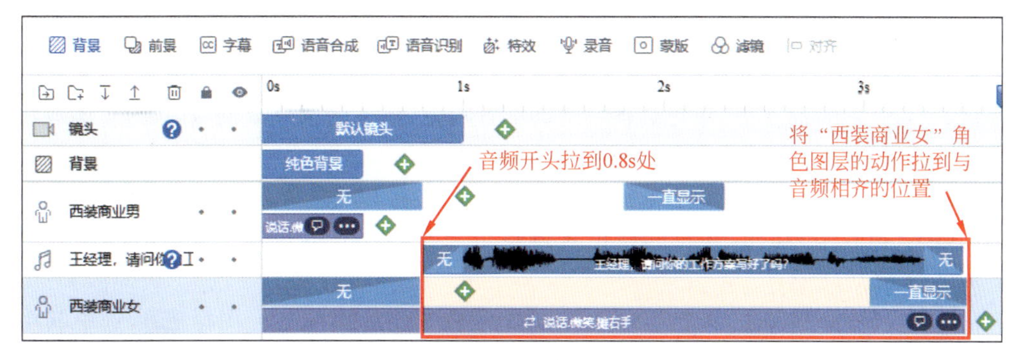

图 7-2-40　调整音频位置

(6) 单击“西装商业女”角色图层后面的气泡图标，选中其中一个效果，单击添加到画面中，如图 7-2-41 所示。调整气泡的大小与位置，并输入对应的文字内容，调整文字属性与版式。画面效果如图 7-2-42 所示。

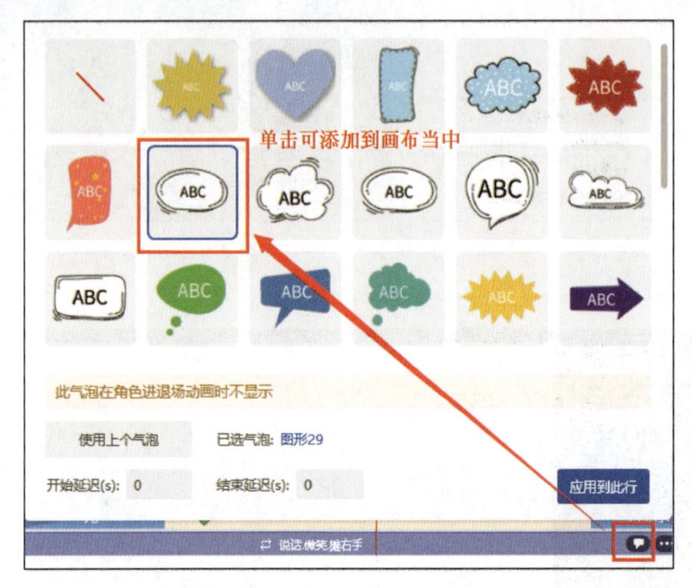

图 7-2-41　添加气泡

图 7-2-42　调整气泡文字属性与版式

(7) 把指针放在时间轴的 4s 处，按同样的配音方法，单击时间轴上“语音合成”按钮，打开文字转语音对话框，在对话框上输入要转语音的文字“写好了，今天早上我已经发到公司的邮箱了”，为“西装商业男”角色选择合适的配音角色，还可以调整音量与语速，单击应用按钮就可以把配音添加到时间轴上，如图 7-2-43 所示。

(8) 单击“西装商业男”角色图层后面绿色“＋”按钮，为“西装商业男”角色再添加一个“说话. 微笑. 摊右手”动作，并将起始位置调整至与音频相齐的位置。最后时间轴效果如图 7-2-44 所示。

(9) 按步骤(6)的做法，单击“西装商业男”角色图层后面的气泡图标，选中其中一个效果，单击添加到画面中，如图 7-2-45 所示。调整气泡的大小与位置，并输入对应的文字内容，调整文字属性与版式。画面效果如图 7-2-46 所示。

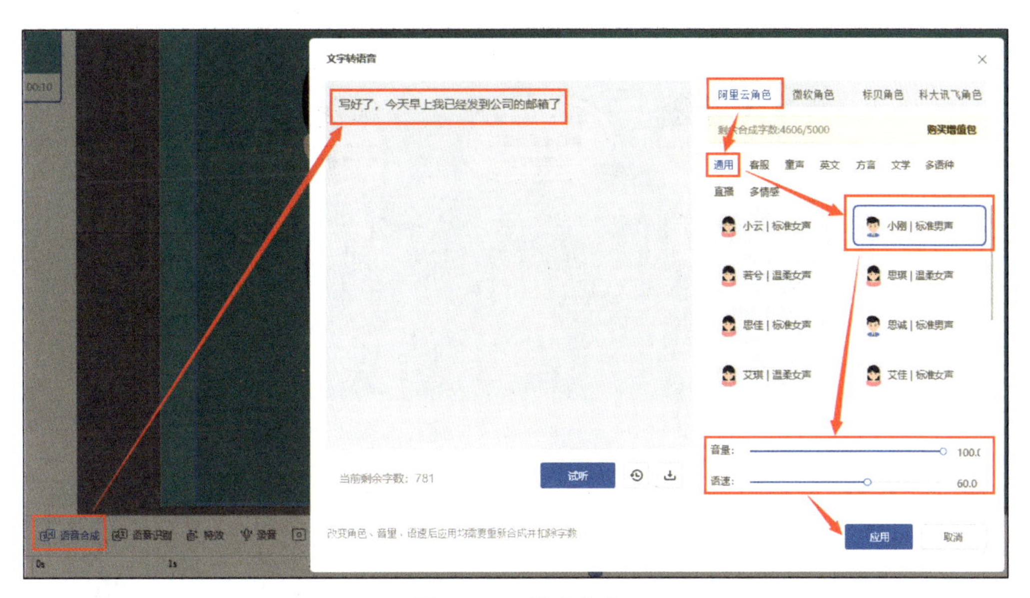

图 7-2-43　语音合成

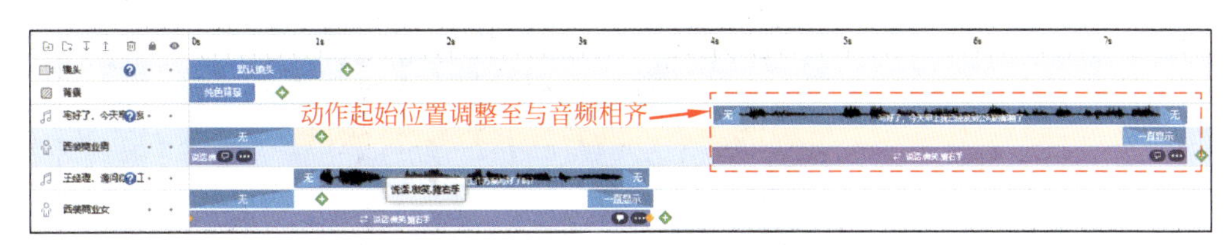

图 7-2-44　调整音频位置

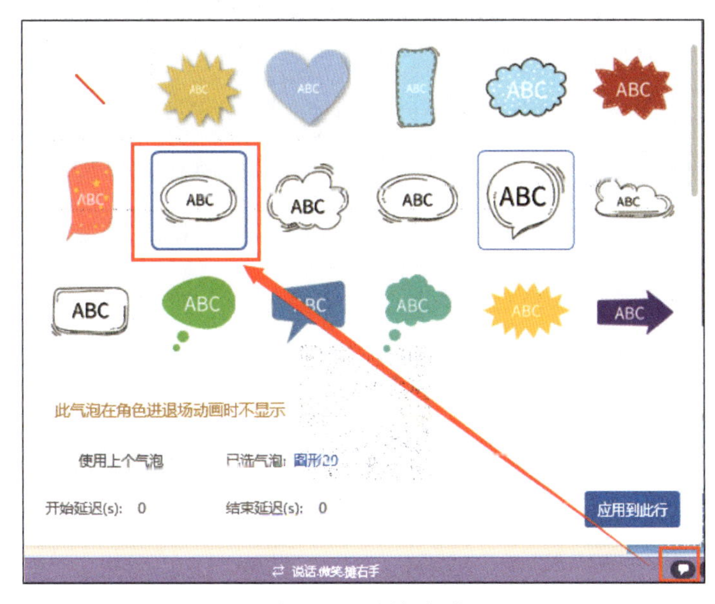

图 7-2-45　添加气泡

（10）单击时间轴上“字幕”按钮，打开字幕列表对话框，在对话框上单击“添加字幕”，添加两组字幕，分别是男角色与女角色所说的内容，把字幕图层拉到与音频对齐的位置。最后时间轴效果如图 7-2-47 所示。

图 7-2-46　调整气泡文字属性与版式

图 7-2-47　调整音频位置

(11) 单击发布按钮，发布成视频格式，完成视频文件的制作。

7-6　制作两人在对话场景

7.2.5　视频编辑

[案例描述]

本案例主要讲解如何在万彩动画软件里进行视频的剪辑，使用的视频是京剧里展示“唱念做打”的4个片段，通过视频剪辑，把中间“念”的部分保留，其他部分删掉。

［制作步骤］

(1) 打开万彩动画大师软件，单击“新建空白项目”，新建一个工程文件。保存文件，命名为“视频编辑”，单击元素工具栏上的“视频”图标，单击“添加本地视频”按钮，将视频导入舞台中，将视频尺寸调整到满屏，双击视频图层的空白处，可打开视频编辑对话框，如图7-2-48所示。

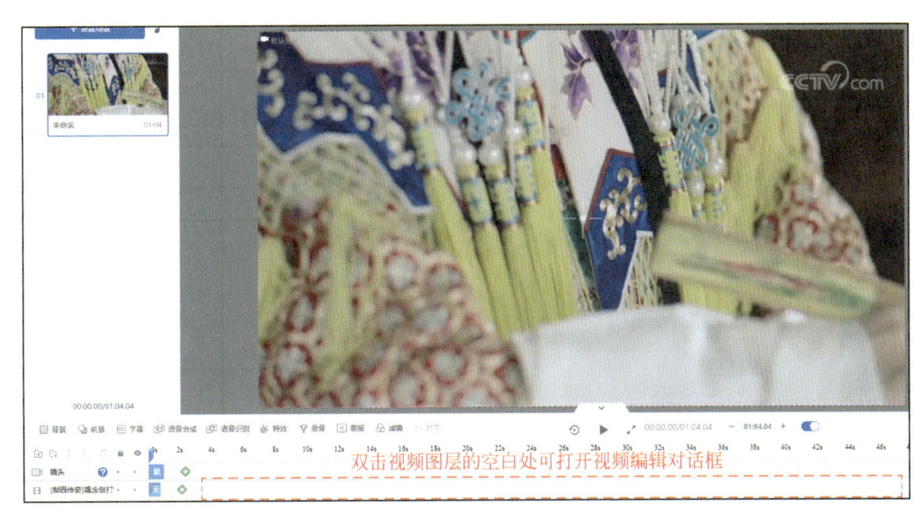

图7-2-48　视频编辑对话框

(2) 打开视频编辑对话框，拖动前面与后面蓝色块到合适的位置，也就是视频要保留的部分，然后单击“拆分”，就可以将视频分为3段，如图7-2-49所示。选择第1段视频，单击“删除”即可把第1段视频删掉，如图7-2-50所示。

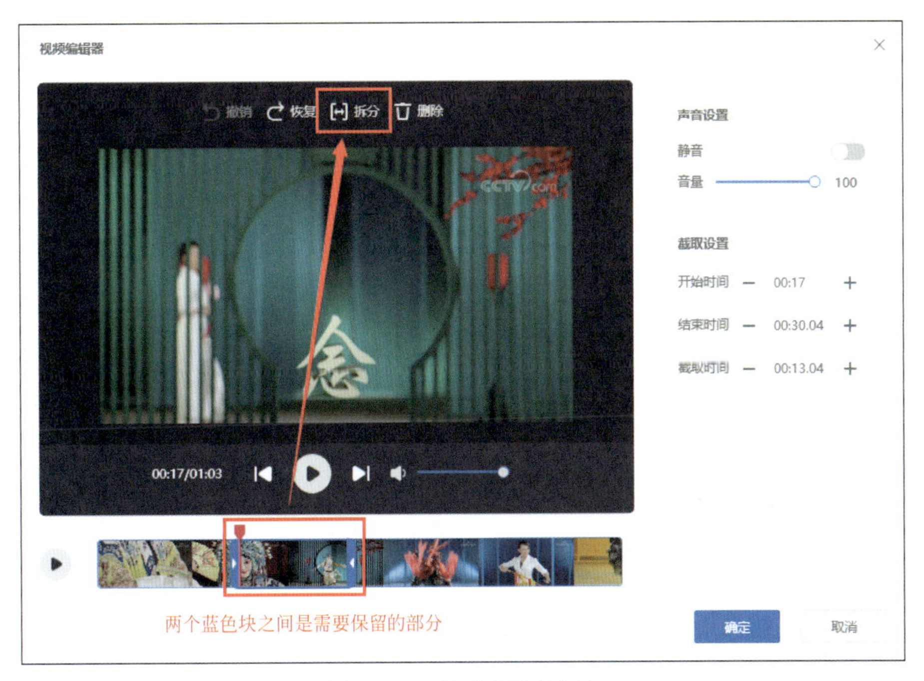

图7-2-49　将视频进行拆分

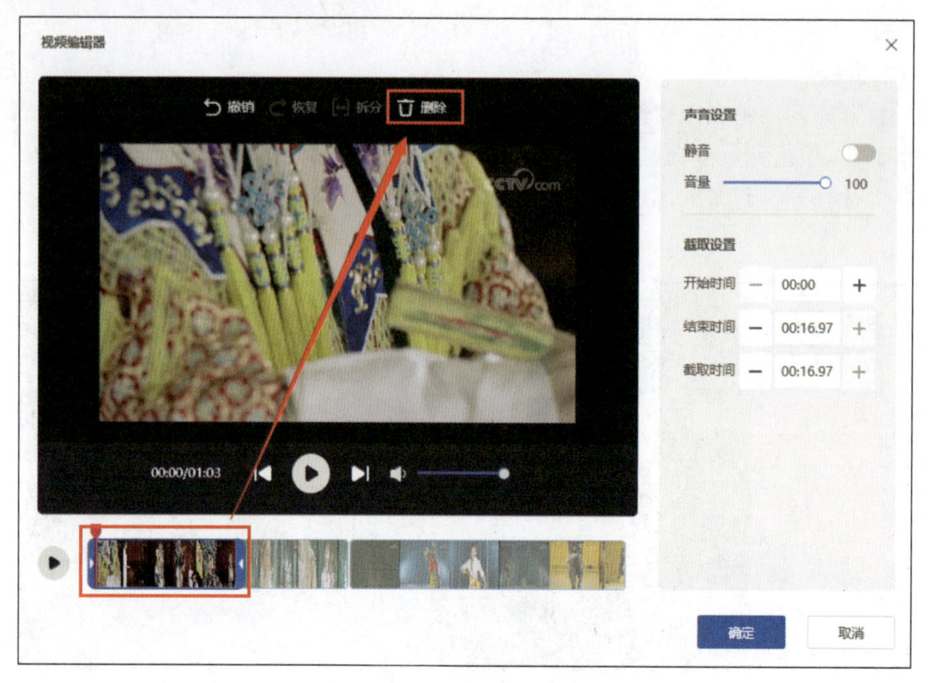

图 7-2-50　删除选中视频

(3) 选中最后一段视频，单击删除，然后单击“确定”，在弹出的对话框中单击“是”，如图 7-2-51 所示，完成视频的剪辑。

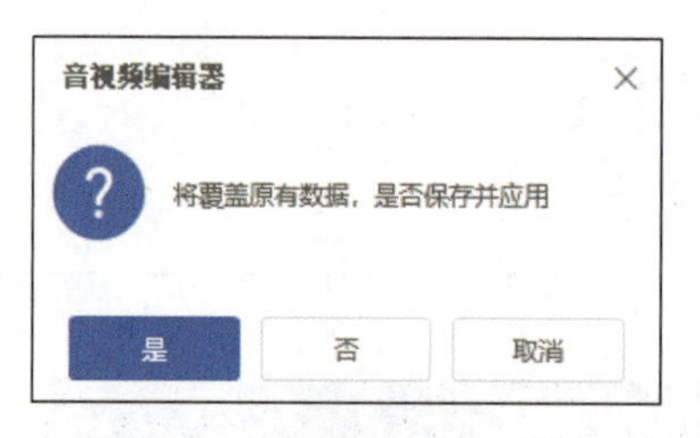

图 7-2-51　完成视频的剪辑

(4) 单击发布按钮，发布成视频格式，完成视频文件的制作。

7-7　视频编辑

7.2.6　运用点线动画绘制图形

［**案例描述**］

本案例介绍如何运用点线动画命令绘制图形，主要讲解的知识点有绘制图形、将直线修改成曲线、为图形添加点线动画。

［制作步骤］

（1）打开万彩动画大师软件，单击“新建空白项目”，新建一个工程文件。保存文件，命名为“运用点线动画绘制图形”，单击元素工具栏的“图形”按钮，选中圆形，将圆形拖到舞台中，设置圆形属性，在舞台上绘制一个黑色边无填充的圆形，如图 7-2-52 所示。

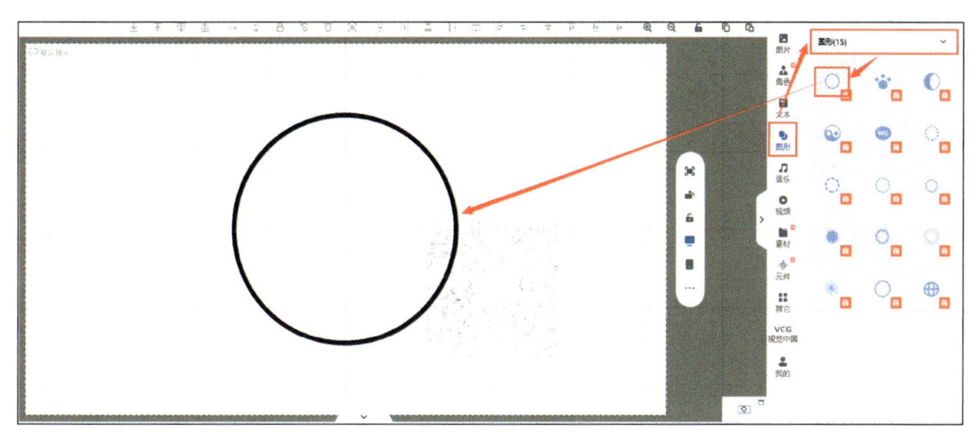

图 7-2-52　绘制圆形

（2）再添加一条线条到舞台上，如图 7-2-53 所示。拖动直线的中点，可将直线修改成曲线，如图 7-2-54 所示。

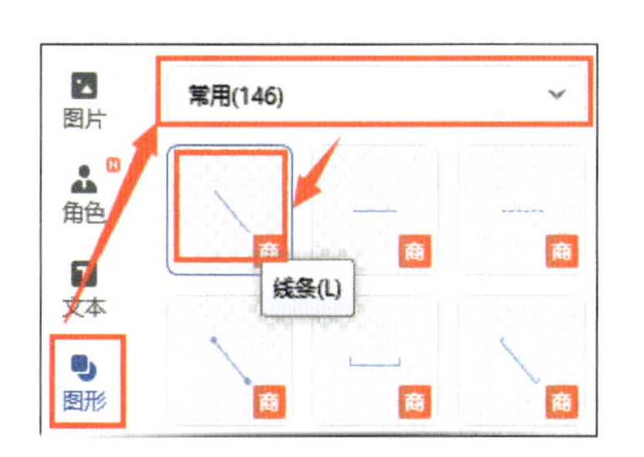

图 7-2-53　添加线条

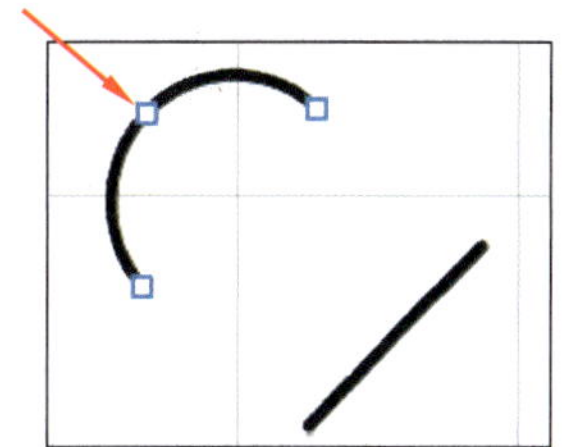

图 7-2-54　将直线修改成曲线

（3）运用这种方法，最终在舞台上绘制一个小熊的头像，选择其中一个元素，为其添加点线动画，如图 7-2-55 所示。使用同样方法为其他所有元素添加点线动画。

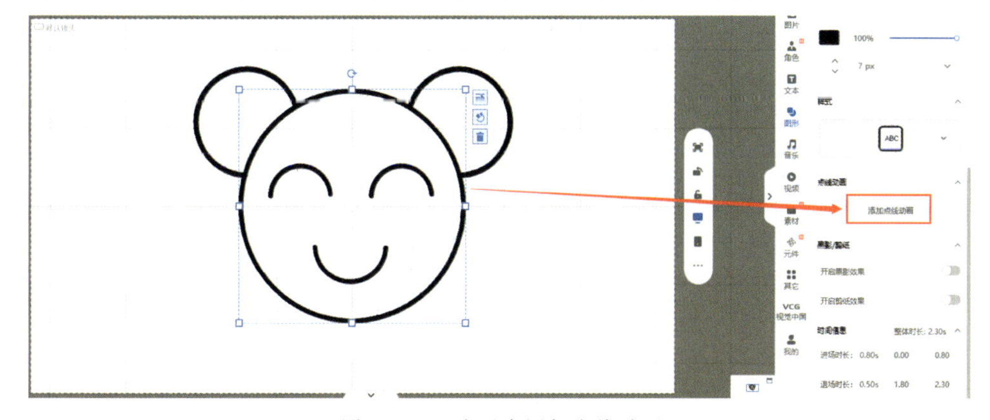

图 7-2-55　为元素添加点线动画

(4) 在时间轴上调整每个图形的出现时间，时间轴上最终的效果如图 7-2-56 所示。

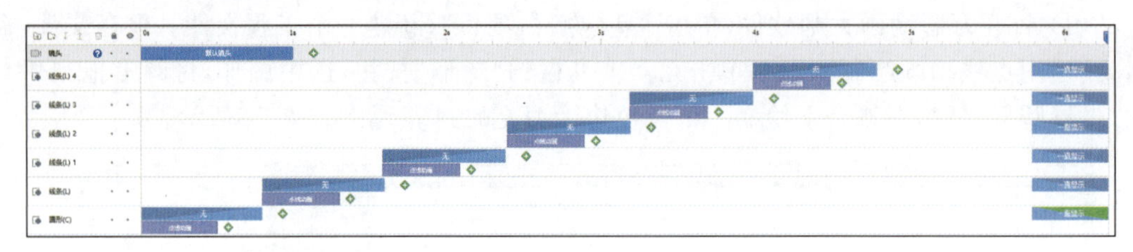

图 7-2-56　时间轴上最终效果

(5) 单击发布按钮，发布成视频格式，完成视频文件的制作。

7-8　运用点线动画绘制图形

7.3 综合案例

[**案例描述**]

本案例以一个完整的全国一等奖微课作品为例，讲解整个微课的制作过程。因为要完整制作整个作品的话，所占的篇幅较大，所以本案例将原本的获奖作品浓缩到了两分半钟。案例所包含的知识点比较多，主要是对以前的知识点进行复习与巩固。

[**制作步骤**]

(1) 打开万彩动画大师软件，单击“新建空白项目”，新建一个工程文件。保存文件，命名为“PS 人像换脸技术”。

(2) 采用先音后画的制作方法，单击时间轴上“语音合成”按钮，打开文字转语音对话框，在对话框上输入要转语音的文字内容“你是否会遇到这样的问题?”，选择合适的配音角色，还可以调整音量与语速，单击应用按钮就可以把配音添加到时间轴上，如图 7-3-1 所示。

(3) 在时间轴上单击背景图标 ▨ 背景，在背景轴上单击绿色“+”号，选择蓝色背景。单击元素工具栏上的“图片”→“添加本地图片”，导入“白色透明线条.png”图片，铺满整个画面。

(4) 单击元素工具栏上“角色”图标，选择“官方角色”→“时尚休闲男”角色，打开角色对话框，出现角色动作效果显示对话框，单击其中“表情”→“站-疑问-挠头”动作效果，如图 7-3-2 所示。单击将角色人物添加到画布中。

(5) 单击元素工具栏上“素材”图标，选择“特效”，在特效属性栏里输入文字“问号”进行搜索，选中素材，单击添加到画面中，如图 7-3-3 所示。调整人物形象大小，将人物放置在画面的中间，问号素材放在人物的左上方，如图 7-3-4 所示。

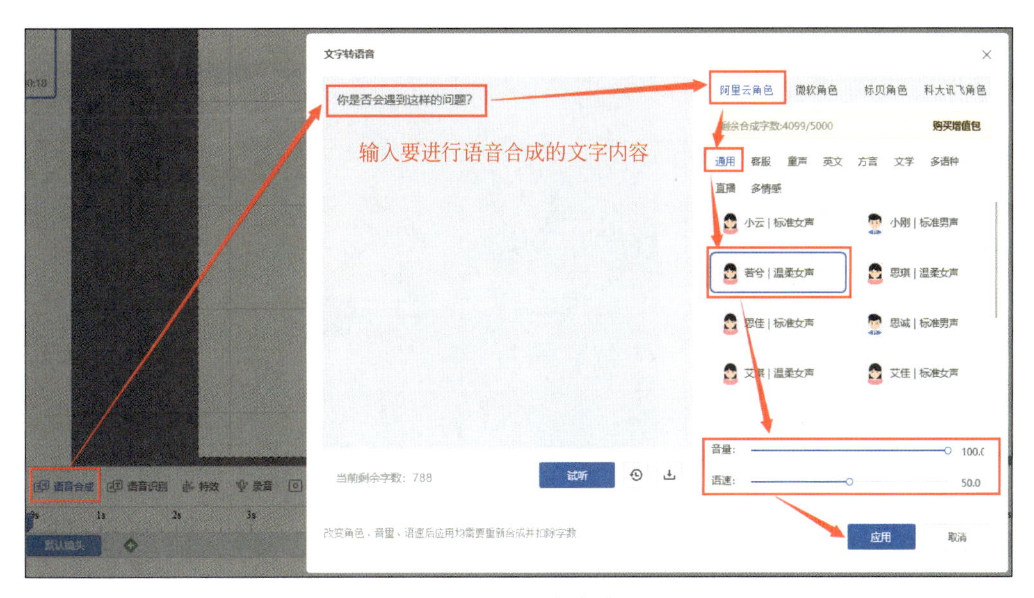

图 7-3-1　语音合成

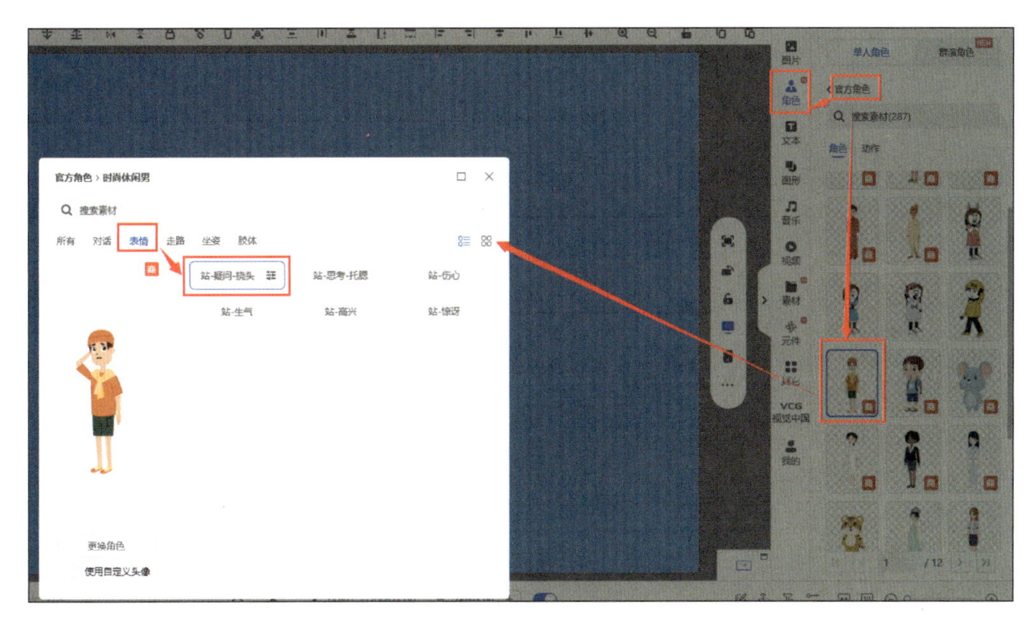

图 7-3-2　选择角色形象

(6) 将人物动作延长至 3s 处，这样比音频稍长一点，设置人物与问号的进场效果为“加强进入”，退场为“弹出”。时间轴效果如图 7-3-5 所示。

(7) 单击时间轴上“语音合成”按钮，打开文字转语音对话框，在对话框上输入要转语音的文字内容“用相机拍出来的模特效果总是不能如愿”，单击应用按钮把配音添加到时间轴 3s 处。

(8) 导入“相机.png”图片，放置在画面中心位置。设置相机的进场效果为“加强进入”，退场为“弹出”。

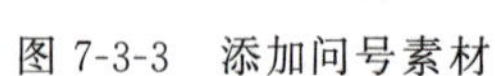
图 7-3-3　添加问号素材

图 7-3-4　调整画面元素的大小与位置

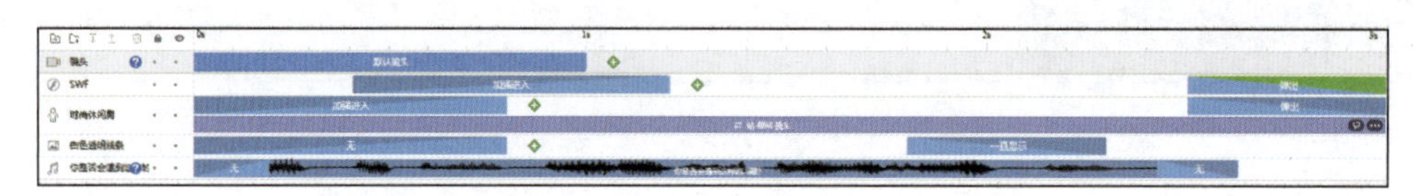

图 7-3-5　设置元素的进场效果与时间

(9) 单击元素工具栏上的“音乐”→“音效库”→“生活场景”→“相机-拍照-咔嚓-摄影”，单击“+”按钮将音效添加到场景中，如图 7-3-6 所示。画面与时间轴效果如图 7-3-7 所示。

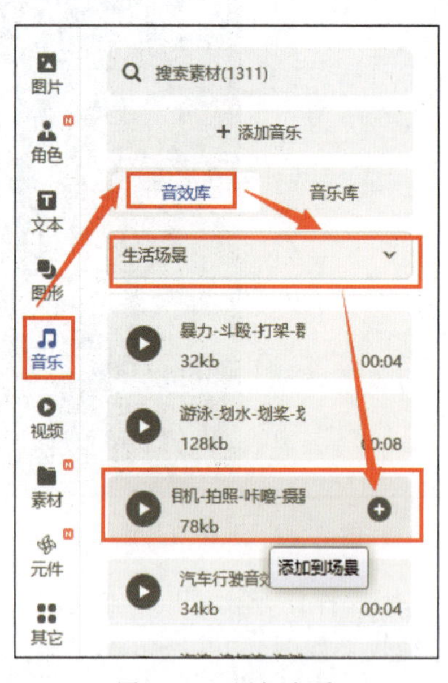

图 7-3-6　添加音乐

(10) 由于音效比较长，需要对音效进行裁剪。在时间轴上选中音效，在屏幕右边的属性栏中单击“声音编辑器”按钮，就会出现声音编辑器属性面板。拖动红色小方点，对音乐进行裁剪，单击“确定”按钮完成裁剪，如图 7-3-8 所示。单击声音编辑属性面板的“完成”按钮，完成最终的裁剪。

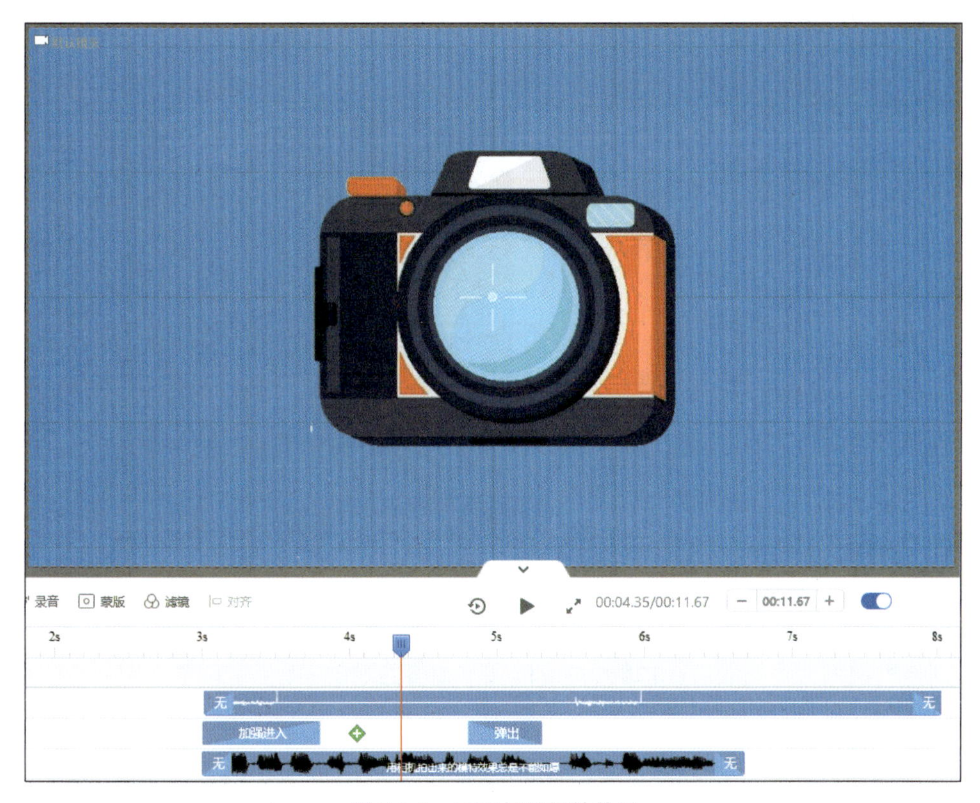

图 7-3-7　画面与时间轴效果

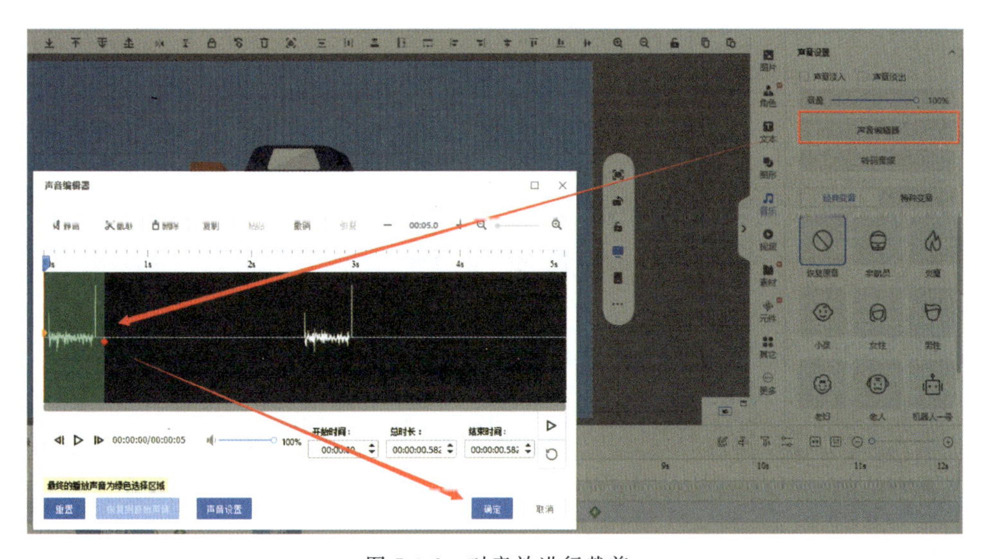

图 7-3-8　对音效进行裁剪

(11) 单击元素工具栏上“角色”图标,选择“官方角色”→“角色”→“海雕红色小丽”角色,打开角色对话框,出现角色动作效果显示对话框,单击其中“表情”→“抱头哭泣”动作效果,如图 7-3-9 所示。单击将角色人物添加到画布中。

(12) 设置人物形象的进场效果为“破壳而出”,退场为“水波退”。并为其添加一个大叫的音效(可在音效库里搜索大叫音效),然后调整人物形象与音效在时间轴的位置,如图 7-3-10 所

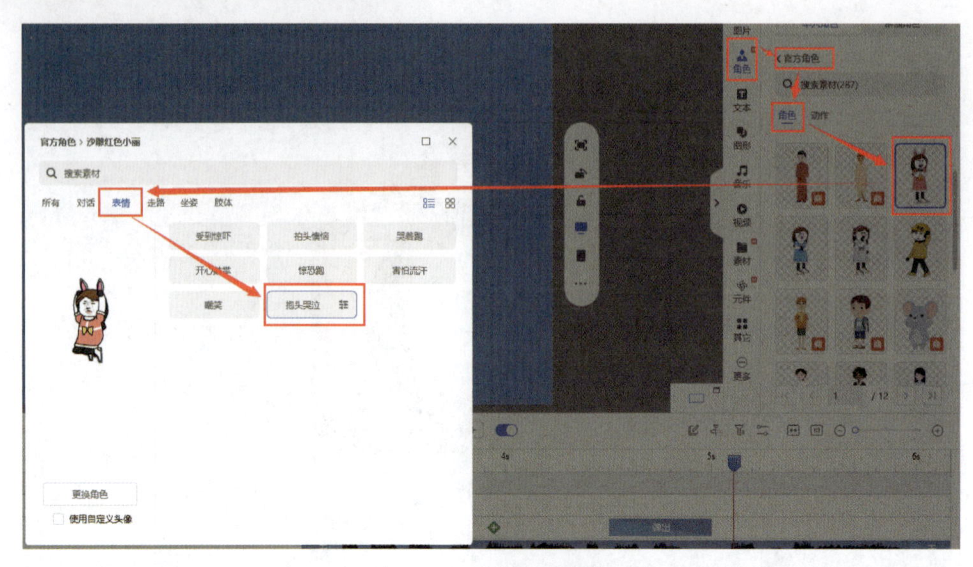

图 7-3-9　选择角色形象

示。单击“海雕红色小丽”角色图层后面的气泡图标，选中其中一个效果，单击添加到画面中，调整气泡的大小与位置，并输入对应的文字内容“又拍失败了”，调整文字属性与版式。画面效果如图 7-3-11 所示。

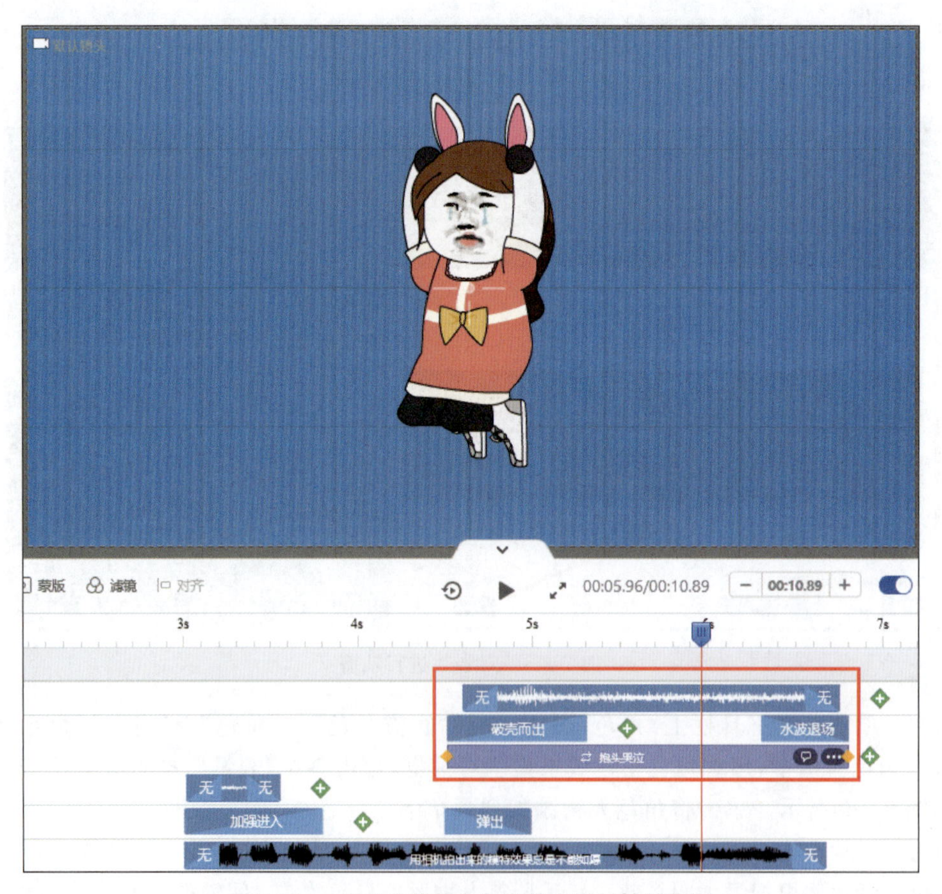

图 7-3-10　调整人物形象与音效在时间轴的位置

图 7-3-11　添加气泡

(13) 单击时间轴上“语音合成”按钮,打开文字转语音对话框,在对话框上输入要转语音的文字内容“模特的造型很好,但是表情不好,有些表情拍好了,但造型并不是我想要的,如果把脸换过来了,这就完美了”,单击应用按钮把配音添加到上一段配音的后面。

(14) 导入“表情不好.png”图片,放置在画面中心位置。设置进场效果为“向上展开”,退场效果为“弹出”,并把退场效果拉至配音的最后面。选中图片,单击“遮罩/贴纸/效果”,打开对话框,为图片添加白色描边与阴影效果,如图 7-3-12 所示。

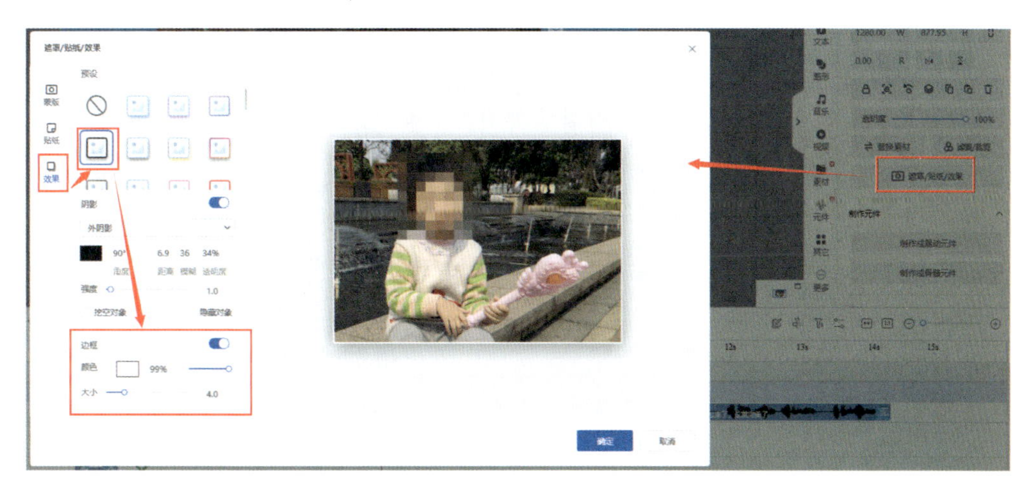

图 7-3-12　为图片添加白色描边与阴影效果

(15) 单击进场动画后面的绿色“+”号,为图片添加“移动”强调动画,并将图片移动到画面的左上角。复制“相机-拍照-咔嚓-摄影”音效,与图片进场时间一致。此时画面与时间轴效果如图 7-3-13 所示。

图 7-3-13　为图片添加“移动”强调动画

(16) 单击元素工具栏上的“图形”图标,添加“X”特殊符号,如图 7-3-14 所示。

(17) 将特殊符号“X”修改为红色填充,添加“10”距离的白边。在当配音读出“但是表情不好……”文字时出现,放置在图片上面,设置进场效果为“加强进入”,并在 9.5s 处设置弹出。为图片与 “X” 符号添加出现的音效,单击元素工具栏上的“音乐”→“音效库”→“游戏”→“系统警告-错误-取”,单击“+”按钮将音效添加到场景中,如图 7-3-15 所示。音效与符号同时间出现。画面效果如图 7-3-16 所示。

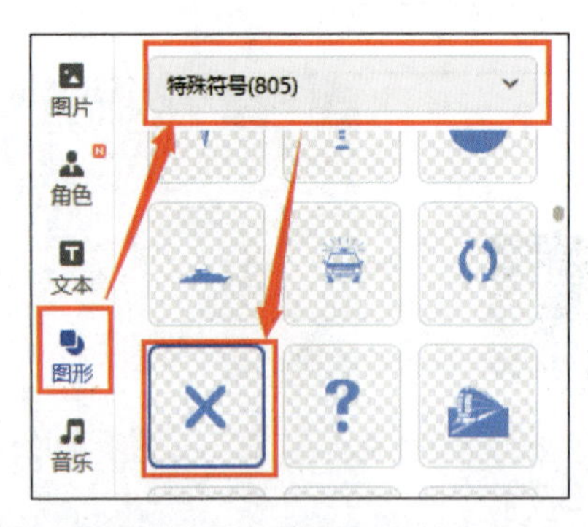

图 7-3-14　添加特殊符号

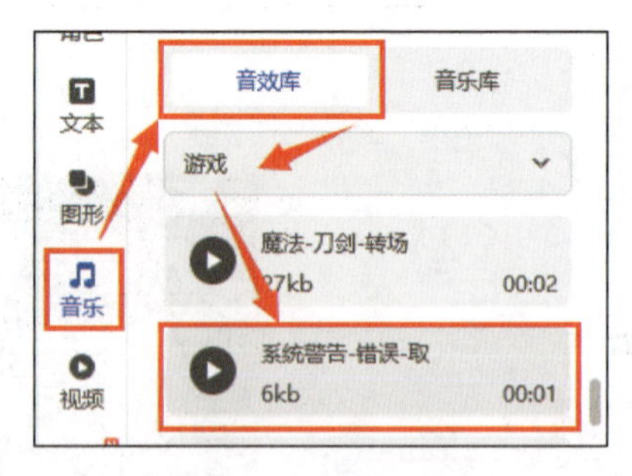

图 7-3-15　添加音效

(18) 按同样的操作添加“造型不好. png”图片,按照同样的制作方法添加或复制符号“X”,复制各自出现的音效,放置在合适的位置,在时间轴上根据配音调整出现的顺序。画面效果与时间轴效果如图 7-3-17 所示。

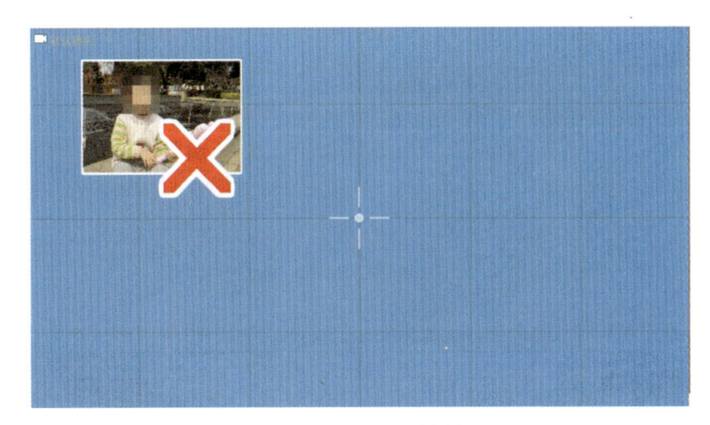

图 7-3-16　画面效果

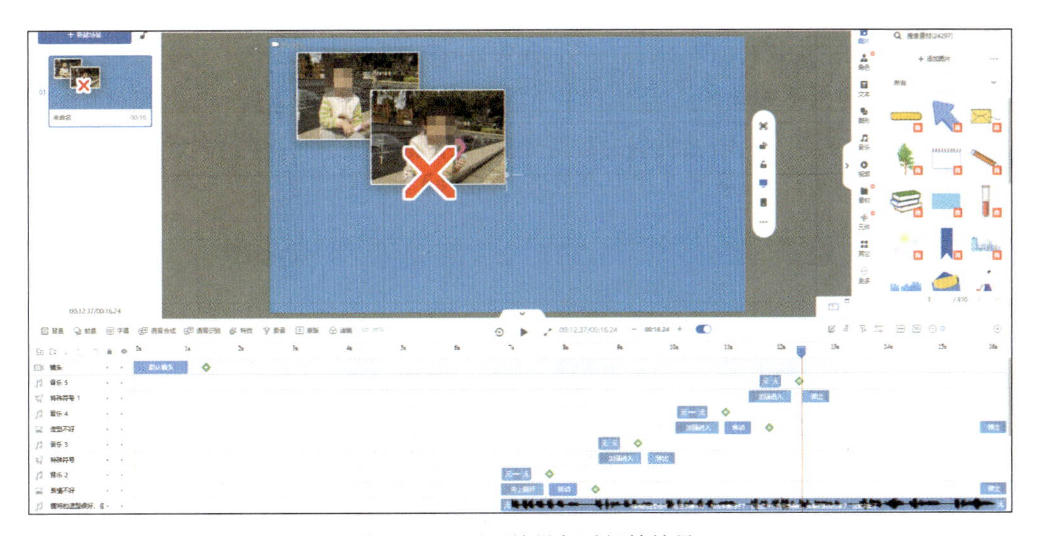

图 7-3-17　画面效果与时间轴效果

(19) 单击时间轴上镜头图层的绿色“＋”号，再添加一个默认镜头，在约 13s 处把镜头缩小，如图 7-3-18 所示。这样画面就会有一个由全景到近景的推拉镜头。最终画面效果如图 7-3-19 所示。

图 7-3-18　添加由全景到近景的推拉镜头

图 7-3-19　画面效果

(20) 导入“脸.png”图片，放置在上面图片脸部的重合位置。设置进场效果为“无”，退场效果为“弹出”，并把退场效果拉至配音的最后面。选中图片，单击进场动画后面的绿色“＋”号，为图片添加“移动”强调动画，并将图片移动到下面图片的脸部，旋转角度，使脸部图片较好地融合。效果如图 7-3-20 所示。延长移动效果的时间，使脸部的移动时间稍慢一点。

图 7-3-20　为脸部图片添加“移动”强调动画

(21) 将所有画面的元素在 17s 处进行弹出退场。

(22) 导入“修改好的.jpg”图片，设置进场效果为“加强进入”，退场效果为“弹出”，将“弹出”效果移到 20s 处。单击“遮罩/贴纸/效果”，打开对话框，为图片添加“蒙版”效果，设置图片的蒙版效果参数，如图 7-3-21 所示。

(23) 单击元素工具栏上的图形图标，添加“√”特殊符号，如图 7-3-22 所示，并为特殊符号设置红色白边效果，设置进场效果为“加强进入”，退场效果为“弹出”，在图片后面一点出现。

(24) 调整“√”特殊符号大小，放置在画面合适位置，画面效果如图 7-3-23 所示。为特殊符号添加音效，如图 7-3-24 所示，音效与符号同时出现。至此，场景 1 的制作完成。

(25) 单击软件左上角“新建场景”按钮，新建一个空白场景，单击两个场景中间的“选择过渡动画效果”按钮，打开对话框，选择“矩形展开”效果，如图 7-3-25 所示。

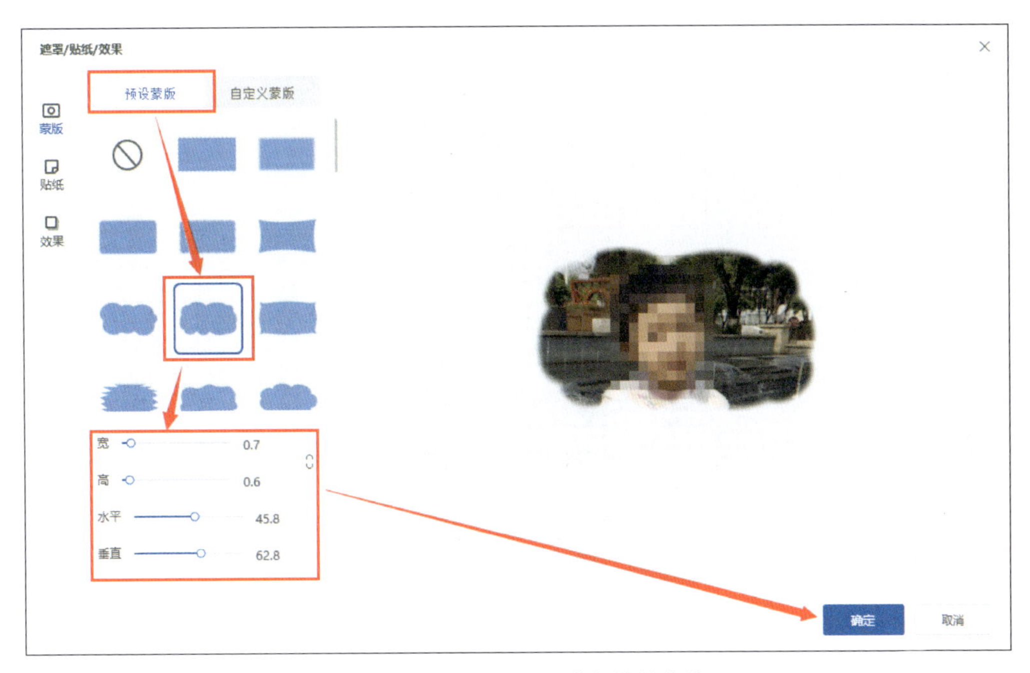

图 7-3-21 设置图片的蒙版效果参数

图 7-3-22 添加“√”特殊符号

图 7-3-23 画面效果

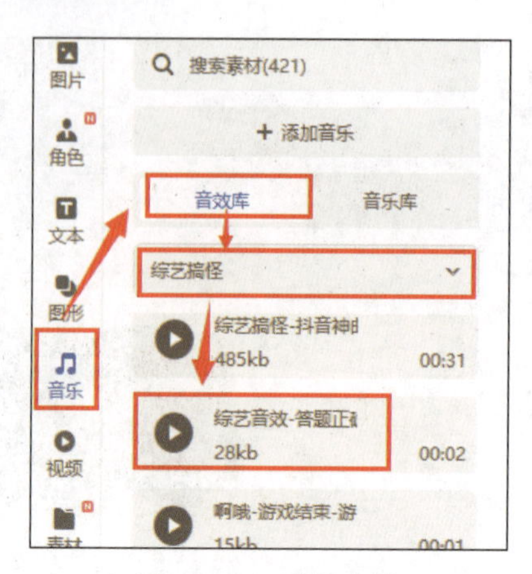

图 7-3-24　添加音效

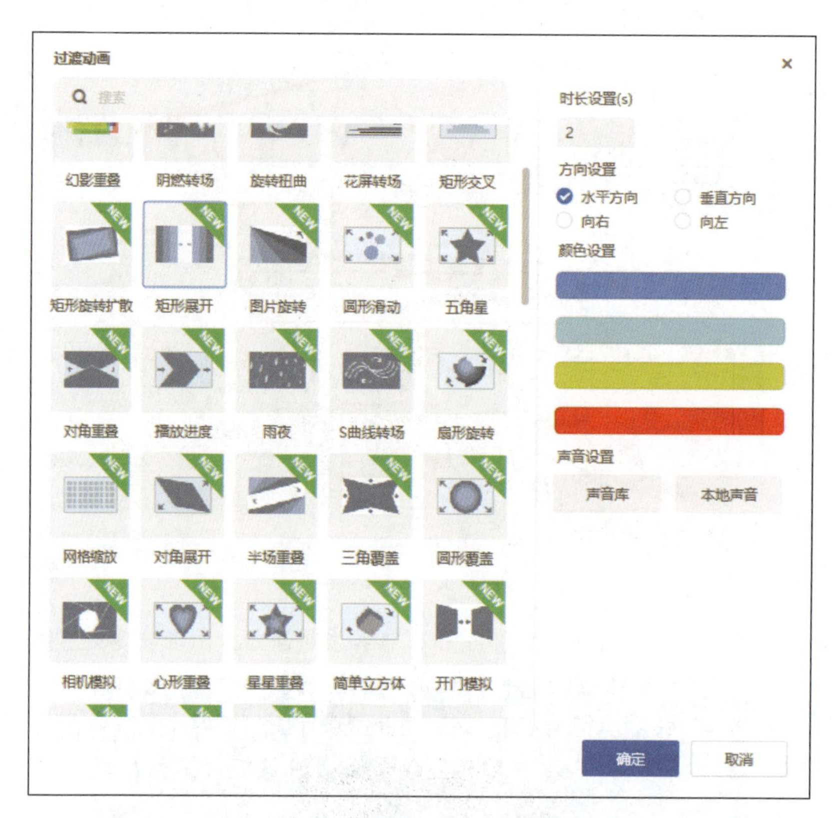

图 7-3-25　选择过渡动画效果

(26) 跟场景 1 一样,采用先音后画的制作方法,为方便后期进行调整,分成四段进行合成。单击时间轴上"语音合成"按钮,打开文字转语音对话框,在对话框上输入要转语音的文字内容"这就是我们所说的 ps 换脸""那 ps 换脸技术的原理是怎样的呢?""我们先来看下面这张图片,你能猜得到是哪两位被 p 在一起了吗?""下面我们来欣赏两个电影片段。"把配音添加到时间轴上。

(27) 跟场景 1 一样,添加蓝色背景,复制场景 1 的"白色透明线条"图层到场景 2,导入"云彩. png"图片,放置到画面的下面,设置"白色透明线条"图层与"云彩"图层进场效果为

“无”，退场效果为“一直显示”。输入文字“PS 换脸”，调整文字属性，如图 7-3-26 所示。设置进场效果为“底部手型推出”，退场效果为“随机掉出”。

图 7-3-26　画面效果

（28）单击元素工具栏上的“角色”图标，打开角色对话框，单击“女白领”角色，出现角色动作效果显示对话框，单击其中“说话.微笑.摊右手”动作，并将动作起始位置调整至与音频相齐的位置，设置进场效果为“向上展开”，退场效果为“弹出”。时间轴效果如图 7-3-27 所示。调整人物形象大小，将人物放置在画面的右边，如图 7-3-28 所示。

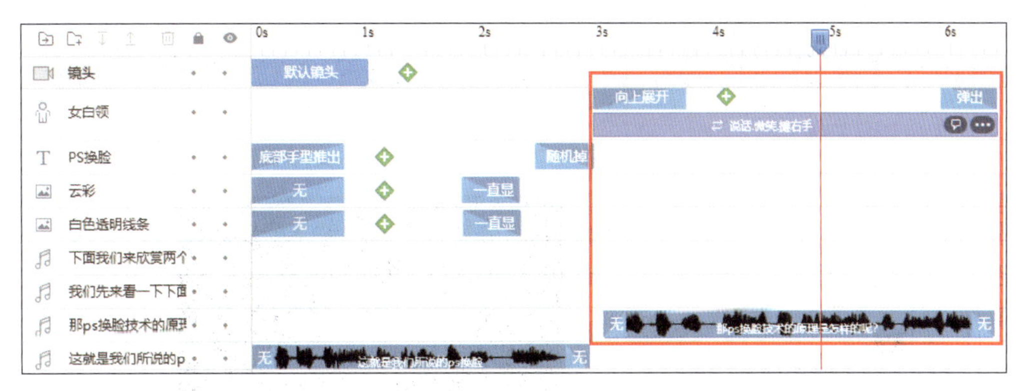

图 7-3-27　调整各元素进场动画与在时间轴上位置

图 7-3-28　调整人物形象大小与位置

(29) 单击"文本"→"气泡文字",选中其中一个效果,单击添加到画布中,如图 7-3-29 所示。调整气泡的大小与位置,输入"原理"两字,调整文字属性与版式,画面效果如图 7-2-30 所示。设置气泡进场效果为"向上展开",退场效果为"弹出"。

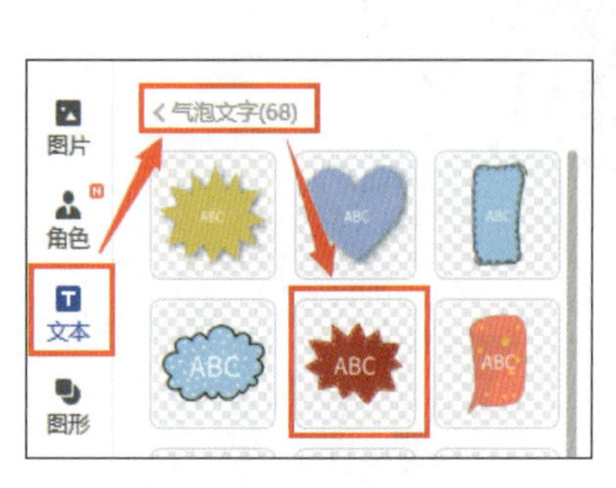

图 7-3-29　添加气泡文字

图 7-3-30　调整气泡的大小与位置

(30) 根据音频"我们先来看下面这张图片,你能猜得到是哪两位被 p 在一起了吗?"来进行制作,先导入"合成照片.png"图片,设置进场效果为"向上展开",退场效果为"弹出",在时间轴上将退出效果移动到第四段音频的末尾。并为图片添加"太阳光线"强调动画,拉长强调动画长度。设置图片的白边与阴影,如图 7-3-31 所示。

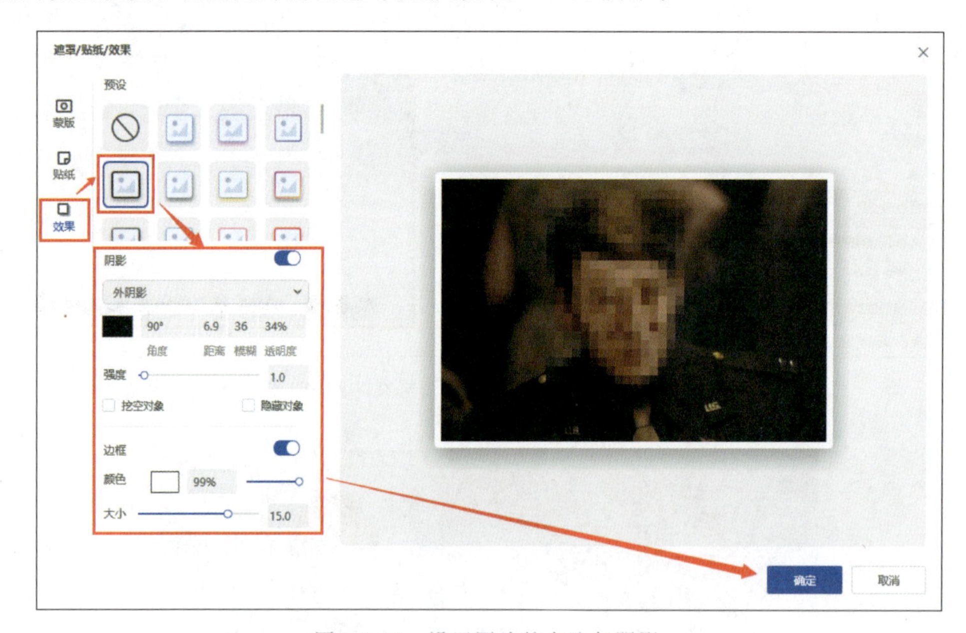

图 7-3-31　设置图片的白边与阴影

(31) 单击"文本"→"气泡文字",选中其中一个效果,单击添加到画布中,调整气泡大小与属性,并复制两个一样的气泡放置到右边,分别输入"猜""一""猜"三字。画面效果如图 7-3-32 所示。

(32) 设置气泡进场效果为"向上展开",退场效果为"弹出",在时间轴上将退出效果移动到第四段音频的末尾。该场景时间轴效果如图 7-3-33 所示。

图 7-3-32　添加气泡文字并调整在画面的位置

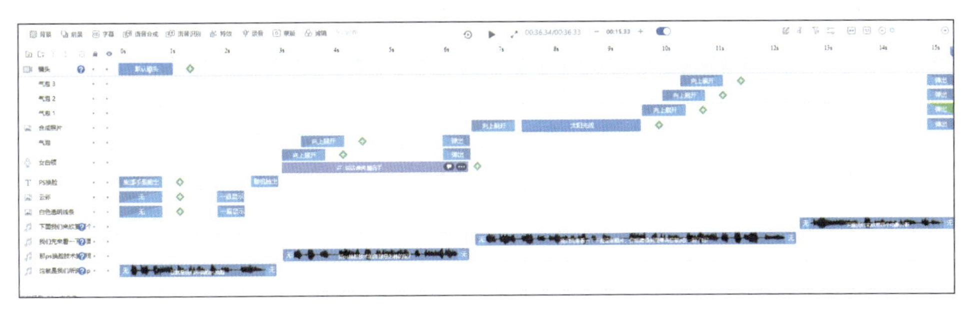

图 7-3-33　时间轴效果

(33) 单击元素工具栏上的“视频”图标，单击“添加本地视频”按钮，将“美国队长片段”与“赵四开始给老公鸡上政治课”两段视频导入舞台中，将两段视频进行裁剪处理。双击视频图层的空白处，打开视频编辑对话框，把不需要的部分进行裁剪，如图 7-3-34 所示。

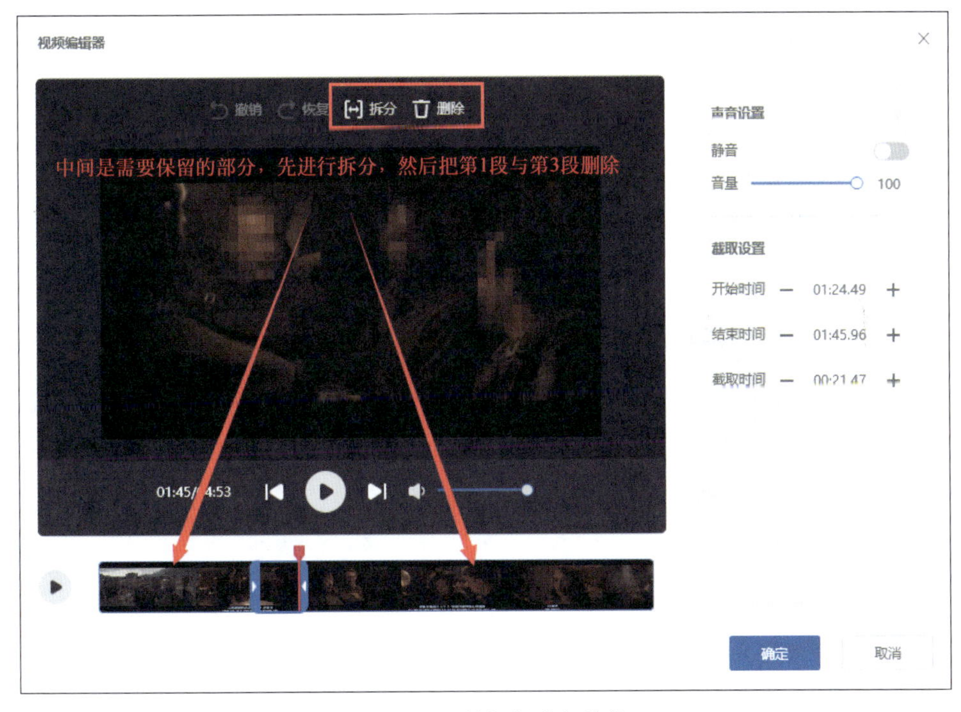

图 7-3-34　将视频进行裁剪

(34) 调整视频在时间轴上的时间，将视频的时间接在后面，将两段视频的进场效果改为“渐变进入”，退场效果改为“渐变退出”。该场景时间轴最终效果如图 7-3-35 所示。至此，场景 2 制作完成。

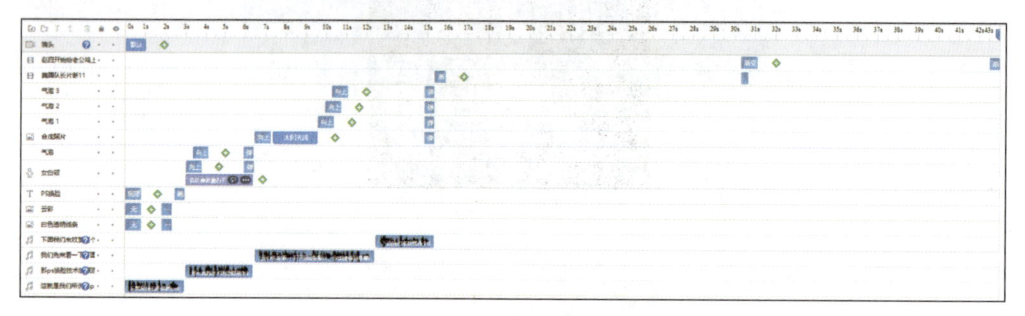

图 7-3-35　时间轴效果

(35) 单击软件左上角“新建场景”按钮，新建一个空白场景，选择“半场重叠”转场效果。跟场景 2 一样，采用先音后画的制作方法，为方便后期进行调整，分成两段进行合成。单击时间轴上“语音合成”按钮，打开文字转语音对话框，在对话框中输入要转语音的文字内容“我们从影片中各截取一张图片，在 Photoshop 软件里来进行具体的操作”“在 Photoshop 软件中，换脸的技术有很多种，下面我来介绍一种常用的‘图层蒙版’方法。”两段文字，把配音添加到时间轴上。

(36) 跟场景 2 一样，添加蓝色背景，复制场景 2 的“白色透明线条”图层与“云彩”到图层场景 3。单击元素工具栏上的“素材”→“SVG” →“办公用品”，选择计算机图片，如图 7-3-36 所示。导入另一个计算机图片，再导入“美国队长”“尼古拉斯赵四”两张图片到画布上，图片放在计算机的上面，最后在最上面导入“ps 图标. gif” 图片。调整几张图片大小，并为“ps 图标. gif” 图片添加蒙版效果。画面效果如图 7-3-37 所示。

图 7-3-36　导入素材

图 7-3-37　设置各元素在画面的大小与位置

(37) 调整计算机图片与另外三张图片出现的时间顺序。设置所有元素的进场效果为“加强进入”，退场效果为“颗粒渐变”，把退场效果拉到该段音频的末尾。单击元素工具栏上的“音乐”→“添加音乐”→“本地音乐”，如图 7-3-38 所示。打开音乐对话框，导入所需要的

“咔嚓声”音效到时间轴上，再复制一个“咔嚓声”音效。最后时间轴效果如图 7-3-39 所示。

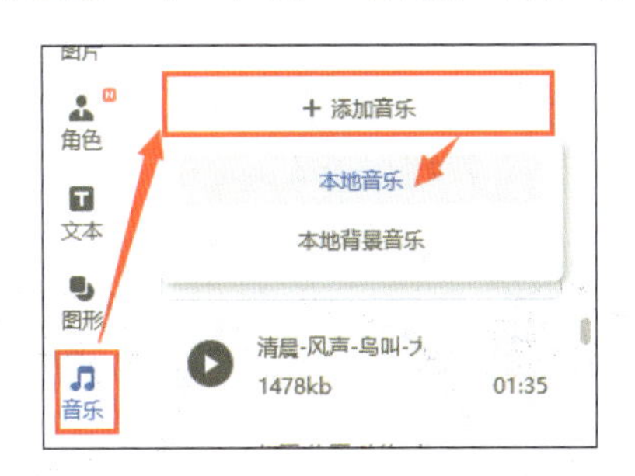

图 7-3-38　导入音效

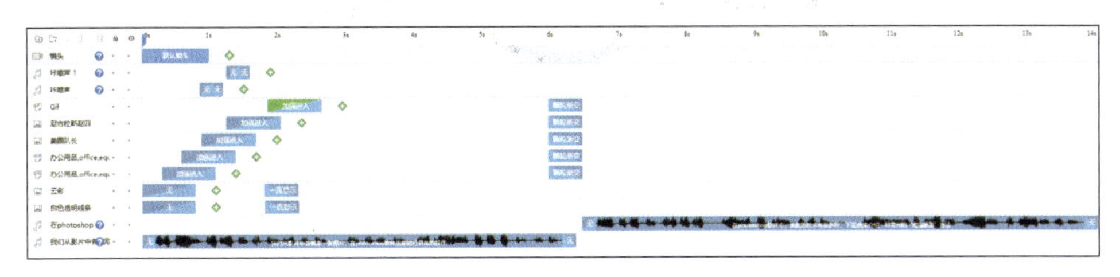

图 7-3-39　时间轴效果

(38) 单击元素工具栏上的“图形”图标，在第二段音频开头处插入一个黄色填充、黑色边框的圆形，进场效果为“加强进入”，退场效果为“颗粒渐变”，把退场效果拉到该段音频的末尾。单击元素工具栏上的“文本”图标，在圆形上面输入文字“Photoshop 换脸技术”，调整其艺术字属性，画面效果如图 7-3-40 所示。调整文字进场效果为“向上展开”，退场效果为“颗粒渐变”。将“音效 1”与“音效 2”导入时间轴，“音效 1”对齐圆形出现时间，“音效 2”对齐文字出现时间。时间轴效果如图 7-3-41 所示。

图 7-3-40　画面效果

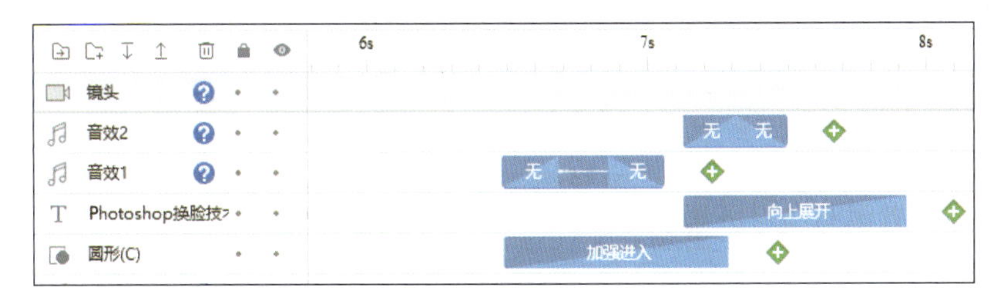

图 7-3-41　时间轴效果

(39) 单击“文本”→“气泡文字”,选中其中一个效果,单击添加到画布中,调整气泡大小与属性,并复制 3 个气泡图形,放置在圆形的周边,并在气泡图形上面放置文字“蒙版”“羽化”“橡皮擦”“……”。画面效果如图 7-3-42 所示。四组气泡文字进场效果为“加强进入”,退场效果为“颗粒渐变”,把退场效果拉到该段音频的末尾。

图 7-3-42 添加气泡文字的画面效果

(40) 为四组文字的出现添加“音效 2”效果,调整各元素的出现与退出时间,时间轴效果如图 7-3-43 所示。

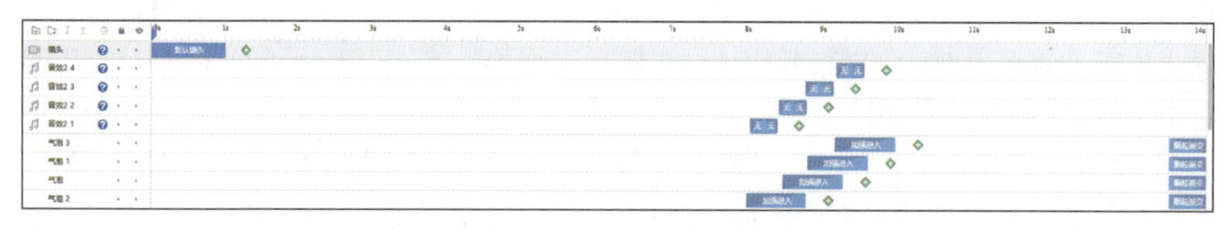

图 7-3-43 时间轴效果

(41) 单击时间轴上镜头图层的绿色“+”号,再添加一个默认镜头,移到 12s 处,把镜头缩小,如图 7-3-44 所示。这样画面就会有一个由全景到近景的推拉镜头。最终画面效果如图 7-3-45 所示。至此,场景 3 制作完成。

图 7-3-44 添加全景到近景的推拉镜头

(42) 单击软件左上角的“新建场景”按钮,新建一个空白场景,选择“图片旋转”转场效

图 7-3-45 添加推拉镜头后的画面效果

果。将背景颜色改成黑色，单击元素工具栏上的“视频”图标，并单击“添加本地视频”按钮，将“换脸操作视频”视频导入舞台中，将视频拉大，完整地平铺到舞台中。设置进场效果为“无”，退场效果为“一直显示”。场景4制作完成。

(43) 单击软件左上角的“新建场景”按钮，新建一个空白场景，选择“图片旋转”转场效果。单击时间轴上的“语音合成”按钮，打开文字转语音对话框，在对话框上输入要转语音的文字内容“这样一结合，我们就做成了尼古拉斯版的美国队长，是不是很神奇呢?”把配音添加到时间轴上。

(44) 跟场景2一样，添加蓝色背景，复制场景2的“白色透明线条”图层与“云彩”到图层场景5。单击元素工具栏上的“素材”→“SVG”→“办公用品”，选择计算机图片，导入一个计算机图片，放置到画布中，设置进场效果为“向上展开”，退场效果为“颗粒渐变”，在时间轴上将退出效果移动到音频的末尾。在1.5s处导入“合成照片.png”图片，设置进场效果为“幕布打开”，退场效果为“颗粒渐变”，在时间轴上将退出效果移动到音频的末尾。画布与时间轴效果如图7-3-46所示。

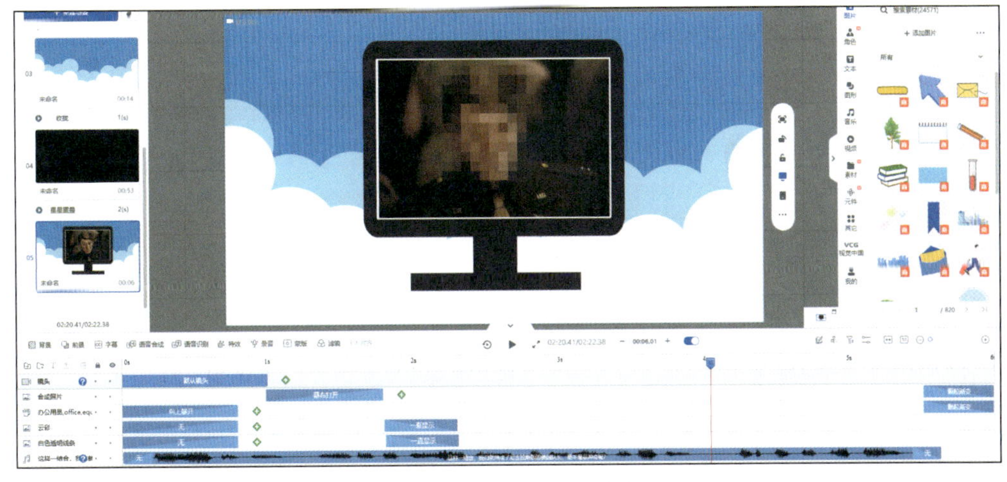

图 7-3-46 画布与时间轴效果

(45) 单击元素工具栏上的“角色”图标，选择“官方角色”，换到第2页，选择“运动男生”

角色，如图 7-3-47 所示。打开角色对话框，出现角色动作效果显示对话框，单击其中“肢体”→“奖杯庆祝”动作效果，如图 7-3-48 所示。单击将角色人物添加到画布中。

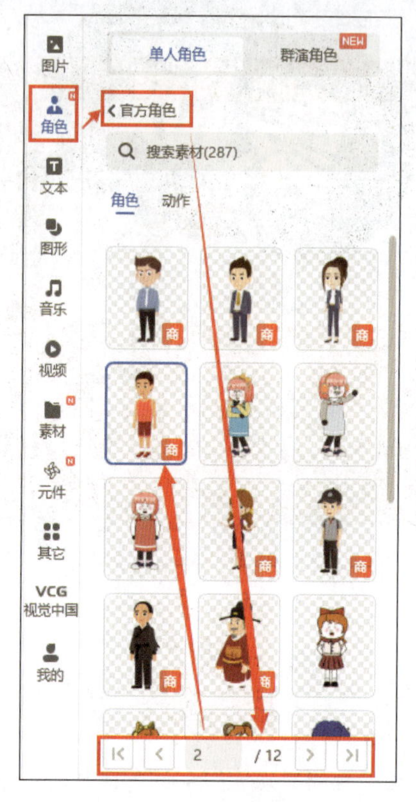

图 7-3-47　选择角色

图 7-3-48　选择角色动作

(46) 在1.5s处，设置进场效果为“向上展开”，退场效果为“颗粒渐变”，将动作起始位置调整至与音频相齐的位置。调整角色大小与位置。画面与时间轴最终效果如图7-3-49所示。

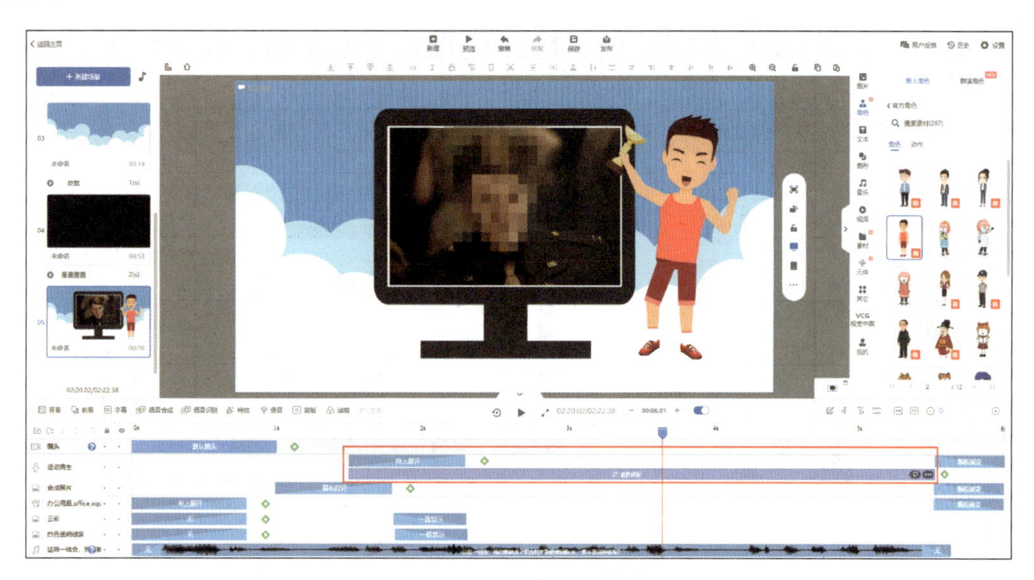

图 7-3-49　画面与时间轴效果

(47) 单击元素工具栏上的“音乐”→“添加音乐”→“本地音乐”，打开音乐对话框，导入“恭喜喇叭声”“恭喜胜利声”音效到时间轴上，为合成图片与动画角色的出现分别添加“恭喜喇叭声”“恭喜胜利声”效果，“恭喜胜利声”音效比较长，选中音频，打开“音频调节器”，删除多余部分。调整各元素的出现与退出时间。时间轴效果如图7-3-50所示。

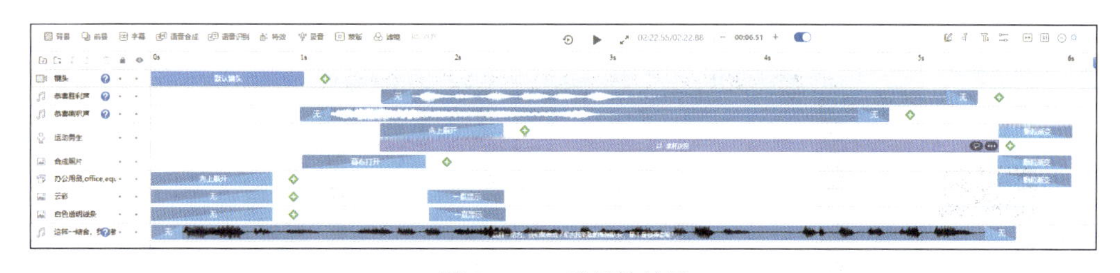

图 7-3-50　时间轴效果

(48) 单击时间轴上的“语音合成”按钮，打开文字转语音对话框，在对话框上输入要转语音的文字内容“同学们，我们这节课就学习到这里，下一节课我们再学习Photoshop的其他技术，再见。”把配音添加到时间轴上第6s处。

(49) 单击元素工具栏上的“角色”图标，打开角色对话框，单击“女白领”角色，出现角色动作效果显示对话框，单击其中“说话.微笑.摊右手”动作，并将动作起始位置调整至与音频相齐的位置，调整人物形象大小，将人物放置在画面的右边。设置进场效果为“向上展开”，退场效果为“一直显示”。

(50) 单击元素工具栏上的“素材”→“SVG”→“办公用品”，选择计算机图片，导入一个计算机图片，放置到画布中，设置进场效果为“向上展开”，退场效果为“一直显示”。

(51) 单击元素工具栏上的“图片”→“人物”→“人物，男孩，男生”，如图7-3-51所示。将其放置舞台当中，并复制另外两个，将三个形象放置在画面的左下方，设置进场效果为“向上展开”，退场效果为“一直显示”。在电脑屏幕上输入文字“Photoshop 人像换脸技术”，设置进场效果为“滑动扩展”，退场效果为“弹出”。画面效果如图 7-3-52 所示。

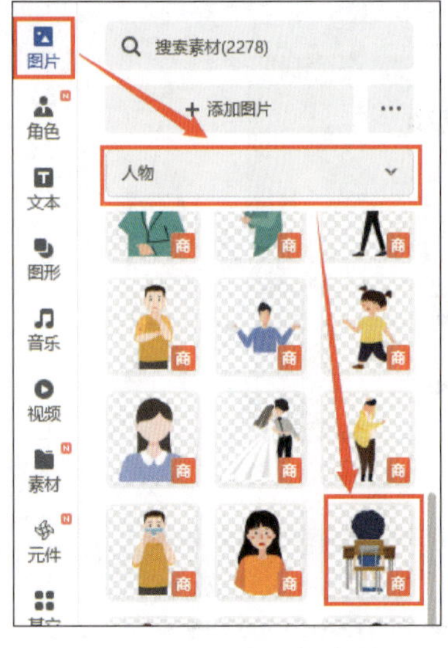

图 7-3-51　选择人物素材

图 7-3-52　画面效果

(52) 单击时间轴上镜头图层的绿色“＋”号，再添加一个默认镜头，移到音频末端处，把镜头缩小，这样画面就会有一个由全景到近景的推拉镜头。

(53) 在音频后面输入文字“再见”，设置进场效果为“滑动扩展”，退场效果为“一直显示”。最终画面效果与时间轴效果如图 7-3-53 所示。场景 5 制作完成。

图 7-3-53　画面与时间轴效果

(54) 单击时间轴上字幕图标 字幕，出现字幕属性面板，在“字幕内容”里可以输入多组文字，如图 7-3-54 所示。单击“字幕样式”，可以在属性栏里调整字体大小、文字特效、字幕背景及字幕摆放位置等内容，如图 7-3-55 所示。

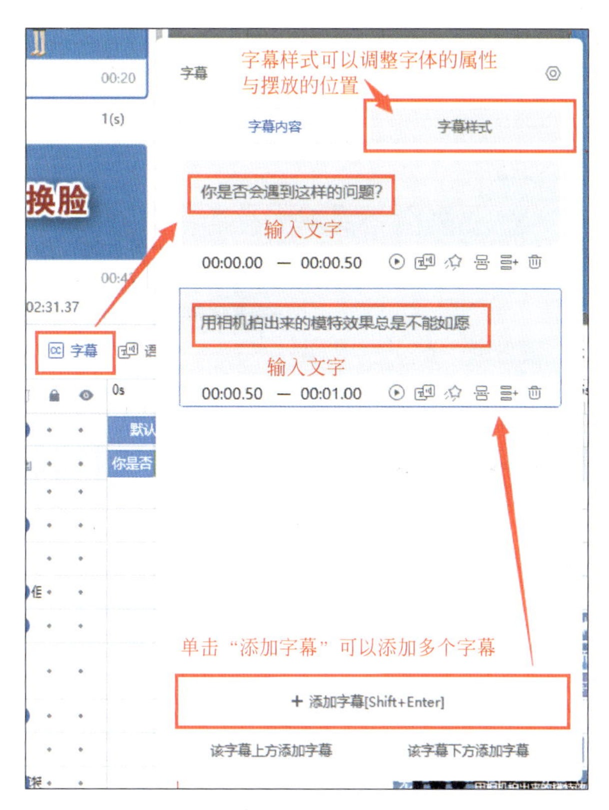

图 7-3-54 字幕属性栏

图 7-3-55 修改字幕样式

(55) 将所有的字幕对齐音频。单击字幕图层后面的绿色加号按钮 ,可以继续在列表里添加文字。如图 7-3-56 所示。

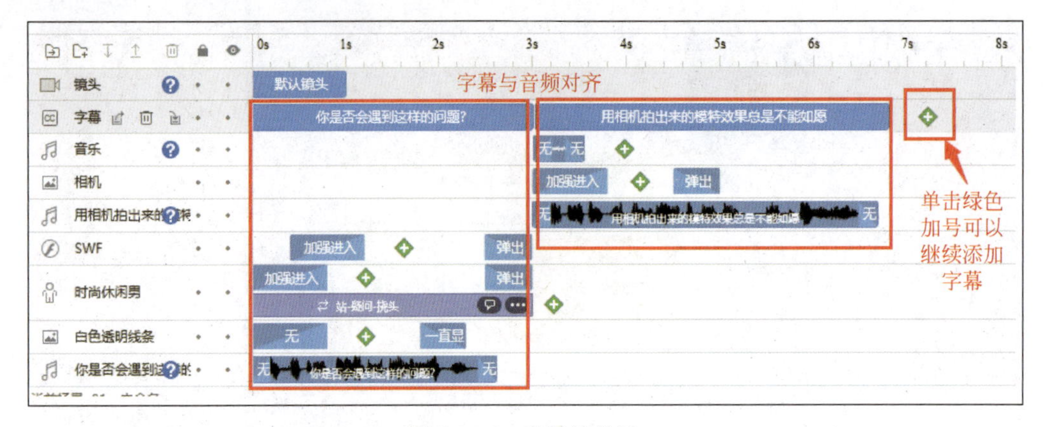

图 7-3-56 时间轴效果

(56) 单击元素工具栏上的"音乐"→"添加音乐" →"本地背景音乐",将本地计算机上的"背景音乐 mp3"素材添加进来,添加后就会在画面的右侧出现一个背景音乐符号,如图 7-3-57 所示。

(57) 单击"背景音乐"符号,就会出现"背景音乐"的属性栏,可以调整音量大小,以及出现、退出效果等属性,如图 7-3-58 所示。

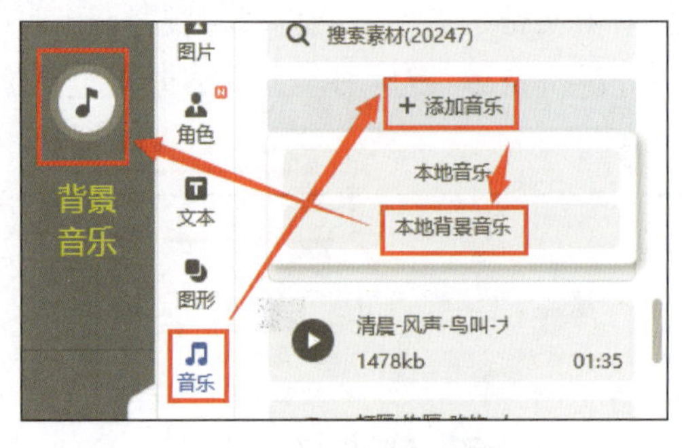

图 7-3-57 添加背景音乐

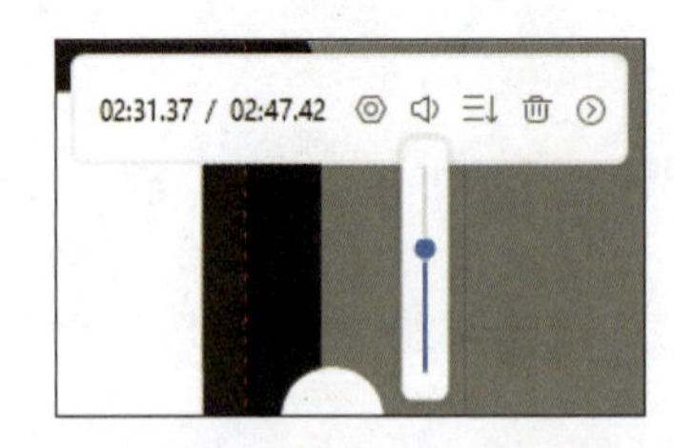

图 7-3-58 调整音乐属性

(58) 单击菜单栏上的"文件"→"发布",或者直接单击画面上方工具栏上的发布图标 ,打开发布对话框,选中"本地视频",选择发布的格式与大小,然后单击"发布"按钮即可,如图 7-3-59 所示。

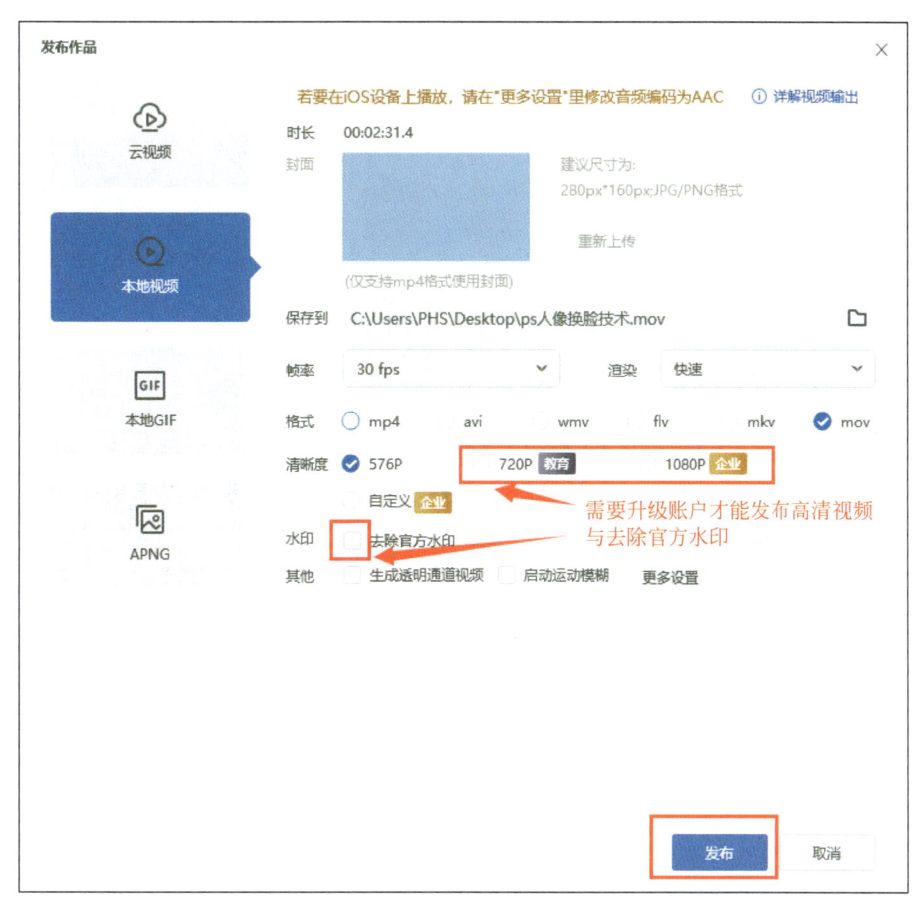

图 7-3-59　发布视频

7-9　综合案例

第8章

卡片式微课的制作

本章概述

我们在使用手机或相机拍摄简易微课时，为了增加微课的趣味性和画面的丰富感，会使用“卡片”这个道具。卡片道具不仅种类丰富多彩，而且操作简单，获取途径多样，是中小学微课制作的好帮手。本章以一个微课为例介绍如何制作简单的卡片式微课，重点介绍如何收集卡片、分类卡片、使用卡片制作微课，以及该过程中需要注意的地方。

学习导图

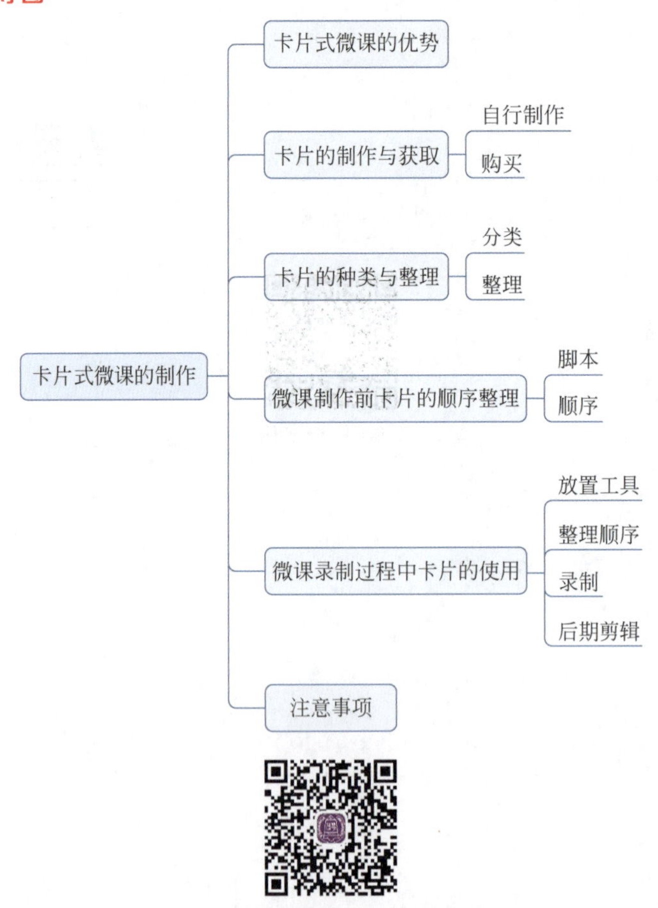

8-1　液压千斤顶原理

8.1 卡片式微课的优势

卡片式微课在中小学教学中使用频率较高,原因在于其简易的操作、丰富的画风,以及技术门槛较低,作者只需稍加创意,就可以制作一部类似于定格动画般的微课。对微课制作者而言,相比于用计算机软件制作微课,使用卡片可以节省大量软件学习时间,对场景的设计更加自由,不需受到自身信息技术水平的限制;对微课观看对象而言,卡片式微课是一种特别的画面风格,更接地气,自然学习者注意力会更集中。

总的来讲,卡片式微课是微课制作中性价比比较高的一种形式,灵活多变,风格多彩,对制作者和观看者都非常友好。

8.2 卡片的制作与获取

卡片获取的途径主要有两种,一种是作者自行制作,另外一种就是购买。

8.2.1 卡片的购买

购买卡片的途径有线上(图 8-2-1)和线下两种。线上可以用众多手机应用,通过电商渠道购买,优点是种类丰富、可以搜索到自己想要的类型,可以看到价格。线下有文具店、精品店、新华书店、文创店可以选择,如图 8-2-2、图 8-2-3 所示,优势是马上可以看到材质的效果;但种类可能达不到要求,选择时间成本比较大。

图 8-2-1　线上购买

图 8-2-2　文创店

图 8-2-3　文具店

但由于现在很多电商用大数据推送客户喜好的类型，加上商家推送到顶部位置需要流量及广告费用，实际上看到的卡片类型其实大部分类似，因此线上购买需要作者有一定的搜索能力。这里提供一个小技巧：就是为防止大数据出现同质化卡片，微课制作者可以以非登录的形式浏览商品，选定后复制地址，最后再登录支付，这样看到的卡片类型会更多。

8.2.2　卡片的制作

卡片的制作步骤：准备卡片原材料、准备制作工具（图 8-2-4）、绘画卡片图案、裁剪、后期加工美观等。

卡片的原材料主要有卡纸、硬纸、纸皮、布料、金属等；其中卡纸使用频率较高，因为卡纸裁剪方便，绘画图案的效果好，如图 8-2-5～图 8-2-8 所示。

图 8-2-4 制作工具

图 8-2-5 卡纸

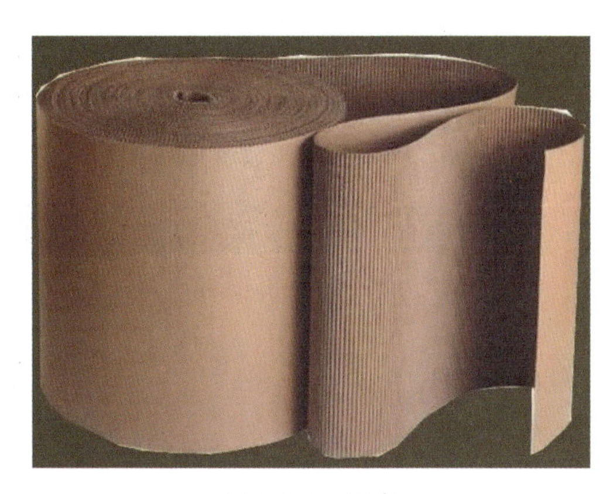

图 8-2-6 纸皮

图 8-2-7 布料

卡纸中白色卡纸用于复杂图案和非纯色图案的绘制，这是因为我们用卡片制作微课的时候，大部分画面的背景是白色的；使用白色卡纸制作卡片，即使裁剪留有边缘，也会因为边缘也是白色，与背景相同而使得在视觉上边缘没有那么突出，如图 8-2-9 所示。需要注意：白色卡纸绘制图案后，尽量用同种白色卡纸作为画面背景，以免不同产品存在色差，如图 8-2-10 所示。

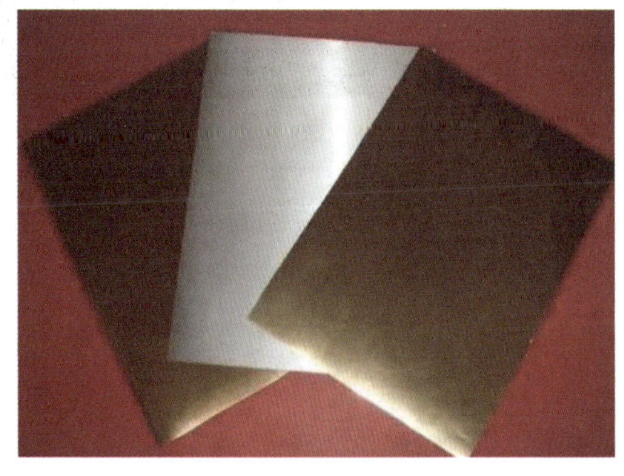

图 8-2-8 金属

图 8-2-9 白卡纸作为背景

另外,其他材料的卡片则需要微课制作者根据自己需要进行制作。纸皮比较难裁剪,通常用作简单场景画面搭建,如图 8-2-11 所示;布料、金属等材质则可以用作场景或角色的制作,如图 8-2-12 所示。

图 8-2-10　不同白底卡纸

图 8-2-11　场景搭建

裁剪卡片的工具主要有剪刀、美工刀;根据需要可以使用裁剪垫、尺子、镊子等;对于一些中间需要开孔的,可以使用模型手工电钻,如图 8-2-13 所示。裁剪过程中需要留意的是,卡片绘制时需要尽量画边,这样裁剪的时候就会减少裁剪到图案内容的频率;另外在裁剪过程中,尽量不要折叠卡片,减少折痕,尽量做到美观。

图 8-2-12　金属卡片

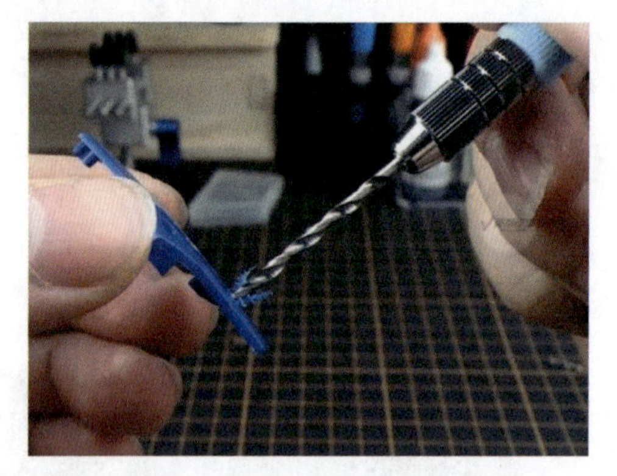

图 8-2-13　手工电钻

卡片的使用频率较高,为节省时间,我们可能会在不同的微课制作中用到相同的卡片,这时我们需要对卡片进行保养、保护、封存等加工,使卡片能够被重复使用。制作完的卡片需要放在干燥且避免日照的地方,因为太阳直射会导致色素褪去,如图 8-2-14 所示。

为了更好地保存卡片,我们可以对其进行加工。最常见的一种可多次使用卡片的、加工方式就是塑封,在卡片两面加上一层塑料膜进行保护,这种方式比较方便,保护效果好,如

图 8-2-14　色素褪去前后对比

图 8-2-15 所示。需要注意的是由于塑封的材料是透明光滑的，所以重复使用卡片制作拍摄式微课时需要留意光源的位置，避免出现反光的现象，如图 8-2-16 所示。

图 8-2-15　塑封

图 8-2-16　反光现象

8.3 卡片的种类与整理

平时我们为微课制作了许多卡片，这时为了快速找到自己所需要的卡片，减少寻找时间，就需要进行分类和整理。分类可以按大小类进行，大类可以按角色、场景、数字、公式、物品、文字、图案等来分，如图 8-3-1～图 8-3-3 所示。在大类下，可以分为小类。例如，角色的小类可以有男人、女人、男孩、女孩、教师、青年、学生、卡通人物、动物、家长、老人、婴儿等，如图 8-3-4 所示。

分类后进行简单收纳。可以购买收纳盒，一个大类一个收纳盒，如图 8-3-5 所示；也可以利用自制卡片进行间隔，从而分出小类，如图 8-3-6 所示。在使用卡片制作完微课后，要注意放回原来的收纳盒或拿出来的地方，以便下一次使用。某些类别的卡片出现新增，也需要分类，位置不够可以增加收纳盒。

图 8-3-1 角色

图 8-3-2 场景

图 8-3-3 数字

图 8-3-4 角色分类

图 8-3-5　收纳盒

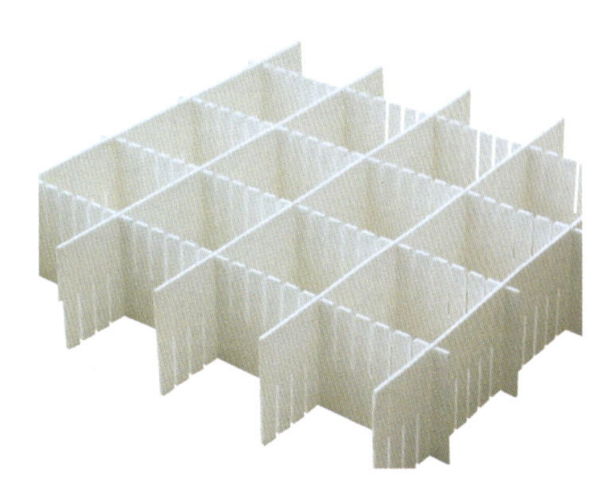

图 8-3-6　间隔

8.4 微课制作前卡片的顺序整理

为了保证微课制作的效率和准确性，微课制作者在制作微课前可以写一个脚本，脚本内容包含每一个场景，每一个场景包含对应出现的卡片，如图 8-4-1 所示。

《液压千斤顶原理》卡片式微课脚本

镜头	画面	内容	出场卡片
1 7s	片头：卡片平铺	各位同学大家好，今天我们来学习一下液压千斤顶的原理	1 背景；2 千斤顶
2 22s	人用千斤顶抬起汽车	在我们需要给汽车换轮胎的时候，我们通常会使用液压千斤顶，用手就可以把汽车抬起来。这不仅让人非常好奇，为什么人这么小的力气却可以把这么重的汽车轻而易举地就抬起来呢。我们现在就来探讨一下液压千斤顶的省力原理。	1 汽车；2 千斤顶；3 人；4 问号
3 18s	千斤顶剖视原理图	这是一个我们日常能够看到的液压千斤顶。我们将它的结构剖开，发现里面有两个部分可以给我们省力。其中一个是它的液压部分，另外一个是杠杆部分	1 千斤顶；2 原理图；3 箭头；4 液压部分（字）5；杠杆部分（字）
4 1min	液压部分剖视原理图，帕斯卡定律	我们先来说一下液压千斤顶的液压部分。液压部分使用的省力原理其实就是帕斯卡定律。帕斯	1 液压装置、2 帕斯卡定律（字）、3P1(字)、4P2（字）、

图 8-4-1　微课脚本

脚本写好后将需要使用到的卡片按场景进行整理，也可以适当标识出场顺序的序号；对于出现在不同场景的卡片，可以单独拿出来进行标识，如图 8-4-2 所示。

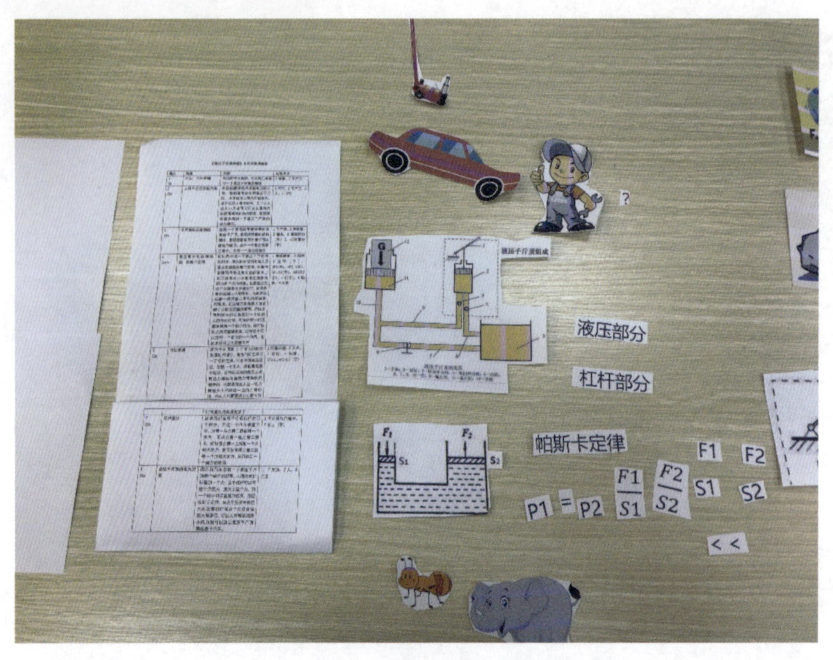

图 8-4-2　按顺序整理卡片

8.5 微课录制过程中卡片的使用

卡片式微课的录制与手绘式微课类似，只不过卡片是录制前已经准备好的图案，不需要录制的时候进行绘制。当然，在录制的过程中也可能有手绘的要素出现，但手绘的图案通常并不复杂。

在微课录制前，先按照手绘式微课准备手机或相机支架，要注意的是支架不能出现在画面中，或者阻碍拍摄操作的位置，如图 8-5-1 所示。

图 8-5-1　放置拍摄工具

放置手机或摄像机，调整距离，并放置背景板或白纸，如图 8-5-2 所示。

将脚本打印出来放在录制位置附近，但要放在录制范围外，如图 8-5-3 所示。

图 8-5-2　放置白纸背景

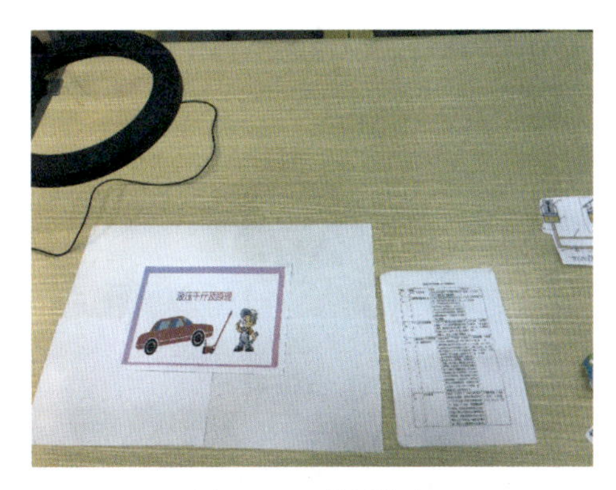

图 8-5-3　放置脚本

将卡片按照脚本的场景顺序整理在一起，并将每个场景卡片的出现顺序整理好。

开始录制，按脚本放置卡片，录制微课内容，如图 8-5-4 与图 8-5-5 所示。

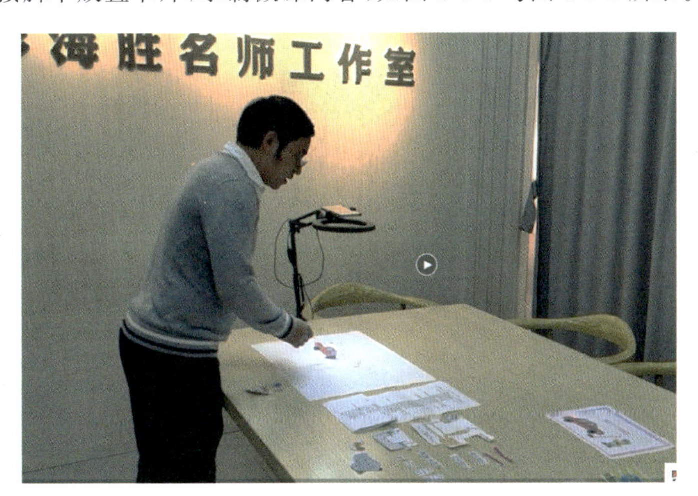

图 8-5-4　放置卡片

图 8-5-5　录制

按照需要可以每一个场景录一段视频，后期剪辑在一起。

结束录制，将卡片整理好，按分类放回原来的收纳盒；将手机支架等其他录制工具整理放好。

整理录制的视频，在视频剪辑软件中进行后期加工处理，如图 8-5-6 所示。

图 8-5-6　后期剪辑视频

8-2　卡片式微课的制作

卡片式微课的特点是图案产生比较快。录制者需要考虑放置卡片的过程是否需要出现在视频里面。假设不需要录制放置卡片的过程，则录制时可以先把卡片放好，再单击录制或者通过后期视频剪辑软件用剪辑或者快进的方法进行处理。

8.6 注意事项

使用卡片录制微课非常方便，对制作者来讲使用门槛比较低，但在录制的过程中需要注意以下几个问题。

脚本的编写。脚本是整个微课的灵魂，写好脚本，安排好每个卡片的出现顺序、位置、时间等对于快速准确录制微课非常重要。

光源的影响。由于卡片的材质可能不同，有些光滑表面的卡片在录制的过程中可能产生反光，从而影响微课的整体观感，甚至会让观众产生视觉疲劳。

卡片摆放过程在视频中所占时间的比例。这个时间比例将影响微课整体节奏感，比例过大，则显节奏缓慢，连贯不自然，有种故意拖沓的感觉；比例过小，则过渡不自然，给人突然的感觉，能够明显感觉到剪辑的痕迹。所以，时间的比例需要控制好，才能让观众在短短几分钟的卡片式微课中跟上制作者的节奏，保持注意力。

第9章

手绘式微课的制作

本章概述

手绘式微课的制作是使用手绘的方式，将教学内容和解说音频采用同步手绘动画设计与制作，并进行后期合成的一种制作方式。VideoScribe作为手绘式微课制作软件，不仅简单、有趣、富有创意，而且对于没有美术基础和计算机基础的人也非常友好，哪怕是美术“小白”也可以轻松制作出手绘式微课。

本章将围绕 VideoScribe 4.2(简称 VS)软件来重点讲解手绘式微课的制作。VS 软件界面和操作非常简单，甚至可以说，VS 比老师们熟悉的 PPT 还要简单。我们将通过介绍 VS 软件的基本功能、AI 软件处理素材，以及手绘式微课案例实战，手把手地教大家从基础制作出富有创意的手绘动画微课作品，从而灵活地掌握手绘式微课制作的方法和技巧。

学习导图

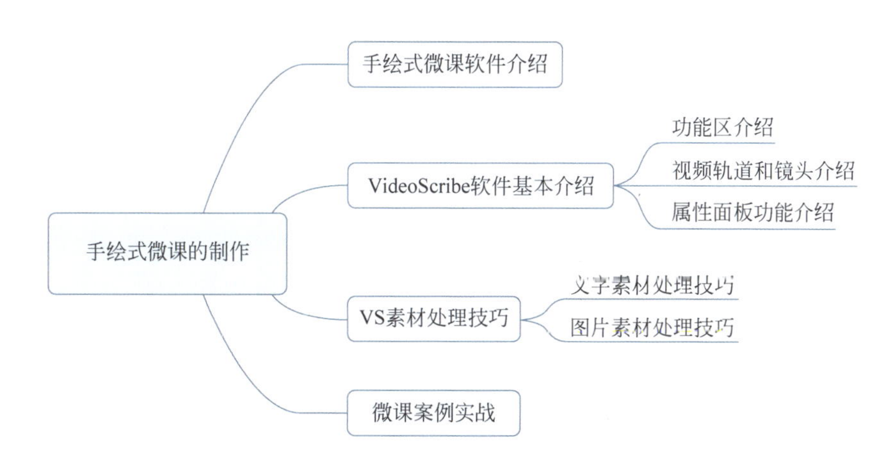

9.1 手绘式微课软件介绍

9.1.1 手绘式微课及其特点

手绘式微课是通过真实的手和笔，把文字、图片等元素通过手绘，制作成微课视频，同时融入旁白和背景音乐的一种微课表达形式。手绘式微课简单、有趣、富有创意、表达形式新颖，它不需要很高超的美术基础和计算机技术，具有制作门槛低、成本低、易吸睛和内容专业性强等优势，被广泛应用于影片宣传、媒体广告和教学微课视频中。

手绘式微课的最大特点是通过绘制呈现教学内容，只要有好的图片、文案、声音和视频，都可以创意性用真人的手或笔，或写或画，或移动，或解说相结合表达出来。手绘微课通过绘制的过程为观看者提供了思考的时间。很多教师喜欢板书，不喜欢堆满密密麻麻文字的PPT，是因为他们认为PPT没有一个动态引导的过程，没有留给学生足够接收这些信息的时间，但手绘不会存在这样的争议，影片中的真实的笔或手，会吸引读者的目光，有助于突出重难点知识。专业、美观的动画效果会为微课的内容增加形式效果，促进学习者观看和学习。因此，手绘式微课深受学生、教师的喜爱。

9.1.2 手绘式微课制作软件的介绍

比较原始化的手绘式微课视频制作方法就是准备白纸、笔，固定好相机角度，一边画一边拍，再利用视频处理软件进行剪辑。随着软件技术的发展，现在制作手绘动画比较简单，下面推荐四款专业的手绘视频制作软件。

1. VideoScribe 4.2

VideoScribe 4.2是一款独特的动画视频创作软件，它以一种独特的方式快速、轻松地创建引人入胜的动画或者视频。哪怕你是“电脑小白”和“美术小白”，也可以发挥你的想象和创意，创建令人惊叹的教学视频或教学情景。如图9-1-1所示。

2. 万彩手影大师

万彩手影大师是一款国产收费的手绘、手势白板动画制作软件，易上手，软件内置大量的手绘/手势动作，自带素材库，可自定义手绘的笔和手势，去配合制作的动画内容，软件内也有大量风格设计模板，可套用修改创建视频，并带有语音合成功能。如图9-1-2所示。

3. Explaindio Video Creator

Explaindio Video Creator是国外2D和3D动画视频制作软件，集PPT和手绘功能于

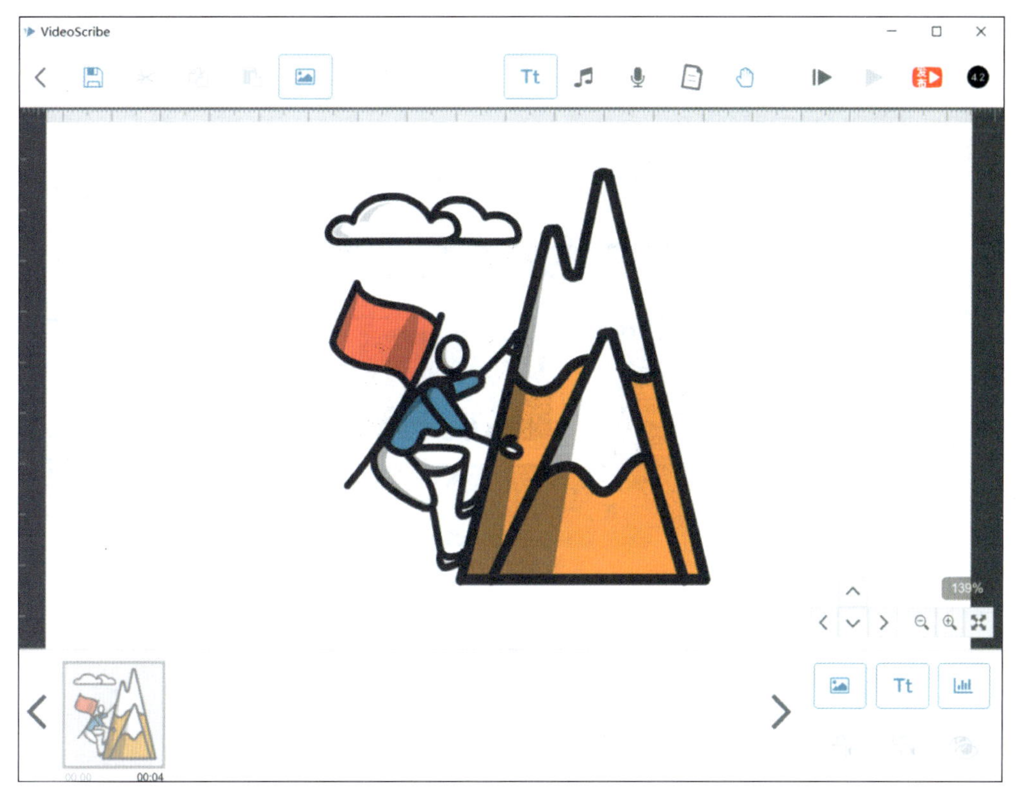

图 9-1-1　VideoScribe 4.2 软件

图 9-1-2　万彩手影界面

一体，可实现涂鸦素描和视频制作等功能，可以从库中选择对象和动作，然后再添加图像来制作。如图 9-1-3 所示。

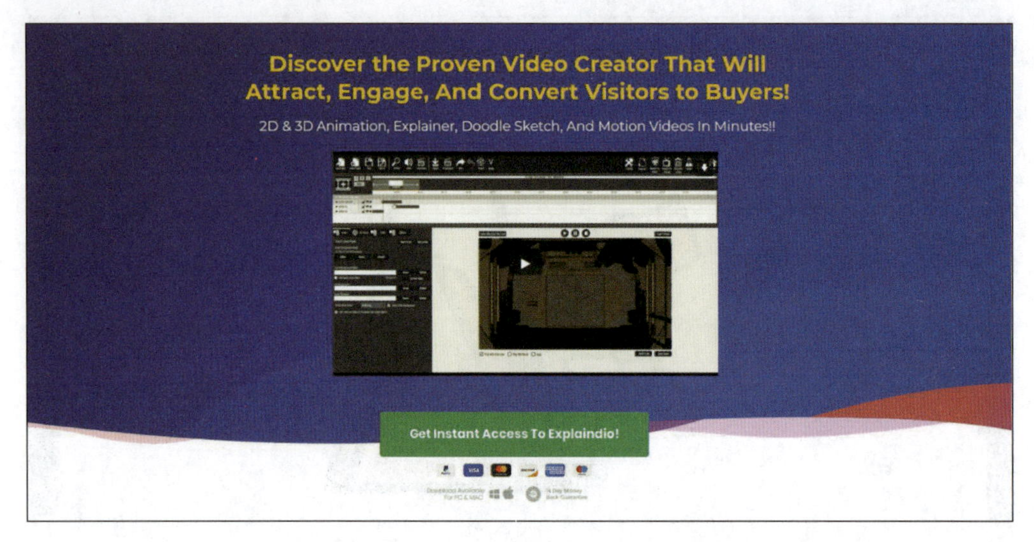

图 9-1-3　Explaindio Video Creator 界面

4. Easy Sketch

Easy Sketch 是国外的手绘视频制作软件。它能够帮助用户轻松高效地制作出精美的手绘素描动画以及卡通动画。软件内置了多种画笔，包括钢笔、水彩笔、粉笔、蜡笔等，以及丰富多彩的特效，如图 9-1-4 所示。

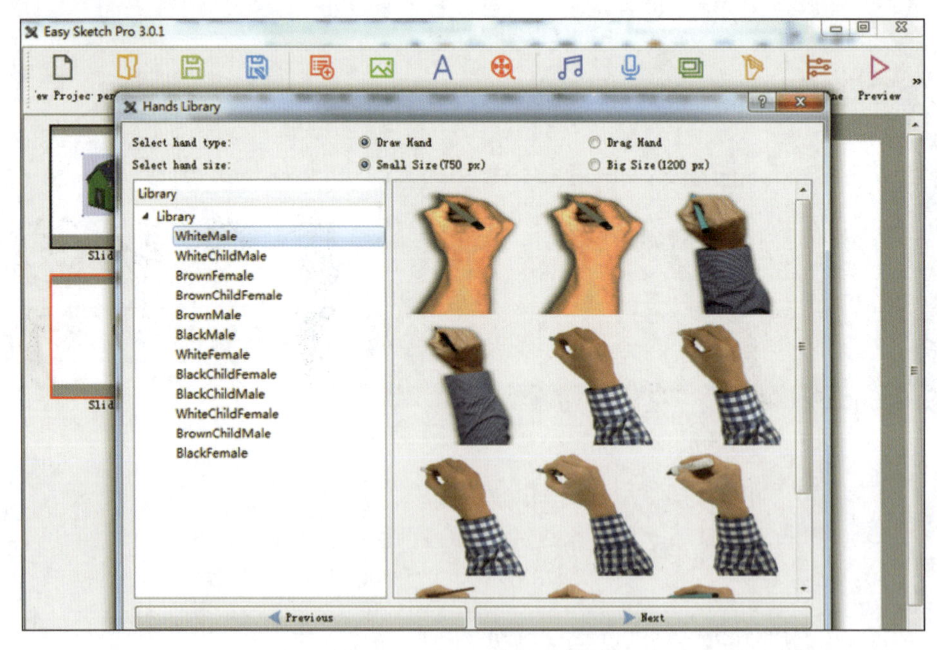

图 9-1-4　Easy Sketch 界面

制作手绘式动画微课，选择软件需要考虑以下三个因素：是否支持中文录入，是否支持横竖屏以及是否支持 win 和 Mac 版本。本章我们重点介绍 VideoScribe4.2（简称 VS）不仅上述三个因素均支持，而且其界面简洁、操作简单、手绘动画效果精细，对用户十分友好，可以让新手快速制作出手绘式微课动画。

9.2 VideoScribe 软件基本介绍

VS 是一款手绘动画制作软件。虽然涉及手绘，但是没有手绘基础的读者，依然可以通过软件制作出让人惊喜的作品。本节重点介绍零基础制作手绘式动画微课的方法和技巧。

VS 软件的界面非常简洁，易操作，甚至可以说，VS 软件比 PPT 简单多了。我们选中软件图标，双击打开后进入软件初始界面，单击“开始使用”按钮，进入软件。如图 9-2-1 所示。

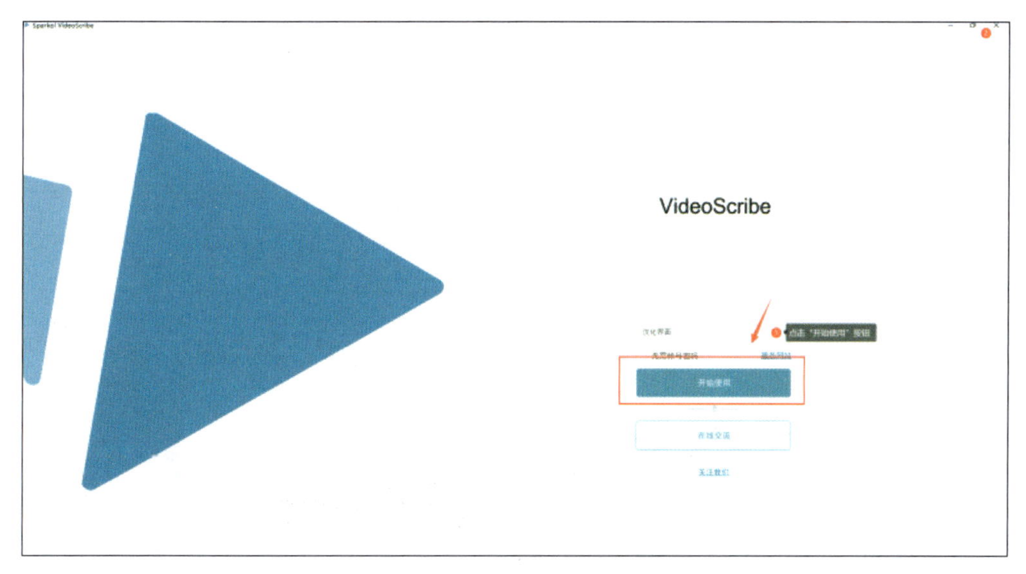

图 9-2-1　VS 初始化界面

VS 界面分为三个区域，分别是功能区、画布区和时间轨道。下面我们对软件三个区域涉及的功能和操作进行简单的介绍。如图 9-2-2 所示。

9.2.1　功能区与画布区介绍

VS 的功能区位于软件的上方，该区域分布很多功能按钮，左上方的功能按钮从左到右分别是保存、剪切、复制、粘贴、导入图片。右上方的功能按钮，从左到右分别是添加文本、设置背景音乐、录制旁白、改变画布纸纹和颜色、更改手势、预览播放、镜头预览、发布视频、更改画布比例。如图 9-2-3 所示。

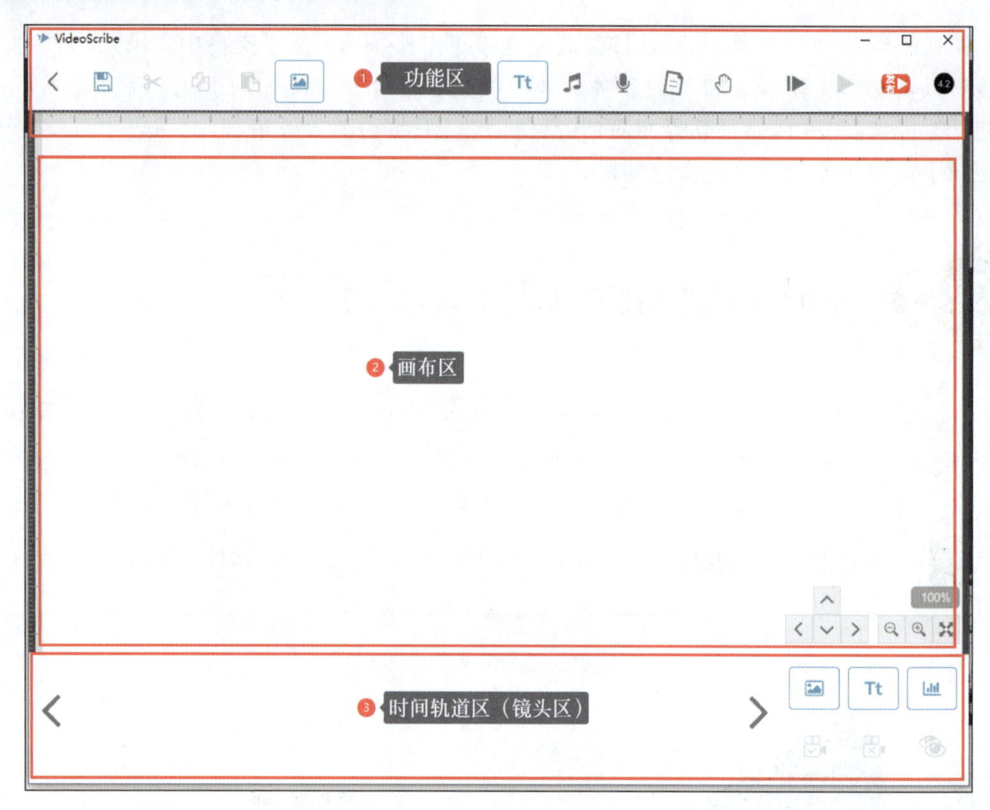

图 9-2-2　VS 软件界面

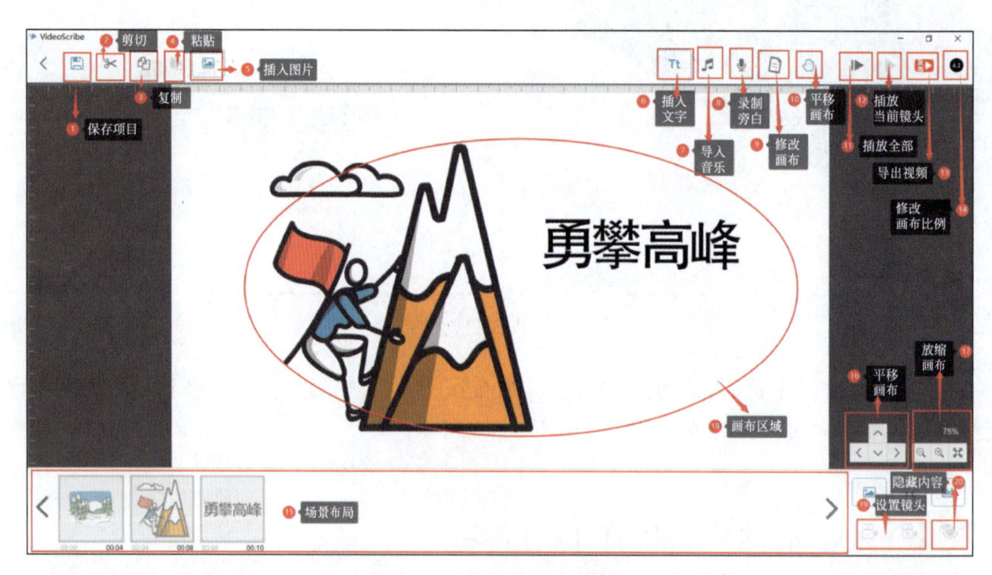

图 9-2-3　VS 功能按钮介绍

1. 新建和保存项目

打开软件后，进入软件的初始界面，单击左侧的“创建新文件”按钮，即可创建新项目文件。如图 9-2-4 所示。

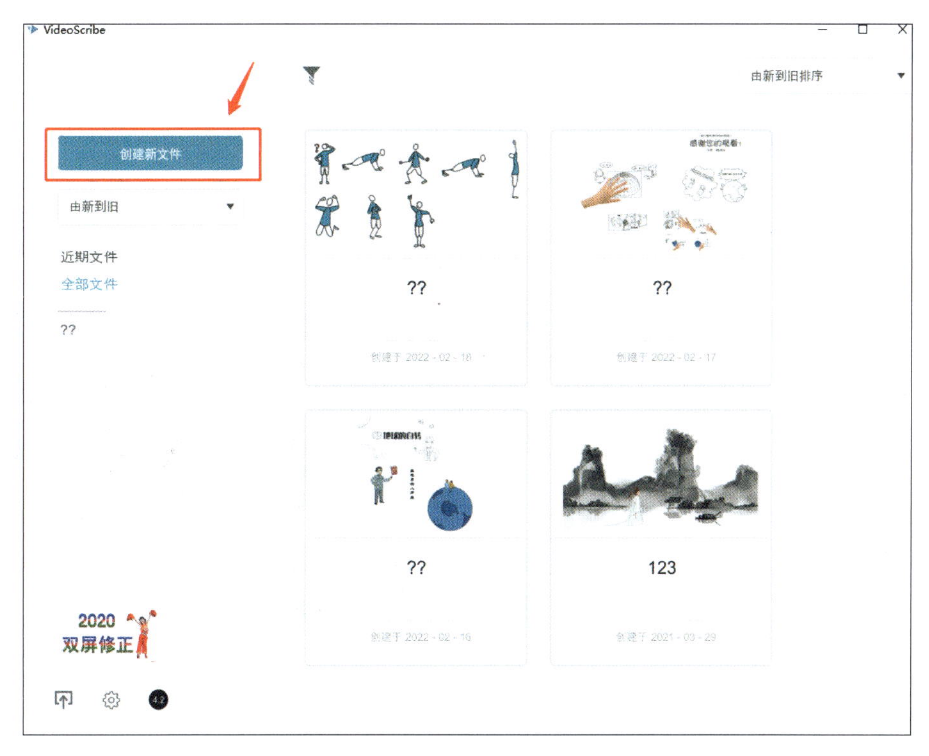

图 9-2-4　新建手绘动画文件操作

新建项目后，单击左上角的保存文件按钮，在弹出的对话框中填入对应的文件名信息，即可保存文件。如图 9-2-5 和图 9-2-6 所示。

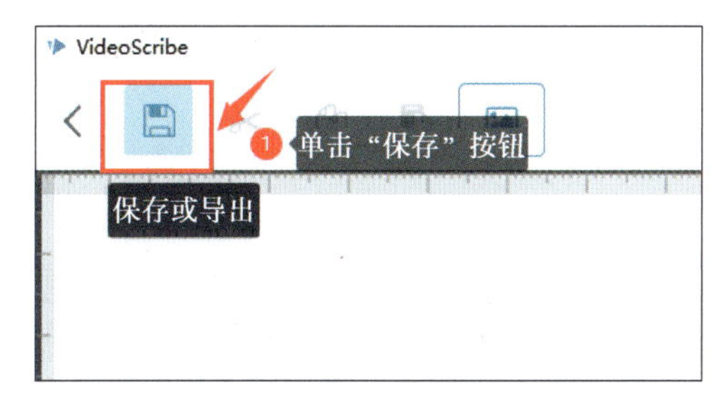

图 9-2-5　手绘文件保存操作

图 9-2-6　保存信息填写与确认

2. 导入图片

在 VS 上方的功能区菜单中，单击导入图片按钮，在弹出的界面窗口中，单击左下方导入图片图标，如图 9-2-7 所示。接着弹出选择本地图片位置的窗口，找到需要导入的图片，即可导入。这里需要特别注意的是，VS 支持导入图片的格式有 SVG、gif、png、jpg、bmp 等通用格式。其中手绘效果最好的，应该是 SVG 图片。

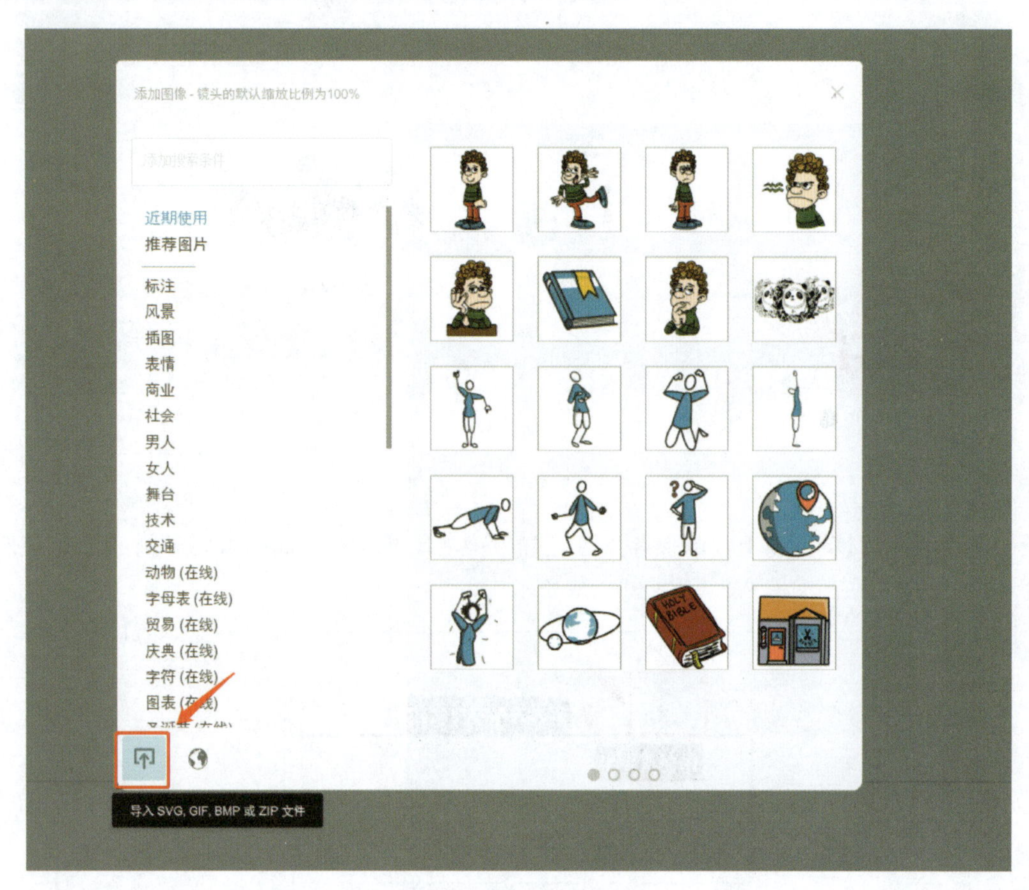

图 9-2-7　导入图片操作

3. 添加文字

添加文字时，在 VS 上方的功能区菜单中，单击文本按钮，在弹出的文本窗口中，输入文字内容。在弹出框的上方，有文本格式设置按钮，包括设置字体样式、字体对齐方式和字体颜色，如图 9-2-8 所示。特别值得一提的是，当我们输入文本后，画布上的文本就会自动添加手绘的动画效果。

4. 添加背景音乐

在 VS 上方的功能区菜单中，单击设置背景音乐按钮♬，在弹出的文本窗口中，右侧有 VS 软件内置的背景音乐素材库，可以选中背景音乐，直接使用。也可以通过左下方的“导

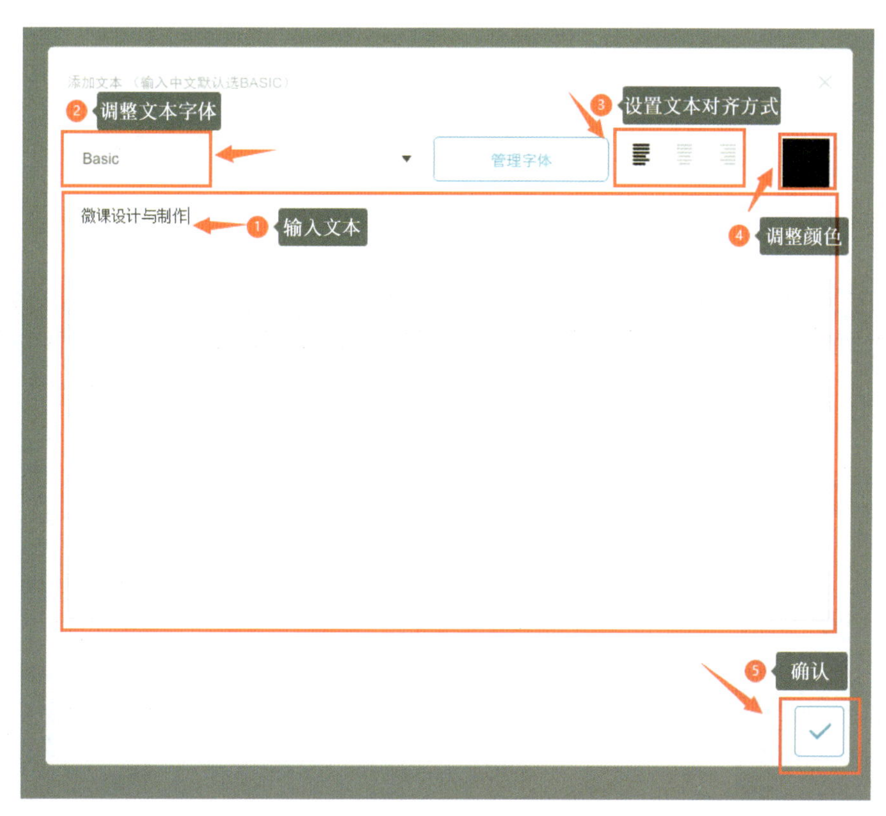

图 9-2-8　添加文本和设置文本样式

入音乐”按钮，添加自定义的背景音乐。

添加音乐后，在左上方区域进行音乐属性的设置，可以设置音量的大小和是否循环等操作。设置后，单击确认按钮，即可为手绘动画项目添加背景音乐。如图 9-2-9 所示。

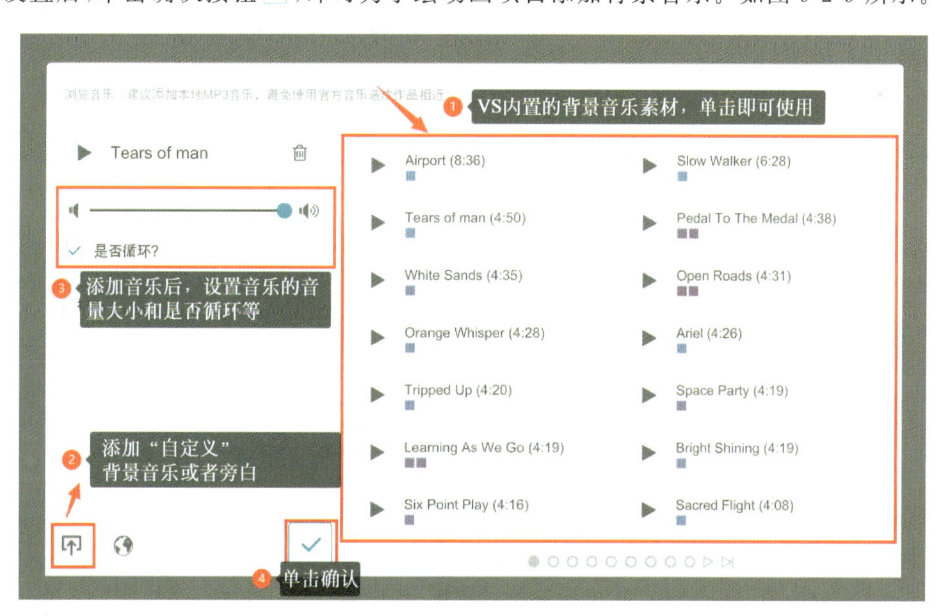

图 9-2-9　添加背景音乐操作

5. 添加旁白

在 VS 上方的功能区菜单中，单击添加旁白按钮，在弹出的窗口中，单击旁白录制按钮，即可开始录制旁白。也可以导入事先准备好的旁白，添加后单击确认按钮，如图 9-2-10 所示。

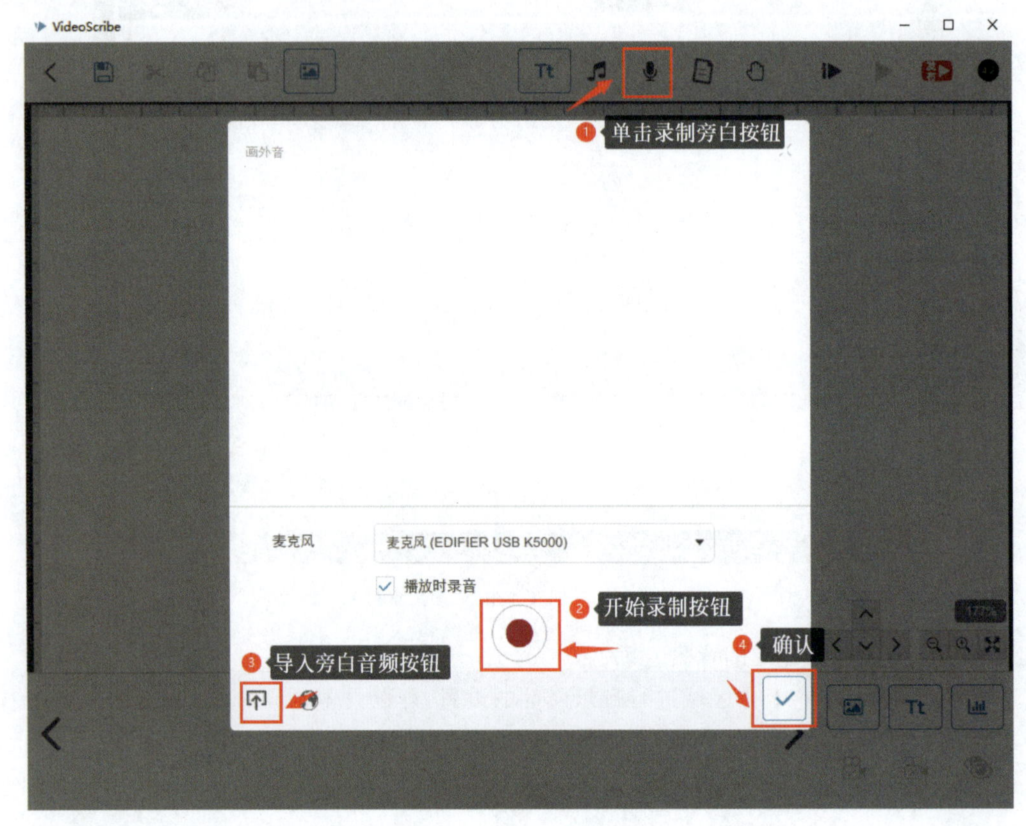

图 9-2-10 添加旁白操作

6. 改变背景颜色和纹理

在 VS 上方的功能区菜单中，单击改变纸纹和背景按钮，在弹出的窗口中，单击纸纹即可更换。这里要特别注意的是，需要调整画布的竖屏模式，选择图中竖屏模式即可更改画布比例，如图 9-2-11 所示。

7. 更改默认手势

在 VS 软件中，只要我们往画布上添加了文字、图片素材，软件就会自动帮我们生成手绘素材的动画效果。在手绘过程中，软件提供了手绘手势的个性化设置。在 VS 上方的功能区菜单中，单击更改手势图标，在弹出的窗口中，左侧栏是系统提供的内置手势角色，任意单击其中一个角色，在右侧就会对应弹出手势的模板，供我们选择，如图 9-2-12 所示。

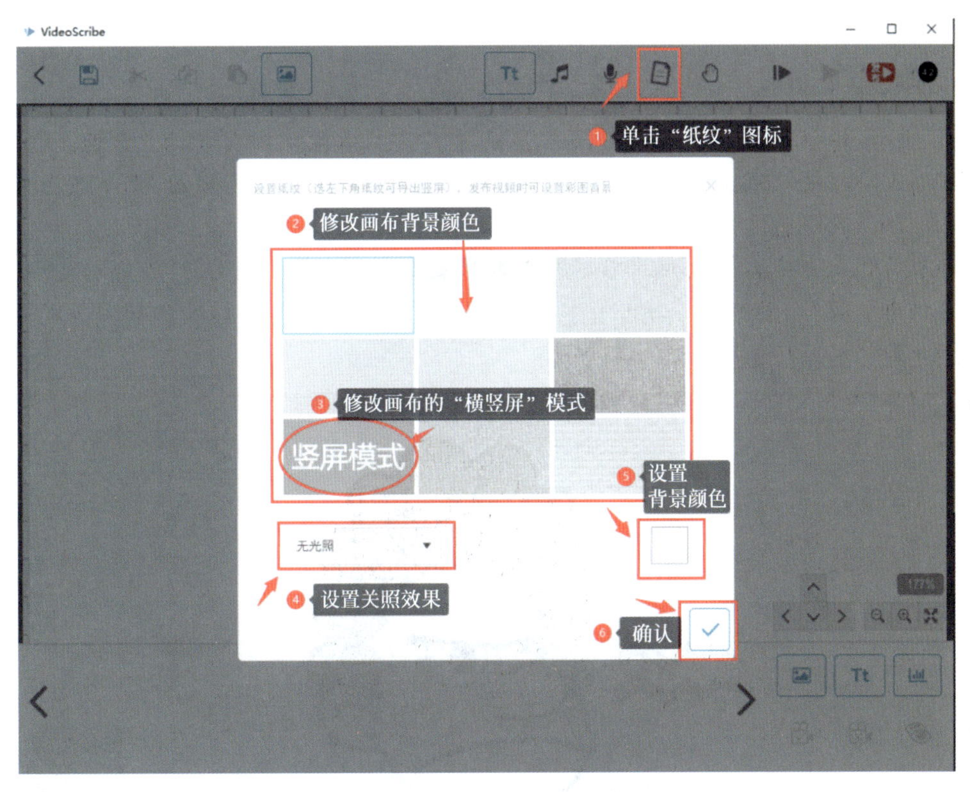

图 9-2-11　修改画布纹理和背景

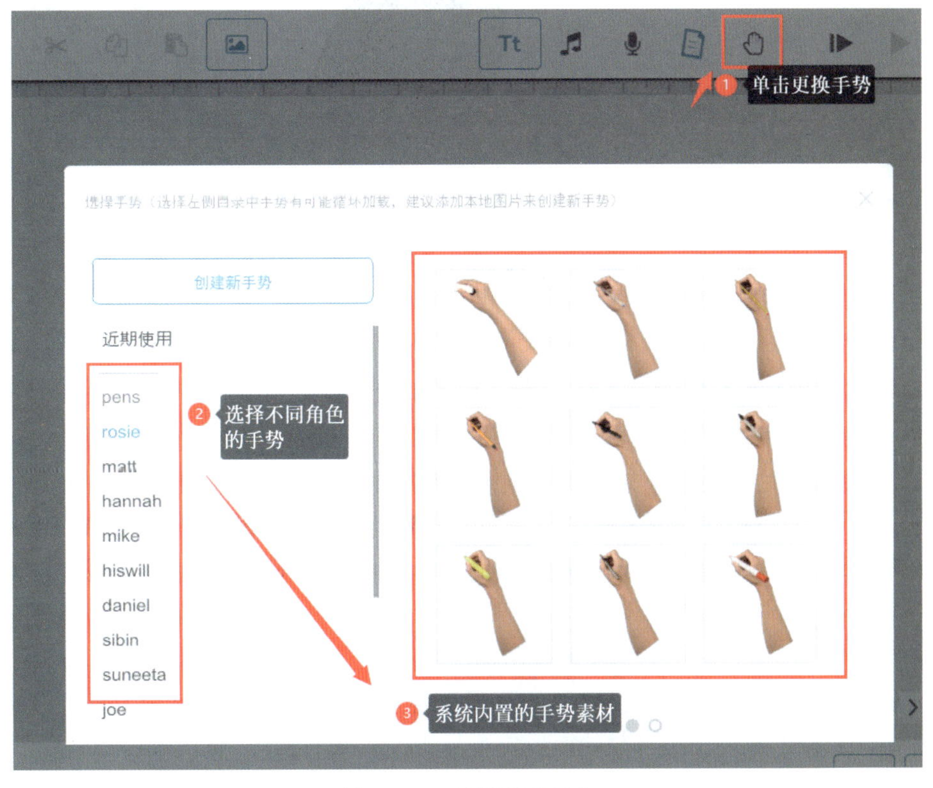

图 9-2-12　更换手势操作

8. 画布操作

在VS软件中，最大的区域就是画布区域，也是进行手绘动画制作的主阵地。VS软件中的画布是可以无限缩放的，单击画面区域任意位置，前后滚动鼠标中键，即可放大或者缩小画布。单击画布任意区域，上、下、左、右移动鼠标，即可以移动画布。

在画布的右下方，提供了画面移动的各种快捷键。比如上、下、左、右的方向键，可以用来微移画布；放大、缩小和“适合屏幕大小”的功能按键，帮助我们制作动画时更加灵活地处理素材。如图9-2-13所示。

图 9-2-13　画布操作功能按钮介绍

9.2.2　视频轨道与镜头介绍

手绘动画实际就是顺序连续地通过手绘方式呈现视频轨道上的素材而产生的动画。用VS软件制作手绘动画十分便捷高效，其中一个非常重要的原因就在于VS软件对素材可以自动生成手绘动画。因此，熟练操作视频轨道和设置动画镜头，是手绘动画制作的关键。

1. 视频轨道介绍

在VS软件中插入的所有素材，都放在视频轨道上，然后自动生成素材手绘动画的效果。在视频轨道中，移动调整素材的前后位置是比较高频的操作，可以在视频轨道上，单击选中素材，按住左键不放，拖拽素材，即可调整素材出现的位置，以便调整动画呈现的先后顺序。如图 9-2-14 所示。

图 9-2-14　视频轨道调整素材的操作

2. VS 的镜头

设置 VS 的镜头，可以让画面产生移动、缩放效果，极大地丰富了 VS 的手绘动画效果。但是 VS 的镜头我们是找不到的，需要依赖想象。想象镜头前有一台摄像机，摄像机镜头拍摄的内容就是我们目前看到的手绘动画作品，当摄像头移动的时候，镜头中呈现的内容也会相应地移动。

你也可以想象画布前有一个放大镜。通过放大镜看到的内容，就是我们在 VS 中制作的动画作品。当我们移动放大镜的时候，出现在放大镜中的内容，包括放大镜移动过程，放大镜中所产生的画面，都会毫无遗漏地呈现在画面中。

如何在 VS 中设定镜头呢？在软件的右下方有设定镜头和取消镜头的功能按钮，如图 9-2-15 所示。

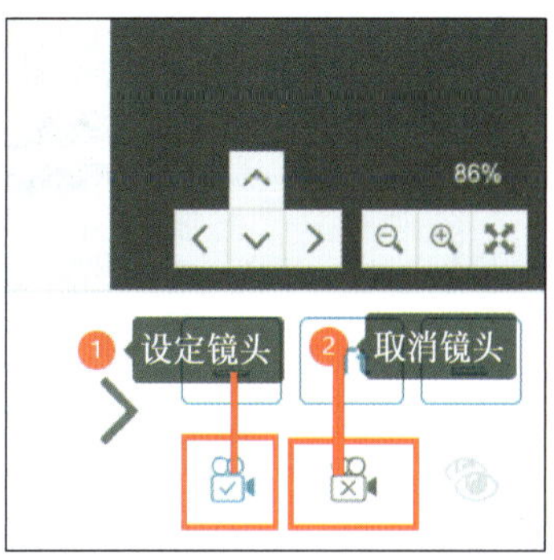

图 9-2-15　设定镜头操作

这里特别需要注意的是，在 VS 软件中，导入的每一个素材，软件默认会给素材自动添加一个“特写”的镜头，会把素材放在画布中间，放大播放手绘动画过程，这是 VS 软件自带的手绘效果。如果你想让素材按照你的想法出现，就需要手动设置镜头。

当在画布上导入素材时，你需要在画布区域调整好素材的位置和大小，调整好后，选中素材，然后在软件右下方单击“设定镜头”按钮，即可设定该素材出现时的镜头，如图 9-2-16 所示。需要注意的是，每个导入画布的素材，都必须设置镜头，否则就会被软件自动设定默认的镜头，容易导致不一样的手绘动画效果。

图 9-2-16　设置图片镜头

9.2.3　属性面板功能介绍

在 VS 软件中，所有的动画和视频轨道上的素材都可以单独设置动画的效果和素材的属性，以增加动画的美观性。打开动画属性面板，有两种方式：①在画布上选中素材，右击，选择“设置属性”，即可进入属性面板，如图 9-2-17 所示；②在视频轨道上，单击素材，在弹出的窗口选择“编辑所选图片属性”，即可打开属性面板，如图 9-2-18 所示。

图 9-2-17　从画布区域进入属性面板

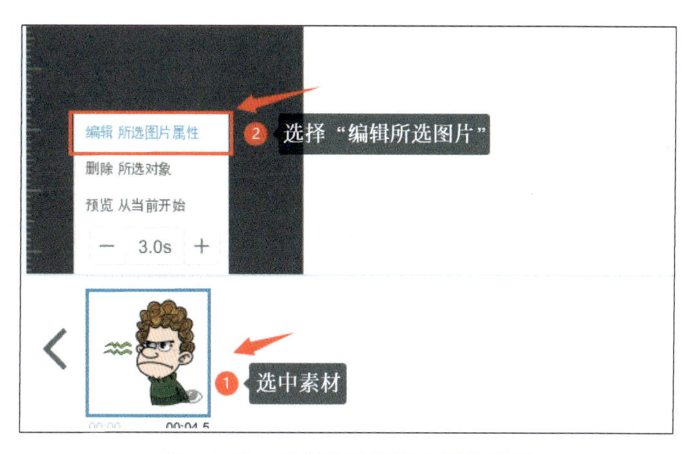

图 9-2-18　从视频轨道进入属性面板

属性面板提供了 4 种功能模块，分别是“选择图像”“滤镜效果”“动态选项”“选择手势”，下面将逐一介绍 4 个功能模块的设置。

1. 选择图像

“选择图像”，主要实现的功能就是替换素材，同时保持素材之前设置的属性和动画不变。我们可以按导入按钮，导入自定义的图片进行素材的替换，也可以直接选择 VS 软件内置库的素材，进行替换，如图 9-2-19 所示。

图 9-2-19　替换素材操作

2. 滤镜效果

“滤镜效果”模块主要是设置图片和文字素材的样式，可以设置图片和文字的“模糊”“光晕”“亮度”“饱和度”“对比度”“外部投影”等。用这个功能去设置素材的“描边”和“投影”效果，是比较高频的操作。其中，给素材添加描边效果，可以通过“光晕”实现，调整光晕值为30～50，即可实现描边效果。为素材添加投影，则通过“外部投影”实现，单击选中“外部投影”，会弹出具体参数设置面板，按需要调整投影的角度和颜色，如图 9-2-20 所示。

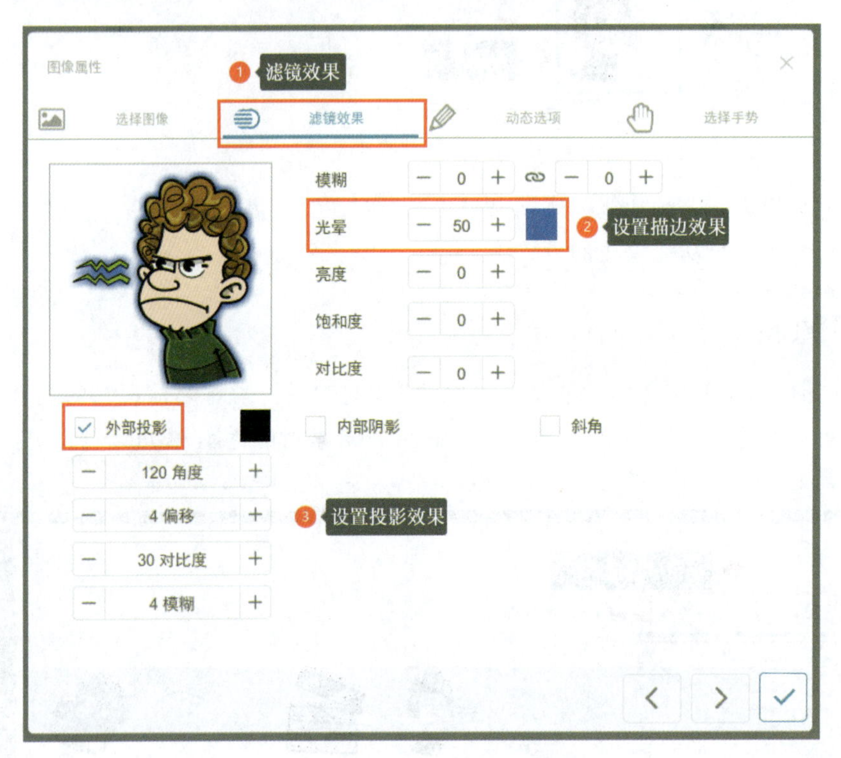

图 9-2-20　滤镜效果功能介绍

3. 动态选项

“动态选项”模块是 VS 软件制作手绘动画使用最高频的模块，主要是设置素材的动画效果和动画时间，包括素材的“进场动画”方式、素材的“进场、中间停留和出场”动画时间的设置，以及一些基本素材的样式效果调整，比如“透明度、旋转和水平翻转”等效果，如图 9-2-21 所示。后面，我们将结合动画实例对该“动态选项”功能进行介绍。

4. 选择手势

“选择手势”模块也是手绘动画制作过程中进场使用的功能之一，主要的作用是设置手绘时出现的手势样式。系统内置了大量不同角色的手势样式，同时也支持自定手势。

当需要更换默认的手势样式时，单击“选择手势”，在系统内置的手势模板中，选中合适的手势，即可更换当前素材的手绘动画的手势样式，如图 9-2-22 所示。

图 9-2-21　动态选择的内容

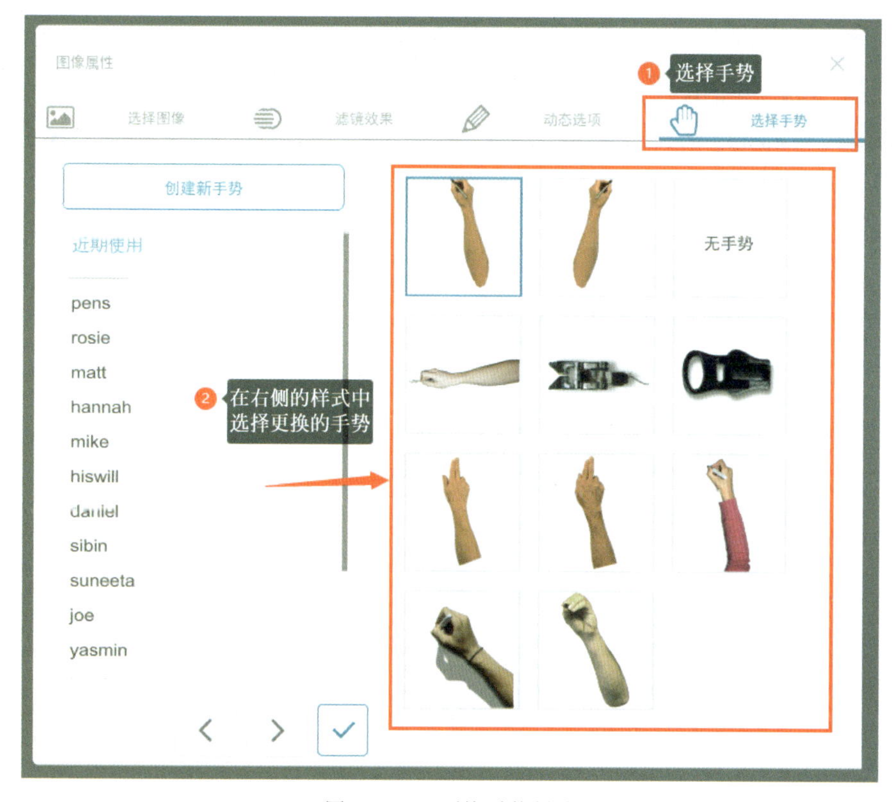

图 9-2-22　更换手势样式

自定义手势样式。单击"选择手势"→"创建新手势",在弹出的窗口中,单击图片框区域,导入手势图片进行手势设置,调整好位置后,单击 ✓ 按钮,即可添加自定义的手势。如图 9-2-23 所示。

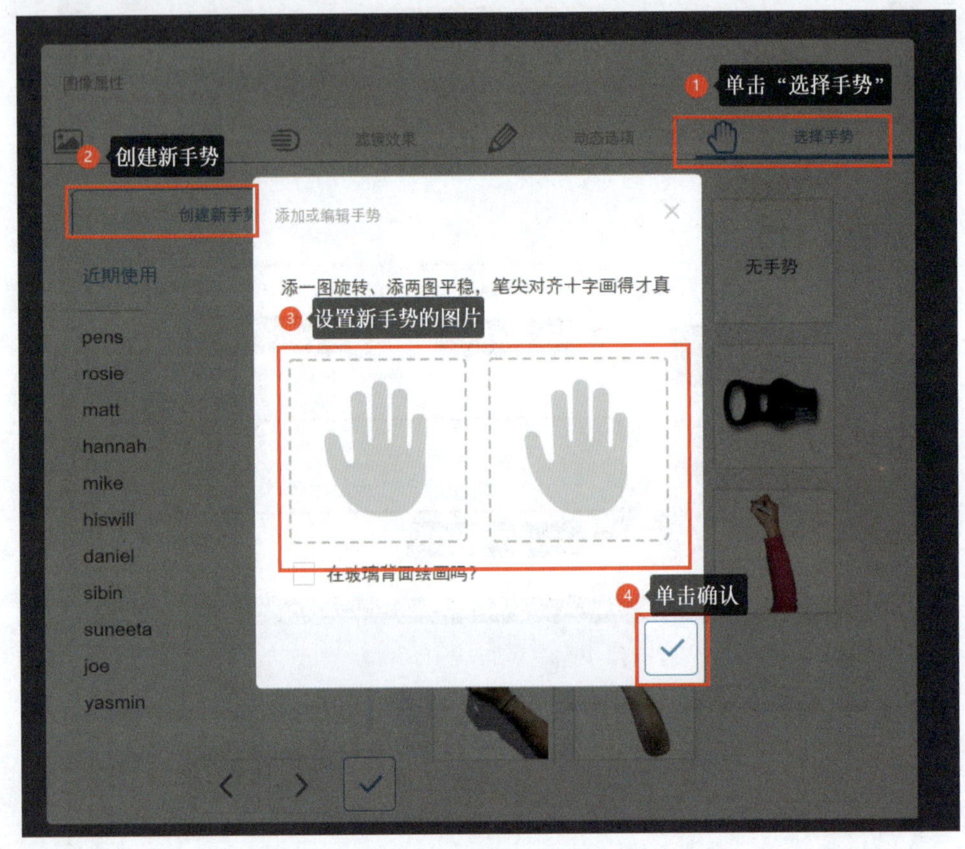

图 9-2-23　自定义手势操作

9.3 素材处理技巧

手绘动画品质的高低,主要取决于手绘素材的效果。在 VS 中,尽管对于导入的图片,软件会自动生成手绘的动态效果,但是往往效果是不理想的,比如素材手绘的顺序,以及手绘呈现的方式可能都比较粗糙,这就需要一些素材处理技巧,来实现理想的手绘效果。

要呈现理想的、流畅的手绘效果,大部分素材是需要自己绘制的。素材的绘制,将耗费手绘动画制作者的绝大部分精力,而且需要借助素材绘制软件 Adobe Illustrator CS6(简称 AI)。当然,需要特别强调的是,没有美术基础也没关系,只要你会使用 AI 软件的个别功能,就可以轻松绘制素材。

下面将对 VS 软件中高频出现的文字素材和图片素材的绘制处理技巧,进行详细介绍。

9.3.1 文字素材处理技巧

VS 软件对英文的书写是十分友好的，但是对中文则不太友好，这体现在对中文字体样式支持有限，仅限于黑体，对于添加的文本，生成的手绘效果不自然，一般是呈现空心书写的状态，与实际书写动画差别较大，导致动画不自然、不流畅，如图 9-3-1 所示。要解决这两个问题，就需要借助辅助软件 AI。

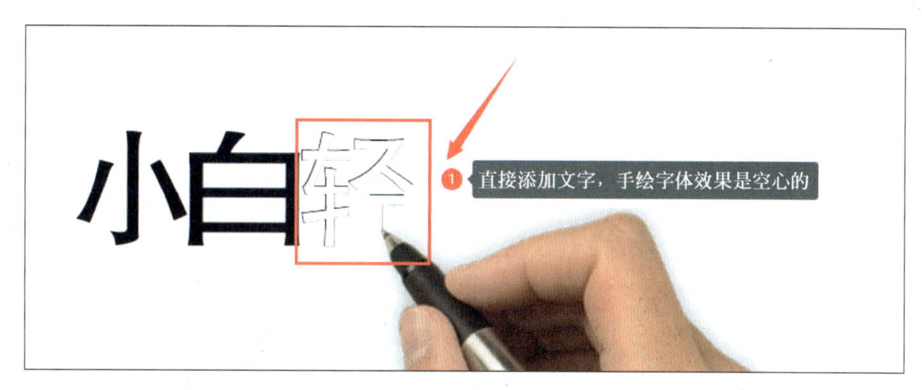

图 9-3-1 手绘字体动画呈现“空心”

打开 AI 软件新建文件，在左边的菜单栏，单击文本功能图标 T，在画布上单击，输入文本内容“小白快速制作手绘动画”。输入后，选中文本，在上方的文本工具栏，调整文字大小为“8pt”，按照需要自行设置字体样式。此时文本显示较小，按下组合键“Ctrl+‘+’”即可放大画布。

接着是非常关键的操作步骤，涉及手绘动画效果。选中文本后，在上方的工具栏中，找到“描边”选项，设置描边大小为“0.5”，按回车键确认。如图 9-3-2 所示。

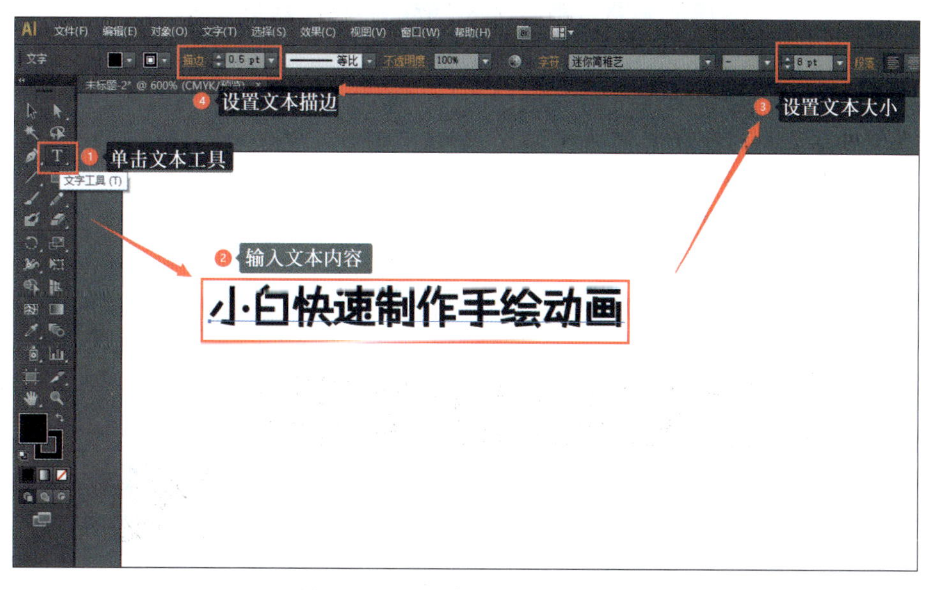

图 9-3-2 文本素材处理操作步骤

设置好后，已经成功了一半。保存文档的时候，单击左上角的“文件”，在弹出的窗口中选择“存储”，保存的格式务必选择“SVG”格式。如图 9-3-3 和图 9-3-4 所示。

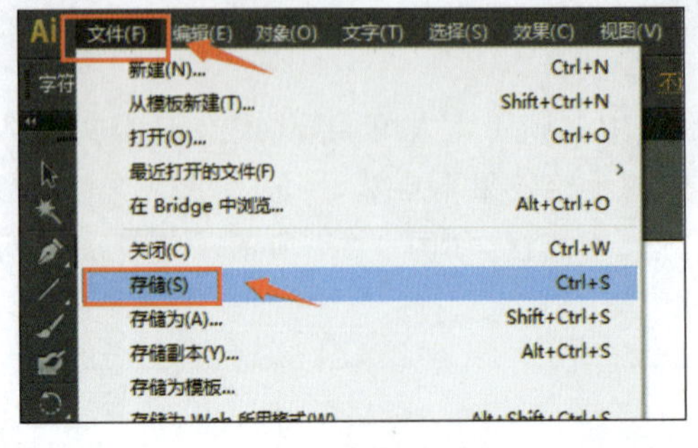

图 9-3-3　文件保存操作

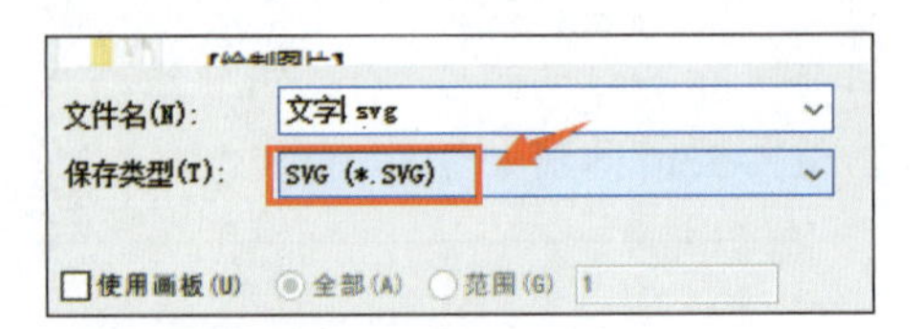

图 9-3-4　文件保存格式

在弹出的 SVG 设置格式中，在文字栏目，要注意选择“转换为轮廓”项目，这将直接影响图片导入 VS 后手绘动画的呈现方式，因此务必注意该设置。如图 9-3-5 所示。

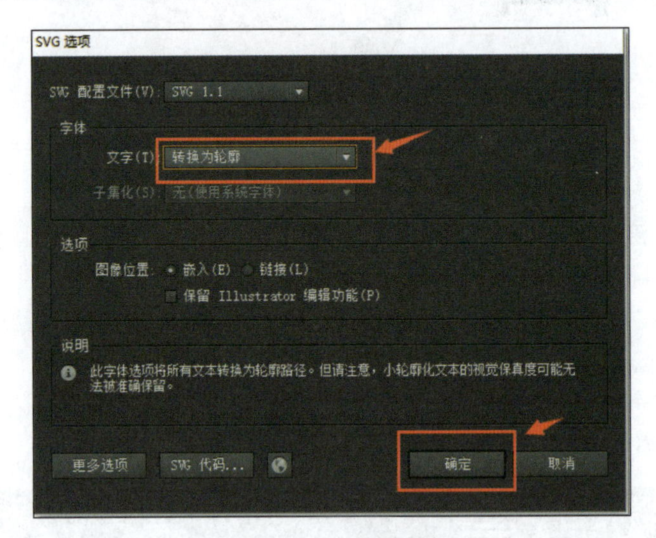

图 9-3-5　SVG 保存设置

接着就可以把生成的图片，导入 VS 软件中。单击左上角的预览按钮 ▶，预览文本的手绘效果。可以发现，文字不仅可以按需要调整字体样式，而且前面出现的空心手绘状态没有了，现在的手绘效果就很好，与实际书写效果接近，实心呈现。如图 9-3-6 所示。

图 9-3-6　效果图

9.3.2 图片素材处理技巧

本小节将介绍图片素材处理技巧，主要是针对 VS 软件的手绘效果，进行图片处理。一般情况下，VS 支持导入的图片格式很多，有 JPG、png、SVG 等，不同的图片格式，在 VS 软件中，生成的手绘动画效果是不一样的。

大部分图片素材，导入 VS 后，基本都是以“涂抹”方式进行图片绘制，这样的手绘动画不是非常精细，如图 9-3-7 所示。要想有精细的手绘效果，就需要 SVG 图片格式，而且需要对图片进行一定的处理。下面就详细介绍手绘效果的图片素材处理技巧。

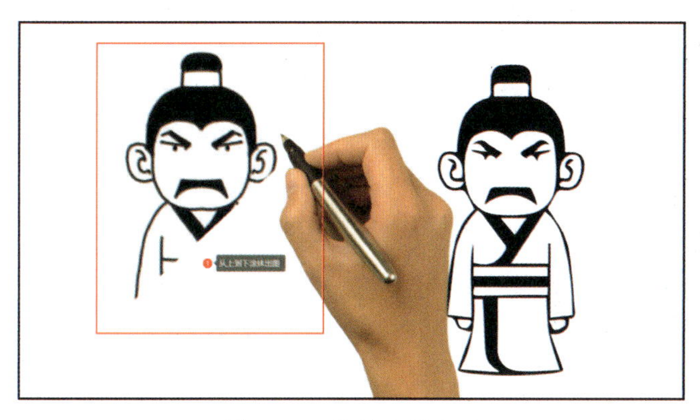

图 9-3-7　涂抹出图方式

在介绍之前，有必要简单说明一下 VS 手绘动画的产生原理。VS 软件主要是以矢量图片中的路径为基础，按照图片的路径进行绘制，这个图片路径在软件中是看不出来的。路径的概念，在 AI 中，我们可以找到可视化的设置。因此，如果要改变手绘动画效果，就需要通过 AI 软件修改图片的路径，以便获取更好的手绘动画，下面进行详细的介绍。

1. 导入图片素材

当我们从网上获取图片时，打开 AI 软件，把图片拖到软件画布中即可导入图片。把鼠标固定在图片的右下角，按住鼠标左键不放，即可修改图片的大小。如图 9-3-8 所示。

2. 描摹图像

描摹图像不是让我们使用 AI 描摹图片，而是直接通过 AI 的“图像描摹”功能，迅速地把图片转化为矢量图片，这样不仅可以快速转化图片为黑白手绘风格的图片，而且还把图片从位图（放大模糊）转化为矢量图（放大不模糊）。具体操作是：单击选中图片，在软件上方的工具栏中，单击按钮“图像描摹”，在上方的功能栏目中，单击“扩展”，描摹图片，基本完成，如图 9-3-9 和图 9-3-10 所示。

3. 去除图片白色填充

当图片素材完成描摹后，如果直接保存素材为 SVG 格式，在 VS 软件导入处理后的 SVG

图 9-3-8 导入图片并修改图片大小的操作

图 9-3-9 图像描摹功能

图 9-3-10 单击“扩展”操作

图片素材,生成的手绘效果,预览可以知道,也会产生空心描述线条的情况,手绘效果非常不理想,如图 9-3-11 所示。为避免这种情况,获得更流畅自然的手绘效果,就需要对图片的白色进行处理。

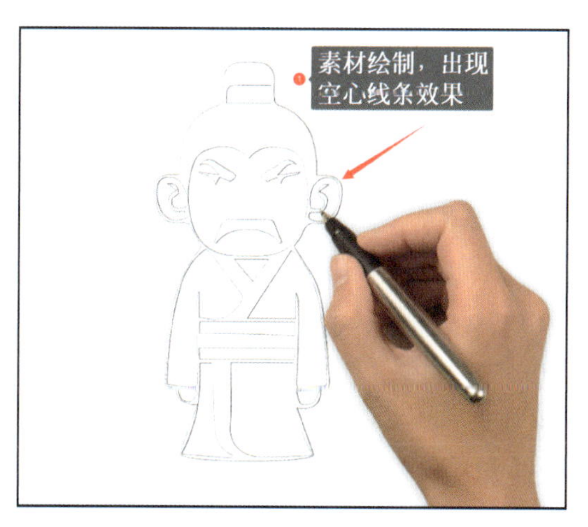

图 9-3-11 素材空心线条手绘效果

在 AI 软件中,基于上一步图片描摹和扩展的基础,在左侧的菜单栏中,单击部分选择工具图标为▶,接着回到图片素材上,依次选中图片中白色的区域,单击选中,然后按下键盘的删除键 delete,删除白色区域。需要注意的是,所有白色区域都要选中删除,如图 9-3-12 所示。

图 9-3-12　去除图片的白色填充

4. 设置图片路径

手绘动画是否精细，素材处理是关键，而素材处理中，设置图片的路径是最关键的一步。首先，框选全部图片，在右侧的图层面板中，单击下方的新建图层按钮，新建图层，单击选中新图层，按下"Ctrl＋Shift＋V"组合键，原位置粘贴图片。如图 9-3-13 所示。

接着，选择刚复制的图片，在软件上方的工具栏中，找到描边选项，设置描边为"8pt"，接着找到不透明度，设置为"0%"，这样，图片的新路径基本设置完成。按下"Ctrl＋S"组合键，保存图片为 SVG 格式。如图 9-3-14 和图 9-3-15 所示。

到这里，图片就处理好了，可以在 VS 导入新处理完成的 SVG 格式图片，预览一下图片手绘效果，基本是实心绘制线条，手绘动画非常自然流畅，如图 9-3-16 所示，而且图片转化为矢量图，在 VS 中随意放大缩小，清晰度都非常高，画质精美。

图片处理步骤看起来复杂，实际上，当我们多操作几遍，图片素材处理也就需要几秒钟的时间，所以熟能生巧，需要多多练习。

图 9-3-13　原位置粘贴素材操作

图 9-3-14　设置图片新路径

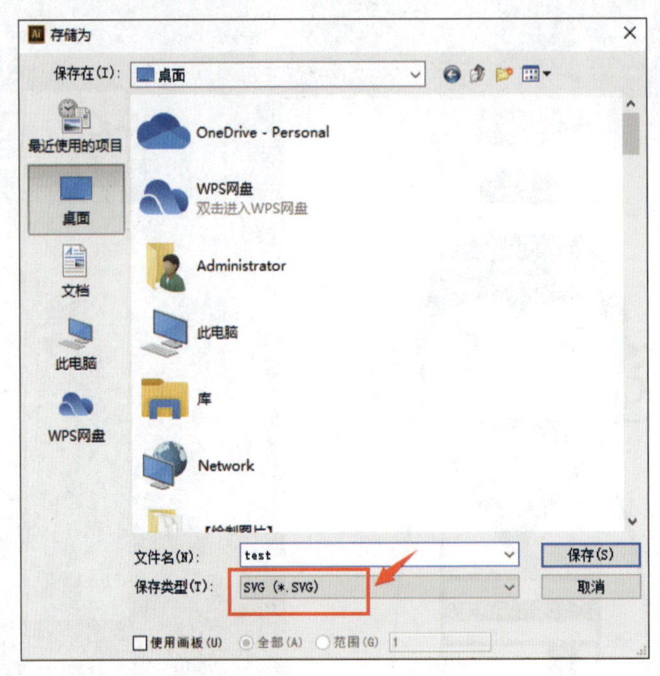

图 9-3-15　保存素材为 SVG 格式

图 9-3-16　实心描绘线条的预览结果

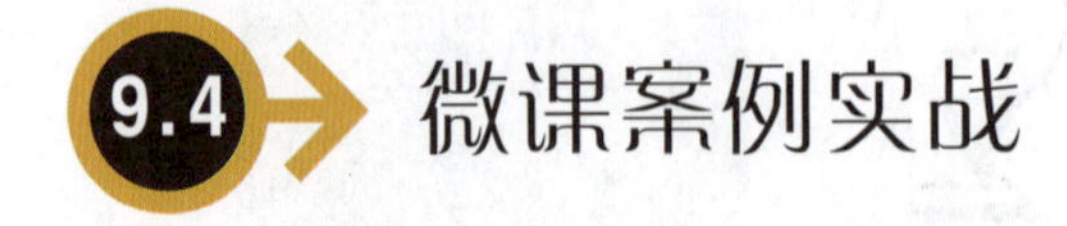

9.4 微课案例实战

本节介绍的是手绘动画微课片头的制作，如图 9-4-1 所示。通过案例实战全面熟悉 VS 软件的手绘动画功能应用，以便进一步熟悉手绘动画微课的设计与制作。

图 9-4-1 手绘动画微课片头

1. 新建项目，修改画布尺寸

打开软件后，进入软件的初始界面，单击左侧的“创建新文件”按钮，即可创建新项目文件。如图 9-4-2 所示。

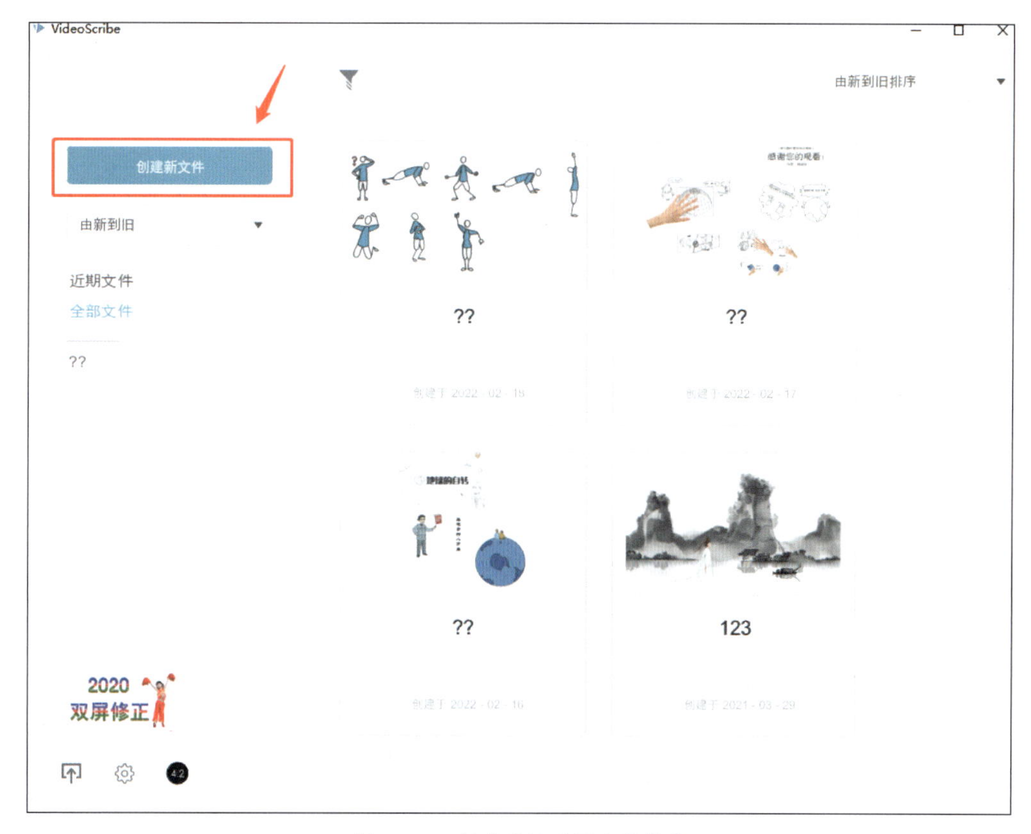

图 9-4-2 新建手绘动画文件操作

新建项目后，单击上方工具栏的改变纸纹和颜色按钮 ，在弹出的对话框中，选择纸纹，再单击 按钮，即可修改画布尺寸为横向，如图 9-4-3 所示。

图 9-4-3　修改画布尺寸和背景纸纹操作

2. 制作人物手绘动画

(1) 导入图片

在 VS 界面上方的功能区菜单中，单击导入图片图标 ，在弹出的界面窗口的搜索栏中，输入英文“child”搜索素材。这里需要注意的是，VS 提供大量的矢量素材供我们使用，但是搜索仅支持英文搜索，不支持中文搜索。输入后，按回车键确认搜索，在右侧显示的素材中，我们单击下方的页面点，翻至第 5 页，找到图 9-4-4 中的人物素材，双击，即可把素材添加到画布中，如图 9-4-4 所示。

(2) 调整人物动画效果和动画时间

在画布上，双击图片素材，即可进入属性面板，对素材进行设置。首先单击水平翻转按钮 ，调整图片显示方向。接着，在动画时间栏目，调整绘画时间为 1.5s，暂停时间为 0.5s，过渡时间为 0s，设定好后，单击确认 按钮，如图 9-4-5 所示。

(3) 设置人物镜头

在画布上，调整人物素材的大小和位置，让图片素材居中显示，大小调整到基本满铺画面。调整好大小和位置后，单击软件右下方的设定镜头按钮 ，设置图片镜头，如图 9-4-6 所示。设定镜头后，可以单击预览按钮 ，预览图片的手绘动画效果。

3. 制作火箭图片手绘动画效果

(1) 导入图片

在 VS 界面上方的功能区菜单中，单击导入图片图标 ，在弹出的界面窗口的搜索栏

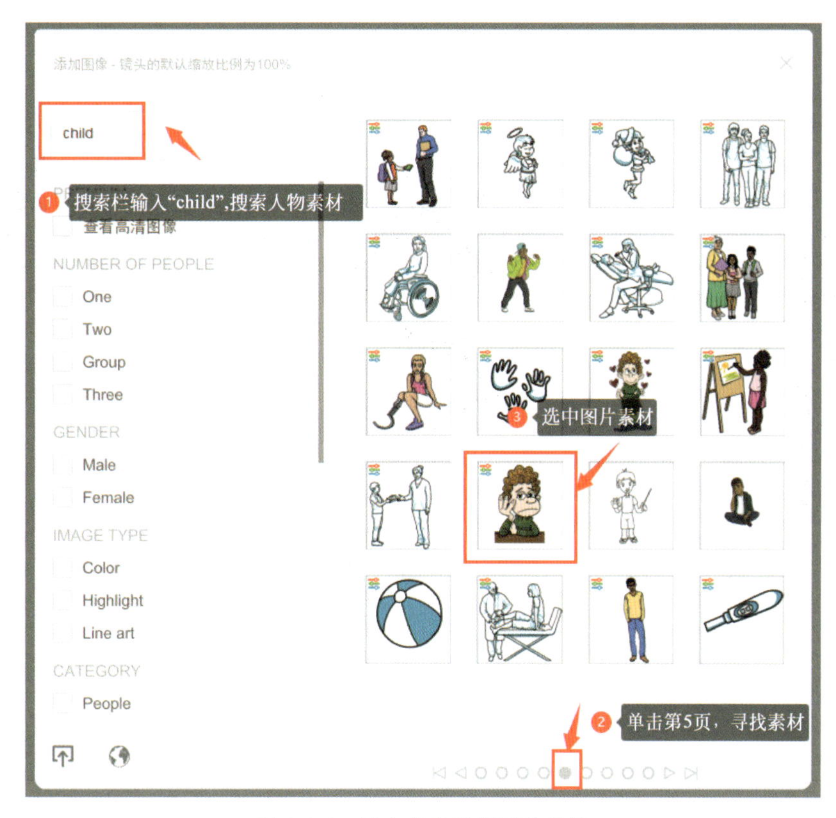

图 9-4-4 导入在线素材图片操作

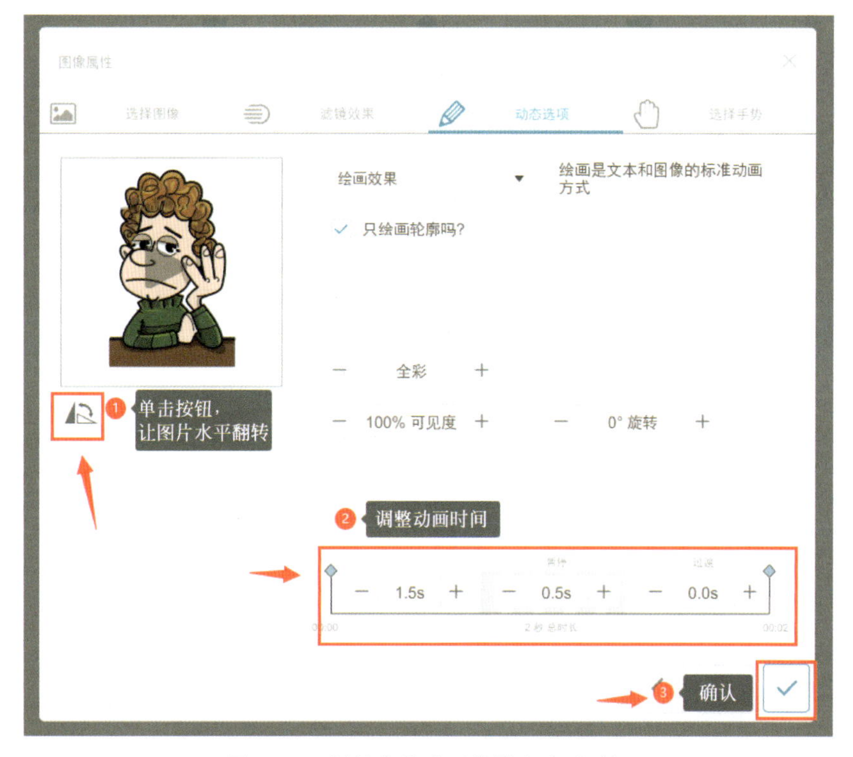

图 9-4-5 调整人物动画效果和动画时间

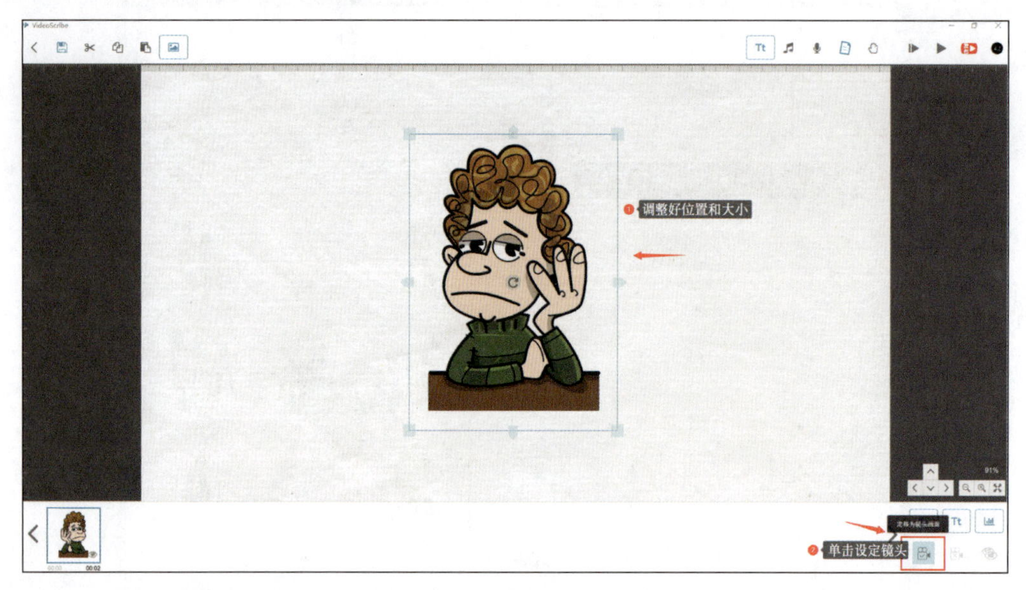

图 9-4-6　设置图片的显示镜头

中，输入英文“film”搜索素材。输入后，按回车键确认搜索。在右侧显示的素材中，单击下方的页面点，翻至第 2 页，找到图 9-4-7 中的素材，双击，即可把素材添加到画布中，如图 9-4-7 所示。

图 9-4-7　导入在线素材图片操作

（2）调整人物动画效果和动画时间

在画布上，双击图片素材，即可进入属性面板，对素材进行设置。在动画时间栏目，调整绘画时间为 0.5s，暂停时间为 0s，过渡时间为 0s。在手势设定好后，单击确认按钮 ，如图 9-4-8 所示。

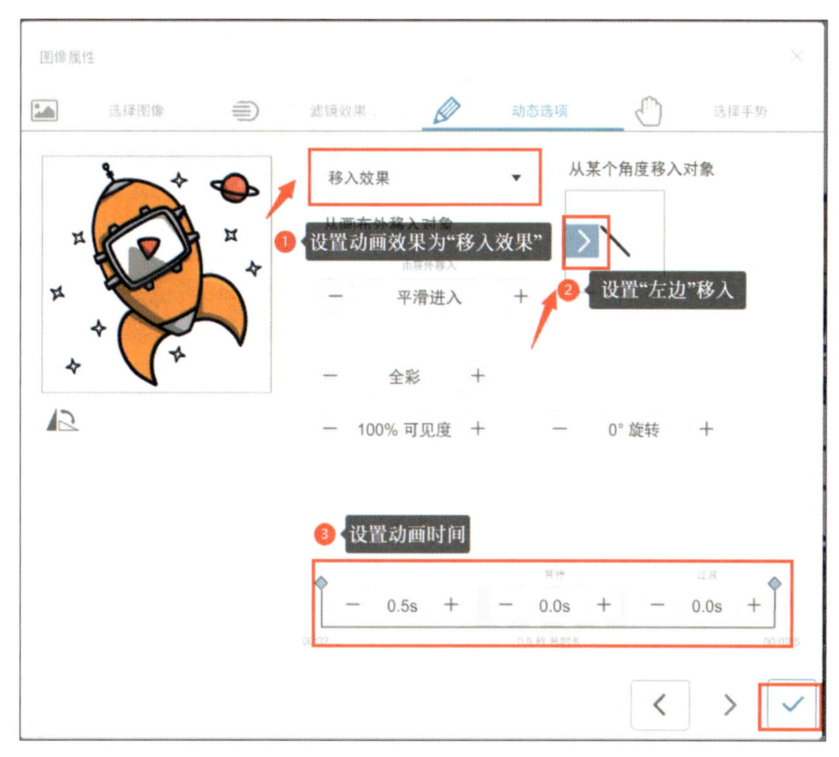

图 9-4-8　调整人物动画效果和动画时间

（3）设置火箭图片镜头

在画布上，调整火箭素材的大小和位置。火箭图片主要用来修饰画面，因此尺寸不需要特别大，相反，需要调整得小一点，突出后面的主题文字。调整好大小和位置后，单击软件右下方的设定镜头按钮 ，设置图片镜头，如图 9-4-9 所示。设定镜头后，手绘动画就自动生成了，可以单击预览按钮 ，预览图片的手绘动画效果。

4. 制作文字标题手绘动画效果

（1）添加文字并设置动画效果

添加文字时，在 VS 界面上方的功能区菜单中，单击文本图标 ，在弹出的窗口中，输入文字内容“小白快速入门”，样式选择默认样式即可，如图 9-4-10 所示。特别值得一提的是，我们输入文本后，画布上的文本就自动添加了手绘的动画效果。

（2）设置文字大小和镜头

在画布上，单击选中文字，通过拖拽文字素材的 4 个角，即可调整文字的大小。调整到合适大小，把位置摆放好，如图 9-4-11 所示。调整好位置和大小后，单击镜头设定按钮，设定镜头。

图 9-4-9　设置火箭图片的显示镜头

图 9-4-10　添加文本和设置文本样式

图 9-4-11　调整文字大小和位置

（3）设置文字动画时间

在画布上双击文本，在弹出的属性面板中，选择“动态选项”，动画效果选择“绘画效果”，动画时间调整为，进场 0.5s，暂停 0s，过渡 0s。设置好后，单击确认按钮 ，如图 9-4-12 所示。

图 9-4-12　设定文字素材的动画时间

（4）继续添加文字

按照前面的步骤，继续添加文字“手绘动画微课”，添加后，调整文字的大小和位置，并设定镜头，如图 9-4-13 所示。

图 9-4-13 添加文字"手绘动画微课"

在画布上双击文本，在弹出的属性面板中，选择"动态选项"，动画效果选择"绘画效果"，动画时间调整为，进场 1.5s，暂停 0.5s，过渡 0s。设置好后，单击确认按钮 ，如图 9-4-14 所示。

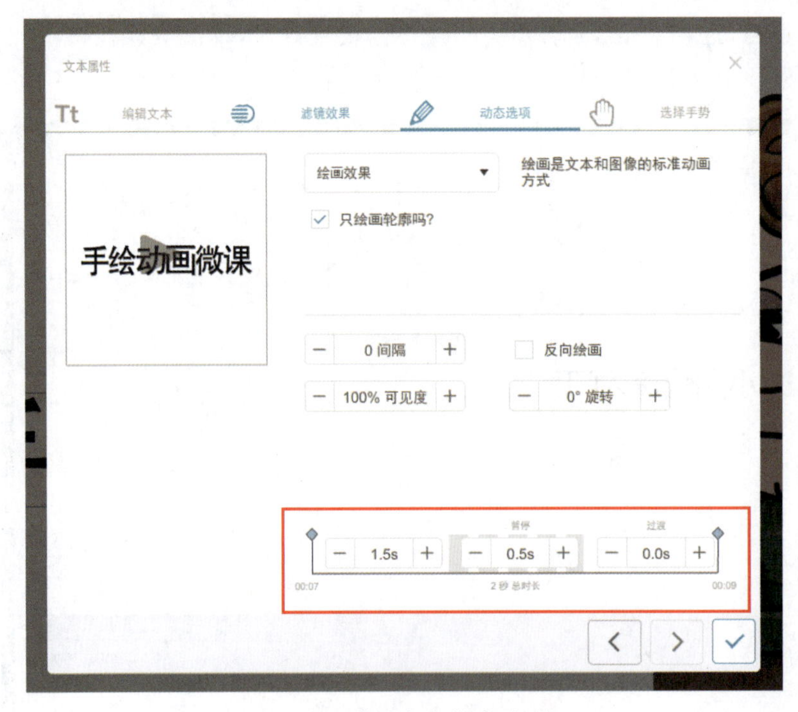

图 9-4-14 修改文字的动画时间

此时，全部手绘动画微课片头的制作就完成了，可以单击画布上方的预览按钮 ▶ 对片头进行预览。

9-1 手绘动画微课片头的制作

第10章 全国获奖作品评析

本章概述

本章收集了彭海胜名师工作室 5 个获全国一等奖的作品，对作品的设计思路、作品的结构与特色亮点进行了详细的分析与解剖。通过分析与展示，让学习者了解优秀微课的特点、结构与所需要的技术要领。

学习导图

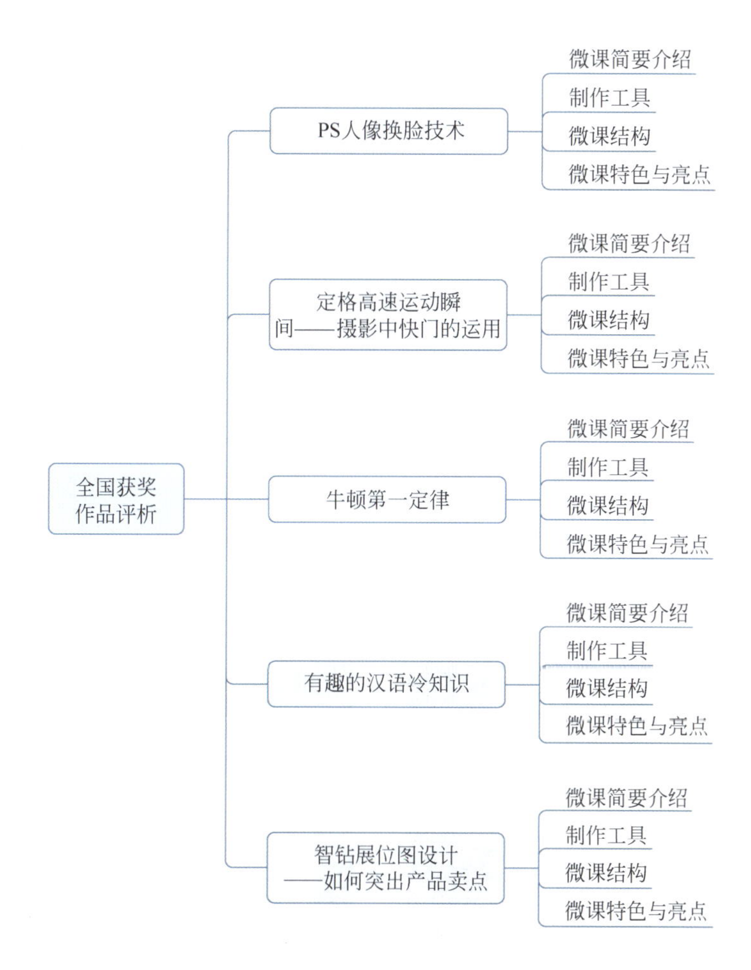

10.1 PS 人像换脸技术

10.1.1 本节微课简要介绍

微课的教学内容选自计算机平面设计与制作专业课程的图形图像处理课程。微课既可以作为教师授课材料使用,也可以作为学生课前自学的资源。本节微课面向对象为平面设计专业一年级学生,讲授的是使用 Photoshop 软件对人物进行换脸的技术。按照传统的教学形式,一般的课程只会讲授操作步骤,对学生的吸引力并不大。因此,我们精心设计创作了本节微课,课程以问题为导向,设置了导入、提出问题、探究新知、步骤讲解、总结知识、知识拓展等环节。微课作品聚焦清晰,深入浅出,带领学生一步步学习、掌握探究和解决问题的方法。本节微课采用了生动有趣的动画表现方法,运用较多的动画表现形式,使问题生动易懂,提高了学生的学习积极性。

10.1.2 制作工具

万彩动画大师、AE、Flash、Premiere、Camtasia Studio、Photoshop 等软件。

10.1.3 微课结构

作品分为片头、引入与提出课题、讲授新知、总结知识点、知识拓展、总结展望六大部分。

1. 片头

使用 AE 软件进行制作,套用精美的 AE 动画模板,在片头出现课题、专业名称与作者等信息。如图 10-1-1、图 10-1-2 所示。

图 10-1-1　片头效果(1)

图 10-1-2　片头效果(2)

2. 引入与提出课题

(1) 从日常生活入手，讲述拍照时出现的情况，指出使用 PS 进行换脸的技术在生活中的重要性，如图 10-1-3 所示；进而引入课题“PS 换脸技术的原理是怎样的呢?”如图 10-1-4 所示。

图 10-1-3　PS 技术在生活中的重要性

图 10-1-4　引入与提出课题

(2) 接着出示一张照片，询问观众是否能猜到是哪两位人物的脸被拼接到一起，引起学生兴趣，如图 10-1-5 所示。

(3) 然后播放两段影片，从影片中截取两个人物形象出来，引入讲解步骤，在 Photoshop 软件里进行具体操作。如图 10-1-6 所示。

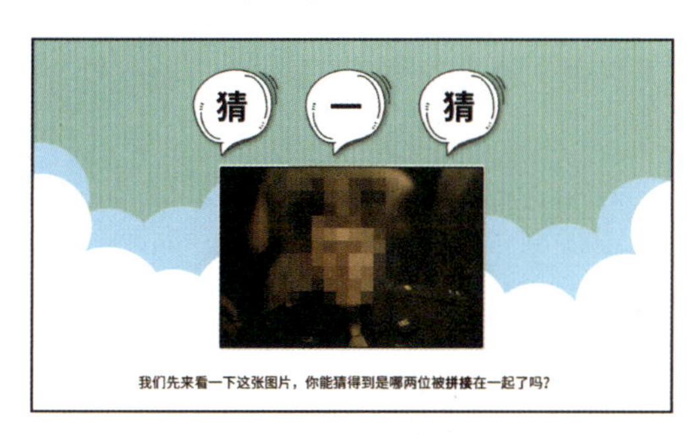

图 10-1-5　引起学生兴趣

图 10-1-6　引入讲解步骤

3. 讲授新知

(1) 罗列 Photoshop 软件换脸的几种技术，如图 10-1-7 所示。

图 10-1-7　罗列软件换脸的几种技术

(2) 讲解软件中换脸的技术要点与操作步骤,如图 10-1-8 所示。

图 10-1-8 讲解换脸技术的要点与操作步骤

4. 总结知识点

总结 PS 换脸技术所用到的知识点与技能点,帮助学生增强记忆,厘清思路。如图 10-1-9 所示。

图 10-1-9 总结知识点

5. 知识拓展

使用与换脸技术相同的蒙版技术进行两个案例的学习与讲解,一个案例是更换人像的眼睛，如图 10-1-10 所示。一个案例是蒙版技术结合图层混合技术，制作一个漂亮的底图，如图 10-1-11 所示。

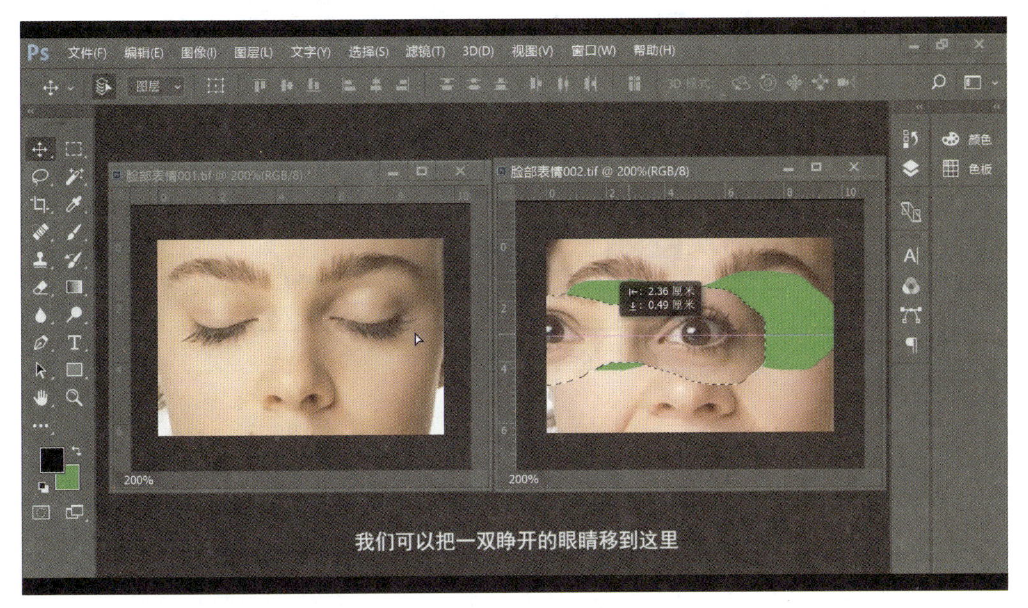

图 10-1-10 更换人像眼睛案例

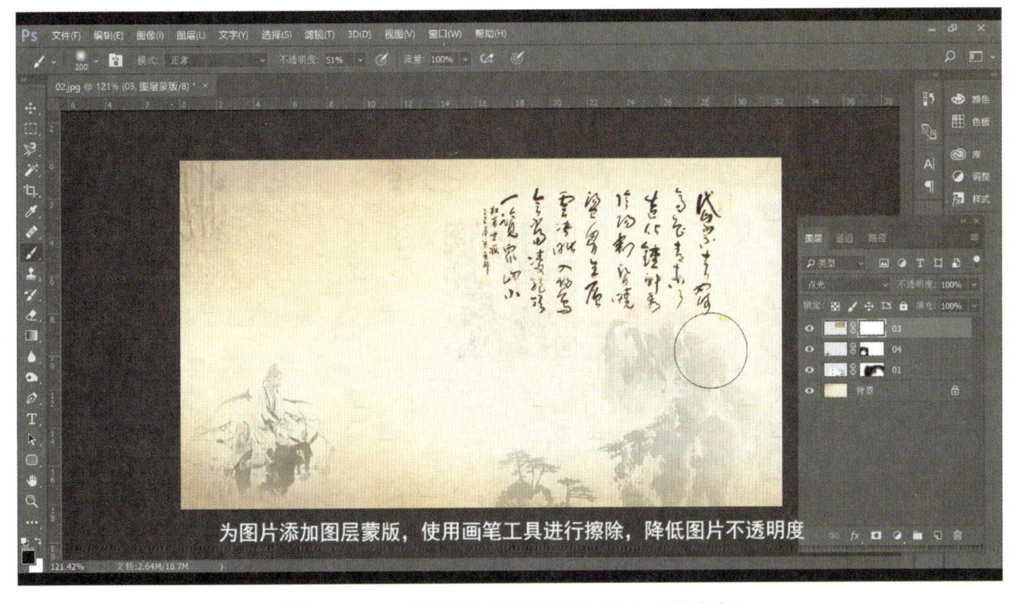

图 10-1-11 蒙版技术结合图层混合技术案例

6. 总结展望

出现正在给学生进行讲话的女教师形象与几位学生的背影形象。对本节课的内容进行了简单的总结，并提出了展望，如图 10-1-12 所示。

图 10-1-12　总结展望

10.1.4　微课特色与亮点

(1) 重视开头的引入教学,激发学生的学习兴趣。从生活中的两幅图片出发,展现知识的形成过程,使学生能够利用已有的生活知识,通过知识迁移的方法归纳出所需的技术要点,激发学生的求知热情。

(2) 制作精良,动画效果比较好,学生在观看时不会觉得单调与乏味。融合动画、电影视频、卡通与真实图片等资源,运用动画、AE 特效等技术,使微课变得生动活泼、富有感染力。

(3) 切入点小,教学目标聚焦清晰,教学内容清楚明了。

(4) 设计巧妙,充分研究学情,准确把握教学节奏,内容层层递进,流畅紧凑,富有逻辑,将知识点讲通讲透。

10-1　PS 人像换脸技术

10.2　定格高速运动瞬间——摄影中快门的运用

10.2.1　本节微课简要介绍

定格高速运动的瞬间是一种奇妙的摄影艺术效果。这需要摄影师灵活调节快门,并且保持曝光准确。在实际操作中,要同时获得正确的曝光与定格瞬间是比较困难的,其中的原理更是晦涩难懂。用传统的教师传授方式讲解,学生难以理解和掌握。因此,我们精心设计创作了本节微课，以问题为导向，聚焦清晰，深入浅出，带领学生一步步学习、掌握探究和解决问题的方法。本节微课的教学重点是理解快门的作用、快门与曝光的关系，教学难点是灵活调节快门，拍摄出定格高速运动瞬间且曝光准确的照片。

10.2.2 制作工具

Adobe After Effects、Adobe Premiere Pro 软件。

10.2.3 微课结构

本微课分为片头、创设情境、概念讲解、原理解析、反思总结五个部分。

1. 片头

灵活运用网络资源和 AE 片头模板。在网络上寻找、下载、修改与课题相关的资源，匹配自身课题，统一视觉效果。如图 10-2-1、图 10-2-2 所示。

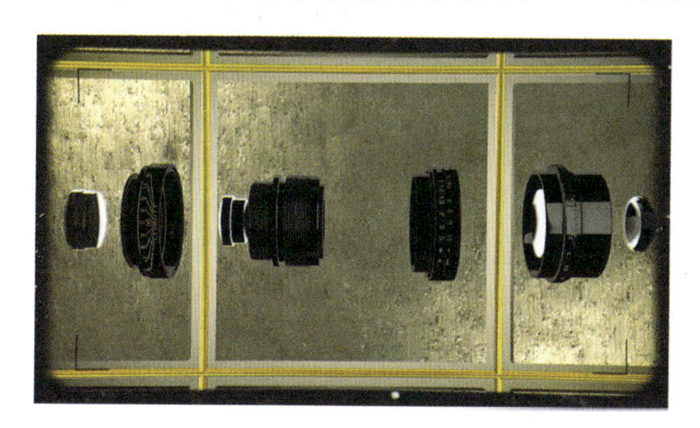

图 10-2-1　片头效果(1)

图 10-2-2　片头效果(2)

2. 创设情境

(1) 联系 2018 年冬奥会的时事热点创设情境，引出本节微课的关键问题：摄影师如何定格高速运动的瞬间？有效激发学生的好奇心，如图 10-2-3 所示。

(2) 真实还原学生的学习情境，学生在拍摄奔跑中的同学，拍摄出来的照片却是模糊的、黑暗的，引发学生深思，启迪学生思维。如图 10-2-4 所示。

3. 概念讲解

(1) 借助图片、动画、视频等形式清晰明了地讲解快门、快门速度的概念及作用，辅助解决教学重点。然后继续提出问题：如何调节快门，教师通过展示操作步骤，框选关键操作，高效展示技能操作步骤。如图 10-2-5、图 10-2-6 所示。

图 10-2-3　创设情境

图 10-2-4　真实还原学生的学习情境

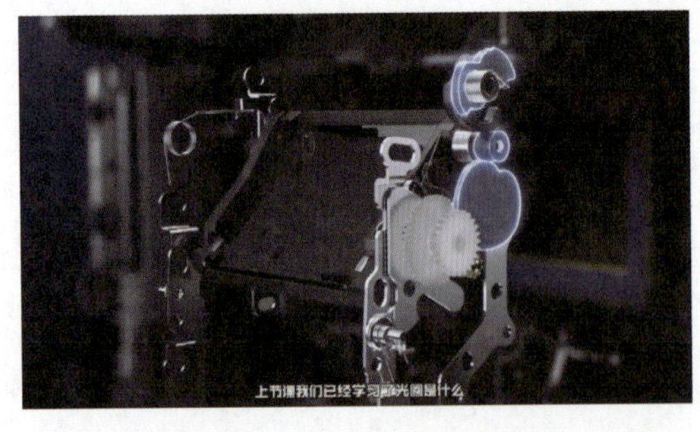

图 10-2-5　三维动画概念讲解

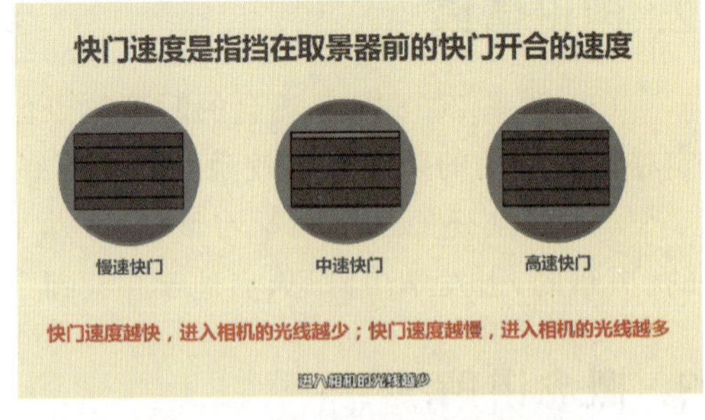

图 10-2-6　二维动画概念讲解

（2）此时再一次还原学生的学习情境，如图 10-2-7 所示。对比上一次拍摄，学生能捕捉到奔跑中的同学的运动瞬间，但照片整体却是黑暗的，再一次提出问题：拍摄定格运动瞬间且曝光准确的照片，这背后的原理是什么呢？如图 10-2-8 所示。

图 10-2-7　再一次还原学生的学习情境

图 10-2-8　再一次提出问题

4. 原理解析

通过制作动画，将水流进盘子比喻成光线进入相机，讲解曝光三要素之间的相互协调，形象生动地展示快门、光圈与曝光之间的关系，突破教学重难点。如图 10-2-9 与图 10-2-10 所示。

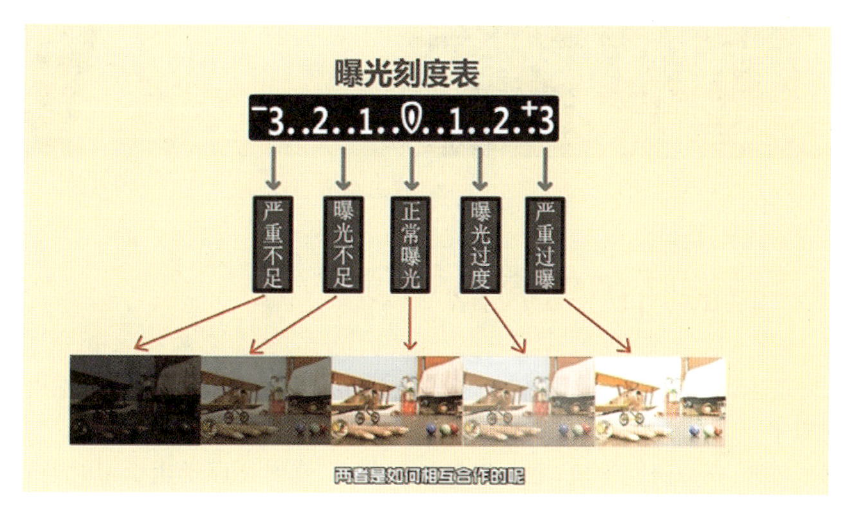

图 10-2-9　原理解析(1)

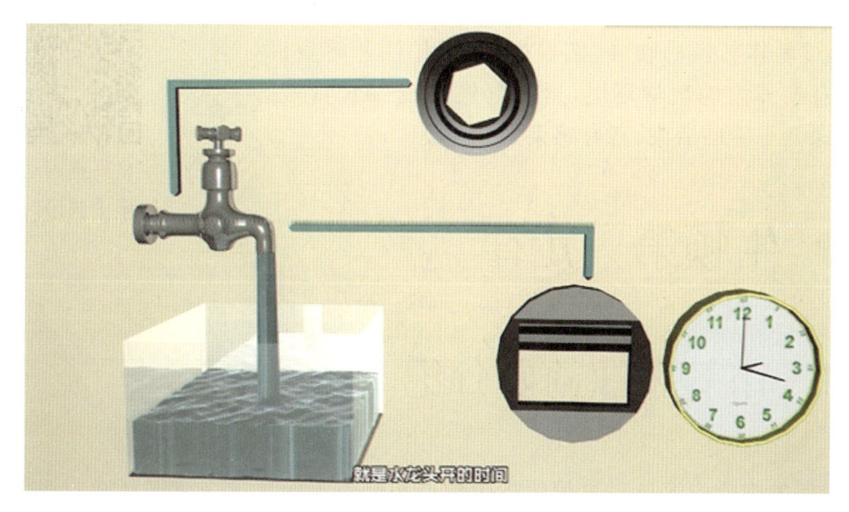

图 10-2-10　原理解析(2)

5. 反思总结

最后教师总结知识点、技能点,展示学生最终拍摄作品,帮助学生增强记忆,厘清思路。如图 10-2-11 所示。

图 10-2-11 反思总结

10.2.4 微课特色与亮点

(1) 切入点小,命中学生似懂非懂的问题,也是课程中的重难点,教学目标聚焦清晰,教学内容清楚明了。

(2) 设计巧妙,充分研究学情,准确把握教学节奏,真实还原学生学习时遇到的疑难问题。内容层层递进,流畅紧凑,富有逻辑,将知识点讲通讲透。并通过多次对比图片,明晰照片效果区别。

(3) 通过制作精良的动画、实景视频、现拍图片等资源,创设真实、有亲和力的教学环境,运用真人出镜、AE 特效等技术,使微课变得生动活泼、富有感染力。

10-2 定格高速运动瞬间——摄影中快门的运用

10.3 牛顿第一定律

10.3.1 本节微课简要介绍

本节微课的教学内容选自粤教版高中物理必修一第四章第一节伽利略的理想实验与牛顿第一定律内容。本节微课既可以作为教师授课材料使用,也可以作为学生课前自主学习的资源。面向对象为高一年级的学生。本节课讲授的是牛顿第一定律的理解。按照传统的教学形式，一般的课程只会讲授原理，结合习题进行原理的理解，对学生的吸引力并不大。因此，我们精心设计创作了本节微课，从生活出发，以真实的生活问题情境为导向，设置了导入、提出问题、要点理解、拓展延伸、归纳总结等环节。本节微课作品聚焦清晰，深入浅出，通过创设问题情境，引发学生认知冲突；分点理解，阶梯式建立物理观念；回归引入，情景化培养科学思维；归纳总结，阶段性提高学生核心素养，带领学生一步步学习、掌握牛顿第一定律的知识。本节微课采用了生动有趣的动画表现方法，运用较多的动画表现形式，使原理知识点可视化，降低学生认知负荷，提高了学生的学习积极性。

10.3.2 制作工具

Camtasia 2019、来画。

10.3.3 微课结构

作品分为片头、引入课题、提出问题、讲授新知、拓展延伸、总结归纳六大部分。

1. 片头

使用 Camtasia 2019 软件进行制作，动画人物使用来画的动画人物素材，在片头出现本节微课主题信息。如图 10-3-1 所示。

图 10-3-1　片头效果

2. 引入课题

从生活情境出发，通过动画，让学生回忆被石头绊倒和脚踩香蕉皮摔倒的方向。如图 10-3-2 所示。

描述人摔倒时出现的两个情景。通过视频描述当我们被石头绊倒的时候，会向前摔倒，

图 10-3-2　引入课题

而当我们脚踩香蕉皮时，会向后摔倒的情景。如图 10-3-3 和图 10-3-4 所示。

图 10-3-3　向前摔倒动画

图 10-3-4　向后摔倒动画

3. 提出问题

通过设置认知冲突，给学生留下“为什么同样是摔倒，一个往前摔一个往后摔”的疑问。激发学生学习的兴趣和欲望，引出牛顿第一定律，如图 10-3-5 所示。

图 10-3-5　提出问题

4. 讲授新知

(1) 分点理解定律，通过动画呈现和讲解，阶梯式建立物理观念和需要理解的知识要点，如图 10-3-6 和图 10-3-7 所示。

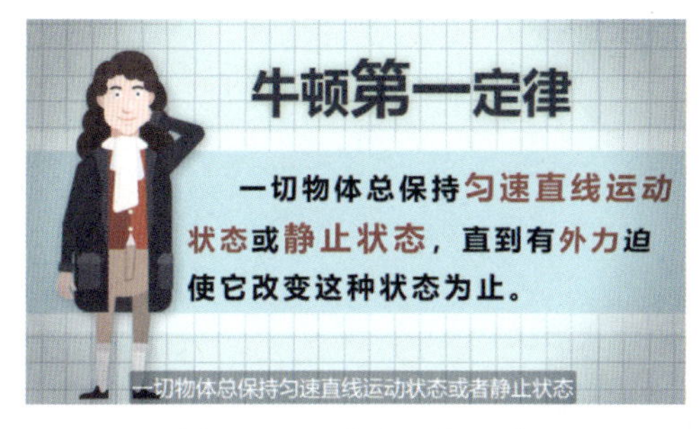

图 10-3-6　分点理解定律

图 10-3-7　提出知识要点

（2）案例讲解，引导学生运用牛顿第一定律分析和解决实际问题。如图 10-3-8 和图 10-3-9 所示。

图 10-3-8　分析牛顿第一定律

图 10-3-9　生活案例

5. 拓展延伸

回归导入，运用牛顿第一定律解决导入涉及的生活情境，同时归纳总结分析此类问题的方法，引导学生举一反三，培养学生的科学思维，提高学生解决问题的能力。如图 10-3-10 和图 10-3-11 所示。

图 10-3-10　拓展延伸(1)

图 10-3-11　拓展延伸(2)

（1）人被石头绊倒往前倒的解释。分析人被石头绊倒的全过程：人在往前走，当他被石头绊到后，脚受到石头的作用力，运动状态发生改变，开始减速。而人的上半身由于惯性，保持原来的运动状态。上半身速度比下半身快，于是人就往前倒了。

（2）归纳总结分析此类问题的三个步骤：原来的状态—发生的变化—惯性带来的影响。总结方法，帮助学生运用三步法分析相关问题，授人以渔。

（3）脚踩香蕉皮向后倒的解释。引导学生从总结的三个步骤出发，分析脚踩香蕉皮的例子，实现知识迁移。

6. 总结归纳

通过归纳总结，阶段性提高核心素养，如图 10-3-12 所示。

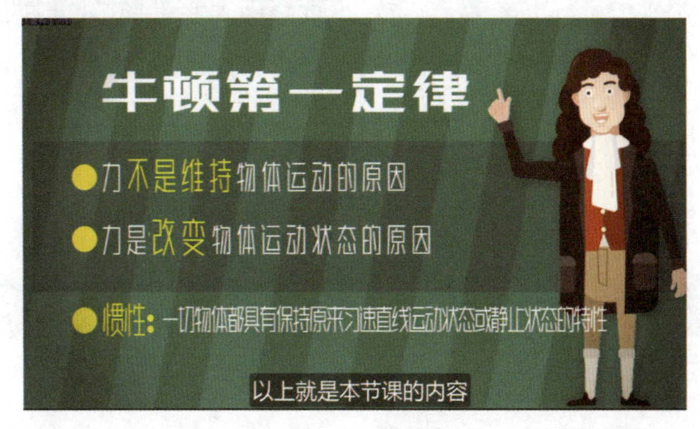

图 10-3-12　总结归纳

10.3.4　微课特色与亮点

（1）创意性突破原理教学瓶颈制约。牛顿第一定律是动力学的基础，本节微课选题从实际需求出发，通过 MG 动画型微课创意性地突破物理概念教学中学生死记硬背的瓶颈制约，努力让学生主动参与概念的学习、分析与运用，学生在新课前学习可有效节省实际学习摸索的时间，从而让更多学生得到学习机会。

（2）微课趣味性极强，富有创新性。本节微课选择有创意的 MG 动画形式呈现，牢牢抓住视觉感应与思维关联的特性，渗透趣味性和学科思想，极大地提高内容的表达效率。

（3）科学控制微课时长。本节微课视频时长已控制在最理想的 6min 内，既符合视觉驻留规律，又能容纳一个完整的知识点。

（4）保持声音快速并富有激情和感染力，可以让观众更加专注。

（5）营造了单独授课的气氛，语言上使用“你”，智慧性创造“一对一”单独授课氛围，提升微课魅力指数。

10-3　牛顿第一定律

10.4 有趣的汉语冷知识

10.4.1 本节微课简要介绍

本节微课的教学内容选自人教版五年级语文有趣的汉字课程，既可以作为教师授课材料使用，也可以作为学生课前自学的资源。本节微课面向对象为小学五年级学生，讲授的是口语中的冷知识和书面语中的冷知识。按照传统的教学形式，一般的课程只会用口头或者文字讲解这些汉字词语的意思，对学生的吸引力并不大。因此，我们精心设计创作了本节微课，以课程内容为导向，设置了导入、探究新知、课堂练习、总结知识、知识拓展等环节。微课作品聚焦清晰，表现形式生动有趣，带领学生一步步学习、掌握探究汉字的乐趣。微课采用了生动有趣的动画表现方法，运用较多的动画表现形式，使有趣的汉语生动易懂，提高了学生的学习积极性。

10.4.2 制作工具

PowerPoint、Premiere、Photoshop、Adobe After Effects 等软件。

10.4.3 微课结构

作品分为片头、引入课题、讲授新知、课堂练习、课堂总结五大部分。

1. 片头

使用 AE 软件来制作，套用精美的 AE 动画模板，在片头出现课题、作者等信息。如图 10-4-1、图 10-4-2 所示。

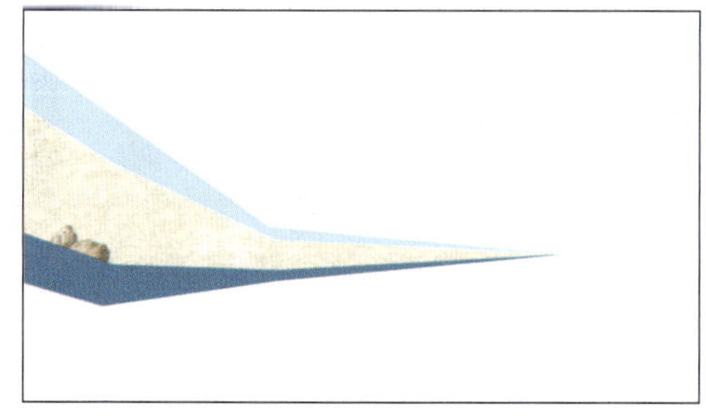

图 10-4-1　套用 AE 动画模板

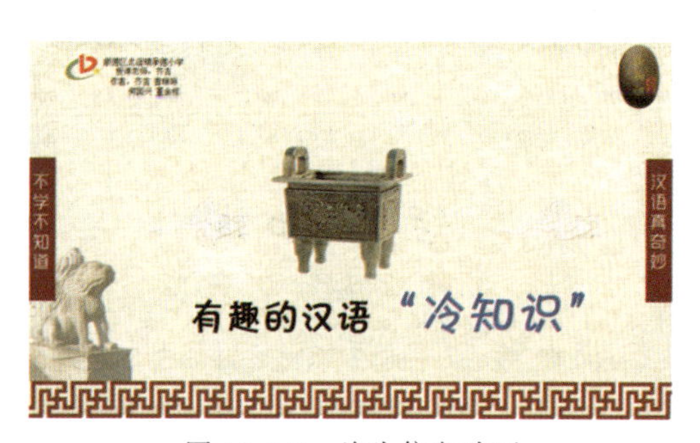

图 10-4-2　片头信息动画

2. 引入课题

（1）从书本的基础课题入手，指出本课讲述的内容是口语中的“冷知识”和书面语中的“冷知识”，如图 10-4-3 所示；进而开始进入课堂，如图 10-4-4 所示。

图 10-4-3　引入图形动画

图 10-4-4　标题动画

（2）接着出示课堂内容的第一部分标题，直入主题，引起学生兴趣，如图 10-4-5 和图 10-4-6 所示。

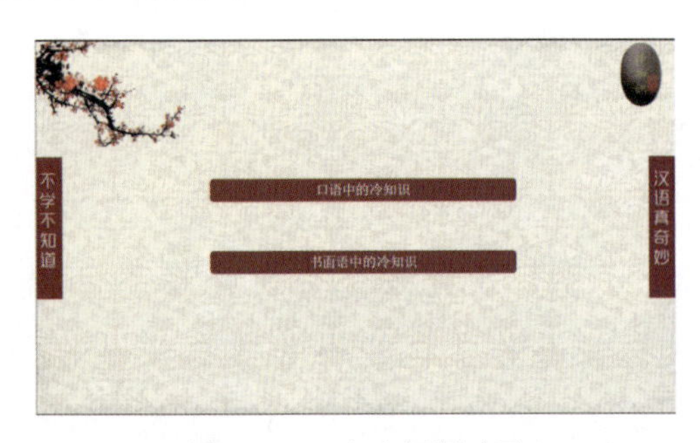

图 10-4-5　内容标题动画

图 10-4-6　子内容标题动画

3. 讲授新知

（1）罗列了 3 个口语中词语的来源和演化，分别是“烂醉如泥”“鞠躬”“衣冠禽兽”，如图 10-4-7、图 10-4-8 和图 10-4-9 所示。

图 10-4-7　词语动画(烂醉如泥)

图 10-4-8　词语动画(鞠躬)

（2）罗列了 3 个书面语中词语的来源和演化，分别是“倒霉”“毛病”“好好先生”，如

图 10-4-10、图 10-4-11 和图 10-4-12 所示。

图 10-4-9　词语动画(衣冠禽兽)

图 10-4-10　词语动画(倒霉)

图 10-4-11　词语动画(毛病)

图 10-4-12　词语动画(好好先生)

4. 课堂练习

在课堂新知讲授完毕之后，提出一个课堂练习，帮助学生强化本节微课的新知识，让学生学会迁移知识，学以致用。如图 10-4-13 和图 10-4-14 所示。并且在提问时间结束之后会有答案解析，帮助学生核对答案。

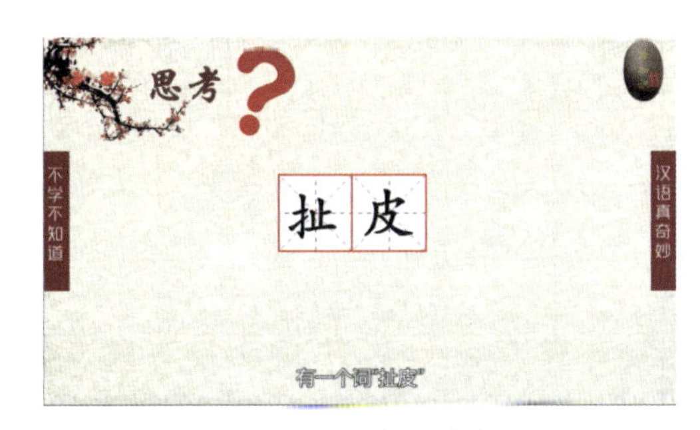

图 10-4-13　练习题动画

图 10-4-14　练习题答案动画

5. 课堂总结

总结词语的含义会发生如此大变化的三个原因，帮助学生增加记忆，厘清思路，为本节微课内容画龙点睛，如图 10-4-15、图 10-4-16 和图 10-4-17 所示。

结束语，如图 10-4-18 所示。

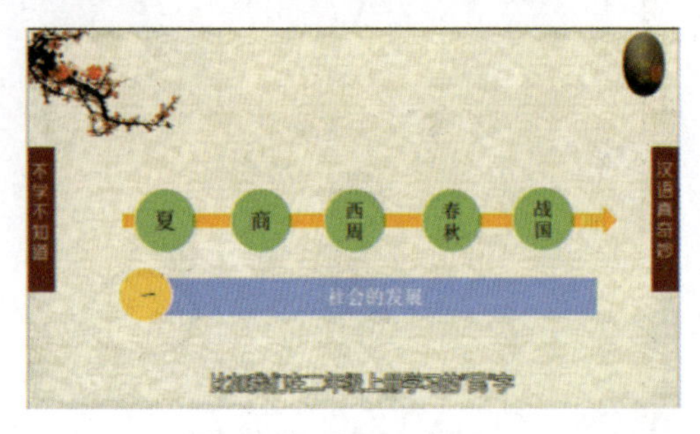

图 10-4-15　内容总结动画第一点

图 10-4-16　内容总结动画第二点

图 10-4-17　内容总结动画第三点

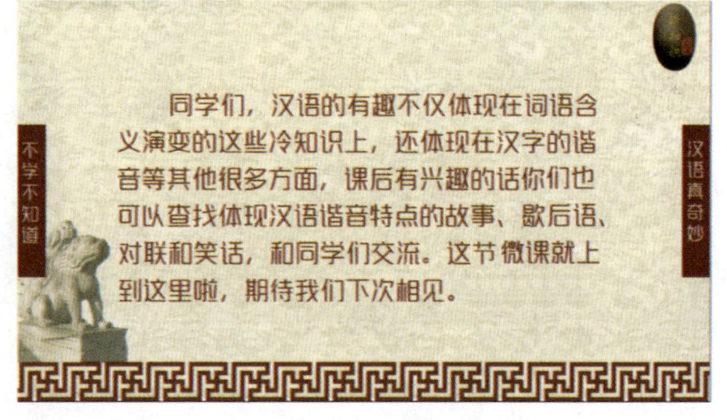

图 10-4-18　课堂总结

10.4.4　微课特色与亮点

（1）重视开头的引入教学，激发学生的学习兴趣。将知识性与趣味性相结合，逻辑性强，充分调动学生的学习积极性。

（2）制作精良，动画效果比较好，学生在观看时不会觉得单调、乏味。让词语含义的抽象演化过程可视化，使微课变得生动活泼、富有感染力。

（3）切入点小，教学目标聚焦清晰，教学内容清楚明了。

（4）设计巧妙，充分研究学情，准确把握教学节奏，内容层层递进，流畅紧凑，富有逻辑，将知识点讲通讲透。

（5）运用 PowerPoint 这个常用的软件，结合视频制作软件 Premiere，After Effects 等进行微课制作，按常规方法制作了一个 PPT，将 PPT 自动播放，导出为视频格式，打破了 PPT 只可以制作普通的演示文稿的常规思维。当然 PPT 的素材和整体风格也非常重要。

10-4　有趣的汉语冷知识

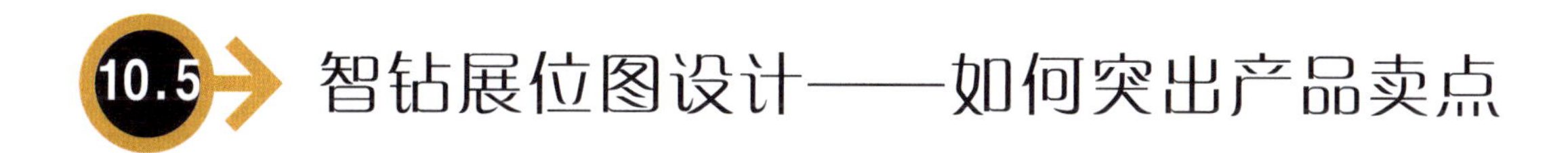

10.5 智钻展位图设计——如何突出产品卖点

10.5.1 本节微课简要介绍

本节微课的教学内容选自中等职业学校电子商务专业课程“网店美工”内容——设计淘宝海报，既可以作为教师授课材料使用，也可以作为学生课前自学的资源。本节微课面向对象为电商专业二年级学生，主要介绍设计智钻展位图的方法，从字体设计和图片设计两方面介绍突出产品卖点的方法。字体设计的三种方法，包括选择大、粗的字体，放大卖点的文字，文字的色彩要突出；图片设计的三种方法，包括选择有针对“卖点”的图片，图片的清晰度要高，图片要足够大。每一种方法都通过案例展示，使用方法前后作品的效果比较，让大家直观看到使用方法后卖点图的变化，帮助学生更好地理解所学内容。

10.5.2 制作工具

PPT、万彩动画大师、Photoshop 软件。

10.5.3 微课结构

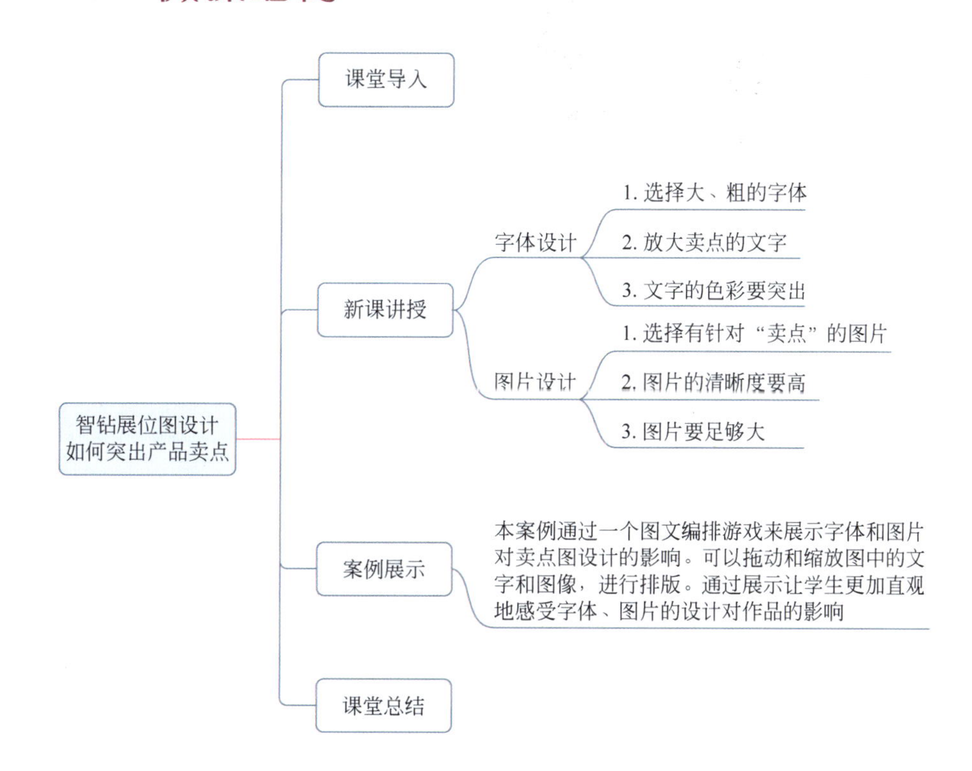

1. 课堂导入

（1）微课以“两位女士在讨论淘宝购物时可以到淘宝首页的智钻展位看推荐”的情境为导入，如图 10-5-1 所示；指出“淘宝智钻展位图的点击量与成交量有着密切联系”，如图 10-5-2 所示；从而指出好的智钻展位图才能吸引更多顾客点击，才能提高成交量。

图 10-5-1　情境导入

图 10-5-2　指出制作目的

（2）接着展示两张设计非常类似的裤子的卖点图，让学生思考哪张卖点图更加吸引消费者，如图 10-5-3 所示。

（3）带着以上的问题，引出本节课的学习内容是“智钻展位图设计——如何突出产品卖点”，如图 10-5-4。

图 10-5-3　作品对比

图 10-5-4　引出主题

2. 新课讲授

（1）分析汽车配件促销海报，从而指出“通过文字和图片的设计能够突出产品的卖点”，如图 10-5-5 所示。本课的重点内容是从字体设计和图片设计来讲解如何突出产品卖点。

（2）第一部分，先从“字体设计”方面讲解如何突出产品卖点。字体设计的方法共有三种，案例中展示三组海报，每组海报都有使用字体设计方法的前后效果对比，让学生直观地看到应用了该种字体设计方法后卖点图的效果变化。以下是其中一种字体设计方法的前后效果展示，如图 10-5-6、图 10-5-7 所示。从而得出字体设计中的设计要点，如图 10-5-8 所示。

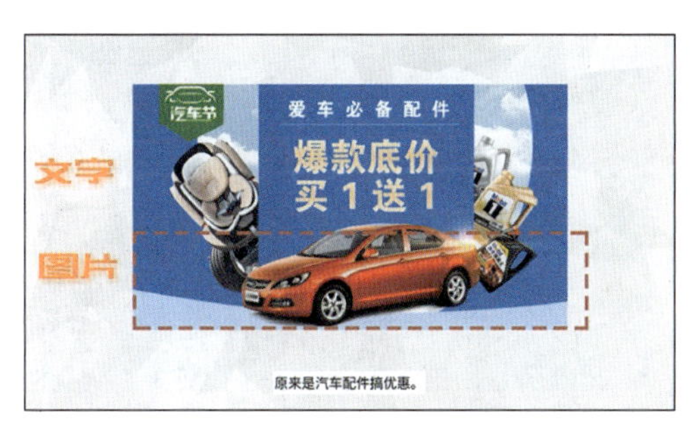

图 10-5-5 从文字和图片引出产品卖点

图 10-5-6 使用字体设计方法前的效果

图 10-5-7 使用字体设计方法后的效果

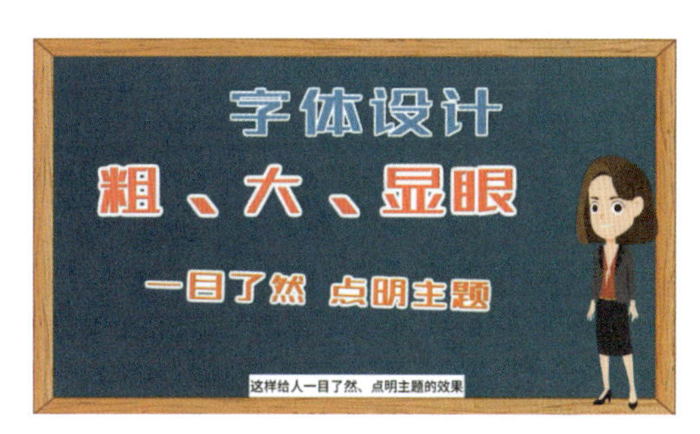

图 10-5-8 总结字体设计要点

（3）第二部分，从“图片设计”方面讲解如何突出产品卖点。图片设计的方法共有三种，案例中展示三组海报，每组海报都有使用图片设计方法的前后效果对比，让学生直观地看到应用了该种图片设计方法后卖点图的效果变化。以下是其中一种图片设计方法的前后效果展示，如图 10-5-9、图 10-5-10 所示。

图 10-5-9 使用图片设计方法前的效果

图 10-5-10 使用图片设计方法后的效果

（4）第三部分，学习了以上突出产品卖点的设计方法后，再次展示微课开头的两张设计非常类似的裤子的卖点图，并利用刚才的知识进行分析，让学生明确从哪些方面判断卖点图设计的优劣，做到学以致用，如图 10-5-11、图 10-5-12 所示。

3. 案例展示

在讲解完基本知识后再来设计坚果卖点图，通过拖动、缩放图中的元素（图片、文字）或添加底图等，让学生体会设计时图文变化对整个设计效果的影响。如图 10-5-13、图 10-5-14 所示。

图 10-5-11　使用设计方法前的效果

图 10-5-12　使用设计方法后的效果

图 10-5-13　图文编排游戏

图 10-5-14　拖动元素观看设计效果

4. 课堂总结

总结突出产品卖点的方法，帮助学生增强记忆，厘清思路。如图 10-5-15、图 10-5-16 所示。

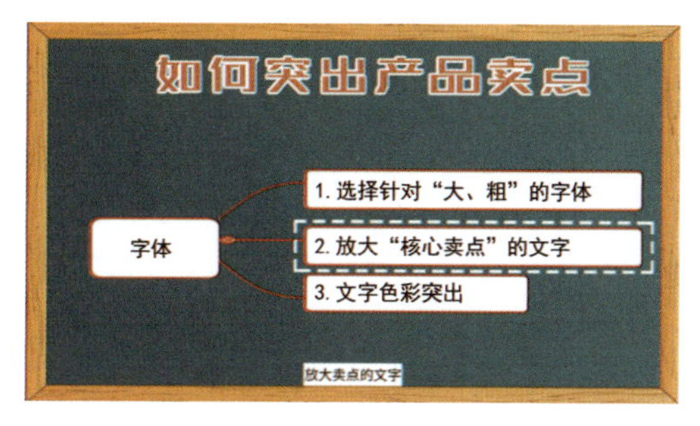

图 10-5-15 字体设计方法总结

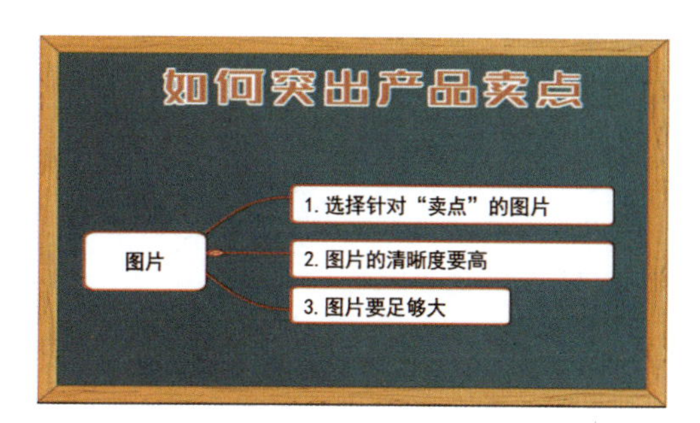

图 10-5-16 图片设计方法总结

10.5.4 微课特色与亮点

(1) 以动画制作的淘宝购物场景为导入，指出智钻展位图设计直接影响店铺的成交量。开门见山，明确重点。

(2) 教学的表现形式新颖，有创意，用 MG 动画导入，教师讲解清晰，教学过程能看出是经过精心设计的。字幕的呈现数量、呈现时间和字体的大小适宜，色彩和谐。

(3) 同一个案例，通过设计方法使用前后效果对比，让学生直观体会 6 个设计方法的使用效果。

(4) 在讲解完基本知识后，通过图文编排游戏的展示，让学生体会设计时图文变化对整个设计效果的影响。

10-5 智钻展位图设计——如何突出产品卖点